개정판

식민지에서 최강경제로의 성장사

미국 혁신론

권영민 저

도서출판 두남

머리말

Preface

본 저서는 저자가 몸담고 있는 대학에서 학부생들을 대상으로 미국경제의 형성과정을 분석하고 설명한 강의내용을 토대로 집필되었다. 대학에 처음 부임하면서 미국시장환경론이란 다소 생소한 강의를 담당하게 되어 우선 교재로 쓸 만한 책을 찾아보게 된 것이 계기였다. 지금도 그렇지만 미국은 세계최대의 경제대국으로서 우리나라의 중요한 교역상대국일 뿐만 아니라 대다수 국민들이 많은 관심을 가지고 있는 국가이기에 그러한 교재를 찾는데 별로 어려움이 없을 것이라 생각했었다. 그러나 놀랍게도 미국에 대한 우리말 책 가운데 대학에서 교재로 쓸 만한 마땅한 저서를 찾을 수 없어 당황했었다. 고심 끝에 우선은 영어로 된 저서들을 두루 살펴보고 그중에 미국의 학부생들을 대상으로 출판된 미국경제사 한권을 교재로 정하게 되었다. 그러나 얼마가지 않아 미국의 경제와 역사에 대해 영어로 설명하고 있는 책을 우리대학의 학부수준학생들이 읽고 이해하는 것이 상당히 어려운 일임을 알게 되었다. 그때부터 저자는 미국시장의 발전과정에 대해 학생들에게 쉽게 이해시킬 수 있는 방법을 찾기 위해 고민해왔다. 매년 새로운 자료를 보충하고 강의내용을 점차 수정해 가다보니 나름대로 짜임새를 갖춘 형태가 되어 감히 교재로 발간할 용기를 내보기로 하였다. 이후 3년 가까이 교재로 사용하면서 초판에서의 적지 않은 오류들이 발견되었고 특히 최근 국제경제질서의 변화기류는 새로운 개정판의 필요성을 제기하게 되었다.

개정판 작업을 하는 도중에 실시된 미국 대통령선거의 결과는 많은 사람들을 놀라게 했으며 저자 역시 예외는 아니었다. 특히 당선자 시절 무심하게 듣고 넘겼던 각종 공약을 이행한다며 취임 초기부터 쏟아내는 조치들은 그동안 미국이 걸어왔던 정책기조를 상당부분 흔드는 것이어서 많이 혼란스러운 것도 사실이다. 그러나 전반적인 책 내용을 다시 한 번 점검하고 수정·편집하는 과정에서 저자는 식민지 시절부터 300년 이상 정착되어 온 국가체제가 특정 인물이나 정권에 의해 한 순간에 무너질 수 있는지 의문을 갖게 되었다. 역사는 반복된다는 단순 논리를 떠나서도 이 책의 내용을 보면 미국이 발전해 오는 과정에서 발생한 비슷한 선례들을 찾을 수 있다. 그러나 특정 세력이 주도한 정책들이 반드시 의도된 결과로 이어지지만은 않았다는 사실을 발견하게 된다. 저자가 이 책의 내용을 학생들에게 강의하면서 강조하는 사실 가운데 하나가 역사는 주어진 환경과 그에 적응하는 과정이 어우러진 결과라는 것이다. 미국 땅을 처음 본 대다수 유럽인들 눈에 그곳은 생존하기조차 어려운 매우 험난한 환경이었다. 그러나 그와 같이 아무도 거들떠보기 힘든 열악한 환경 덕분에 영국인들이 뒤늦게나마 정착할 수 있었으며 거의 아무런 저항없이 자신들이 원하는 체제를 만들어 갈 수 있었다. 미국처럼 풍부한 토지와 자원을 갖춘 국가들이 지구상에 많이 있었지만 미국만이 오늘날 같은 수준에 도달할 수 있었던 이유가 분명히 있다. 물론 종종 시행착오를 겪으면서 때로는 곤란함을 겪기도 했지만 그때마다 미국은 그러한 위기를 기회로 바꾸는 능력을 발휘해왔다.

글로벌화가 극도로 심화되어 기존의 국제질서가 흔들리는 현재의 환경은 미국뿐만 아니라 인류전체에도 위기임이 분명하다. 그러한 상황에서 미국 스스로도 요동을 치고 있지만 이는 변화된 환경에서 새로운 질서를 찾으려는 과정으로 이해할 수 있다. 물론 미국 이외에도 그러한 질서를 주도하고자 애쓰는 국가들이 있기 때문에 미국이 지금까지와 같은 지위를 계속 유지할 수 있을지 의문이다. 그러나 이 책의 내용은 적어도 미국이 변화된 새로운 환경에 적응할 가장 적합한 능력을 갖추어 왔음을 보여주고 있다. 전체 12장으로 구성된 이 책의 제1장은 원래부터 존재했던 미주대륙이 신대륙이라 불리게 된 연유에서부터 시작한다. 즉 이미 오랜 시간 그 땅에서 살던 원주민들이 뜻밖의 이방인을 만나면서 겪는 환경의 변화와 그 의미를 살펴본다. 제2장에서는 그러한 변화를 맞은 가운데 출발한 미주대륙과 오늘날 미국의 모습을 우선 비교해 본 뒤 제3장과 제4장에서는 식민지 미국의 태동과 걸음마 과정을 설명한다. 이어 제5장과 제6장에서는 미국이 독립한 이후 대륙국가로 성장해 가는 모습을 알아본 뒤 제7장과 제8장에서는 국가의 발전방향에 대한 대립과 갈등해소의 과정을 살펴본다. 제9장과 제10장에서는 미국이 오늘날과 같은 산업국가의 체제를 갖추어가는 과정과 대공황으로 위기에 처하는 모습을 그린다. 이어 제11장에서는 제2차 세계대전 이후의 혼란을 수습하면서 미국이 세계경제의 패권을 확보하는 과정을 설명하고 마지막으로 제12장에서는 20세기 중반 이후 미국이 겪어온 위기들과 그들을 극복하는 과정 그리고 새로운 21세기를 맞아 미국이 직면하고 있는 과제들을 짚어본다.

개정판이지만 본 저서의 내용이 만족스럽게 완벽한 형태로 구성되어 있다고 평가하기에는 아직까지도 부족한 점이 너무 많아 보인다. 그러나 이 책의 발간 또한 새로운 환경에서 더 나은 해결책을 찾아가는 과정의 일환이라 생각한다. 따라서 지금은 결코 만족스런 모습이 아니지만 이 같은 노력이 밑거름이 되어 더욱 많은 사람들의 관심을 불러일으키고 보다 더 체계적인 내용의 연구와 저서들이 등장하기를 기대해본다. 마지막으로 여러 가지 어려움에도 불구하고 이 저서의 출판에 도움을 주신 도서출판 두남의 전두표 사장님과 이승구 상무님 그리고 편집부 여러분들께 감사의 마음을 표한다.

2017년 2월 남가좌동 연구실에서
저자 씀

차 례

Contents

제5장 새로운 공화국 / 101

제6장 대륙국가로의 발전 / 129

제7장 갈등확산과 국론통일 / 161

제8장 농업불만과 산업국가 / 199

제9장 진보정책과 대기업 체제 / 223

제10장 소비자 문화와 대공황 / 245

제11장 미국주도의 세계경제 / 265

제12장 미국의 새로운 도전 / 293

제 1 장

서론, 신대륙의 이해

1 서론, 신대륙의 이해

오늘날 미국은 정치, 경제, 문화 등 인류의 거의 모든 분야에서 세계를 주도하고 있는 국가 또는 집단이다. 국가로서의 미국은 막강한 군사력과 풍부한 경제력을 바탕으로 국제정치외교와 경제사회적인 측면에서 지도적인 역할을 자임하고 있다. 또한 집단으로서의 미국을 형성하고 있는 정치가, 기업가, 학자, 예술가 등 다양한 미국인들 역시 각자의 분야에서 두각을 나타내며 인류의 경제발전과 문화적 진보를 이끌고 있다. 물론 미국이 그러한 지위에 오른 것은 100년 남짓에 불과하며 또한 언제까지나 그러한 위치에 머물 수 있을 런지는 알 수 없다. 그러나 1492년 콜럼부스(Christopher Columbus)에 의해 미주대륙의 존재가 바깥 세상에 처음 알려진 이래 1607년 영국인들의 이주가 시작된 지 400여년 그리고 1776년 독립 이후 불과 240여년에 걸친 미국의 성장은 이제까지 인류의 다른 역사에서 유례를 찾아보기 힘든 경이로운 과정이다. 역사상 미국과 비슷한 환경에서 출발했던 국가는 있었지만 그렇게 짧은 기간에 오늘날 미국과 같은 성취를 거둔 국가는 없었다. 광활한 영토와 풍부한 자원은 오늘날 미국의 부를 뒷받침하는 원동력이지만 처음부터 미국이 그랬던 것은 아니다. 석 달이 넘는 힘든 항해 끝에 오늘날 버지니아 연안에 도착한 최초의 이주민들은 해안가에 내려 보지도 못한 채 언제 있을지도 모를 스페인인의 공격을 피해 이름도 모를 강어귀를 거쳐 좀 더 깊숙한 내륙으로 숨어 들어가야만 했다. 그렇게 현재의 체사피크 강을 거슬러 올라 그들이 정착한 곳은 우리가 상상하는 드넓은 대지와 비옥한 땅의 신대륙이 결코 아니었다. 모기가 들끓는 강가 모래 턱에 상륙하여 먹거리조차 구하기 힘들었던 그들은 농사를 짓기 위해 가져간 씨앗으로 연명하며 겨울에는 추위에 떨어야 했다.

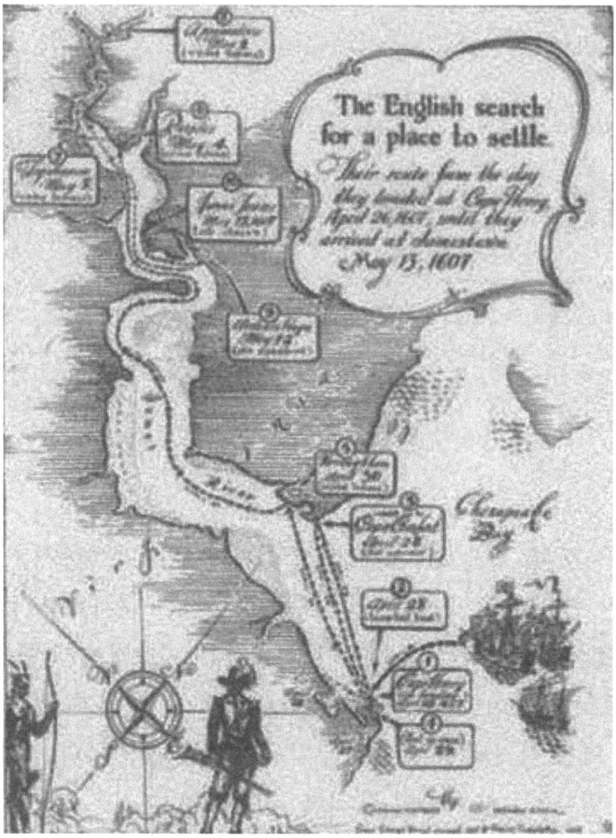

〈그림〉 최초의 정착지

다행히 일부 원주민들의 도움으로 옥수수를 얻어 재배법도 배우고 칠면조도 키우며 점차 안정을 찾았지만 그렇다고 그들의 생활이 당장 나아질 수는 없었다. 험악한 산악과 인디언에게 막혀 내륙으로는 더 들어가지도 못하고 좁은 해안가에 갇힌 채 본국으로부터의 보급품이 없다면 언제 사라질지 모를 불안한 삶의 연속이었다. 진화론에 따르면 오늘날 지구상 생명체는 모두 끊임없이 변화하는 환경에 적응하고 진화한 집단이지만 모두가 똑 같은 위상에 있지는 않다. 다른 동물에 비해 인간은 그리 빠른 편도 아니며 그렇다고 몸집이 크거나 날카로운 이빨이나 발톱 등 특별한 방어수단을 갖춘 것도 아니다. 그럼에도 불구하고 지구상 다른 생명체들을 지배하고 위협할 수 있는 것은 인간이 단순히 환경에 적응한 결과만은 아닐 것이며 아마도 스스로가 환경을 변화시켜 왔기에 가능했을 것이다. 오늘날 미국의 모습은 자신들이 처했던 온갖 역경에 잘 대처했던 결과이기도 하지만 또한 그러한 상황을 자신에게 유리하게 변화시킬 수 있는 능력을 지녔기 때문이기도 할 것이다. 그렇다면 그 능력은 무엇이며 또한 그 능력은 어디에서 온 것인지 이 책은 그 질문에 답을 구해보고자 한다. 그러나 그 이전에 미주대륙과 미국에 대한 일반적인 인식의 오류부터 수정할 필요가 있으며 따라서 그에 대한 이야기를 먼저 시작해 보도록 하자.

1.1 … 미주 최초의 인류

흔히들 콜럼부스가 미주대륙을 최초로 발견하였다고 말하고 있고 문자로 기록된 서구역사의 관점에 따르면 그것은 공인된 사실이다. 그러나 두 달이 넘는 항해에 지친 콜럼부스 일행이 육지를 발견하고 물을 얻었다는 기록에도 나오듯 그 땅에는 이미 원주민들이 살고 있었다. 그럼에도 유럽인들이 신대륙의 주인이 되었고 만 년이 넘게 그 땅에 살던 사람들의 역사는 순식간에 사라졌다. 사전적 의미로 역사는 문자로 기록된 것이고 그 이전의 것은 전설이라는 논리는 승자의 당위성을 강조하기 위한 수단일 것이다. 앞선 문명의 유럽이 신의 존재도 모르는 미개한 원주민들을 깨우치고 다스리는 것이 당연하다는 생각이 콜럼부스의 신대륙이란 개념에 깔린 인식이다. 그러나 그런 인식으로는 미주대륙과 미국을 제대로 알아볼 수 없기 때문에 먼저 그것을 바로 잡을 필요가 있다. 우선 콜럼부스가 산살바도르로 명명한 땅에 첫발을 내렸을 당시 아시아와 유럽 대륙을 생각해보면 동쪽 끝에는 조선을 비롯해 명나라와 왜국이 있었고 서쪽 끝에는 포르투갈, 스페인을 비롯해 프랑스, 영국 등이 이미 왕조를 형성하고 있었다. 그러나 당시 미주대륙의 인류는 아직 그런 단계에 이르지 못했으며 그들을 발견한 유럽인들의 눈에는 단지 미개한 집단으로만 비춰졌다. 하지만 이는 유라시아 대륙과는 다른 환경요인으로 인해 차이일 뿐 실제로 미주대륙 원주민들도 나름대로 발달된 문화를 계승해왔다.

미주대륙에 인류가 처음으로 발을 디뎠던 기원전 1만5천 년 당시는 소위 마지막 빙하기가 끝나는 시기였다. 사막화로 황폐해진 중앙아시아를 떠나 먹거리를 찾으며 시베리아 툰드라 지역까지 도달했던 일부가 오늘날 시베리아와 알래스카 사이의 베링지역으로 유입된 것이다. 빙하기의 낮아진 해수면 덕분에 육지가 드러났던 그 지역은 날씨가 따뜻해지면서 푸른 풀들이 돋아나고 양쪽 대륙을 오가는 동물들 덕분에 먹거리도 비교적 많았을 것이다. 잠시 행복했던 그 지역의 사람들은 그러나 점차 해수면이 높아지고 땅이 줄어들면서 범람하는 물을 피해 또 다시 이동해야 했다. 이미 수심이 깊어져 원래 왔던 곳으로 되돌아 갈수 없게 된 그들은 반대쪽 물을 건너 그렇게 미주대륙에 발을 들여놓을 수밖에 없었다. 빙하가 무너져 내리고 찬바람이 매섭게 몰아치며 골짜기로 물이 들이치는 극도의 혼란 속에서 삶의 터전을 잃고 가족과 떨어진 그들은 자연의 재앙을 피해 서서히 동쪽으로 또한 남쪽으로 퍼져 갔다. 힘들게 먹거리를 얻을 수 있었지만 그 마저 떨어지면 또다시 발걸음을 떼어 조금씩 더 깊은 미지의 땅으로 움직여 갔다. 그렇게 북미와 남미로 옮아간 인류가 대륙남단에 도착하기까지 대략 1250년이 걸렸다. 연평균 16 킬로미터 정도의 속도로 그렇게 이동해가는 동안 그들은 초식매머드, 코끼리, 멧돼지, 버펄로, 비버 등을 마음대로 잡을 수 있었다. 이전에 사람을 만나본 적이 없던 거대한 동물들은 석창으로 무장하고 달려드는 사냥꾼들에게 쫒기며 속수무책으로 죽어갔지만 그들을 제지할 사람은 아무도 없었다. 이전에는 아무도 몰랐고 누구도 살지 않았던 그 땅에 인류는 처음으로 그렇게 발을 들여놓았으며 그들은 북미의 인디언들과 남미의 마야(Maya), 아즈텍(Aztec), 잉카(Inca) 인들의 조상이 되었다. 그리고 그들은 콜럼부스에 의해 발견될 때까지 거의 만년 가까이를 다른 세계와 단절된 채 그들만의 삶을 이어왔다.

고고학적 추정에 따르면 기원전 6-12세기 사이 이미 북미에 100만, 중남미에 1500만 명 정도의 인구규모가 성장해 있었다. 옥수수를 재배하고 개도 키웠던 그들은 바구니를 엮고 질그릇을 빚었으며 운모장식과 귀걸이 공예를 발전시켰다. 대규모의 분묘총은 상하관계가 존재했음을 의미하며 피라미드는 신관의 지위가 있었다는 증거이다. 그러나 다시 미주대륙이 발견될 당시 그들은 아직 문자를 완성하지 못했으며 유럽이나 아시아와 같은 통일국가를 형성하지 못했다. 마야 문명은 기원전 10세기경부터 오늘날의 멕시코 만 부근에 생겨나 서기 600년경에 절정을 이룬 것으로 추정된다. 그러나 무슨 이유에서인지 마야문명은 서기 800년경부터 쇠퇴하기 시작하더니 그로부터 불과 100년 만에 완전히 붕괴되었다. 서기 1000년-1250년 사이 현재의 미국 세인트루이스 부근에서 번성했던 카호키아(Cahokia) 족의 경우는 그 이유를 가늠케 한다. 한창일 때 인구가 3만 명까지 달했던 그들은 오늘날 이 지역의 지리 여건도 마찬가지지만 미주리, 일리노이, 미시시피 강이 함께 모이는 교통의 요충지에 위치하여 활발한 물물교역의 중심에 있었다. 발견된 유물들을 보면 슈피리어 호의 구리, 멕시코 만의 조개껍질, 캐럴라이나의 운모, 오클라호마의 석영 등 매우 다양한 품목들이 거래되었음을 알 수 있다. 주변의 염천에서 나온 소금과 채석장에서 캐낸 부싯돌로 만든 곡괭이는 당시 상당한 인기가 있었기에 그들의 교역조건은 매우 유리했을 것이며 물이 풍부한 넓은 평원의 옥수수 생산량도 넉넉했을 것이다. 아울러 주위를 둘러싼 숲 또한 울창하여 충분한 목재와 다양한 사냥감을 제공할 수 있었기에 그들의 삶은 매우 풍요로웠을 것이다. 서기 1100년경 카호키아 족이 전성기에 접어들 당시 그들의 도시내부를 보호하기 위한 방책을 만들었던 것으로 보인다. 약 4미터 높이의 울타리를 둘러치고 방어진이 구축된 출입구 위에 약 20미터 간격으로 세워진 감시 망루를 갖춘 방벽을 쌓기 위해 8만 그루 가량의 나무가 베어질 정도로 대공사였다. 기둥이 박힌 구멍의 모양을 살펴보면 처음에 만들어진 방책은 이중벽으로 건설되었던 것으로 추정된다. 그러나 서기 1200년경에 다시 건설된 것으로 보이는 방책을 보면 이번에는 하나의 벽에 불과한데 그것은 아마 목재가 부족해졌기 때문일 것이다. 물론 환경보호 같은 개념도 없었겠지만 당시 카호키아 족은 20세기의 천연자원 고갈현상을 경험했던 것이다. 나무가 베어 없어진 강변은 홍수가 만연했을 것이고 보호막이 사라진 수풀에 살 수 없게 된 동물들이 도망치자 풍부했던 먹거리도 점점 부족해졌을 것이다. 부양능력이 급격히 떨어진 카호키아 족은 쇠퇴하기 시작하고 서기 1300년경 그들의 땅은 완전히 버려지게 된다.*

대서양 연안에서 오클라호마까지 또한 오대호 연안에서 플로리다까지 걸친 북미대륙의 곳곳에서 카호키아와 유사한 유적지들이 발견된다. 홍수에 취약한 저지대 생활에도 익숙했던 그들은 대부분 동질의 계급사회를 형성하고 망자를 받드는 신앙을 숭배하며 아름다운 공공건축물과 잘 발달된 교역 망을 갖추고 있었다. 그러나 발굴된 유골들을 보면 서기 1000년경부터 폭력적 죽음의 흔적이 보이기 시작하는데 이는 그들 사이에 다툼이 벌어졌음을 의미한다. 오늘날도 종교, 인종, 민족 등 여러 가지 전쟁의 원인을 들 수 있지만 더 깊은 이유를 따져보면 결국 분쟁은 경제적인 유인에서 발생한다. 즉, 먹거리가 부족하거나 서로 더 많은 것을 가지려다 보면 갈등이 생기고 결국 서로에게 위해를 가하는 싸움이 벌어지기 마련이다. 카호키아 족처럼 자연이 훼손되어 그랬든 아니면 다른 이유가 있었던지 그들은 더 이상의 대규모 인구집단으로 발전하지 못하고 소규모로 흩어져 사는 부족체제로 돌아갔다. 앞서의 마야도 마찬가지였고 콜럼부스 이후 스페인세력이 몰려들 당시 중미 아즈텍과 남미 잉카는 강력한 군사조직을 갖추고 주변세력들을 통합하며 제

---

* 초기 북미 원주민들의 생활과 관련된 일부내용은 Ted Morgan (1993)에서 인용되었음을 밝힌다.

국으로의 발전 가능성을 보였지만 외부에 노출되지 않고 계속 자신의 길을 걸었을 때 과연 그들이 유럽이나 아시아처럼 통일국가로 발전했을지는 알 수 없다.

〈표〉 미주대륙의 고대문명

코치스 문화	기원전 1만 년부터 형성된 수렵문화로 BC 3000년경에는 옥수수 재배하는 농경문화로 발전
모고욘 문화	기원 후 질그릇을 사용할 정도의 신석기 문화에 해당
아나시지 문화	AD 900년경 바구니공예를 승화시킨 문화로 절벽 이용한 건축술 고안
푸에블로 문화	아나시지 건축술을 계승하여 프에블로 가옥형태로 발전시켰으며 옥수수 재배와 칠면조 사육의 흔적이 있음
우드랜드 문화	• BC1000 ~ AD700 오하이오·미시시피강 유역에 형성된 농경문화로 그들의 거대분묘총은 상하관계가 존재한 증거 • BC1000년 이후 운모장식품과 귀걸이로 유명한 아데나(Adena)인, BC400년 이후 신전총으로 유명한 호프웰(Hopewell)인의 문화로 계승
마야 문명	• BC 1000년경 멕시코만 기슭의 올멕족을 계승하였으며 재규어를 숭배 그들이 피라미드를 축조한 것은 신관의 지위가 존재했다는 증거 • AD 600년경 문명의 절정을 이루었으며 그 당시에는 제정이 분리됨 • AD 800년경 저지대를 중심으로 쇠퇴하기 시작하여 AD900년경 붕괴
아즈텍 문명	호전적인 치치멕과 톨텍족이 마야문명을 계승한 제국
잉카 문명	남아메리카 페루일대의 강력한 군대조직을 갖춘 제국

1.2 … 인류의 진화

문자로 된 기록이 없기 때문에 그 당시 미주대륙에서는 왜 통일국가가 형성되지 못했는지 정확히 알 수는 없다. 그러나 아프리카 대륙에 처음 출현했던 현생인류가 유럽과 아시아로 퍼지며 진화하고 문명을 발전시켜 나간 과정을 상상하면서 그 이유를 추측해 볼 수는 있다. 모든 동물들이 마찬가지이겠지만 아마도 처음에 인류의 이동은 먹거리를 찾으려는 이유에서 시작되었을 것이다. 아마도 처음엔 먹거리를 찾아 무작정 헤매는 생활이었겠지만 점차 주변의 동·식물에 대한 지식이 쌓여가며 그들을 따라 일정하게 이동하는 생활로 변했을 것이다. 일정한 시기에 특정한 지역에 가면 열매를 따고 조개를 줍고 물고기를 낚고 동물을 사냥할 수 있음을 알게 되었을 것이다. 시간이 지나 더 많은 지식이 축적되면 이동하던 수렵·채취 생활은 한 곳에 정착하여 동·식물을 키우는 농경·목축 생활로 변하게 된다. 단 하나의 문장으로 축약되었지만 수렵·채취에서 농경·목축으로의 진화는 실제로 수만 년에 걸쳐 이루어진 적응의 결과이다. 그 과정은 매우 더디게 진행되었으며 변화로 인해 생활이 당장 나아지는 것도 아니었으며 때론 오히려 더한 곤경에 빠지기도 하면서 인류는 진화했다.

지구상 인류가 모두 같은 길을 걷진 않았겠지만 가장 보편적인 진화의 모습을 그려보자. 우선 이동생활의 자연은 인류에게 먹거리를 제공해주는 고마운 존재이며 또한 재앙을 가져오는 두려움의 대상이기도 했다. 어쩌다 운이 좋으면 커다란 짐승을 잡아 모두 배불리 먹을 수 있는 행복한 날도 있었지만 먹을 것을 구하지 못하면 몇 날을 굶어야 하는 매우 궁핍한 삶이었을 것이다. 굶는 날에는 모두 배를 곯지만 협력해서 얻은 음식을 먹는 날에는 양이 많던 적던 모두 똑같이 나누어 먹는 공평한 생활이었다. 비록 궁핍했지만 이동생활은 자연을 경외하고 감사해하며 적어도 같은 집단 내에서는 서로를 배려하는 평등한 세상이었을 것이다. 그러나 일단 정착이 시작되면 이제 환경은 자주 바뀌는 것이 아니며 주기적으로 변화가 생기지만 인류는 점차 그 양상을 파악하게 된다. 그러면서 인류는 나름대로 대처방안을 찾아 그동안 간직했던 생활습성과 마음가짐에 커다란 변화를 일으키게 된다. 채취를 위해서는 열매가 열리는 시기를 알고 거기에 맞추어 다니면 되지만 농경을 위해서는 계절에 앞서 적당한 땅을 갈아엎고 거름도 치며 씨를 뿌린 뒤 가꾸고 기다리는 계획이 필요하다. 수렵·채취 때는 주어진 자연의 먹거리에 감사하고 주변풍경을 즐기며 살았지만 농경·목축의 경우 나무를 베고 수로도 내며 지형을 바꾸는 노력에 따라 수확량이 달라진다. 그날그날 적당한 곳에 구덩이를 파거나 나무에 올라 대충 잠자리를 찾다가 이제 경작지 근처에 나뭇가지와 진흙을 이용한 집을 짓게 되고 이어 부엌과 헛간까지 갖추고 돌로 쌓아 좀 더 단단한 영구적인 주거지를 만든다. 기동성을 위해 짐이 가벼워야 했던 이동생활에서 스스로 걸을 수 없는 아이도 부담이었고 그렇기에 출산이 제한적이었다. 그렇지만 정착하게 되면 그런 부담이 줄고 식량이 풍부해지면서 출산도 자연스럽게 증가한다. 출산에 따른 노동력의 증가는 더욱 많은 수확으로 이어지고 이를 보관하기 위한 도기들이 출현한다. 바구니 보다 견고한 도기는 벌레를 막아줄 수 있으며 불에 직접 올려 음식을 끓일 수도 있다. 음식을 끓일 수 있으니 더 다양한 양분을 섭취하게 되고 그럴수록 영양이 충분해지니 갈수록 인구가 늘고 집단 규모가 커진다. 집단 규모의 증가는 단순히 수적으로 머리수가 늘어나는 것만 아니라 그만큼 다양한 능력과 자질을 보유하게 되는 것을 의미한다. 능력에 따른 특화가 발생하고 여분의 식량을 저장하고 교환하는 체제가 만들어진다. 그러한 임무를 효과적으로 수행하기 위해 일종의 권위와 명령계통이 필요하며 따라서 상하관계가 생겨나게 된다. 수렵·채취의 평등주의가 자취를 감추고 신분에 따라 명령을 주고받는 계급사회가 형성되는 것이다. 농경이나 목축에 적합한 땅은 한정되어 있고 모두가 가질 수 없으니 서로 경쟁할 수밖에 없게 된다. 이동하면서 먹거리를 몰고 추격하는 공격적인 기술이 필요했다면 정착 후에는 약탈자들로부터 내 땅과 수확물을 지키는 방어도 중요하다. 즉, 먼저 정착하여 안정을 찾은 집단은 자신의 땅과 식량을 지켜야 했고 뒤늦게 도착한 집단은 그것을 얻으려고 했을 것이다. 평화로운 나눔도 물론 있었겠지만 그렇지 못한 경우가 훨씬 더 많았을 것이며 때론 집단이 소멸되는 경우도 있었을 것이다. 좀 더 뛰어난 능력을 갖춘 집단이 살아남게 되며 그들은 점점 더 규모가 커지며 가족에서 씨족으로 다시 부족집단으로 전개되어 갔을 것이다. 좀 더 효율적인 체제가 다른 체제를 흡수·통합하면서 국가로 발전하고 이 과정에서 왕과 신관, 귀족과 군인, 장인과 평민 그리고 노예 집단으로 계급이 나누어진다. 생산물 기록과 관리를 위해 숫자가 발명되고 문자로 발전하며 이를 통해 지식전수가 훨씬 쉬워지면서 다양한 기술이 축적되고 전파된다. 상업이 번성하며 부의 축적이 가속화되고 발달된 무기를 갖춘 군사조직을 통해 통일국가의 형성이 이루어진다.

1.3 … 농사와 자연환경

그런데 외부에 다시 알려질 당시 미주대륙에는 잉카와 같이 통일국가 체제의 시작단계에 있거나 마야와 같이 그 단계를 지나 다시 해체된 상태로 돌아갔다. 여러 가지 설명이 가능하겠지만 여기서는 구대륙과 달랐던 당시 신대륙의 농사환경에 주목해보고자 한다. 앞서도 언급했지만 수렵·채취에서 농경·목축 생활로의 진화는 수만 년에 걸쳐서 이루어졌다. 아무런 생각 없이 먹고 버렸던 씨앗에서 싹이 나고 시간이 지나 맺어진 열매를 먹고 다시 버려지던 과정이 무수히 반복되면서 누군가에 의해 그 원리가 터득되었을 것이다. 이제는 정처 없이 떠돌기보다 먹고 남은 씨앗을 땅에 심고 일정 기간이 지나면 돌아와 그 열매를 따먹는 생활로 변화해갔을 것이다. 탐스러운 열매를 기대하고 돌아왔는데 쭉정이만 열려 있는 시행착오도 물론 있었을 것이며 따사로운 햇볕과 적당한 양의 수분이 필요하다는 사실을 인지하는데 또 다시 수천 년이 걸렸을지 모른다. 아무튼 그렇게 농사가 시작된 흔적은 기원전 8,500년경까지 거슬러 올라가 오늘날의 중앙아시아 메소포타미아 지역에서 발견할 수 있다. 고고학에서 풍요의 반달(Fertile Crescent) 이라 불릴 정도로 이 지역은 오늘날 재배되고 사육되는 동·식물의 야생종자가 다수 출토되는 매우 풍부한 환경이었다. 그보다는 좀 늦지만 기원전 7,500년경 중국의 황하지역, 서부 아프리카의 사헬지역 등에서도 독립적인 농경이 시작된 것으로 추정된다. 미주대륙에서의 농사는 그보다도 더 늦은 기원전 7,000년경 멕시코 유역의 메소아메리카 지역에서 시작된 것으로 보인다. 인류가 미주대륙에 첫발을 디딘 것이 기원전 1만 5천 년경이니 그들은 유럽, 아시아, 아프리카 등에서 농사가 시작되기 훨씬 이전에 이주한 것이고 따라서 미주대륙의 농사는 다른 대륙과는 독립적으로 시작된 것이다. 또한 사막과 정글로 둘러싸인 고원지역에 위치한 오늘날의 멕시코에서도 알 수 있듯이 그곳은 다양한 동·식물 종자를 구하기 힘든 자연환경이다. 이는 아마도 미주지역의 농사가 다른 지역에 비해 늦게 시작된 이유가 자연환경에 따른 것임을 짐작케 하는 부분이다.

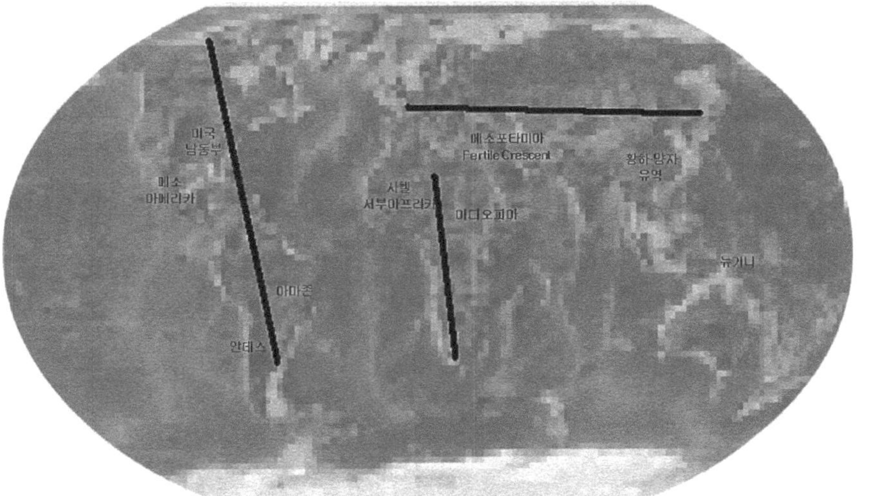

〈그림〉 신대륙과 구대륙의 비교

농사가 시작되었다고는 하나 그것만으로 인류의 생활이 풍족해지지는 않았을 것이고 그들은 계절적 궁핍에 시달리며 여전히 수렵과 채취를 위한 이동생활을 병행해야 했을 것이다. 옮겨 다니다 보면 다른 종류의 작물을 키우는 사람들도 만나게 되고 자신이 알고 있는 사실을 알려주는 대신 그들의 재배법도 배우고 익히면서 점차 지식이 축적되었을 것이다. 시간이 흘러 점점 키우는 작물과 가축이 다양해지고 각각에 대한 충분한 지식을 갖추게 되면서 이제는 비로소 이동하기보다 한 곳에 정착하는 생활이 가능해졌을 것이다. 얼마나 빠르게 그러한 정착생활에 진입할 수 있는지 또한 주변 환경요인의 영향을 받게 될 것이다. 독자적으로 지식을 기르는 것보다 자신의 것에 더해 외부에서 유입된 지식을 쌓는 것이 훨씬 빠른 것처럼 교류가 많을수록 그만큼 지식축적에 유리하다. 서쪽의 메소포타미아와 동쪽의 황하 지역에서 독자적으로 농사가 시작된 유라시아 대륙에서는 이러한 교류가 비교적 쉽고 활발하게 이루어졌을 것으로 여겨진다. 고원에 위치한 미주의 메소아메리카와 달리 이들 지역은 평원이라 다른 지역과의 소통이 용이했을 것이다. 뿐만 아니라 이들 지역은 동서로 뻗어진 대륙에 놓여 농사전파에 유리한 지리적 특성을 지니고 있다. 동서로 펼쳐진 지형은 위도가 같은 지역에 위치하며 해가 뜨고 지는 사이 일조시간이 비슷하다. 식물이 성장하기 위해서는 땅에서 적당한 양분과 수분을 공급받아야 하지만 적정한 기온과 일조량 또한 유지되어야 한다. 지역에 따라 토양은 다를 수 있지만 위도가 같으면 기온과 일조량이 유사하며 따라서 같은 작물을 재배하기에 수월하다. 평원의 유라시아 대륙은 이동도 쉬웠지만 동서로 뻗은 지형 덕분에 다른 지역의 작물을 들여다 재배하기에 유리했다. 반면에 메소아메리카를 중심으로 남북으로 뻗은 미주대륙은 사막과 정글을 지나 이동하기도 어렵지만 위도가 달라 계절마다 지역마다 일조량도 다르다. 기원전 4,000년경에 처음 메소아메리카에 등장한 옥수수 종자가 비교적 근방인 오늘날 미국 남동부까지 옮아가는데 1,000년 내외의 시간이 걸렸을 정도로 미주대륙에서의 농사전파는 매우 더디게 진행될 수밖에 없는 환경이었다.

1.4 … 자연과의 조화

프랑스 탐험대가 처음 발견하기 전부터 오늘날 미국의 오대호 연안에 살았던 휴런(Huron)족은 사냥에 있어 나름대로의 규칙을 가지고 있었다. 그들은 사냥꾼과 사냥감이 하나의 영혼체계에 속해 있으며 사냥의 수호신이 허락해야만 사냥에 성공할 수 있다 믿었기 때문에 규칙을 철저히 지켰다. 비버를 잡을 때 비버가 만들어 놓은 둑과 그 아래 은폐된 서식지는 절대로 건드리지 않았으며 비버의 휴면기인 겨울철에는 사냥을 멈췄다. 당시 북미지역에만 수백만 마리가 서식했지만 휴런족은 비버를 남획하지 않고 필요한 만큼만 적당히 사냥했다. 가을철 나무열매가 풍성하게 열린 평원에 살던 미주의 초기 정착민들은 겨울이면 사슴과 철새 떼를 좇아 강가로 이동했고 봄이 되면 습지와 연못에서 물고기를 낚았으며 여름에는 조개와 고동도 캐고 해바라기 씨와 산딸기 등을 딸 수 있었다. 그들은 그저 자연이 허용하는 만큼 먹고 그에 맞는 적정한 인구를 유지할 뿐 잉여 식량을 저장한다는 개념 같은 것은 아예 없었다. 도시에 사람들이 몰려들어 오물이 넘쳐나고 전염병으로 떼죽음을 당하던 유럽과 달리 미주에서는 수천 년 동안 건강한 야생생활이 그렇게 이어지고 있었다. 오늘날도 그렇지만 미국과 멕시코의 접경 지역은 수량이 풍부한 강도 없고 동·식물이 서식하기에 적당한 푸른 평원도 아니다. 그럼에도 불구하고 미주에서 최초로 농사가 시작된 곳으로 추정되는 메소아메리카가 이 지역에서 그리 멀리 떨어지지 않은 것은 흥미로운 사실이다.

미주대륙에서 문화 또는 문명이라 불리는 고대유적은 대부분 옥수수의 재배와 함께 등장한다. 호박, 고추, 아보카도 등도 재배되었지만 야생상태에서 여러 차례 교배를 통해 오늘날과 같은 작은 크기로 변형된 옥수수는 낱알을 흙으로 덮어만 주면 별다른 관리가 없더라도 웬만한 땅에서도 잘 자랐기 때문에 쟁기 같은 도구가 없었던 미주의 원주민들에게는 완벽한 작물이었다. 처음에 메소아메리카에서 재배되기 시작한 옥수수는 지리적 여건 때문에 시간이 오래 걸리긴 했지만 차츰 다른 지역으로 퍼져나갔다. 미국 남동부와 칠레 안데스에 도달한 옥수수는 곧이어 미주의 광범위한 지역으로 전파되었다. 특히 미국 중부와 아르헨티나 팜파스는 오늘날도 대평원이라 불릴 정도로 농사에 적합한 지역이다. 기온이 온화하고 수량도 풍부해 원래부터 많은 종류의 야생 동·식물이 서식했던 이 지역 원주민들은 옥수수 재배를 통해 생활이 더욱 풍족해졌을 것이다. 결코 넉넉하지는 않았겠지만 수렵·채취만으로도 자연과 균형을 이루며 나름 평안하게 살던 그들에게 옥수수는 삶의 질을 바꾸는 축복이었을 것이다. 그리고 이제 구성원 모두가 식량 확보에 매달릴 필요가 없어지자 남는 시간에 더 안락한 집을 짓거나 아름다운 도자기를 만들기도 하고 추장을 선출하면서 전임자들을 회고하고 세상을 떠난 조상들을 추모하며 사후 세계를 믿는 신앙이 생겨난다.

그와 같은 일련의 과정을 거쳐 미주대륙의 곳곳에서도 문화와 문명이 생겨났겠지만 그 때문에 삶이 반드시 행복해지는 것은 아니다. 앞서도 언급했지만 수렵·채취의 평등주의가 자취를 감추고 자연에 조화되어 건강했던 생활은 태생에 따라 신분이 다른 계급사회로 바뀐다. 가진 집단과 그렇지 못한 집단이 구분되어 서로 반목하고 경쟁하며 소유를 위한 다툼이 벌어진다. 집단의 규모가 커질수록 부의 크기도 늘어나겠지만 이권을 둘러싼 싸움이 커지며 심한 경우에 죽음까지 불러올 수 있다. 남아있는 기록이 없어 확인할 수는 없지만 카호키아에도 그런 일이 벌어졌을 가능성이 충분하다. 숲이 사라져 홍수가 만연하고 사냥감이 줄어든 카호키아족이 도시를 버리고 뿔뿔이 흩어진 것도 방벽을 쌓기 이전의 자연으로 돌아가는 것이 낫다 판단했기 때문일지 모른다. 옥수수를 재배하면서 시작된 문명의 진화이지만 옥수수는 일정한 규모 이상의 인구를 부양하기에 충분한 작물이 아닐 수 있다. 한때 문명을 이루고 대규모로 모여 살던 마야 인들이 휴론 족과 마찬가지로 자연과 조화된 삶으로 돌아간 이유가 궁금하다. 어쩌면 땅이 넓은 미주대륙에서는 원주민들이 굳이 한데 모여 살면서 다투기보다 넓은 지역에 적당한 규모로 흩어져 살며 자연과 조화되어 농경과 수렵을 병행하는 것이 훨씬 더 나은 선택이었을 것이다.

1.5 … 뜻밖의 이방인

이유가 무엇이든 자신들만의 삶을 이어가던 미주대륙의 원주민들은 그러나 다른 환경에서 진화해온 인류와의 만남으로 인해 갑자기 운명이 바뀌게 된다. 이방인들과의 만남은 스페인 통합에 성공한 이사벨라(Isabella I of Castile) 여왕의 지원을 얻은 콜럼부스에 의해 시작되었다. 이탈리아의 비교적 유복한 집안에서 태어난 그는 마르코 폴로(Marco Polo)의 동방견문록에 심취한 뒤 인도로 가는 새로운 항로를 개척하기 위한 꿈을 키워왔다. 당시 동방으로 가는 길목을 장악한 투르크를 피해 인도의 차와 향신료를 안정적으로 들여올 수 있는 방법을 찾는다면 이는 개인적으로는 물론 국가적으로도 엄청나게 수지가 맞는 일이었다. 특히 회교도 무어인들을 몰아내고 기독교 전파에 매진했던 스페인의 입장에서는 자신들의 이상을 더 크게 펼칠 수 있는 기회였다. 콜럼부스 자신은 비록 죽을 때까지 인도의 일부라고 생각했던 카리브 해 연안을 맴돌았지만 그로부터 시작된 스페인의 미주대륙 정복은 국부 축적과 기독교 전파라는 명분아래 상당기간 집요하게 이루어졌다.

영국 런던에 있는 Victoria & Albert 미술관에는 1845년 밀리아스(John Everett Millais) 경이 그린 유명한 유화가 전시되어 있다. 이 그림은 1532년 스페인의 정복자 피사로(Francisco Pizzaro)가 당시 페루의 강력한 제국이었던 잉카의 왕 아타후알파 (Athahualpa)를 생포하는 순간을 묘사하고 있다. 그런데 이 장면은 콜럼부스에 의해 처음 알려진 미주대륙이 이후 유럽제국들에 의해 유린되어 가는 과정을 상징적으로 잘 보여주고 있다. 이 그림에 대한 설명을 보면* 당시 피사로는 고작 168명의 병력으로 8만 명이 넘는 인력의 호위를 받던 잉카 왕을 아주 손쉽게 생포할 수 있었다고 한다. 물론 역사란 승자의 입장에서 과장되고 왜곡되기 마련이지만 아무튼 소수의 스페인 원정군이 당시 남미 최대의 제국을 무너뜨렸던 것은 사실이니까 피사로가 수적으로 절대적인 열세에도 불구하고 막강했던 잉카 세력을 무너뜨린 것은 분명해 보인다. 기록을 보면 스페인 진영은 총을 가진 기병이 주력이었으나 잉카 진영은 대부분이 비전투 인력이었으며 그나마 전투 병력도 대부분 나무 화살과 몽둥이 등으로 무장한 정도에 지나지 않았다. 미리 매복했던 스페인 병력의 총소리에 놀란 잉카인들은 생전 처음 보는 말이 날뛰는 모습에 혼비백산된 채 어디서 날아오는지 알 수도 없는 총알에 낙엽처럼 스러져 갔을 것이다. 그렇게 잉카 왕을 붙잡은 피사로는 그를 금방 풀어줄 것처럼 회유하면서 가능한 많은 금은보화를 수탈한 뒤 결국 그를 살해했다. 콜럼부스가 세운 식민지 산토도밍고를 발판으로 푸에르토리코, 쿠바, 멕시코를 거쳐 페루의 잉카에 이르기까지 손길을 뻗혀간 스페인의 미주정복은 제2차 세계대전 당시 독일에서 자행된 유태인 학살과는 비교가 안 될 정도의 인류역사상 가장 참혹한 침탈이었다고 전해진다.

스페인뿐만 아니라 프랑스, 네덜란드, 영국 등 뒤이은 세력들의 기록을 보아도 그들이 무력과 기만 그리고 때로는 의도치 않은 우연으로 원주민들의 삶을 흔들고

---

* 당시 신·구대륙의 문명 충돌과 관련된 일부 내용은 Jared Diamond (1997)에서 인용되었음을 밝힌다.

말살시켜 갔는지 잘 알 수 있다. 솥단지나 쇠칼 그리고 유리구슬 등을 바꾸어주는 교역꾼들의 요구에 맞춰 가죽이 가장 두꺼워지는 겨울철 둑을 허물어 가며 포획되기 시작한 휴런의 비버 수는 급격히 줄고 생태계가 파괴되면서 수호신의 사냥규칙은 잊혀졌다. 유럽인들이 가져온 술에 취해 정신을 잃고 헤매는 사이 자연과 조화를 이루며 수천 년을 소박하게 살아오던 원주민들의 역사는 점차 사라져갔다. 유럽인들의 눈에는 그러한 원주민들이 매우 미개한 집단으로 비춰졌으며 그들을 깨우치고 발전시켜 신의 인간으로 거듭나게 하려면 어떠한 수단과 방법도 모두 정당화 될 수 있다고 여겼다. 영어로 Requirement의 뜻을 지닌 스페인의 Requerimiento는 원주민을 만났을 때 정복자들이 먼저 낭독하는 일종의 포고문이었다. 신을 뜻을 받들 것을 요구하며 그렇지 않을 경우 무력을 동원할 것이란 내용을 스페인어로 낭독하고 그걸 알아듣지도 못하는 원주민들의 땅을 빼앗는 것이 정당화 되도록 한 것이다. 일부 호전적인 원주민들로부터 공격을 받는 경우도 있었지만 대부분의 경우 유럽인들은 원주민들의 땅을 차지하는데 그다지 큰 어려움을 겪지 않았다. 당시 미주대륙의 원주민들은 앞선 문명의 침입자들을 물리칠 수 있는 능력을 갖추지 못하고 있었기 때문이다. 아니 못한 것이 아니라 미주대륙은 그 이전까지 그럴 필요가 없는 환경이었고 원주민들은 거기에 맞추어 수만 년 동안 살아왔을 뿐이다.

1.6 … 농사에서 비롯된 격차

원주민들에게는 억울한 평가이지만 미주대륙이 다시 발견될 당시 그들의 문명은 유럽에 비해 한참 뒤져있었다는 것이 일반적인 견해이다. 문명의 시작이라 할 수 있는 농경이 약 1000년-1500년가량 늦게 시작된 것은 인류의 긴 역사에 비추어 그렇게 큰 차이는 아닐 수 있다. 그러나 농사가 전파되고 문명이 발전되어 가는 과정에서 미주대륙은 유럽과 아시아에 비해 속도가 훨씬 늦었고 이 때문에 격차가 더 커지게 되었다. 앞서도 설명했지만 동서로 넓게 뻗은 유라시아 대륙에 비해 고원과 사막에 막히고 남북으로 뻗은 미주대륙의 지리적 환경은 농사의 교류와 전파에 불리했다. 그 결과 당시 유라시아에서는 열대우림과 시베리아 등 일부 지역에서만 수렵에 의존한 생활이 이루어졌지만 미주는 대부분 지역에서 수렵생활이 병행되었다. 키우는 작물과 가축 또한 매우 다양했던 유라시아에 비해 미주에는 그 종류가 극히 제한적이었고 질적으로도 차이가 났다. 우선 유라시아에서 재배되던 쌀, 보리, 밀 등은 미주의 옥수수나 고구마에 비해 열량이 비교적 높은 곡물이다. 키우던 가축의 종류를 보아도 유라시아 인류의 영양 섭취가 훨씬 더 월등했음을 쉽게 알 수 있다. 당시 양, 염소, 돼지, 소, 말 등 다양한 종류의 대형 포유류를 사육했던 유라시아에 비해 미주에는 라마 또는 알파카로 불리는 단 한 종류만 키웠을 뿐이다. 기타 작은 동물을 보아도 유라시아에서는 개, 고양이, 토끼, 닭, 거위, 오리 외에 심지어 꿀벌과 누에까지 키웠으나 미주에서는 개, 기니피그, 칠면조, 머스크오리 등 종류도 많지 않았고 그 크기도 비교적 작았다. 가축의 크기가 작다는 것은 식용할 수 있는 부위가 적다는 뜻이고 따라서 미주대륙의 인류는 그만큼 불리했다. 육류뿐만 아니라 유라시아의 양, 염소, 소, 말, 낙타 등은 우유를 짜서 먹을 수도 있었지만 미주의 라마/알파카는 그렇지도 못했으니 영양섭취의 차이가 더 컸다.

처음에 가축을 키우게 된 가장 큰 목적은 먹거리를 공급받기 위한 것이었겠지만 가축은 그밖에도 방한을 위한 털, 가죽 등을 제공한다. 이 경우에도 가축의 크기가 커야 그만큼 털과 가죽이 많이 제공되는 것은 당연한 이야기이다. 아마 초기에는 털과 가죽을 그대로 이용하였지만 시간이 지나면서 양털 등을 이용하여 실을 뽑아내고 그걸 가지고 옷감을 만드는 기술이 개발되었을 것이다. 중국에서는 누에에서 직접 실을 뽑아 비단을 만들기도 하였는데 누에의 경우 크기는 작지만 뽕잎을 먹고 뽑아내는 실의 양이 엄청나기 때문에 그만큼 큰 동물에 못지않은 경제성이 있다. 대형가축은 또한 운송수단을 제공하기도 하는데 말이나 낙타 등을 직접 타기도 하고 짐을 실어서 옮기는데 사용하기도 한다. 바퀴가 발명된 다음에는 수레를 끄는데 말과 소를 이용하기도 하고 개는 물론 대형가축은 아니지만 시베리아 지역 등에서는 썰매를 끄는데 이용되었다. 아직 수레가 발명되지 않았던 미주대륙에서는 유일한 대형가축인 라마에 짐을 지웠을 뿐 직접 타는 일도 없었다. 대형가축은 또한 전투수단으로 이용되기도 했는데 앞서 잉카인들이 스페인의 날뛰는 말에 놀랐다고 했듯이 유럽과 아시아에서는 말이 흔히 전투에 이용되었지만 미주에서는 가축을 전투에 이용할 생각도 못했을 것이다. 그밖에도 대형가축의 존재는 농업생산력을 높이는데 있어서도 유용한 역할을 하는데 우선 소나 말을 밭갈이에 이용함으로써 많은 땅을 손쉽게 개간하여 더 넓은 땅에 농사를 지을 수 있다. 또한 가축에서 나오는 배설물은 훌륭한 천연비료가 되어 지력을 높이는데 탁월한 효과를 발휘한다. 그런데 미주대륙은 발견 당시 농사에 가축을 이용할 줄 몰랐으며 곡괭이 등 간단한 농기구만을 이용하여 대부분 손으로 농사를 지었다. 이처럼 미주대륙의 농사는 시작도 늦었지만 그 진화과정에서 발생한 차이로 인해 유라시아 대륙에 비해 효율성이 현저히 낮았다.

〈표〉 유라시아와 미주의 가축

	유라시아	미 주
대형 포유류	양, 염소, 돼지, 소, 말, 당나귀, 낙타(외등, 쌍등), 순록, 물소, 야크, 반텡(발리소), 인도물소	라마/알파카
기타 동물	개, 고양이, 토끼, 닭, 거위, 오리, 꿀벌, 누에	개, 기니피그, 칠면조, 머스크오리

마지막으로 가축의 사육은 인간의 질병과 면역성에도 큰 영향을 미치게 되는데 이런 면에서도 유라시아 대륙이 훨씬 유리했다. 즉, 오늘날의 에이즈도 원숭이로부터 전염되기 시작했다고 하지만 역사상 대부분의 병원균은 가축과의 접촉을 통해서 생겨나게 된다. 천연두나 페스트 같은 전염병도 모두가 가축으로부터 인간에게 전이되고 이를 이겨내지 못한 사람들이 순식간에 죽어간 경우이다. 그런데 이와 같은 전염병은 순식간에 나타나서 많은 사람들의 목숨을 앗아가지만 또한 순식간에 사라져버리기도 한다. 그 이유는 순식간에 많은 사람이 병원균에 노출되어 목숨을 잃지만 또한 몸속에서 그 병원균을 이겨내는 저항력을 키우는 사람들도 있기 때문이다. 즉, 어떤 병에 대해서 면역성이 없는 사람들은 사라지지만 그 병에 노출된 이후 항체를 만드는데 성공한 사람들은 안전하게 된다. 또한 전염병은 인구밀도가 높은 지역에서 더 빠르게 확산되는데 농경생활이 일찍 시작된 유라시아 대륙에서는 인구가 급속도로 증가하여 인구밀도가 높았다. 동서로 넓게 뻗은 지형을 통해 동쪽 중국과 서쪽 메소포타미아 지역 사이에 상당한 수준의 교류가 있었을 것이다. 유라시아 대륙은 가축의 종류가 다양하여 그만큼 질병의 종류도 다양했겠지만 전염도 빨랐을 것이고 면역성 또한 빠르게 전파될 수 있었을 것이다. 따라서 미주대륙이 발견될 당시 유럽인들은 이미 상당한 면역성을 갖추고 있었지만 인구밀도도 별로 높지 않고 키우는 가축의 종류도 많지 않았던 미주의 원주민들은 질병에 노출된 경험도 적었으며 따라서 면역성도 취약할 수밖에 없었다. 사실 유럽인들이 원주민을 몰아내고 쉽게 미주대륙을 차지할 수 있었던 것은 무력을 앞세

운 것도 있지만 그보다는 그들이 지녔던 병원균에 감염되어 사라져간 원주민의 수가 훨씬 많았기 때문이다.

1.7 … 문명의 차이

미주와 유라시아 대륙 사이에 그렇게 시작된 농사의 격차는 시간이 갈수록 다른 부분으로 확대되어 갔을 것이다. 그 중에서도 가장 처음 두드러지게 나타나게 되는 것은 아마도 인구규모의 차이일 것이다. 충분히 먹고 몸이 튼튼해진다는 것은 그 만큼 일할 능력이 증대된다는 것이고 그래서 농업생산이 더 늘어난다. 농업생산이 늘어난다는 것은 또한 그 만큼 부양할 능력이 많아지는 것을 의미하며 따라서 인구의 증가도 자연히 더 빨라지게 된다. 콜럼부스 이전 미주대륙의 인구는 3,000- 5,000만 명으로 추정되나 이는 당시 인류전체 4-5억 명의 10%에 불과할 정도로 인구규모의 차이가 이미 상당했다. 미주 대륙에 비해 1.3배 정도 큰 면적의 유라시아 대륙에 인구는 10배 정도 많았으니 그만큼 인구밀도가 높았다는 뜻이다. 높은 인구밀도는 다른 집단과의 잦은 접촉을 의미하며 앞서도 설명했지만 이는 문명의 전파속도를 한층 더 빨라지게 했다. 그 결과 미주대륙은 단순히 투입인력에 있어서뿐만 아니라 농업생산성에 있어서도 여러모로 뒤처지게 된다. 콜럼부스의 발견 당시 미주에서는 옥수수나 고구마 씨앗을 일일이 심었지만 유라시아에서는 밀, 보리, 쌀 등을 흩뿌리는 방식으로 농사를 지어 훨씬 효과적이었다. 또한 미주에서는 농사가 주로 손으로 이루어졌지만 다른 대륙에서는 가축을 이용하여 쟁기도 끌고 곡식을 빻고 운반하며 배설물을 비료로 이용했던 것은 이미 설명한 바 있다. 가축을 통한 전염병의 발생과 면역성의 증대에 대해서도 이미 설명했지만 문명의 전파는 때때로 재앙을 불러온다. 그러나 그러한 재앙을 극복하는 과정에서 인류는 한 단계 더 진보하며 그 결과 보다 강력한 문명이 등장한다.

농업에서뿐만 아니라 당시 유럽제국은 다른 거의 모든 분야에서 기술적으로 미주를 압도하였다. 말을 타고 총칼을 휘두르며 갑옷과 투구로 무장한 침입자들에게 몽둥이와 화살로 무장한 엉성한 복장의 원주민들은 상대가 될 수 없었다. 구리, 청동, 철 등의 순서로 발전해온 유럽의 금속 문명은 다양한 생활도구와 무기를 갖추게 했지만 미주에서는 금, 은, 동을 주로 장신구에 사용했고 생활도구는 아직도

돌, 나무, 동물 뼈 등을 사용하는 수준에 머물렀다. 유럽에서는 전투에도 동원되었지만 동물은 바퀴를 단 수레를 끄는 중요한 동력원으로 활용되었다. 유럽에서는 또한 수력이나 풍력을 이용하여 수차나 풍차를 돌렸으며 돛을 이용한 선박으로 대서양을 건널 수 있는 동력을 얻기도 했다. 멕시코 유역에서 바퀴형태의 유물이 발견되기는 했지만 크기가 너무 작아 그것이 실생활에 사용되었을지 의문이 드는 미주대륙에서는 아직 인력이 유일한 동력원이었다. 따라서 바다에서도 노를 저어 움직이는 배틀 탄 원주민들은 범선을 타고 추격해오는 정복자들을 피할 길이 없었을 것이다. 늘어난 농업생산량을 기록하고 관리하기 위한 수단으로 숫자가 먼저 고안되었고 시간이 지나면서 차츰 문자로 발전했다는 것이 일반적인 견해이다. 처음에 문자는 관련된 일을 담당하던 소수의 엘리트 집단에게만 전수되어오다가 점차 사용이 보편화되어 갔을 것이다. 아즈텍 유적에서 초기 숫자의 형태를 지닌 매듭문자의 흔적이 발견되지만 미주대륙에서는 아직 문자가 완성되지 못했다. 유럽에서도 비록 모든 계층에 문자가 확산된 것은 아니었지만 귀족과 성직자 같은 고위계층 외에도 군인이나 장인 집단 같은 중급계층에서도 문자를 읽고 쓸 줄 알았다. 특히, 미주대륙에 먼저 진출한 원정대가 문자로 남긴 기록들은 후발자들에게 전달되어 그들이 사전지식을 통해 시행착오를 줄이며 정복사업을 꾸준히 추진할 수 있게 함으로써 유럽의 절대적 우위를 제공했다.

그러나 갑자기 들이닥친 유럽인들을 만나기 전까지만 해도 미주대륙의 원주민들은 자연과 조화를 이루며 나름대로의 안정된 삶을 이어가고 있었다. 아즈텍과 잉카는 제국이라 불릴 만큼 통일국가의 면모를 갖추어가는 과정에 있었지만 이미 그 단계를 넘은 마야는 부족형태의 삶으로 돌아가 있었다. 주어진 환경이 달랐던 미주대륙에서는 유럽이나 아시아와 같은 중앙집권적 왕권통치가 가능하지 않았을지 모른다. 대규모 인구집단을 부양할 충분한 작물과 가축도 없었지만 넓은 땅에 흩어져 살면서 다른 집단과 크게 다투지 않고도 부족함 없는 삶을 누릴 수 있었을 것이다. 전혀 접촉이 없는 것은 아니었고 그러다 보니 부족들 사이에 크고 작은 원한관계도 생기게 마련이지만 그렇다 해서 상대를 완전히 없앨 정도로 싸우는 일은 드물었다. 독을 묻힌 화살로 공격하는 호전적인 부족들도 물론 있었지만 그들조차도 총칼을 만들 생각은 안했을 것이다. 당시 그럴 능력도 없었지만 그랬다 하더라도 금속으로 장신구를 만들었던 그들이 잔혹한 무기를 고안했을 것 같지는 않다. 필요한 만큼의 비버 가죽을 구하고 버팔로 고기를 얻고 야생의 열매를 따고 부족이 먹을 만큼의 옥수수를 키우는데 창과 화살 그리고 곡괭이 정도만 있으면 충분했다. 동물을 잡아 쟁기를 끌게 할 필요도 없었고 바퀴를 달아 수레를 끌게 할 생각도 못했으며 거름을 주어 수확을 늘릴 수 있다는 것을 알지도 못했다. 잉여생산물이 많지 않으니 이를 기록하고 관리할 숫자와 문자를 고안할 필요도 없었으며 족장과 그를 보좌하는 일부가 부족의 중요한 일을 관리하고 결정하면 되었다. 이웃과의 전투가 벌어지기도 했지만 전사 집단이 따로 있는 것도 아니며 평소에 그들은 집터를 손질하기도 하고 사냥을 나가기도 했다. 그들에게도 풍토병은 있었으나 그 종류도 많지 않았고 오랜 경험을 통해 특정한 약초를 먹고 바르면 낫는다는 것을 알고 있었다. 당시의 시각으로 보면 유럽문명이 미주대륙에 비해 훨씬 앞선 것이 분명해 보이지만 현대의 관점에서 보면 반드시 그렇지 않을 수도 있다. 인권과 환경을 중시하는 오늘날의 관점에서 보면 전쟁과 질병으로 수많은 아픔을 겪으며 생겨난 문명이 자연과 어울려 건강하게 살던 문명에 비해 반드시 앞섰다고 보기는 어렵다.

제 2 장

미주의 출발과 미국의 현재

2 미주의 출발과 미국의 현재

2.1 … 새로운 역사의 시작

앞서 제1장에서 살펴본 바와 같이 1492년 콜럼부스가 지금의 서인도 제도를 발견하면서 신대륙으로 세상에 알려진 미주는 당시 시각으로 볼 때 유럽과 비교가 안 될 정도의 큰 격차로 뒤떨어져 있었다. 그러나 미주대륙이 뒤처져 있었던 것은 그들이 유전적으로 열성이어서 그런 것은 결코 아니며 단지 그들에게 주어진 조건이 그랬던 데 따른 결과이다. 만약에 미주대륙이 외부세계와 더 오래 동안 격리된 채 나름대로의 진화과정을 거쳤다면 역사는 달라졌을 수도 있다. 인류는 주어진 환경에 영향을 받으며 진화를 경험하지만 시간이 지나며 의도적이든 또는 그렇지 않든 환경을 변화시키려 시도하며 때로 그 결과는 다른 조건의 집단들보다 우월적 지위를 차지하게 만든다. 시베리아를 거쳐 인류가 진출한 이후 주어진 환경에 적응하며 더디지만 꾸준한 진화과정을 밟아오던 미주대륙은 뜻밖의 외부세력과 마주치면서 그때까지와는 상당히 다른 환경에 처하면서 새로운 역사를 시작하게 된다. 즉, 미주대륙과 그 원주민들은 신대륙으로 발견된 이후 그들의 금은보화를 빼앗기 위해 수단과 방법을 가리지 않는 침략자들의 수탈을 상당기간 감수하면서 또 다른 역사의 길을 걷게 된다.

이번 장부터 본격적으로 다루게 될 미국의 역사는 같은 대륙에 있었지만 다른 지역의 그러한 역사와는 사뭇 또 다른 길을 걸어왔다. 그 이유는 미국이 미주대륙이나 또는 아프리카 등 다른 지역의 식민지들과는 조금 다른 환경을 지니고 있었기 때문이다. 겉으로 보기에는 비슷한 조건이지만 미국 나름의 다른 환경요인이 있었으며 그것이 유사한 배경의 다른 식민지들이 이루지 못한 오늘날 세계 최강의 위치에 오른 원인으로 작용한다. 즉, 미국이 세계경제에서 오늘날과 같은 지위를 구축할 수 있었던 것도 결국은 자연적으로 주어진 환경과 또한 자신들이 처한 환경에 적응하고자 했던 인위적인 노력들이 만들어 놓은 결과라고 할 수 있다. 이와 같이 주어진 환경요인은 지구상 모든 생명체에 그러했던 것과 마찬가지로 인류의 역사전개에도 지대한 영향을 미쳤으며 미국의 발전과정을 탐구함에 있어 그러한 환경요인을 따져보는 것은 매우 중요한 일이다. 이제부터 미국의 특별한 환경요인이 어떤 것들이었으며 미국인들은 그러한 환경요인에 어떻게 적응하고 또한 어떠한 변화를 시도하면서 역사를 만들어왔는지 알아보도록 하겠다.

2.2 … 신대륙의 발견

미주대륙에도 아즈텍과 잉카가 제국의 형태를 갖추어 가고 있었지만 그 단계를 거쳐 간 마야가 그랬던 것처럼 미주지역의 대부분은 부족 중심의 생활을 하고 있었다. 콜럼부스는 당시 이러한 지역의 한 군데를 발견한 것이며 그것은 정말 기적과도 같은 일이었다. 즉, 콜럼부스가 이끄는 산타마리아호를 비롯한 3척의 배가 오늘날 서인도제도의 바하마에 도착한 것은 1492년 10월 13일의 일이었으며 그들은 이미 두 달이 넘는 항해 끝에 식량과 물이 거의 바닥난 상태에서 육지를 발견한 것이다. 콜럼부스는 이곳을 산살바도르라 명하였는데 이는 구세주란 뜻으로 그들이 육지를 발견할 당시 얼마나 어려운 상황에 처해 있었는지 잘 나타내는 표현이다. 그날의 기록을 보면 그곳의 원주민들은 비록 옷은 입지 않았지만 매우 호의적이었으며 따라서 콜럼부스 일행은 그들에게서 물과 식량을 얻어 계속 항해를 할 수 있었으며 이어서 오늘날의 쿠바와 아이티도 발견할 수 있었다.

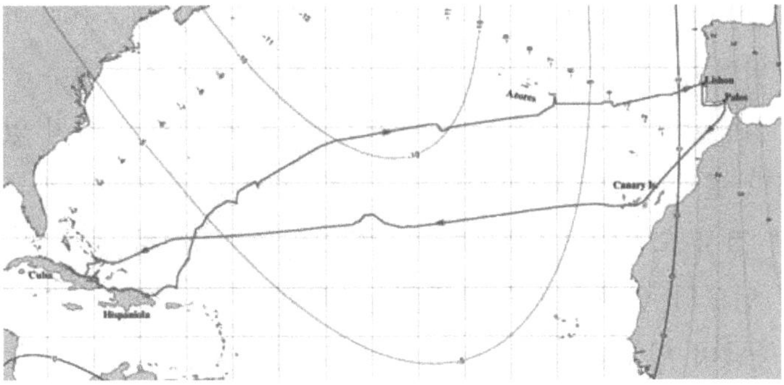

〈그림〉 콜럼부스의 첫 항로

콜럼부스는 원래 이탈리아의 제노바에서 직물공의 아들로 태어났다고 알려져 있는데 직물공이라 하면 옷감을 짜는 기능공이라고 할 수 있어 오늘날은 별로 큰 의미가 없어 보이지만 이는 당시 콜럼부스가 매우 괜찮은 집안에서 태어났다는 것을 의미한다. 즉, 그가 비록 귀족집안은 아니지만 그래도 생활이나 교육수준이 중간 이상은 되는 가문출신이라는 뜻이다. 당시는 학교라는 것이 흔하지 않았기 때문에 콜럼부스 자신도 정식교육을 받은 것은 아니지만 글을 읽고 쓸 정도의 실력을 갖출 수 있었을 것이다. 특히, 그는 항해지식과 천문, 지리학 등에 조예가 깊었으며 마르코 폴로의 동방견문록을 탐독한 이후 대서양을 서쪽으로 항해하면 인도에 도달할 수 있다고 확신하였다고 한다. 그러한 콜럼부스가 신대륙을 찾게 된 배경을 이해하자면 당시 동방무역이 갖는 의미를 알아야 할 것이다. 당시 인도와 중국 등으로부터 유럽에 들어오는 금, 은 등 귀금속과 후추 등 향료, 비단과 같은 직물 들은 요즘으로 치면 대단한 명품이라 할 수 있었다. 이들 명품들은 아라비아와 터키 등 동방국가들을 거쳐 서방에 유입되고 있었으며 수요에 비해 공급이 턱없이 부족하여 가격이 매우 높았기 때문에 동방무역은 아주 수지맞는 사업이었다. 그러나 1543년 이슬람 세력인 오스만투르크 제국이 동로마 제국을 멸망시키고 콘스탄티노플을 함락시킴으로써 동방무역이 더욱 어려워지게 된다. 이러한 상황에서 당시 유럽각국은 동방무역을 위한 새로운 통로를 찾기 위해 부심하고 있을 때였다. 이때 포르투갈에 살고 있던 콜럼부스는 대서양을 횡단하여 인도에 가려는 계획을 포르투갈 궁정에 제출했으나 왕실은 이를 외면했다. 왜냐하면 포르투갈은 이미 1488년 디아스(Bartolomeu Dias)를 파견하여 아프리카의 희망봉을 발견했으며 얼마 후 이를 지나서 인도로 가는 항로를 개척하는데 막 성공하려는 단계에 있었기 때문이다. 그러나 포르투갈과 경쟁관계에 있던 스페인의 이사벨라 여왕은 콜럼부스의 제안을 받아들여 3척의 배와 얼마간의 자금을 지원하게 된다. 이미 포르투갈과의 경쟁에 뒤쳐져 있던 스페인의 입장에서는 고작 배 3척을 내주고 비록 확률은 높지 않지만 성공할 경우 엄청난 이권을 챙길 수 있는 충분히 가치 있는 투자였을 것이다. 그리고 결국 콜럼부스는 신대륙을 발견하는데 성공했으며 그는 1504년까지 세 차례에 걸쳐 오늘날의 멕시코 만 남단을 두루 탐사하였다. 그러나 그는 끝까지 그곳이 인도의 일부라고 착각했는데 1499년 이탈리아의 베스푸치(Amerigo Vespucci)는 중남미 일대를 2년간 탐사한 끝에 신세계라는 저서를 발표하여 콜럼부스의 생각이 틀렸음을 세상에 알리게 된다.

2.3 … 스페인의 중남미 정복

콜럼부스는 결국 인도로 가는 항로를 찾는 데는 실패하였으며 따라서 당초의 목적을 달성하지는 못했지만 스페인의 소규모 투자는 결국 그들에게 엄청난 이익을 안겨주게 된다. 즉, 그들은 오늘날의 멕시코에서 칠레에 이르는 중남미의 광대한 지역을 식민지로 거느리게 되기 때문이다.* 즉, 그들은 콜럼부스가 세웠던 식민지인 산토도밍고를 발판으로 해서 1509년 푸에리토리코를 정복하였으며 1513년 발보아(Núñez de Balboa)는 파나마 지협을 도보로 횡단한 후 태평양 발견하게 된다. 이로써 실제로 자신들이 신대륙에 발을 들여놓은 것을 확인하게 된 그들은 또한 1514년에는 오늘날의 쿠바도 자신들의 손아귀에 넣게 된다. 이어서 1519년에는 코르테스(Hernán Cortés)가 아즈텍 왕국을 멸망시키고 오늘날의 멕시코를 지배하게 되며 1533년에는 앞서도 설명한 바와 같이 피사로가 아타후알파를 생포하고 잉카 제국마저 무너뜨리게 된다. 아타후알파를 생포한 피사로는 마치 그를 풀어줄 것처럼 속여 왕국의 금은보화를 가능한 모두 수탈한 뒤 결국 그를 살해하는데 이와 같이 스페인은 중남미 대륙을 유린해가는 과정에서 수단과 방법을 가리지 않는 무자비한 모습을 드러낸다. 스페인 원정대는 또한 오늘날의 플로리다를 통해 북미대륙

* 1493년 교황 알렉산드로 6세의 중재로 체결된 토르데시아스 조약은 아프리카 서안의 카보베르데 섬 서쪽 1800킬로미터 선을 기점으로 그 동쪽은 포르투갈, 서쪽은 스페인의 식민지 개척권을 부여하였다. 오늘날 대부분 스페인어를 쓰는 중남미 대륙에서 유일하게 포르투갈어를 사용하는 브라질은 포르투갈의 개척권이 인정되는 동쪽에 위치하고 있다는 사실이 흥미롭다.

에도 상륙하여 아칸서스, 캔자스, 뉴멕시코 지역 등을 탐사하였다. 그러나 중남미와 달리 당시 북미에는 제국이라 불릴만한 세력도 없었고 따라서 스페인이 관심을 가질 만큼의 금은보화를 가진 부족도 없었다. 오히려 호전적인 부족들을 만나 여러 차례 희생을 겪은 스페인은 결국 북미대륙을 포기하고 대서양 항로를 보호하기 위한 소수의 병력을 플로리다 연안에 남겨두고 철수한다.

2.4 … 프랑스와 네덜란드의 북미 진출

그러나 이 책에서 다루고자 하는 미국과 북미대륙은 그러한 이유로 스페인의 잔혹한 손길에서 벗어나 있을 수 있었지만 그것은 오늘날 미국에게는 대단한 행운이었다. 당시 스페인에게는 아무런 가치도 없었지만 북미지역이 실제로 석유, 우라늄 등의 매장량이 엄청난 자원의 보고인 것을 보면 역사란 타고난 환경과 그에 따른 진화가 적절하게 조화된 결과임을 다시 한 번 느낄 수 있다. 그러나 아무런 관심을 받지 못하던 북미대륙에 눈을 먼저 돌린 것은 프랑스였는데 1534년 프랑스의 카르티에(Jacques Cartier) 경은 북미대륙의 세인트로렌스 만 연안을 탐험하였다. 그 당시 그는 북부대서양 연안에의 바다 속에서 은빛 광채가 나는 것을 발견하였다고 하는데 이는 은이 아니고 은빛을 내는 생선인 은대구였다. 실제로 그는 오늘날도 그 지역의 특산물로 유명한 은대구를 프랑스 왕실에 진상했으나 왕은 별로 기뻐하지 않았다고 한다. 따라서 프랑스는 생선 이외의 다른 것을 찾기 위해 탐사노력을 계속하였는데 1541년 로베르발(Jean-François Roberval)은 지금의 퀘벡 북방 12마일 지점에 최초의 프랑스 식민지를 설치하였으며 1555년 빌르게뇽(Nicolas Durand de Villegaignon)은 브라질 해안 근처에 식민지를 건설했다고 한다. 1564년 로드니엘(René Goulaine de Laudonnière)은 플로리다에 카롤린 요새를 건설했다가 스페인과 충돌 이후 철수했다는 기록이 있다. 그러나 프랑스는 종교전쟁이 종식된 이후 강력한 왕국으로 성장시킨 앙리 4세(Henry Ⅳ) 이후 다시 한 번 북미진출을 적극적으로 시도하게 된다. 1599년 쇼뱅(Pierre de Chauvin)은 캐나다에 50명을 식민시킨다는 조건을 내세워 북미지역의 모피거래 독점권을 획득하게 된다. 특히 뉴 프랑스 회사가 설립된 1603년부터는 샤플렌(Samuel de Champlain) 등이 이끈 원정대가 파견되면서 향후 30여 년에 걸쳐 본격적인 식민지 개척이 시도된다. 그들은 오늘날의 퀘벡을 건설하고 세인트로렌스 강 어귀부터 오대호 연안을 잇는 수로를 차례로 발견하면서 미시시피 강 어귀의 뉴올리언스까지 진출하여 북미의 내륙 깊숙이까지 프랑스의 영향력을 확대한다.

한편 네덜란드의 북미진출은 국부 축적과 기독교 전파의 명분을 내세운 스페인이나 프랑스의 식민지 개척과 달리 순전히 상업적 이윤을 추구하기 위해 시도되었다. 인도 연안의 실론과 중국 연안의 포모사를 이미 선점한 그들은 교역의 중계망을 확장할 목적으로 미주와 아프리카 진출을 모색하였다. 네덜란드 동인도 회사에 의해 파견되었던 허드슨(Henry Hudson)은 1610년 본국으로 돌아와 하구에 천연의 항만을 갖춘 강변을 따라 넓은 농지가 펼쳐진 토지를 발견했다고 보고한다. 그의 이름을 따라 허드슨 강과 허드슨 만으로 불리는 이 지역은 오늘날 뉴욕의 일부이다. 당시에는 뉴 암스테르담이었던 지역에 거점을 확보한 네덜란드인들은 주변 토지를 매입해가며 원주민들과의 비버가죽 교역 체제를 구축해갔다. 그러나 소수의 수비병력 만으로 프랑스와 영국 등 주변의 견제를 버티기도 어려웠던 네덜란드는 강압적으로 원주민을 다루며 전쟁까지 벌인 키이프트(Willem Kieft) 총독이후 그들과 적대적 관계에 놓이게 되면서 더 이상 설 땅을 잃게 된다. 정복을 통한 침탈을 추구했던 스페인과 달리 순전히 상업적 이익만을 추구했던 네덜란드 역시 별다른 소득을 구하지 못하고 북미대륙에서 물러나고 말았다. 상업적 이익과 더불어 기독교 영역의 확대를 함께 추구한 프랑스만이 북미대륙의 거점을 확보하는데 성공한 것처럼 보였다. 그러나 대서양에서 오대호를 거쳐 미시시피를 따라 뉴올리언스에 이르는 선을 통한 거점 확보는 절반의 성공이었다. 광활한 땅의 북미대륙은 결국 선이 아닌 면적의 점유를 통해서 개척되어야 했으며 그것은 정착식민지 건설을 목적으로 진출한 영국에 의해서 이루어지게 된다.

2.5 … 영국령 미국의 출발

스페인이 버려둔 북미지역에의 진출에 프랑스가 그나마 성공할 수 있었던 것은 비록 금은보화는 아니지만 대서양 연안의 은대구 같은 수산물과 세인트로렌스 강과 미시시피 강 연안을 따라 형성된 모피교역 등이 어느 정도 수익성이 있었기 때문이다. 그러나 애팔레치아 산맥의 동쪽인 오늘날 미국의 동부지역은 그런 것조차 기대할 수 없는 원시림이 우거진 접근조차 힘든 지역이었다. 해안을 따라 형성된 좁은 평지에 배를 타고 상륙할 수는 있었지만 이 지역은 정말 아무런 쓸모가 없어 보이는 그런 땅이었다. 초기의 적은 투자로 엄청난 이익을 챙긴 스페인, 그들이 관심을 두지 않던 북미대륙에 뒤늦게 진출한 프랑스, 그리고 그 보다 더 늦게 신대륙에 눈을 돌린 영국에게 남은 것은 해안가의 이러한 좁은 지역뿐이었다. 영국왕실은 1497년 이탈리아인 존 캐봇(John Cabot)을 파견하여 탐사활동을 벌였으며 1578년과 1583년 두 차례에 걸쳐 길버트(Humphrey Gilbert)경은 오늘날의 뉴펀들랜드 지역에 식민지 건설을 시도했다. 1584년 랄리(Walter Raleigh)경은 오늘날 노스캐롤라이나 연안의 섬에 상륙하여 이 지역을 버지니아로 명명하기도 했다. 그는 1587년 노스캐롤라이나 로아녹 섬에 실제로 150명의 식민을 시도하였으나 4년 후 방문 시 아무런 흔적도 발견할 수 없었다고 한다. 당시 국력이 약했던 영국으로서는 이와 같이 번번이 실패를 겪으면서 스스로 식민지를 개척하기 보다는 스페인이나 프랑스로 향하는 선박을 약탈하는 해적들의 활동을 지원하는 편이 훨씬 이익이었을 것이다. 사실 보물섬 등 해적과 관련된 무용담이 영국에 많은 것도 그런 사정과 무관하지 않았을 것이다.

그러나 힘이 약해서 해적이나 지원하며 남들이 별로 관심 없어 하던 지역만 맴돌던 영국에게도 기회가 찾아오게 되고 그 결과 오늘날 미국의 본격적인 역사가 시작된다. 그러한 기회는 다름이 아니라 1588년 여왕 엘리자베스 1세(Elizabeth I)의 영국해군이 스페인의 무적함대를 격파하면서 영국은 단숨에 북미대륙에서의 식민지 경쟁에 주도권을 확보하게 된다. 이와 같은 주도권 하에 1600년 국왕의 특허장 받은 동인도회사가 발족하고 1606년에는 제임스 1세(James I)의 특허장을 받은 런던회사와 플리머스회사 설립된다. 런던회사는 북위 34와 41도 사이의 지역 그리고 플리머스 회사는 북위 38도와 45도 사이의 지역에 각각 식민지 건설이 허용되었다. 두 회사는 모두 1606년 12월에 식민개척을 위한 선박을 각각 출항시키게 된다. 그런데 플리머스 회사의 선박은 현재의 뉴잉글랜드 메인 주에 해당하는 지역에 도착하였으나 혹독한 겨울 추위를 견디지 못하고 모두 귀한하게 된다. 그러나 중간 지역이 겹치기는 하지만 더 남쪽을 배정받은 런던회사의 선박들은 비교적 따뜻한 버지니아 지역에 도착하게 된다. 즉, 1606년 크리스마스 무렵 출발한 콘스턴트 호 등 3척의 선박에 나누어 탄 143명의 남성들은 1607년 4월 체사피크 만 연안에 도착 하였으며 당시 미주대륙을 장악하고 있던 스페인인들의 공격을 우려하여 체사피크 만을 거슬러 올라가 오늘날 버지니아와 메릴랜드 근처에 최초의 식민지인 제임스타운을 건설하게 된다. 북부지역에 정착을 시도한 플리머스 회사보다는 사정이 조금 나았지만 그들 역시 초기에는 각종의 질병과 굶주림에 시달리는 비참한 생활을 할 수밖에 없었다. 그러나 그들은 다행히 당시 영국해군 출신의 스미스(John Smith)의 지도력 아래 위기를 극복하고 정착에 성공할 수 있었다. 특히 랄프(John Rolfe)는 인근 포와탄 인디언 부족으로부터 담배의 재배법을 전수받는데 성공하여 훗날 이 지역이 담배를 수출하면서 번성할 수 있는 발판을 마련한 것으로 유명하다.

한편 1607년 북부지역의 정착에 실패했던 플리머스 회사는 1620년 식민건설을 다시 시도하게 되는데 이때의 이주민들은 불화로 인해 교황과의 단절을 선언하고 국교를 추진한 영국에서의 박해를 피해 네덜란드로 원래 이주했던 사람들이다. 그 해 9월 Pilgrim 이라 불리던 102명의 분리주의자들을 태운 메이플라워호가 플리머스 항을 출항하여 11월에 뉴잉글랜드 지역에 도착하였다. 당시 그들의 출발항이었던 플리머스와 같은 이름으로 오늘날 불리게 된 지역에 도착한 그들은 역시 추위와 굶주림에 시달렸지만 종교적 신념을 바탕으로 어려움을 극복할 수 있었다. 이듬해 그들은 첫 수확에 성공하고 이를 기념하기 위한 축제를 벌였는데 그것이 오늘날 미국의 국경일 가운데 하나인 추수감사절의 유례가 되었다고 한다. 비교적 기후도 온화하고 넓은 토지에서 담배 등의 작물을 재배할 수 있었던 남부지역과 달리 동북부지역은 기후나 토지 등 모든 조건이 열악하였지만 이들 지역에 이주한 사람들은 대부분 종교적인 박해를 피해 새로운 터전을 찾아온 사람들이었으며 그들은 종교적인 신념에 따라 엄격한 규율아래 생활하며 식민초기의 어려움을 극복해갔다. 특히 1629년 찰스 1세(Charles I) 로부터 매사추세츠 회사의 특허장을 획득한 청교도들은 그 이듬해부터 찰스타운에 정착하여 오늘날 보스턴 지역으로 생활권을 확대해나간다. 이들은 십여 년에 걸쳐 타종교에 배타적인 성도중심의 신권주의체제를 갖춘 매사추세츠 식민지를 건설하게 되는데 이들의 금욕적인 생활태도는 훗날 미국이 청교도의 나라로 불리게 된 계기가 된다. 한편 1635년에는 이들의 지나친 신권체제를 비판하여 추방된 윌리엄스(Roger Williams) 목사와 그의 추종자들이 하트퍼드에 정착하여 코네티컷 식민지를 건설하는데 이들이 1639년 자신들의 생활규칙으로 합의한 코네티컷기본법은 민주주의 최초의 성문법으로 평가된다. 또한 1681에는 찰스 2세(Charles Ⅱ)의 특허장 받은 윌리엄 펜(William Penn)은 펜실베이니아 식민지를 건설하기 시작하는데 이곳에는 청교도 개혁사상의 극단적인 실천을 통해 박해받던 퀘이커교도들의 피난처로 삼아 모였다고 한다. 따라서 그 지역에서는 처음부터 신앙의 자유와 공정한 상거래를 보장하였기 때문에 유럽 여러 종교집단들이 이민하여 18세기 중엽 필라델피아는 이미 여러 민족이 모여 사는 도시로 발전하게 되었다고 한다. 이런 식으로 건설되기 시작한 영국의 식민지는 미국의 독립이전에 모두 13개가 건설되었으며 이들 지역은 각각 뉴햄프셔, 매사추세츠, 로드아일랜드, 코네티컷, 뉴욕, 뉴저지, 펜실베이니아, 델라웨어, 메릴랜드, 버지니아, 노스캐롤라이나, 사우스캐롤라이나, 조지아 등으로 불리게 된다.

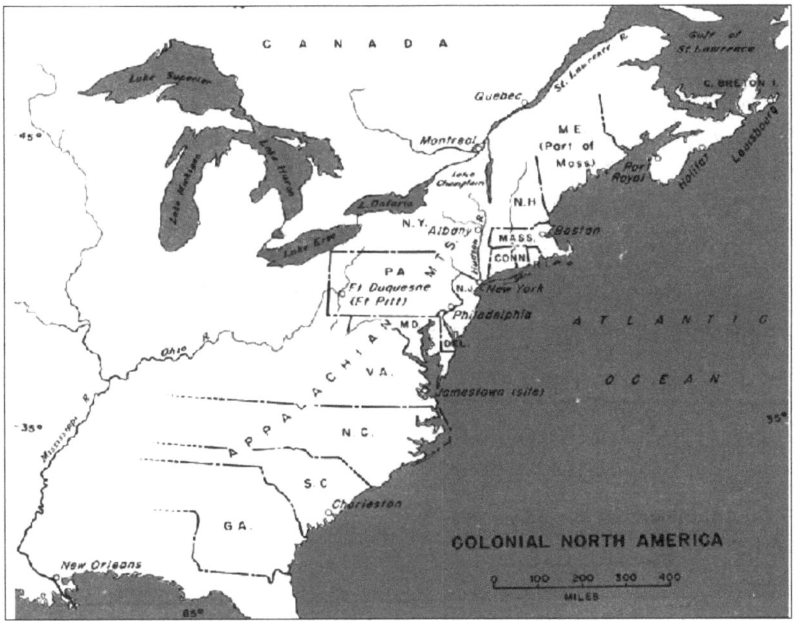

〈그림〉 초기의 13개 북미 식민지

2.6 … 현재 미국의 모습

이제까지 초기 북미대륙 식민지에 대해서 설명하였고 이 책에서는 앞으로 그렇게 출발한 미국이 어떠한 과정을 통해 주어진 환경을 개척하고 오늘날과 같은 세계최대의 경제대국으로 성장해가게 되는지 설명하게 될 것이다. 그러나 그와 같은 과정을 알아보기에 앞서 여기서는 오늘날 미국의 현황을 먼저 간략히 설명하고자 한다.*

* 이 절의 내용은 미국 CIA World Fact Book (https://www.ciagov/library/publicatins/the-world-

2.6.1 지리적 사항

우선 미국의 위치는 태평양과 대서양을 동시에 접하고 있으면서 남으로는 멕시코, 북으로는 캐나다와 국경을 접하고 있다. 보통 미국을 크게 몇 개의 지역으로 구분해서 말하는데 미국의 동부는 절반의 동쪽이 아니라 원래의 식민지가 세워졌던 동북부 해안지역을 지칭한다. 그리고 오늘날 미국의 수도인 워싱턴 DC의 남쪽의 지역인 버지니아부터 플로리다에 이르는 부분을 남부지역이라고 칭한다. 또한 동부에서 서부로 가기 이전에 중서부라고 불리는 지역이 있는데 이 지역은 오대호라고 불리는 거의 바다와도 같은 호수로 둘러싸인 지역을 말한다. 또한 서부라고 하면 보통 미시시피 강 서쪽의 지역을 이야기 하지만 오늘날에는 텍사스부터 시작되어 캘리포니아까지의 태평양 지역을 말한다. 중간에 로키 산맥 부근은 Mountain Region 즉, 산악지역이라고 부르며 그 서쪽의 오리건, 워싱턴, 아이다호 등 캐나다와 접경한 서부지역을 같은 지역을 따로 Northwest 즉, 북서부 지역이라고 지칭한다. 미국의 영토면적은 공식적으로 914만7,593km^2인데 이는 러시아, 캐나다, 중국에 이어 세계에서 네 번째로 큰 국토면적이다.* 이와 같이 국토가 워낙 넓은 미국은 전체적으로 6개의 시간대가 있고 본토에서만도 4개의 시간대가 있어 동부지역과 서부지역 사이에 3시간의 차이가 있다.

2.6.2 인구 사항

이와 같이 넓은 땅덩어리에 사는 인구는 2016년에 약 3억2,400만 명에 가까운 것으로 추정되는데 미국은 인구면에서도 중국과 인도에 이어 역시 세계 3위이다. 캐나다, 브라질, 아르헨티나와 같이 지구상에서 미국과 비슷한 넓이의 영토를 가진 국가들은 많으나 이들은 그러한 국토를 활용할 능력을 가진 인구수를 보유하고 있지 못하다. 특히나 미국의 가능성이 아직도 무한한 것은 인구구성에서 중간이 많다는 것인데 대부분의 선진국들은 보면 노년인구의 비중이 점점 더 늘어나서 노령화사회의 문제가 생기고 있는데 미국은 아직 그렇지 않다. 특히, 14세 미만의 인구가 아직 65세 이상보다 많은 것은 그 만큼 튼튼한 인구구조를 가지고 있다는 뜻이다. 이는 미국사람들이 다른 국가에 비해 출산이 많아서 그런 것이 결코 아닌데 나중에

---

factbook/)에서 참조하였다.

* 미국은 자신들이 세계에서 3번째로 큰 국토면적의 국가라고 주장하지만 이는 영해면적까지를 포함할 경우인 것으로 보인다.

설명하겠지만 미국의 비슷한 환경의 다른 국가에 비해서 월등하게 앞선 요인 중에 하나가 바로 미국의 개방적인 이민정책이다. 특히, 오늘날도 꾸준히 새로운 인력들이 미국으로 유입되고 있으며 그들이 동반하는 아동의 인구도 꾸준히 늘고 있다. 따라서 미국은 주어진 자연환경이 좋기도 했지만 자신들이 부족한 인구를 채우기 위한 인위적인 환경을 조성해서 오늘날과 같은 지위에 오른 것으로 볼 수 있다. 다음으로 인종구성을 보면 물론 백인이 79.96%로 압도적으로 많고 다음으로 12.85%에 해당하는 흑인이며 이어서 4.43%를 차지하는 아시아계 인종이 차지하고 있다. 종교를 보면 개신교 신자가 46.5%이고 천주교가 20.8%인 걸 보면 백인들 가운데는 유럽계도 있지만 유럽계와 남미인종이 섞인 라틴계 사람들 즉 Hispanic 인종도 상당히 포함하고 있는 것으로 보인다. 언어를 보면 물론 영어가 79.2%로 가장 많지만 라틴계 사람들이 쓰는 스페인어가 12.9%로 굉장히 중요한 언어가 되고 있다.

2.6.3 정부조직

미국의 정부형태는 헌법에 기초한 연방공화국이라고 하는데 이는 연방정부가 군사와 외교 등 권한을 행사하고 그 밑에 자치정부들로 구성된 형태를 말한다. 자치정부에는 수도인 워싱턴 DC가 특별자치구와 더불어 50개의 State 즉, 주정부들로 구성되어 있다. 또한 이들 주정부 이외에도 주로 태평양과 카리브해 지역에 미국령인 속주들이 있는데 괌, 푸에리토리코 등과 같이 형식적으로는 독립되어 있지만 실질적으로는 정치·경제·군사적으로 미국의 지배를 받는 14개의 속주가 있다. 미국의 통치는 행정, 입법, 사법의 삼권분립을 통해 이루어지는데 행정부의 수반은 대통령이고 그 밑에 부통령이 있으며 또한 15개 부처의 장관이 있다. 대통령과 부통령은 4년마다 선거인단의 선거를 통해 선출되며 그 아래는 대통령이 임명하고 국회의 동의를 얻는 15개 부처의 장관들이 있는데 법무장관인 Attorney General을 제외하고 Secretary라고 불린다. 그 중에서 가장 중요한 역할을 하는 국무장관인 Secretary of States가 가장 선임으로 여겨진다. 다음에 입법기능은 의회에서 하게 되는데 이들은 각주에서 2명씩 선출되는 100명의 상원의원이 있고 435명의 하원의원이 있다. 상원과 하원의원은 직접선거에 의해서 선출되며 상원의원은 6년, 하원의원은 2년의 임기를 가진다. 따라서 하원의원을 뽑는 선거는 2년 주기로 실시되는 것이 당연하지만 상원의원도 2년 마다 이루어지는데 이는 임기6년의 상원의원을 한꺼번에 교체하는 것이 아니라 2년 마다 1/3씩 교체하도록 되어있기 때문이다. 또한 사법부는 9명으로 구성되는 대법원과 상고법원이 있고 그 밑에 하급 법원인 District, State, County 법원 등이 있다. 대법원 판사는 대통령이 임명하게 되는데 임기가 종신제이기 때문에 대법원 판사를 임명하는 과정에서 매우 신중한 절차를 진행한다. 정식 정부기관은 아니지만 대통령이나 국회의원은 무소속인 경우도 있지만 대부분 정당의 소속인데 미국을 흔히 양당제라고 하는데 이는 민주당과 공화당이 대부분의 행정부와 의회 그리고 각 주 정부의 선출직을 장악하고 있기 때문이다.* 마지막으로 미국에서의 투표에서 참여할 수 있는 연령은 18세이고 국민이면 누구나 참여할 수 있는 보통선거제도를 도입하고 있다.

2.7 … 미국경제의 현황

2.7.1 주요경제지표

지난 2008년 부동산 거품이 붕괴하면서 불어 닥친 금융위기와 그에 이은 실물경기 하락으로 1930년대 대공황이후 가장 극심한 불황에 빠졌던 미국경제는 아직까지 완전히 회복되지 못한 상황이다. 그러나 그럼에도 불구하고 미국은 국내총생산 17조9,500억 달러(구매력기준 2015년 추정치), 1인당 GDP 5만5,800 달러로 세계 최대의 경제대국으로서의 지위를 유지하고 있다. 2.4%로 추정되는 2015년의 GDP 성장률은 2013년의 1.5%를 넘는 수치로 이는 유럽 재정위기 등 여러 악재에도 불구하고 미국경제가 안정을 되찾으며 완만하나마 꾸준한 성장세를 이어가고 있는 모습을 보여준다. 특히 2009년 한 때 10%를 달했던 실업률은 2012년 말 7%대 진입에 진입한 이후 2016년에는 4.7%까지 하락하면서 경제위기 이전의 수준으로 회복된 모습이다. 물론 미국을 제외한 다른 국가들의 경기가 아직 회복되지 못하여 세계경제가 여전히 불안한 상태에 있지만 1억5,710만 명에 이르는 노동인력을 보유한 미국은 최소한 당분간은 농업, 제조업, 서비스업 전반에 걸쳐 세계경제를 지속적으로 견인해 갈 것이다. 농업이 국내총생산에서 차지하는 비중이 불과 1.1%에

* 그러나 정치적 자유가 보장되는 미국에서 누구나 정당을 설립할 수 있으며 따라서 공화당과 민주당 이외에도 자유당, 녹색당, 인민당 등 다수의 군소정당이 존재하며 이들도 각종선거에 독자적인 후보들을 출마시키고 있으며 역사적으로도 그렇고 현재에도 실제로 당선되어 선출직 국정업무를 수행하는 경우가 종종 있다.

지나지 않음에도 불구하고 미국이 콩과 옥수수 등의 세계최대 생산국이라는 사실은 미국이 세계경제에서 차지하는 비중을 단적으로 보여주는 예이다. 농업이 그 정도이니 국내총생산에서 19.4%와 79.5%를 각각 차지하는 미국의 제조업과 서비스업이 세계시장에 미치는 영향이 얼마나 막강할 지 쉽게 상상해볼 수 있다. 실제로 미국은 2015년 1조5,100억 달러에 달하는 수출액과 2조2,730억 달러의 수입액에서 알 수 있듯이 엄청난 액수의 무역을 통해 세계경제를 이끌어가고 있음을 알 수 있다. 특히, 미국은 2015년 말 기준으로 3조2,800억 달러의 외국인직접투자를 유입하고 5조2,690억 달러의 해외직접투자를 누적하는 등 최대 규모의 투자유출입을 통해 세계의 산업생산을 주도하고 있다.

2.7.2 주요산업과 기업

전체 고용에서 담당하는 비율이 불과 0.7%에 지나지 않는 농림어업 분야에서 미국은 앞서도 언급하였지만 콩, 옥수수, 우유, 닭고기 등의 세계최대 생산량을 기록하고 오렌지, 사과, 배 등 과실생산량 세계 2위, 그밖에 밀, 담배, 면화 등에서 세계3위의 생산량을 기록할 정도로 풍부한 농산물을 생산해 세계시장을 지배하고 있다. 특히, 미국의 Cargill, ADM, CHS, Land O'Lakes, Monsanto, Dole 등은 농산물과 식품 분야의 세계적인 기업들이다. 미국의 농림어업이 발달한 데는 이에 적합한 광활한 토지가 중요한 요인이었겠지만 미국은 토지 이외에도 천연가스 생산량 세계1위, 석유 생산량 세계3위를 차지하는 외에도 석탄, 철광석, 금, 은, 구리, 납, 우라늄 등 다양한 광물자원의 풍부한 매장량을 자랑한다. 이에 따라 미국의 Exxon Mobile, Chevron 등은 세계적인 석유기업이며 Newmont Mining, Peobody 등은 광산업을 주도하고 있으며 특히, Alcoa는 전세계 알루미늄의 생산을 독점하다시피 하고 있다. 그러나 부존자원을 바탕으로 한 농업과 광업 분야에만 주력했다면 미국이 오늘날과 같은 산업부국의 지위에 오르지 못했을 것이다. 그 만큼 미국을 오늘날의 위치에 올려놓은 산업의 핵심은 전체고용의 20.3%를 담당하는 제조업으로 철강, 자동차, 항공, 우주, 통신기기, 석유화학, 전기전자, 음식료 분야에서 아직까지 세계적인 생산량을 자랑한다. 20세기 후반부터 유럽과 아시아 등 다른 대륙의 경쟁기업들이 시장을 잠식하기는 했지만 GM과 Ford는 여전히 세계적인 자동차 생산기업이며 Boeing, Lockheed Martin 등은 항공우주분야를 주도하고 있다. 또한 Dow와 Du Pont 등은 화학공업 분야의 선도 기업이며 Pfizer, Abbot Laboratories 등은 의약품 제조에 있어 두각을 나타내고 있다. 그러나 20세기 중반이후 미국의 산업발전을 주도하고 있는 분야는 아마도 전체 고용의 79.1%를 담당하는 서비스 분야일 것이다. 미국은 금융·보험, 유통, 교육, 오락 등 다양한 서비스 분야를 주도하고 있는데 JP Morgan, Citigroup 등은 은행, AIG, Met Life 등은 보험, 또한 Goldman Sachs와 Morgan Stanley 등은 투자부문에서 두각을 나타내고 있는 기업들이다. 또한 Delta, United 등은 항공운송, UPS, FedEx 등은 항공화물분야의 세계적인 기업이다. 그밖에 유통 분야의 Wal Mart, Target, 오락분야의 Walt Disney, Time Warner 등 무수한 기업들이 세계 서비스 산업의 발전을 주도하고 있다. 특히 최근에는 미국의 기업들이 전통적인 개념의 제조업과 서비스업의 범주를 넘는 소위 신산업 분야의 혁신을 주도하고 있다. 즉, 컴퓨터, 통신, 인터넷 기술 등을 응용한 다양한 형태의 첨단기업들이 등장하여 새로운 산업을 창조하고 또한 주도하고 있다. 여기에는 HP, Intel 등 하드웨어, Microsoft, Oracle 등 소프트웨어 기업들이 포함된다. 최근에는 Qualcomm, Apple 등이 통신 분야에서 새로운 기술과 개념의 기기들을 선보이며 Cisco, Motorola 등 이 분야의 전통적인 선두기업들의 명성을 이어가고 있다. 아울러 이들의 기술을 응용한 온라인 산업분야도 계속 발전하고 있는데 Google, Yahoo를 비롯하여 Amazon, eBay, Expedia 등 다양한 형태의 웹기반 기업들이 성장하면서 미국은 21세기에 접어들어서도 세계의 산업혁신을 주도하고 있다.

제 3 장

두 개의 식민경제

3 두 개의 식민경제

3.1 … 농업에 대한 인식의 변화

앞에서 설명했듯이 미주대륙은 인류의 출발도 그만큼 늦었고 따라서 농경생활의 시작도 늦었지만 나름대로 역사의 진화를 이루어가고 있는 과정에 있었다. 그러나 불행하게도 신대륙으로 불리게 되면서 그들보다 더욱 오랜 진화의 역사를 거친 구대륙과 충돌하게 되었고 그 결과로 그 때까지와는 전혀 새로운 방향으로 역사가 전개되기 시작한다. 즉, 콜럼부스의 발견이후 미주대륙은 인위적인 환경변화를 경험하게 되는데 처음에는 주로 중남미 지역이 그러한 변화의 중심이 된다. 반면에 북미지역은 그 이후도 상당기간 방치되었는데 이 또한 당시의 여러 가지 환경요인이 작용한 결과이다. 이는 우선 그 지역 원주민들의 생활수준과 문화발달 정도가 침략자들의 관심을 끌 만한 수준에 있지 않았던 결과이다. 그러나 이는 또한 당시 유럽대륙이 아직 북미대륙까지 개척할 여력을 가질 정도의 수준으로 진화하지 못한 결과이기도 하다. 즉, 북미대륙은 좀 더 많은 진화가 이루어져 적당한 조건이 갖추어질 때까지 시간을 두고 기다려야만 하는 상황이었다. 그러나 어느덧 그와 같은 조건이 무르익는 환경의 변화가 시작되는데 그것은 바로 영국의 부상이다. 즉, 앞서도 설명했지만 영국의 국력이 스페인이나 프랑스와 경쟁할 정도로 성장한 것이 그 첫 번째 요인이다. 그러나 유럽대륙내의 단순한 세력구도 변화뿐이었다면 미주대륙의 역사는 지금과는 전혀 다른 방향으로 전개되었을 수도 있다. 즉, 북미대륙이 개척되기 시작하고 오늘날의 미국이 탄생하게 된 데는 또 다른 중요한 요인이 있는데 이는 영국내부의 변화에서 찾아볼 수 있다.

3.1.1 생계형 농업(Subsistence Agriculture)

그 변화를 설명하기에 앞서 잠시 미국이나 영국이 아닌 15~16세기 무렵 우리 땅의 생활상을 한 번 생각해보자. 당시는 조선시대로서 농업이 주요 산업이었던 시대이며 농민들의 생활상은 그다지 넉넉한 형편이 아니었다. 어쩌다 풍년이 들면 좀 넉넉하다가도 흉년이 들면 제대로 먹지도 못하는 고달픈 삶을 살아야 하는 그야말로 환경에 따라 매년 상황이 다른 풍요롭지 못한 생활이었을 것이다. 그런 처지에서 농민들의 소박한 꿈은 높은 벼슬을 하거나 돈을 많이 벌거나 또는 요즘처럼 여행을 많이 하거나 그런 것은 아니었다. 물론 왕족이나 양반 또는 중인계급에서는 일부 그럴 수도 있었을지 모르나 적어도 평범한 백성인 농민들에게는 배불리 먹고 무병장수하면서 사는 것이 최고의 행복이었을 것이다. 그들은 그냥 주어진 땅에서 농사가 잘 되어 거기서 나오는 수확물로 공물을 내고 나머지를 먹고 지내며 조금 더 남는 것이 있으면 그걸 팔아서 필요한 물건을 살 수 있는 정도면 만족했을 것이다. 조금 더 열심히 일하여 생산량을 늘린다고 해서 뭐 특별히 나을 것도 없고 괜히 힘만 더 들뿐 혹시 병이라도 나서 일을 못하게 되면 그 다음 해에는 오히려 더 손해가 될 수 있다. 이것은 당시 우리 땅뿐만 아니라 유럽이나 아시아 지역의 대부분의 농민들도 마찬가지였다. 그들은 생계만 해결할 수 있다면 거기에 만족했고 그런 가치관을 생계형 가치(Subsistence Value)라고 할 수 있다. 또한 그러한 가치관을 가지고 행하는 농업을 생계형 농업(Subsistence Agriculture)이라고 부를 수 있다.* 여기서 우리가 관심을 두고 있는 영국에서도 17세기 이전의 농업은 이와 같은 생계형 농업이 대부분이었다. 당시 농민들은 영주로부터 얻은 농토에 대해서 지대를 지불하지 않았으며 수확량 가운데 정해진 부분만을 영주와 성직자에게 주고 나면 나머지는 자신들이 알아서 처분할 수 있었다. 물론 충분한 생산량은 아니었기에 흉년이 들면 굶주림에 고통을 받기도 하였지만 보통 때는 별 걱정이 없이 지낼 수 있었으며 거기에 조금 더 여유가 있으면 가끔씩 그것을 도시에다 내다팔고 농기구와 생활용품 등 필요한 물건을 사오는 정도였을 것이다. 그런데 이러한 생계형 농업은 당시 패권경쟁을 벌이던 영국의 산업발전에 상당한 제약으로

---

* 영국에서의 농업가치관 변화가 미주식민지의 상업화과정에 끼친 영향은 주로 Seavoy, R. E. (2006)에서 참조하였음을 밝힌다.

작용하였다. 즉, 농민들이 약간의 여유식량만을 도시에다 내다팔고 흉년이 들면 그것마저도 끊기게 되어 도시민과 제조업 공장종사자들이 먹을 식량이 충분하지 못한 상황이 발생했다. 따라서 생계형 농업의 지속은 당시 영국왕실이 추구하던 도시화와 산업화 그리고 이를 통한 국부의 축적에 걸림돌로 인식되었다.

3.1.2 상업적 농업(Commercial Agriculture)

이러한 걸림돌을 제거하기 위해 영국내부에 생겨난 변화가 바로 상업적 농업(Commercial Agriculture)의 시작이다. 상업적 농업이란 말 그대로 상업적인 동기를 가진 토지소유자들이 적은 수의 노동자들로 하여금 더 많은 시간을 투입하게 함으로써 생산량과 판매수입을 증가시키는 형태의 농업을 말한다. 산업혁명 이전부터 일찍이 급속한 공업화가 이루어지고 있던 영국에서는 도시화와 산업화에 따른 내부적 불균형을 해소하기 위한 이와 같은 상업적 농업이 빠르게 확산되어갔다. 이와 같이 상업적 농업이 빠르게 확산되면서 생계형 농업을 고집하는 농민들은 땅의 경작권을 박탈당하게 된다. 지주의 입장에서는 적은 소작료를 지불하는 생계형 농업보다는 상업적 농업을 통해 벌어들이는 소득이 훨씬 많았으며 경작권을 박탈당하지 않으려는 농민들의 입장에서도 지주에게 내어야 할 소작료가 올랐기 때문에 더 이상 생계형 농업은 가능할 수가 없었다. 특히 당시 세계패권을 놓고 경쟁하던 왕권 즉, 중앙정부에 의해 상업적 농업이 더욱 적극 장려되면서 토지를 잃고 쫓겨나는 농민들이 더욱 급격하게 늘어나게 된다. 영국에서 이러한 상업적 농업의 확산은 17세기 전반 즉, 1600년부터 1650년 사이에 광범위하게 이루어진다. 농업의 상업화가 본격적으로 이루어지기 전인 17세기 이전의 영국에서는 인구의 70~80%가 농업에 종사하고 있었다. 이들은 영주의 노여움을 사지만 않는다면 토지의 경작권을 상속할 수 있었으니 자식들에 대한 걱정을 하지 않아도 되었다. 또한 그들은 마을공동의 목축지에서 양을 키우고 양모의 생산에 공동으로 참여하여 거기서 잉여의 수익도 올릴 수 있었다고 하니 그들의 관점에서는 아주 행복한 삶이었을 것이다. 그러나 17세기 초부터 영국이 당시 세계의 패권경쟁에 뛰어들면서 농민들의 그러한 편안한 삶은 종지부를 찍게 된다. 즉, 앞서도 언급했지만 스페인의 무적함대를 격파한 엘리자베스 여왕의 시대부터 스튜어트 왕가의 제임스 1세, 찰스 1세 등으로 이어지는 1600-1650년 사이에 영국농업의 상업화가 급속하게 이루어진다.

3.1.3 농민계층의 추락

그러나 그러한 농업의 상업화는 농민들이 경작할 땅을 잃는 것을 의미하며 특히 인구의 70~80%에 해당했던 이들의 상당수가 일자리를 잃는다는 것은 그만큼 사회의 불안요인으로 등장하게 되며 정부의 입장에서는 이들이 골칫거리일 수밖에 없었다. 그런데 당시의 영국의회는 상업적 동기를 가진 지주들에 의해 지배되고 있었기에 이러한 사회불안을 해소하면서 농업의 상업화를 촉진시키기 위한 각종 법령이 제정되었다. Statute of Laborers(1349), Statute of Artificers(1563), Poor Law(1601) 등은 토지의 사유화를 허용하고 게으름을 없앤다는 명목 하에 추방된 농민과 그들의 자식들을 농업이나 제조업에 종사하도록 강제할 수 있도록 허용하였다. 당시 사회에는 중상주의가 확산되면서 열심히 일하지 않는 것을 죄악으로 여기는 풍조가 생겨났다. 심지어는 농토에서 퇴출되어 임금노동자가 된 농민들은 원래 게을러서 최소생계수준만 유지하려 들기 때문에 그들이 일을 하도록 만들기 위해서는 임금수준을 낮게 유지해서 다른 대안이 없도록 해야 한다는 주장까지도 등장했었다. 사정이 이렇다 보니 생계형 농업에 종사하던 농민들에게는 선택의 여지가 별로 없었다. 즉, 대대로 경작해오던 농지를 내어 놓았지만 평생 농사만 지어온 그들은 임금을 받고 농업에 종사하는 전업노동자가 되거나 아니면 농촌을 떠나 도시로 나가서 공장에서 일하는 임금노동자가 되던 또는 아예 떠돌면서 걸인이 되거나 도둑이 되거나 하는 사람들도 있었다. 또 하나의 방법으로는 나중에 다시 설명하겠지만 새로운 땅에서 다시 농사를 지을 수 있으리라는 희망을 안고 북미행 선박에 오르는 방법도 있기는 하였다. 그러나 도시든 미국북미이든 자신이 평생 살던 곳을 떠나 미지의 세계로 가는 그러한 결정은 당장에 쉽게 내릴 수 있는 일이 아니었을 것이다. 그러한 미래에 대한 결정은 고사하고 당장 자기 자신의 의식주를 해결하는 것도 쉬운 일은 아니었으며 그러다 보니 아예 아내와 자식마저 버려두고 떠나는 경우도 많았다고 한다.

3.1.4 계약하인(Indentured Servant)

그러나 아무리 사람이 급박한 상황이 되더라도 그렇게 자식들을 버리기는 쉬운 일이 아닐 것이다. 그런 경우 또 하나의 대안이 있었는데 그것은 자식들을 남의 집에 하인으로 들여보내는 것이다. 옛날 우리에게도 머슴살이라는 것이 있었지만 그것과 유사한 개념이 계약하인(Indentured Servant)이다. 계약하인이란 보통 농장이나 자작농의 집안에 고용된 일꾼을 뜻 하는데 대부분 토지를 잃은 농민들의 자식들로 보통 15살이 되면 구두계약을 하고 하인 생활을 시작했다고 한다. 자작농의 집에 고용된 하인들은 주인하고 같은 함께 거주하며 식사도 같이하였지만 규모가 큰 농장에 고용된 하인들은 그들만이 사는 기숙사나 집안 귀퉁이의 한 방에 여러 명이 거주하기도 했다. 어디에 고용되었던지 하인들은 하루 종일 농사일을 하며 가축을 먹이는 등 모든 시키는 일을 하였고 분기마다 급료를 받던지 아니면 아예 계약기간이 끝난 뒤 한꺼번에 모아 받을 수도 있었다. 하인이 결혼하면 노동력을 빼앗긴다 생각하였기 때문에 그들은 결혼도 마음대로 할 수 없었다. 그러다가 대개 20대 중반이 되어 충분한 돈을 모으고 살집을 장만할 정도가 되면 결혼을 하면서 하인생활을 그만둘 수 있었다. 그렇다고 해서 그들의 생활이 나아지는 것은 아니라 다만 농장에서의 임금노동자가 되던지 도시로 가서 역시 임금노동자로 살아가는 수밖에 없었을 것이다. 또한 나중에 다시 설명하겠지만 이들의 상당수가 다시 계약노동자의 형태로 미주로 이주하게 되고 이들이 초기 북미식민지 경제의 노동력을 주로 담당하게 되며 이러한 고용형태가 미국경제의 특징을 형성하는 주요한 요인 중 하나가 된다.

3.2 … 영국령 북미 식민지

3.2.1 초기의 생존요건

지금까지 세계 패권경쟁 구도에서 영국의 등장과 영국내부의 변화에 대해서 살펴보았지만 이제부터는 우리의 관심을 본격적으로 미국에 돌려보도록 하자. 앞서도 설명했지만 영국은 스페인의 무적함대를 격파하고 미주대륙에서의 주요 세력으로 등장하게 되었으며 그에 따라 국왕의 특허장을 받은 런던회사와 플리머스회사가 본격적인 식민 사업을 펼치기 시작한다. 그러나 초기 북미 식민지는 그야말로 막 걸음마를 시작하는 아이와 같은 미약한 존재였다. 오늘날 미국은 세계최대의 경제대국이지만 시작 당시에는 정말 혼자서기도 힘든 그런 존재였다. 그러한 북미 식민지가 그나마 초기의 어려움을 극복할 수 있었던 것은 다음과 같은 요건이 갖추어졌었기 때문이다. 우선 북미 식민지의 가장 큰 성공요건으로 영국함대의 보호가 필수적이었다 할 수 있다. 당시 영국이 스페인을 격파하고 북미대륙의 경영을 시작하기는 하였지만 미주대륙에서 스페인의 존재는 여전히 막강하였으며 특히, 카리브 해와 대서양에는 스페인뿐만 아니라 네덜란드, 프랑스 등의 세력이 본국과 북미 식민지를 오가는 선박에 대해 상당한 위협이 되었다. 그렇기 때문에 영국 함대의 보호는 북미 식민지의 생존에 필수적인 첫 번째 요건이었다. 특히. 초기 북미 식민지는 식량부터 모든 것을 본국의 보급에 의존하고 있었기 때문에 이와 같은 보호는 생명줄과도 같은 것이었다. 그러나 이와 같이 본국의 보급에만 의존해서는 계속해서 식민지의 지속적인 유지가 보장될 수 없었을 것이다. 즉, 본국 영국의 입장에서도 뭔가 반대급부가 있어야 식량뿐만 아니라 그밖에 생존에 필수적인 공산품을 계속해서 보낼 수 있었을 것이다. 앞서도 얘기했지만 중남미의 스페인은 잉카, 아즈텍 등의 정복을 통해 많은 금은보화를 얻을 수 있었지만 북미 원주민들에게는 남미와 같은 규모의 제국은 없었으며 대부분 부족단위로 생활을 하였고 또한 귀중품을 축적할 능력도 거의 없었다. 물론 북미에 진출한 영국도 초기에는 그와 같은 금은보화를 찾아 헤매기도 했지만 결국 그런 것이 드물다는 것을 알게 되었을 것이다. 그렇다면 다른 무엇인가 가치 있는 것이 있었어야만 식민지가 지속적으로 유지될 수 있었을 것이다. 그런데 북미 식민지가 생존할 수 있었다는 것은 초기의 시행착오 뒤에 결국은 그런 무언가를 찾을 수 있었다는 이야기이다. 즉, 북미 식민지가 초기의 궁핍함에서 벗어나 본국에까지 수출할 수 있는 물품을 발견할 수 있었던 것이 계속 생존할 수 있었던 두 번째 요인이다. 물론 북미 식민지가 생존하기 위해서는 본국과의 교역이 매우 중요하였던 것이 사실이지만 월등히 앞선 본국과 대등하게 주고받을 수 있는 능력은 아직 갖추지는 못했다. 따라서 북미 식민지로서는 본국과의 열등한 관계를 보충할 수 있는 또 하나의 경제적 원천이 필요하였는데 그것은 바로 카리브 연안과 본국간의 중계무역을 담당한 것이었다. 만약에 이러한 세 번째 요인이 없었다면 북미 식민지는 궁극적으로 영국에 모든 것을 빼앗기고 결국에는 빈껍데기 만 남아 지속적으로 생존할 수 없었을 것이다. 다시 처음으로 돌아가 영국함대의 보호가 본국과의 무역은 물론 이와 같은 중계무역을 보호하기 위해 필수적인 따라서 북미 식민지의 생존을 보장하기 위한 가장 중요한 요건이었다. 결국 초기 식민지의 생존을 위한 세 가지 환경요인이 맞아 떨어졌기 때문에 오늘날과 같은 미국이 탄생할 수 있었던 것이다.

3.2.2 식민초기의 상업화

그렇다면 이와 같은 요인을 확보하는데 성공한 북미 식민지의 초기상황은 어떠했는지 알아보도록 하자. 앞으로 보면 알겠지만 식민시대 미국의 역사는 상업화의 과정이라 할 수 있으며 이러한 상업화의 과정을 거친 결과 덕분에 미국은 독립이후 엄청난 속도로 산업화를 이룩할 수 있었다. 하지만 독립이전 북미 식민지의 산업은 90% 이상이 농업이었으며 따라서 이 시대의 상업화를 논하자면 농업에 관한 이야기부터 시작되어야 할 것이다. 앞서 설명했지만 식량의 확보도 그렇고 자립을 위해서도 그렇고 북미 식민지의 농업은 생존을 위해서 처음부터 상업적 농업으로 확산되어야만 했다. 그러나 이러한 상업화의 확산도 주어진 환경에 따라 영향을 받게 되는데 식민지의 모든 지역이 같은 환경에 있었던 것은 아니다. 즉, 주어진 환경이 달랐기 때문에 식민초기에는 남부와 북부의 서로 다른 경제체제가 형성되기 시작했다. 물론 남부와 북부의 농업 모두 상업화의 과정을 거쳤지만 서로 다른 방향으로 진화하게 되는 것을 알 수 있게 될 것이다.

3.2.3 토지제도

식민지 북부와 남부는 주어진 환경에 따라 서로 다른 체제로 발전하게 되지만 남부나 북부 모두 상업화의 길을 걷게 되는데 거기에는 몇 가지 공통적인 제도적 요인들이 자리 잡고 있었기 때문이다. 우선 남부나 북부 모두 공통적으로 가지고 있었던 토지제도에 주목해 볼 필요가 있다. 즉, 그들은 토지의 자유소유를 허용했으며 토지측량을 통한 경계를 명확히 하였고 이렇게 측량된 토지에 대한 등록제를 실시하였다. 또한 토지거래의 자유를 허용하였는데 이러한 제도는 우선 이주민들에게 토지를 소유할 수 있다는 희망을 심어줌으로써 식민지 이주에 대한 동기를 부여하는 중요한 요인이었다. 즉, 당시 식민지에 토지자원은 거의 무한하였던 반면 인적자원은 턱없이 부족한 형편이었기 때문에 토지의 자유소유는 부족한 인적자원을 불러들이는 유인이 될 수 있었다. 그러나 주인이 없는 땅을 아무나 차지하고 그냥 소유권을 인정해주는 것이 아니라 토지의 소유권을 얻기 위해서는 측량을 통해 토지경계를 분명히 하고 이를 등록해야만 하였다. 이는 토지를 소유하기 위해서는 일정한 비용을 들여야 하는 것을 의미하며 이와 같이 토지경계를 분명히 함으로써 혹시나 있을 수 있는 분쟁에 대한 명확한 근거를 남기려 했다. 토지측량과 등록제도는 또한 세금을 부과하기 위한 기준을 명확히 하였고 세금을 내지 못하면 토지소유권이 인정되지 않았기에 토지소유자는 세금을 내고 소유권을 유지하기 위해서라도 열심히 일을 해야만 했다. 즉, 유럽에서와 같은 생계형 농업만으로는 세금까지 부담하기 어려웠기 때문에 궁극적으로는 상업적 농업이 이루어지도록 유도되었다. 토지거래의 자유 역시 더 많은 토지가 개간되고 더 많은 사람들이 유입되도록 하는 요인이었는데 나중에 다시 설명할 기회가 있겠지만 전문적으로 토지를 개척하여 소유권을 획득한 뒤 새로운 이민을 유인하고 이들에게 토지를 판매하여 이윤을 얻는 사업까지 생겨나게 된다. 자유거래는 새로운 토지뿐만 아니라 기존 토지도 좀 더 생산성이 높은 사람들에게 돌아가도록 함으로써 결국 농업의 상업화를 촉진시키는 역할을 하였다.

3.2.4 상업화 확산요인

앞서도 설명한 바와 같이 초기 북미 식민지 인구의 90%이상이 농업에 종사하였기 때문에 상업화란 주로 농업의 상업화를 의미하였다. 그러나 북미 식민지의 상업화는 농업에서뿐만 아니라 사회경제 전반에 걸친 현상으로 식민지 경제의 상업화에는 단지 토지제도뿐만 아니라 다음과 같은 추가적인 요인들도 작용했다. 우선 상업적 동기를 갖춘 소수집단의 식민정부 운영을 들 수 있는데 초기에는 식민회사가 파견한 총독이나 또는 뒤에 국왕이 임명한 총독 그리고 그들을 지지하는 소수 엘리트 집단 모두가 본국에서 진행되고 있는 상업화의 과정을 잘 이해하고 있었다. 특히, 그들은 북미에서도 그와 같은 상업화를 이루는 것이 식민지의 성공을 이끄는 지름길이라고 생각하고 있었다. 이들 식민지의 소수엘리트 집단은 그와 같은 상업화의 과정을 강압에 의해 이끈 것이 아니라 식민사회의 대다수 구성원들의 동의를 얻은 명문화된 규정에 의해 시행하였다. 즉, 구성원의 동의를 얻은 성문 법안에 기초한 소수 집단의 통치는 그들의 정책을 보다 명확하고 신속하게 시행할 수 있게 함으로써 결과적으로 상업화의 과정을 보다 빠르게 진행할 수 있었다. 앞서도 설명했지만 토지소유권을 명확하게 한 것과 마찬가지로 다른 재산에 대해서도 소유권을 명확히 하였는데 오늘날에도 사유재산권의 확립이 자본주의의 기초라고 하듯이 소유권에 대한 명확한 법적보호는 그만큼 상업화를 촉진시키는 중요한 요인이 되었다. 그밖에도 상업화를 확산시킨 요인 가운데 중요한 것으로 통화사용과 현금조세를 들 수 있는데 물물교환에 따른 거래비용이 크기 때문에 통화의 유통은 그 만큼 거래비용을 줄이는 효과가 있었다. 또한 현금통화를 사용함으로써 이를 획득하기 위해 좀 더 많은 생산과 교환을 유도하는 효과가 있었으며 현금조세도 마찬가지로 세금을 내기 위해서라도 현금을 획득하여야 하니 그 만큼 더 많은 생산이 필요했고 그러기 위해서는 상업화가 더욱 절실하였다. 또한 토지나 자산이 없는 사람일지라도 자신의 상업적 노동에 대한 임금을 지급받도록 함으로써 노동에 대한 가치를 인정받도록 하였다는 것도 중요한 사실이다. 마지막으로 상업화를 위해서는 직접생산에 참여하는 것도 중요하지만 시장거래 등 상업적 거래를 위해서는 문자를 읽고 간단한 셈 정도는 할 수 있어야 했다. 물론 나중에 설명하겠지만 이에 대한 남부와 북부의 인식차이가 있었으나 결국 북부가 상업적으로 앞서게 된 요인에는 문자해독에 대한 가치를 더 많이 부여했기 때문이며 따라서 상업화의 확산요인으로 문자해독에 대한 가치부여를 지적할 수 있다.

3.3 … 식민지 남부

미국의 상업화는 이상에서 지적한 요인들에 의해 확산되었지만 남부와 북부가 모든 면에서 같았던 것은 아니다. 따라서 이제부터는 양 지역을 나누어서 살펴보겠지만 우선 남부지역부터 알아보자. 남부와 북부를 막론하고 처음 식민지에 도착한 사람들의 가장 먼저 해결해야할 중요한 사항은 무엇보다도 자신이 먹을 식량을 충분히 확보하는 것이다. 물론 처음에 올 때 얼마간의 식량을 가지고 왔지만 그 양에는 한계가 있기 때문에 먹는 문제를 해결해야 하는 것이 우선 급선무였다. 그러나 식민지가 계속해서 유지되고 성장하기 위해서는 자기 스스로의 식량만 생산해서는 부족하다. 즉, 자신들은 물론, 새로 도착하여 아직 생산성을 갖추지 못한 이민자들, 이민자들을 싣고 왔다가 돌아가는 선원들, 인디언의 공격을 막기 위한 동원된 소집병력 그리고 식민정부의 관계자, 성직자, 상업과 공업에 종사하는 인력을 모두 먹여 살리기에 충분한 식량을 생산하는 것이 필수적이었다. 식민이 성공했다는 것은 결과적으로 그것이 가능했었다는 이야기이지만 적어도 초기에는 잉여식량을 생산하는 문제는 그렇게 간단하지 않았다. 따라서 식민초기부터 농업생산에 관심을 가질 수밖에 없었으며 특히 농업환경이 괜찮았던 남부에서는 인구의 대부분이 농업에 직접적으로 관련되어 있었다. 특히 식민이 어느 정도 정착되고 난 뒤 남부에는 농업 인력들이 다음과 같이 구성되어 있음을 알 수 있다. 즉, 그들은 계약노동자와 아프리카 출신의 흑인노예, 그리고 플랜테이션(Plantation)이라고 부르는 대농장의 개척자, 마지막으로 상업적 동기를 가진 자작농들로 구성된 것을 알 수 있다. 이들은 서로 다른 동기와 역할을 가지고 있었으며 그 결과 남부 농업 경제의 특징을 형성하게 되며 이제 그들에 대해서 살펴보도록 하자.

3.3.1 계약노동자(Indentured Laborer)

원주민인 인디언들이 물론 살고 있었지만 신대륙이라는 단어가 뜻하듯이 개척자의 입장에서 식민지에 토지는 얼마든지 무한하였다. 그러나 문제는 노동력이었으며 특히 고된 상업적 농업에 종사할 수 있는 노동력이 필요하였다. 그런 노동력으로 초기에 동원된 것이 앞서도 설명했던 계약하인이 식민지로 이주한 부류이다. 대부분 영국의 상업화과정에서 낙오된 농민이나 도시근로자들인 이들은 식민지에 와서도 유사한 신분의 계약노동자(Indentured Laborer)로 생활했다. 스스로는 북미에 올 능력이 없었기에 이들은 계약을 통해 이주비용을 얻는 대신 일정기간 동안 노동에 종사하기로 약속하고 식민지로 오게 된다. 지주와 직접 계약하기도 했지만 상당수는 영국의 선주들이 인력을 모집하여 배에서 먹여주며 북미까지 데려다주는 대가로 현지에 도착하면 선주가 주선하는 곳에서 계약노동자로 일하는 경우가 많았다. 어떤 경우이던 이들이 북미에 오면 식민초기에는 보통 7년, 나중에는 4년, 정도의 계약기간 동안 노동자로서 일을 해야만 했다. 그리고 이들의 궁극적인 목표는 계약기간이 종료되고 얼마간의 토지를 얻어 원래 자신들의 부모들이 영위하던 생계형 농업을 할 수 있는 기회를 얻는 것이었다. 그런데 당시 북미 식민지로 오는 사람들 가운데는 자발적인 경우도 있었지만 고아원이나 빈민원에서 돈을 받고 수용자들을 넘기는 경우도 있었다. 거기다가 교도소 같은 곳에서 범죄자들을 추방한다는 명목으로 죄수들을 팔아넘기는 일도 많았다고 한다. 한 기록에 의하면 1718~1775년 사이 5만 명 이상의 죄수들이 북미와 카리브 해 지역으로 보내졌다고 할 정도이다.* 당시 영국에서 북미로 오기 위해서는 60일~90일 정도의 항해를 해야 했으며 그 환경은 매우 열악하였고 배안에서 영양실조에 걸리는 경우도 허다하였다고 한다. 그러나 그들이 식민지의 항구에 도착하였다고 해도 사정이 나아질 것이 없었는데 그 이유는 그들을 고용한 농장주들은 가능한 빠른 시일 내에 일을

* Morgan K. (2000)

시키기를 원했기 때문이다. 고용주의 입장에서는 돈을 들여서 사온 노동자들이니 만큼 가능한 빨리 일을 많이 시켜 본전을 뽑아야 하겠지만 덕분에 그들은 북미로 오는 배안에서 또는 도착한지 1년 이내에 목숨을 잃는 경우가 매우 많았다. 특히, 고아원에서 팔려온 경우가 가장 사망률이 높았다고 하는데 이는 아마도 그들은 팔려오기 전부터 이미 매우 허약한 상태였기 때문일 것이다. 다행히 일 년 이후에는 사망률이 큰 폭으로 떨어지는데 이는 아마 식민지에서는 그래도 먹는 것은 잘 먹을 수 있었기 때문일 것이다. 아무튼 계약노동자들은 영양상태도 좋지 않고 또한 엄청난 양의 노동을 강요당하기 때문에 계약기간이 종료되기 전에 죽는 경우가 40%에 육박했다고 한다.*

3.3.2 남부농업의 전개

그런데 이러한 계약노동자를 데리고 와서도 초기의 남부농업은 매우 어려운 상태를 벗어나기 힘들었는데 그 이유는 다음과 같다. 우선 식민회사의 경영상 실수를 들 수 있는데 앞서도 설명하였지만 스페인은 중남미 식민지에서 많은 금은보화를 획득할 수 있었다. 중남미에 발을 들여놓을 수 없어서 북미에 관심을 돌렸지만 영국의 식민회사들도 적어도 초기에는 이와 같은 꿈을 버릴 수 없었을 것이다. 따라서 초기에 식량생산에 주력해야 한다는 사실을 간과하고 다른 재물을 찾는데 관심을 기울였기 때문에 초기의 식민지 이주민들은 굶주림에 시달릴 수밖에 없었다. 특히나 앞서 설명한 것과 마찬가지로 자기 자신들이 먹을 식량뿐만 아니라 여타 인력들까지 고려한 잉여식량의 생산을 위해서는 처음부터 식량생산에 주력했어야 했으나 그렇게 못했다. 또한 초기의 이민자 가운데 농업의 경험이 풍부한 사람이 그렇게 많지 않았다는 것도 한 요인이다. 물론 계약노동자들 가운데는 영국에서부터 농업노동자로 일한 사람들도 포함하고 있었지만 그들의 상당수는 부모가 농토를 잃은 다음 도시로 이주하여 공장 등에서 임금노동을 했던 사람들이 더 많았기 때문에 농업지식이 부족하였다. 특히 범죄자나 고아원, 빈민원 출신들의 비중도 상당했으니 그들이 농업에 대한 지식을 가지고 있을 리도 없었을 것이다. 또한 제1장에서 언급했지만 위도와 일사량이 다르고 기후나 토양이 다르면 같은 작물을 재배하기가 어렵다고 하였는데 초기 식민지의 이주자들은 이와 같은 사실을 간과하고 유럽에서 재배되던 밀과 보리 등을 재배하려고 시도하였기 때문에 성공할 확

* Craven, W. (1949)

률이 매우 낮았다.

그러나 시간이 지나면서 이러한 어려움이 극복될 수 있었는데 우선 식량문제에 있어서는 인디언들로부터 옥수수를 재배하는 방법을 배우게 된 것이 행운이었다. 그런데 초기에는 농토라고는 하지만 그것이 우리가 흔히 상상하게 되는 평탄한 초지 그런 것이 아니었다. 나무를 태워서 숲을 없앴지만 나무 그루터기가 그대로 남아있는 땅에 호미를 이용하여 흙을 약간 갈아 업고 거기에 옥수수를 심는 정도였다. 그러다가 1660년 이후가 되어서야 쟁기로 땅을 깊이 갈고 나무 그루터기도 제거한 비로소 완전한 형태의 개간지에서 농사를 지을 정도가 되었다고 한다. 앞서 설명했지만 초기 식민지가 유지되기 위해서는 충분한 식량의 생산도 필요했지만 본국으로부터 가져오는 각종 공산품에 대한 대가로 지불할 생산품이 있어야만 했다. 그러한 수출품 역시 인디언들로부터 전수받은 것인데 그것이 바로 담배였다. 따라서 남부의 농업은 필요한 만큼의 식량을 생산하면서 동시에 담배를 생산수출하게 되면서부터 수익성이 많이 개선되었다고 한다. 특히나 1616년 이후에는 담배의 생산량이 급증하였다고 하는데 이는 최초의 계약노동자들이 계약기간이 종료되고 자유인이 된 다음에 땅을 얻어 농사를 시작하면서부터 식량이외에 소득을 올릴 수 있는 수단이었던 담배 재배에 주력했기 때문이다.

3.3.3 계층의 형성

이와 같이 계약기간을 마치고 자유인이 되는 경우가 생겨나는 등 남부의 농업은 점차 시간이 지나며 특징을 형성하기 시작한다. 농업기반이 어느 정도 정착된 1700년대의 모습을 살펴보면 남부에는 다음과 같은 네 부류의 계층이 형성되어 있었다. 우선 맨 위의 계층에는 토지를 소유한 사람들이 있었는데 이들은 처음부터 땅을 소유했던 농장주들도 있고 또한 계약노동자에서 벗어나 일정기간 노력을 통해 자기 땅을 소유한 자작농들도 있었다. 그러나 나중에 다시 소개하겠지만 기간이 만료된 계약노동자들이 스스로 자신의 땅을 소유하는 경우는 드물었다. 그들은 대부분 남의 땅을 빌려서 농사를 짓는 토지계약자 또는 공동경작자로 생활하게 되는데 이들이 두 번째의 계층을 형성한다. 그래도 토지계약자나 공동경작자는 그나마 사정이 나은 편이고 기간이 만료된 상당수의 계약노동자들은 신분상으로는 자유인이 되었지만 경작할 땅을 얻지 못하고 계속해서 임금노동자로 살아가는 경우도 많았다. 특히, 계약기간이 만료되었다고 당장 어디서 돈이 생기는 것이 아니기 때문에 적어도 초기에는 이와 같이 임금노동자로 생활할 수밖에 없었을 것이다. 아무튼 이러한 자유인들이 제3의 계층을 형성하였으며 마지막으로 맨 밑의 계층을 형성한 집단이 아프리카로부터 수입된 흑인노예들이었는데 이들에 대해서는 역시 나중에 자세히 설명하게 될 것이다.

3.3.4 토지양도

위에서 언급한 바와 같이 남부에서 제일 상위계층을 형성한 사람들은 토지를 소유한 사람들이었다. 그들은 대부분 처음부터 땅을 양도받은 사람들이지만 어렵기는 해도 계약노동자 출신들도 땅을 소유할 수는 있었다. 왜냐하면 남부지역의 식민회사들은 다음과 같은 기준으로 토지를 양도했고 그에 따른 혜택을 받을 수 있었기 때문이다. 남부지역의 토지양도 기준은 1616년을 전후로 바뀌게 되는데 1616년 이전에는 본인비용을 부담하고 식민지로 건너온 자발적 이민자에 대해서 100 에이커의 땅을 주었으며 식민회사를 통해 북미로 건너온 계약노동자도 계약기간이 종료되면 회사토지의 100 에이커를 양도받을 수 있었다. 그러나 1616년 이후에는 자기비용을 부담한 자발적 이민자에 대해서 50에이커의 땅을 양도했는데 부부가 함께 오는 경우에는 각각 50에이커를 양도했으니까 합쳐서 100에이커의 땅을 받을 수 있었다. 1616년 이후에는 또한 계약기간이 끝난 계약노동자에 대해서도 50에이커의 땅을 인도했다. 또한 남부에서는 농업에 종사하지는 않지만 공업생산을 위한 기술자 즉, 장인들에 대해서도 4에이커에 달하는 타운 내 부지를 제공하여 집을 짓고 가게를 운영할 수 있게 했다. 이상에서와 같이 토지를 배분받은 사람들은 직접 식민지로 건너온 사람들이었지만 북미에 오지 않고도 토지를 소유할 수 있었는데 그것은 식민회사를 통해 농장개척에 투자하는 것이었으며 이 경우 투자지분 한 주에 대해서 100에이커의 땅을 양도했으며 이들을 대신해서 계약노동자를 보내면 1명당 추가로 50에이커의 땅을 주었다. 이와 같이 식민회사를 통한 투자는 남부에 대농장 중심의 체제가 자리 잡는 계기가 되는데 그에 대해서는 나중에 다시 설명하겠다.

3.3.5 인력수급의 변화

이와 같이 투자를 통해 땅을 소유하게 되더라도 결국은 그 땅에서 일할 노동력이 필요했으며 식민초기 이러한 노동력은 대부분 계약노동자를 통해서 공급되었다. 특히 초기에는 식민회사에서 직접적으로 계약노동자를 모집하여 식민지에 보냈으나 1622년 인디언 전쟁이후에는 회사가 직접 계약노동자를 보내는 경우는 줄어들었다고 한다. 그 대신 농장개척자들이 직접 나서서 노동자를 모집하는 비중이 높아졌는데 이 경우 주요 모집대상은 먼저 미국으로 건너간 계약노동자들의 친척들이었다고 한다. 계약노동자들은 대개 메릴랜드나 버지니아의 담배농장으로 보내졌는데 담배는 매우 노동집약적인 작물이었다고 한다. 한 연구에 의하면 이들 계약노동자들이 초기 식민지 이민에서 차지하는 비중이 최소한 70%에서 많게는 85%에 달했다고 한다.* 그러나 남부의 버지니아와 메릴랜드로 오는 계약노동자의 수는 1660년대 쯤 최고조에 달했다가 1680년 이후에는 줄어들게 되는데 그 이유는 두 가지가 있었다. 우선 영국의 산업화가 어느 정도 진행되어 런던이나 다른 대도시의 생활수준이 나아져서 공장노동자들이 굳이 북미로 오는 위험을 감수할 필요가 없어졌으며 또한 이러한 계약노동자들을 대신해서 아프리카로부터 수입된 흑인노예를 선호하게 되었기 때문이다.

3.3.6 자유인(Freeman)

남부의 토지소유자들은 대부분 식민지로 건너오는 순간부터 토지를 양도받은 사람들이 대부분이지만 어렵기는 해도 계약노동자로 건너왔다가 계약기간을 마치고 토지를 소유한 사람들도 없지 않았다. 앞에도 언급했듯이 계약노동자들은 계약기간이 끝나면 자유인이 될 수 있었는데 초기 노동자들의 계약기간은 7년이었지만 나중에는 보통 4년이면 계약기간이 만료되었다. 이와 같이 계약기간이 종료되어 자유인이 되면 앞에서도 설명했듯이 원칙적으로 인두권 제도에 따라 50에이커의 토지를 양도받을 수 있었다. 그러나 역시 앞서 설명했지만 토지를 소유하기 위해서는 그 땅을 측량하여 경계를 명확히 한 이후 등록까지 해야 했다. 그런데 토지를 측량하고 등록하는 비용이 사실은 만만치 않았고 또한 토지를 소유하게 되면 세금까지 내야했기 때문에 땅을 소유하는 것이 실제로는 상당히 어려웠다고 한다.

* Mernard, R (1988)

메릴랜드에서 초기인 1634-1642의 7년간 계약노동자의 기록을 살펴보면 그 중에서 40%가 자유인으로 나타나지 않았다고 한다. 이는 앞서의 계약노동자 40%가 식민지에 온지 1년 안에 사망했다는 기록과 일치한다. 그리고 나머지 60%의 자유인 중에서 약 절반 정도가 토지소유자가 된 것으로 나타난다. 그러니까 처음에 북미 식민지로 건너온 1세대 계약노동자 중에서 30%가 토지를 소유할 수 있었다는 이야기이니까 실적이 그렇게 나쁜 것은 아니다. 그러나 대개 처음에 하는 사람은 실적이 좋고 남들 하는 걸 나중에 따라가는 사람들은 그 만큼 실적이 감소하게 되듯이 남부지역에서 계약노동자들이 땅을 소유하는 것은 점차 힘들어지게 된다.

아무튼 계약기간이 종료된 계약노동자들은 자유인이 되었으므로 그들 나름대로의 삶을 찾아야만 했을 것이다. 만약 당장에 토지소유자가 되지 않았다면 그러한 자유인에게는 세 가지의 대안이 있었다. 즉, 임대농 또는 동업농이 되거나 아예 임금노동자가 될 수도 있었으며 또한 좀 더 땅을 얻기 쉬운 남쪽의 다른 지역(Carolina 등)으로 이주하는 방안이 있었다. 임대농(Lease Holder)이란 땅을 빌려서 농사를 짓는 형태를 말하고 동업농(Share Cropper)이란 다른 사람의 농사를 도와주는 형태를 말한다. 임대농이나 동업농이 되면 그들은 대부분 상업적 농업보다는 영국에서 원래하던 생계형 농업을 영위하면서 살아갈 수 있었다고 한다. 사실 자유토지소유자가 되기 위해서는 자유인이 되고 나서도 보통 8년 정도는 더 열심히 일해야만 했는데 대부분의 경우 이러한 수고를 하고 싶어 하지 않았던 듯하다. 그러나 어쨌든 땅을 소유하게 되거나 남의 땅에서 농사를 짓거나 하게 되면 그들은 대부분 생계형 농업을 영위할 수 있었다. 즉, 처음부터 그들이 북미 식민지로 건너온 목적이 좋은 시절 영국에서 누리던 그러한 편안한 삶을 사는 것이었기 때문에 땅이 생기게 되면 그들은 궁극적으로 생계형 농업에 안주하려했다. 잠시 이들의 농사방식에 대해서 간단히 살펴보면 이들이 토지를 얻었다고는 하지만 이는 바로 농사를 지을 수 있는 땅이 아니고 대부분 원시림이 우거진 울창한 숲이었다. 그런 땅을 얻으면 우선 나무를 없애야 할 것인데 가장 쉬운 방법이 숲에 불을 질러 나무를 제거하는 소위 화전농업 방식이었다. 그러나 초기에는 쟁기 같은 것이 없으니 그 땅은 나무 그루터기가 군데군데 남아있고 호미 등으로 최소한으로 땅을 갈아 농사를 짓는 방식이었다. 초기의 농사는 대개 옥수수를 심어서 식량문제를 해결하고 또한 환전이 필요하니 화폐를 획득하기 위해 담배도 함께 재배하였다. 그런데 이런 땅에서 농사를 몇 년 짓다보면 잡초가 돋아나고 농사를 짓기가 불편하니 그렇게 되면 새로운 숲에 불을 질러 다시 나무를 제거하고 거기에서 농사를 짓는 이동경작을 하였다. 그렇게 몇 년이 흐르면 자신들이 먼저 버려두었던 땅에 나무가 다시 자라나고 숲이 어느 정도 형성되면 그늘이 생기게 되고 그러면 햇볕을 못 받으니 잡초들이 자랄 수 없게 되어 다시 그 땅에 농사를 지으러 돌아가고 하는 이동경작이 가능했다. 또한 이동경작이 가능하기 이전에 그 땅에서는 잡초들이 자라게 되니까 가축을 놓아먹이면서 방목하기도 했다고 한다.

3.3.7 대농장 형성

그러나 초기식민시대 남부에서 주로 노동력을 공급하던 계약노동자는 앞서 설명한 것처럼 점차 줄어들게 되었으며 또한 기왕에 있던 계약노동자들도 시간이 지나면서 자유인의 자격을 가지게 되고 그들은 임대농이나 동업농의 형태로 생계형 농업을 하도록 허용되었다. 따라서 그렇게 생긴 노동력의 공백은 앞에서 잠깐 언급하였지만 노예노동에 의해 보충될 수밖에 없었다. 노예들 중에는 토지를 보유한 자유인에게 소유되어 그들의 생계형 노동을 대신하는 경우도 있었지만 대부분은 대농장(plantation)에서 대량농업생산에 동원되었다. 1680년에서 1700년까지 북미 식민지의 담배생산은 1400만 파운드에서 3000만 파운드로 2배 이상 증가하고 다시 1750년까지는 8500만 파운드로 증가하게 된다.* 이러한 생산증가의 배경에는 강력한 상업적 동기를 가진 토지보유자들이 자유토지소유자들로부터 토지를 사들여 대규모 농장을 형성하기 시작한 사실이 있다. 1680년 이후 이들은 노예의 수입을 급격히 증가시키면서 계약노동자를 대체하기 시작하며 1705년에 64,000명의 버지니아 거주자 가운데 계약노동자는 4000명이었으며 노예는 6000명이라는 기록이 있어 노예는 전체인구의 약 9%에 해당한다. 그러나 1710년에는 노예인구가 버지니아와 메릴랜드 인구의 25%, 1775년에는 35%까지 증가한 것으로 나타난다. 같은 기록에서 나타나는 또 한 가지 특징은 1705년에 토지소유자는 전체인구의 10%정도에 지나지 않는 6500명이라는 사실이다. 이는 인두세를 내는 백인인구 가운데 아주 적은 규모로 그 만큼 토지소유가 소수의 대농장주들에게 집중되었다는 것을 나타낸다. 이들은 노예노동을 대규모로 투입하여 생산에 있어서의 규모의 경제를 이룰 수 있었으며 또한 버지니아(1730)와 메릴랜드(1747)에서 창고법(Warehouse Law)을 통과시킴으로써 선적 전에 모든 담배를 창고에 모아 검수하고 열등품은 불태워버리도록 하는 등의 품질관리를 통해 수익을 더욱 극대화할 수 있었다. 이

* Seavoy, R (1997)

러한 법률을 통과시킬 수 있었던 것은 자유토지소유자의 수가 줄어드는 가운데 소수의 대농장주들이 식민지 정부를 좌지우지할 수 있었기 때문이다. 이런 이유에서 남부의 주에서는 교육에 무관심하였으며 자유민들은 점점 더 목소리를 낼 수 없었다. 이와 같이 문맹이 만연한 남부에서는 공업이나 상업이 발전할 수가 없었으며 따라서 그들은 점점 더 본국 영국이나 북부의 공산품에 의존할 수밖에 없게 되었다.

3.3.8 식민지 남부의 행정

방금 남부 식민지 정부의 소수독점을 언급했지만 이러한 현상은 식민초기부터 시행된 행정제도 자체가 그러했기 때문이다. 처음에 식민회사들은 식민지를 세우고 그곳을 운영할 주체로 총독을 임명하고 그에게 당시 지주들의 대표로 구성된 식민의회와 협의를 통한 입법권한을 행사하도록 했다. 뒤에 식민정부가 어느 정도 정착이 되고 나서는 영국의 국왕이 직접 총독을 임명하였으나 그 또한 식민의회와 협의를 거치도록 하였다. 결국 식민의회도 영국의회 제도를 그대로 접목한 것이고 그러다 보니 영국과 마찬가지로 의회는 소수 특권집단에 의해 움직이게 되었다. 또한 초기 식민회사의 조치 가운데 중요한 것이 수출용 담배의 창고보관증을 화폐로 사용할 수 있게 한 것이다. 앞서 식민지 경제의 상업화 요소 가운데 화폐사용이 중요한 역할을 하였다고 했지만 사실 식민지에서는 화폐를 발행할 권한이 없었다. 따라서 결국 금화, 은화 등 정화를 본국에서 가져와야 했으나 그럴 정도로 충분하지 않았기 때문에 보조수단이 필요하였다. 이에 따라서 식민회사는 수출용 담배에 대한 창고보관증으로 화폐를 대신할 수 있도록 하였지만 창고법을 통해 담배의 품질을 관리하려했기 때문에 자유농민들의 불만이 컸다. 하지만 화폐가 부족한 식민지에서 담배의 창고보관증을 화폐로 사용할 수 있게 한 것은 그 만큼 남부식민지 경제의 상업화에 중요한 역할을 하였다.

아무튼 남부 식민지에서는 식민회사가 임명했거나 나중에 국왕이 직접 임명했거나 총독이 행정을 책임지지만 식민의회와 협의를 거쳐서 권한을 행사할 수 있었기 때문에 식민지 행정은 결국 식민의회를 장악한 소수 지주세력에 의해 조정될 수밖에 없었다. 그런 식민의회의 주요 권한은 다음과 같았는데 우선 식민의회에서는 토지소유와 거래 그리고 임대기록 등을 등록하고 관리하며 또한 수확량을 측정하는 것도 중요한 임무였다. 이는 수확량을 정확히 알아야만 세금을 정확하게 부과할 수 있기 때문이며 따라서 식민의회의 두 번째로 중요한 임무는 조세징수와 관련된 사항이었다. 식민의회의 또 다른 주요임무는 식민의회의 의원이나 행정관리 등을 선출하고 관리하는 일이었다. 마지막으로 식민의회에서는 토지문제 등 주민들 사이에 벌어지는 분쟁을 해결하는 것도 중요한 임무였다. 그러나 식민의회도 결국은 선출직이기 때문에 아무리 소수집단에 의해 독점되더라도 선거 등을 거쳐야하기 때문에 자신을 뽑아줄 유권자와의 좋은 관계가 필요했다. 그러한 유권자들은 다름 아니라 식민지의 대다수 주민 즉, 노예를 제외한 자유인들이었다. 이들 대부분 글을 읽을 줄 몰랐으나 식민지 정부에서는 그들이 자신들의 권력을 유지하는데 필요한 표를 제공하고 있었음으로 영국에서와 같이 그들을 죄악시하여 강제노동을 시키려고 하지는 않았다. 그런데 이들 자유인에게 주어지는 땅은 대개 나무가 울창한 숲이었으며 그걸 개간하자면 우선 베거나 불태워서 나무를 제거해야 하지만 원시림 나무를 뿌리째 없애는 것은 매우 힘든 작업이었다. 그러니 상당한 경우에 그런 노력을 포기하고 그냥 남의 땅이나 조금 부치면서 먹고만 살면 행복하다고 생각하는 사람들이었다. 그러나 그들은 땅을 가지고 있지 않았기 때문에 토지세를 낼 필요가 없었다. 그러다 보니 토지소유자들의 입장에서는 세금도 내지 않는 그들의 참정권을 제한해야 한다고 생각하게 되었으며 따라서 점차 그러한 방향으로의 변화를 시도하게 된다. 또한 식민정부의 입장에서는 토지세를 내는 사람이 한정되어 있기 때문에 모자라는 재원을 마련하기 위해서 재산에 따라 부과하는 세금에 더해서 사람의 머리수에 따라 부과하는 인두세를 매기게 된다. 그런데 재산세를 주로 내는 입장에서는 토지를 갖고 있지 않아 인두세만 내는 세금부담이 적은 자유인에 비해서 자신들이 우선권이 있다고 생각할 수 있다. 우선권이라 함은 식민정부에서 제공하는 도로, 수로 등 편의시설의 건설과 더욱 중요한 것은 인디언들로부터의 침입에 대한 방어력의 제공이다. 그러나 임대농이거나 동업농인 자유인들의 생각은 자신들이 비록 토지세를 내지는 않지만 인두세의 형태로 나름대로의 부담을 하고 있으니 자신들도 행정서비스를 받아야 한다고 주장했을 것이다. 그러나 잦은 인디언의 침략에 대해서 자신들은 해안지역의 토지나 농장소유자에 대한 방어에 비해서 우선권이 떨어진다고 불만이었다. 특히나 내륙지역의 자유민들은 계속 화전을 하면서 숲으로 깊숙이 들어가려고 하는데 식민정부는 그렇게 될수록 인디언들로부터 방어하기가 힘드니 그러한 자유민들에게 더 이상 숲으로 들어가지 않도록 종용하고 만약에 그렇게 하다가 인디언들에게 습격을 당하면 책임질 수 없다고까지 주장하였다. 버지니아에서 일어난 베이컨의 난(Bacon‘s Rebellion, 1676-77)이나 노스캐롤라이나에서 일어난 레귤레이터의 난(Regulator’s

Rebellion, 1770-71) 등은 변방지역의 자유인들이 인디언들의 공격으로부터 제대로 보호받지 못하면서도 인두세를 내야하는 불만이 축적되어 생겨난 소란의 예이다.

3.4 … 식민지 북부

3.4.1 식민지 북부의 특징

앞서 살펴본 남부의 버지니아나 메릴랜드는 비교적 토지도 비옥하고 담배와 같은 고소득의 작물이 있어 상업형의 수출농업을 발전시킬 수 있는 지역이었다. 그러나 이제부터 살펴보고자 하는 북부의 뉴잉글랜드 지방과 뉴욕과 펜실베이니아 지역은 사정이 남부와 전혀 달랐다. 즉, 이들 지역의 토지는 남부지역처럼 비옥하지도 않았고 기후도 따뜻하지 않았을 뿐만 아니라 서쪽으로는 애팔레치아 산맥이 가로 막고 있어서 새로운 땅을 개척하는 것도 쉽지 않았다. 거기다가 인디언들과의 충돌도 잦았으며 북쪽으로는 캐나다를 개척하고 있는 프랑스인들에 의해 견제받을 수밖에 없었다. 그럼에도 불구하고 이런 열악한 지역에 정착하게 된 이유는 앞서도 설명하였듯이 영국의 제임스 1세가 런던회사(N34~41°)와 플리머스회사(N38~45°)에 지역을 구분하여 특허장을 주었기 때문이다. 비교적 따뜻한 지역에 특허를 가진 런던회사는 버지니아의 체사피크 만에 최초 식민지인 제임스타운을 건설하였다. 그러나 그보다 북쪽의 특허장을 얻은 플리머스 회사는 메인지역에 와서 혹독한 추위를 견디지 못하고 돌아간 경험이 있다. 그들의 두 번째 시도가 바로 1620년에 메이플라워호를 타고 식민지에 온 필그림(pilgrim)이라는 사람들이다. 선구자라는 뜻으로 그렇게 불린 그들은 영국이 교황과 결별하여 국교회를 결성하고 천주교도를 박해하자 종교의 자유를 찾아 네덜란드에 이주했던 사람들로서 분리주의자라고도 불렸다. 즉, 이들은 토지를 박탈당하여 경제적으로 낙오된 사람들이 아니라 종교적 신념을 가지고 자유로운 신앙생활을 찾아 식민지로 이주해온 사람들이다. 그러나 단순히 종교적 측면에서만 그들을 특징짓는 것은 잘못된 시도일 것이다. 사실 당시의 신교도들은 노동을 매우 신성한 것으로 여겼으며 따라서 게으름을 피우는 것은 신에 대한 모독이기 때문에 열심히 일하여 재산을 모으는 것이 장려되었고 이러한 그들의 인식은 식민지에서의 상업주의 확립과 잘 맞아 떨어진다.

당시에 북부지역 식민지의 이주민들의 특징을 몇 가지로 정리하자면 우선 그들은 대부분 상업적인 동기를 지니고 있었으며 종교적 신념으로 개척지의 생존에 필요한 힘든 노동을 감당하였다. 그들은 영국에서의 농사 경험이 거의 없으며 대부분 제조업이나 상업기술을 발휘할 수 있는 도시지역으로 이주했던 사람들이다. 이들 이주자의 2/3~3/4 정도는 영국에서 이미 중산층이었으며 대다수가 글을 읽을 줄 알았고 일부는 회계능력까지 보유했다고 한다. 또한 이들의 절반 이상은 이주비용을 스스로 부담 하였고 필요한 농사장비와 1년 치 또는 그 이상의 충분한 식량을 가지고 왔다. 이들은 대개 혼자가 아닌 가족단위로 이주하였으나 아주 적은 수의 계약노동자들은 영국에서 온 이주가족들의 원래 하인이었다. 마지막으로 그들은 도착 직후부터 영국에서의 상업문화를 그대로 본뜬 도시를 건설하려했다.*

3.4.2 개척초기

북부지역의 이민자들이 남부지역에 비해 준비를 많이 하고 미국으로 이주했다지만 그들의 초기 생활환경은 역시 생계를 간신히 유지할 정도였다. 이는 남부지역의 자유민들처럼 생계형 농업에 만족했기 때문이 아니라 앞서도 설명했지만 그만큼 그 지역의 농업환경이 열악했기 때문이다. 우선 그들이 이주한 지역에는 남부와 달리 담배 같은 수익성이 좋은 작물이 없었기 때문에 여러모로 불리하였다. 그러나 그들은 몇 해의 경험을 통해 유럽의 농산물 중에서 호밀이 비교적 안정적인 수확을 얻을 수 있다는 사실을 알았다고 한다. 그것을 심기위해서는 쟁기를 통해 밭을 갈아야 한다는 사실도 알게 되었지만 초기의 이민자들에게 쟁기는 물론 이를 끌 가축도 없었다. 따라서 남부와 마찬가지로 숲의 나무를 벌목하거나 태워 그루터기가 그대로 남아 있는 땅이 대부분인 그들의 농토에서 처음부터 충분한 수확량을 기대할 수는 없었다. 그러나 그들 또한 인디언들로부터 전수받은 옥수수가 식량으로서 적합하다는 사실을 깨닫게 되었다. 옥수수는 나무 그루터기가 있는 땅에다 호미로 흙을 북돋워 심을 수도 있었으며 그것이 무릎높이 정도 자라면 콩과 같은 넝쿨식물을 함께 심었으며 그러면 그것이 옥수수와 나무그루터기를 타고 자랐다고 한다. 이것은 옥수수와 더불어 식량을 보충하기에 충분하였고 콩 껍질과 줄기는 겨울에 가축을 먹일 훌륭한 사료로 이용되었다. 처음에 이런 힘든 과정을

* Seavoy, R. (2006)

거쳐서 정착을 했지만 그들은 교육수준도 높았고 종교적 신념에 따라 노동을 신성시 하였기에 불과 10년 이내에 안정적 생활기반을 다질 수 있었다. 즉, 처음 10년 정도는 생계를 유지하기에 급급했지만 10년 이후에 매사추세츠를 비롯한 대부분의 뉴잉글랜드지방 정착지에서는 계절적인 빈궁을 면할 수 있었다고 한다. 그들은 자신들을 위한 식량뿐만 아니라 곡물을 수출할 수도 있게 되었으며 또한 밀가루와 저장 처리된 생선과 육류 그리고 각종 목재제품 등을 수출하였다. 특히, 소금에 절인 은대구는 남부의 담배와 비교할 수 있을 정도의 중요한 수출품으로 자리 잡게 되었다.

3.4.3 토지배분

식민지 북부에서의 토지배분 방식은 식민회사가 이주자 또는 투자자들에게 개별적으로 땅을 배분하던 남부와 달랐다. 식민지 북부에서는 식민정부가 인디언들로부터 토지소유권을 구매하거나 또는 토지소유를 희망하는 집단에 대해서 토지소유권 구매를 허용하는 형태였다. 인디언들의 토지를 헐값에 빼앗는 거나 마찬가지였지만 북부에서는 낮은 값이라도 대가를 지불하고 땅을 매입하는 형태를 가진 것이 남부와 다른 점이었다. 이렇게 해서 일단 토지를 구입하면 이를 개인에게 각각 배분 하는 것이 아니라 타운이라는 대규모 단위로 묶어서 집단에게 배분하는 것도 남부와 다른 특징이었다. 즉, 토지는 투자집단의 공동소유가 되며 이러한 집단에는 대개 타운지도자가 임명되고 그는 타운에서 일할 성직자, 교사, 대장장이 등의 기술자, 방위 책임자, 건설 책임자 등을 모집하게 된다. 그렇게 해서 타운의 중심부를 구성하게 되고 그 주변에는 타운을 둘러싼 작은 부락 여러 개를 형성하게 되다. 이와 같은 분산부락(Nucleated Village)은 타운을 둘러싸고 있기 때문에 인디언의 침입에 대한 방어의 전초기지로 활용하기에 유리하였다. 분산부락은 또한 인근부락이 인디언 방어나 토지개척을 위해 동원되었을 때 그 부락의 경작을 도와줄 수 있어 편리하였다. 이러한 체제는 새로운 농토를 만들 때 부락단위로 공동으로 작업에 참여함으로써 집중적으로 노동력을 공급하는 역할을 할 수 있었다. 이와 같이 분산부락에 구성원 되면 각 부락의 행정위원들이 개별적으로 토지를 배분하게 되는데 모두에게 똑 같은 토지가 배분되는 것이 아니고 부양가족 등 각자의 필요에 따라 토지가 차등 지급되었다고 한다. 즉 개별적으로 2~5에이커에 해당하는 택지를 주어 집과 텃밭을 일구게 하고 또한 개척지에 대해서 10~20에이커의 추가적인 경지를 주어 본격적인 농사를 짓도록 하였다. 물론 처음에는 개척지가 한정되어 있었기 때문에 주어지는 경작지에는 한계가 있었지만 시간이 지나면서 개척지가 확장되면 추가적으로 더 넓은 토지를 배분했다고 한다. 이 때 초기부터 참여한 개척자가 아닌 신참자도 토지배분을 청원할 수 있으며 그 타운에 필요성이 있다고 판단되면 그들에게도 토지가 배분되었다고 한다. 이와 같이 북부식민지에서는 실제로 거주하면서 농업에 종사할 정착자들이 집단으로 토지를 개척해가는 방식을 취했으나 1660년 이후에는 실제로 농사를 지을 사람이 아니라도 아예 전문적으로 타운을 조성하여 토지를 배분 받은 다음에 정착자들을 모집해서 땅을 넘기고 또 다시 새로운 타운을 조성하러 다니는 사람들이 생겨났다고 한다. 특히, 1700년 이후에는 이들이 아예 하나의 사업으로 등장하여 뉴잉글랜드 식민정부의 주요 수입원으로 떠오르게 되었으며 1720년 이후에는 타운개척 사업의 상업화가 절정에 이르렀다고 한다. 특히, 식민정부에서는 이들의 사업이 재원을 조달할 뿐만 아니라 정착지를 급속도로 확장시키는데 도움이 된다는 필요성을 인정하게 되었다고 한다.

3.4.4 상업화의 진전

이와 같이 식민지 북부는 토지배분에 있어서도 남부와 다른 방식을 취하면서 다른 형태의 상업화를 이루어 가게 되는데 그 과정을 이제부터 살펴보도록 하자. 남부에서와 마찬가지로 북부에서도 식민이 시작된 지 10년 정도가 지나면 안정적인 생활기반과 수출농산물을 가지게 되었지만 식민지 북부는 결코 농사에 적합한 지역이 아니었으며 따라서 남부와 같이 대규모의 수출농업이 발전할 수 없었다. 따라서 식민지 북부에서는 일찌감치 상업과 제조업이 함께 발전할 수밖에 없었다. 제조업에 대해서는 나중에 좀 더 자세히 알아볼 기회가 있겠지만 우선 그들의 주요 제조업수출품을 살펴보면 선박, 선박재료, 선박용품, 선철 등이 있는데 이들은 그 지역의 풍부한 목재와 그로부터 나오는 목탄 그리고 철광석 매장량이 많았기 때문에 자연스럽게 발전할 수 있었다. 상업에 있어 그들은 우선 본국과의 상품 수출입을 담당하는 무역업을 발전시킬 수 있었다. 그들은 주로 식민지에서 생산되는 식량, 담배 등의 농산물, 생선 등 해산물, 산림제품, 해운제품, 가축생산품 등을 영국과 유럽으로 실어 나르는 일을 담당하였다. 또한 그들은 카리브 지역으로부터 당밀이나 면화 등을 실어오고 이를 영국에서 가져오는 공산품과 중계하는 역할도 담당하였다.

북부지역은 남부지역에 비해 제조업과 상업이 발전해가지만 그래도 식민지에서 가장 풍부한 자원은 토지이기 때문에 북부의 상업화를 이야기할 때도 농업의 상업화를 빼놓고 설명할 수 없다. 그런데 남부 농업의 상업화는 대농장 중심의 상업화를 의미하고 내륙으로 들어간 자유농민은 생계형 농업을 영위하고자 했으나 북부지역의 상업적 동기는 해안지역에 정착하여 직접 상업에 종사하는 사람들뿐만 아니라 내륙에 들어가 정착한 사람들에게서 찾아볼 수 있다. 예를 들어 1660년대 뉴잉글랜드 지방의 정착민들이 보유한 물품목록을 보면 그러한 사실을 확인할 수 있다. 즉, 그들은 쟁기, 써레를 비롯한 일체의 농기구를 대부분 갖추었으며 상당수의 가정에서는 수레를 그리고 일부에서는 마차도 가지고 있었다고 한다. 또한 그들은 또한 공구와 베틀 등을 갖추고 있었으며 많은 제조업 반제품들을 보관하고 있었다고 한다. 마지막으로 대부분의 집에는 책이 있었다고 하는데 이는 그들이 글을 읽을 줄 알았다는 뜻이며 문자해독은 상업거래를 하거나 제조업에 종사하기 위해서는 필수적인 기술이었다. 이는 앞서 설명한 남부의 높은 문맹률과 대비되는 특징이다. 또한 북부의 농민이 공구와 베틀 등을 갖추고 상당수의 제조업 반제품이 있었다는 것은 그들이 농한기를 이용하여 물건을 만들어 시장에 내다팔기도 했다는 증거이다. 특히, 보통가정에 수레나 마차가 있었다는 것은 집에서 생산한 농산물이나 공산품을 시장에 내다팔 때 대량의 운반 장비가 필요했다는 이야기가 된다. 남부지역의 식민지에서는 일반 정착민들이 수레나 마차를 가지는 경우는 거의 드물었는데 이와 달리 식민지 북부의 정착민들은 그들이 농사일에 종사하더라도 부업을 통해 제조업에 관여하고 있었음을 알 수 있다.*

농업에서 뿐만 아니라 식민지 북부의 상업적 동기를 증명하는 다른 요인들도 찾아볼 수 있다. 즉, 상당수의 농민들이 공예나 수공기술을 가지고 있어서 적어도 부업으로 공업에 종사하였으며 또한 그들은 자식들에게 자신의 기술을 전수하는데 특별히 시간을 들였으며 이 때 문자해독 능력이 상당히 중요하였음은 물론이다. 식민지 북부 상업화의 또 다른 증거는 제재, 제분, 조선, 철공 등에 종사하는 전업기술자가 인구에서 차지하는 비중이 급속하게 증가하였다는 것이다. 한편 식민지 북부에서 공동 울타리가 급속하게 확산되었던 것도 상업화의 증거로 볼 수 있는데 북부에서는 농경지에 가축이나 동물들이 들어오는 것을 막기 위해 울타리를 높게 치는 것이 일반적이었다. 그런데 이런 울타리를 개개인이 각자의 농토에 설치할

---

* Main, J. (1985)

경우 많은 시간과 노력이 들어가지만 울타리를 공동으로 만들고 그 안에 각자의 농토를 가질 경우 좀 더 많은 시간과 노동력을 농사일에 투입할 수 있으니 그만큼 대량생산이 가능했다는 뜻이다. 물론 초기에는 이와 같이 공동울타리를 선호했으나 생활이 어느 정도 정착된 뒤에는 개별적으로 분명한 토지 경계를 원했으며 따라서 3세대 이후의 정착민들에게서는 이러한 특징이 사라졌다고 한다. 북부의 경우 남부에 비해서 월등히 많은 가구당 가축보유수를 가지고 있었는데 이 또한 북부의 앞선 상업화의 증거라고 할 수 있다. 즉, 북부는 옥수수와 함께 콩 같은 넝쿨 식물을 심어 식량을 보충하고 겨울에 가축의 사료로 이용했다고 했는데 그 만큼 북부에서는 상업적인 동기로 가축을 키웠으며 특히 가축이 많으면 쟁기질을 시키거나 마차를 끌게 하는 등 상업적 용도에 쓸 일이 많았다는 뜻이다. 북부 농민들의 채무구조 또한 북부의 앞선 상업화를 나타내는 증거인데 농업가구 상호간에도 금전을 빌리고 빌려주고 하였으며 또한 타운의 상인이나 공업장인기술자에게도 지는 경우가 있었다고 한다. 그런데 빚을 얻을 수 있다는 것 자체가 그 만큼 빚을 갚을 능력이 있다는 것을 의미하며 이러한 상업신용의 발전은 그 만큼 북부식민지가 상업화에 앞서 갔다는 뜻이다. 반면에 남부의 신용은 생계신용이라고 할 수 있는데 이는 갚을 능력이 있어서가 아니라 생존에 필요해서 빚을 지고 수확을 하면 현물로 갚는 형태였다. 마지막으로 북부 상업화의 다른 증거로 내세울 수 있는 것은 남부에 있었던 계절적 식량부족 현상이 북부에 존재하지 않았다는 사실과 또한 북부의 농민들이 수명이 길었다는 점을 들 수 있다. 즉, 최소한의 식량만을 생산했던 남부와 달리 주어진 환경이 불리했던 북부에서 식량이 오히려 풍부했으며 그 덕분에 영양을 충분히 섭취한 농민들이 오래 살았다는 것 자체가 북부의 앞선 상업화를 증명한다.*

3.4.5 식민지 북부의 행정

북부의 행정 또한 남부와 많은 차이가 있었는데 우선 북부에서는 초기식민지 운영이 타운단위로 이루어졌다. 타운은 공동 토지소유 집단으로서 중요한 일을 타운회의에서 결정하였는데 토지소유자와 계약노동자가 있던 남부와 달리 북부에서는 대부분이 토지소유자였기 때문에 소수에 의한 권력독점이 발생하지 않았다. 즉, 대다수 주민이 참여하는 타운회의에서는 행정위원(Selectman)을 선출하여 행정실

* Demo, J (1965)

무를 보게 했으며 그밖에 토지배분, 조세, 공공건설, 행정 등 주요한 사항이 타운회의에서 논의되고 결정되었다. 토지소유자가 별로 없어 식민정부의 재원조달에 어려움을 겪었던 남부와 달리 토지세는 북부에서의 주요 세원이었다. 식민지 북부에서는 대부분의 주민이 토지를 소유하고 있었기 때문에 재원조달이 충분하였지만 더욱 놀랄 만한 것은 그들이 부담하는 세금이 다양하였다는 것이다. 즉, 그들은 타운에 내는 세금, 카운티에 내는 세금, 식민정부에 내는 세금, 성직자의 생계를 위한 세금, 기초교육을 위한 세금 등 모두 5가지의 조세를 부담하였다고 한다. 이는 그들이 그 만큼 상업화를 통한 부의 축적이 충분히 이루어져 세금을 부담할 능력이 되었다는 이야기일 것이다. 이와 같이 토지세가 넉넉한 재원을 보급하였지만 북부에서도 매사추세츠나 코네티컷 같은 식민지에도 16세 이상에 대한 인두세가 부과되었다고 하는데 이는 주민의 대부분이 토지소유자라 하여도 토지를 소유하지 않은 소수에게도 조세를 부과하기 위한 방편이었을 것이다. 또한 1640년 이후에는 도매되는 주류와 수입되는 맥주, 와인 등에 대해서 물품세가 부과되었으며 식민정부 조세수입의 1/3 정도가 이러한 방법으로 조달되었다고 한다. 항상 재원이 부족했던 남부와 달리 북부에서는 세율도 높았고 세원도 다양했으나 이는 그 만큼 북부식민지의 행정이 쓸 곳이 많았다는 이야기가 된다. 즉, 북부에서는 식민정부가 공공시설의 건설이나 관리, 공공교육 등에도 많은 재원을 지출을 하였다.*

타운회의에 참가할 수 있는 자격은 토지세를 내는 주민들이었지만 이주초기에는 대부분의 주민들에게 토지가 나누어졌기 때문에 사실상 모든 주민이 참여할 수 있었다. 그러나 1680년 경 이후에는 타운회의에서 투표할 수 있는 자격이 거주자로 제한되어 특별한 재산이나 기술이 없는 체류자들이 제외되었다고 한다. 즉 떠돌이로 타운에 흘러들어 온 사람들은 주요사항을 결정하는데 과정에서 배제되었음을 의미한다. 타운에 관한 주요한 사항을 결정하는 타운회의에 거주자들이 참여하는 것은 당연하지만 식민정부의 의회에 투표권을 행사하는 것은 조금 더 다른 문제이다. 즉, 식민의회에서 의견을 개진할 수 있는 자격은 초기에는 자유인으로 규정되어 있었다. 그런데 식민지 북부의 초기 자유인들은 모두 공동 토지 소유자이고 따라서 토지세를 내는 사람들이라는 뜻이다. 그러나 그 뒤에는 자유인 가운데 교회에 참여하는 사람으로 제한되었다고 하는데 이는 그만큼 조세능력과 더불어 공동체에 기여할 의사를 중요시 한 것으로 볼 수 있다. 한 기록에 따르면 초기

---

* Powell, S. (1970)

70년간 토지소유자의 60~75%가 자유인의 자격이 있었으며 그 중에 절반 정도가 선서를 통해 투표자격을 획득했고 또 다시 그 절반 정도가 실제로 투표에 참여하였다고 한다.* 이는 식민의회에 참여하고 싶은 마음이 있으면 얼마든지 참가할 자격이 있었던 사람들이 그럴 필요를 못 느꼈다는 것을 의미한다. 결국 이는 주민들이 식민정부에 대해 크게 불편한 감정이 없었음을 의미하며 이 또한 식민정부에 대한 불만으로 반란이 종종 발생했던 남부와 다른 북부의 사정을 나타내주고 있다.

3.5 … 서로 다른 체제

지금까지 우리는 식민지 미국의 남부와 북부가 출발부터 다르게 시작하여 서로 다른 모습으로 진화해가는 모습을 살펴보았다. 다음 주제로 넘어가기 이전에 남부와 북부의 다른 체제를 다시 한 번 정리하자면 우선 남부에는 비교적 넓고 비옥한 토지가 있었으며 담배와 같은 수익성 있는 작물을 키울 수 있는 환경을 가지고 있었다. 이와 같이 모든 조건이 갖추어졌었지만 한 가지 부족한 것은 노동력이었으며 남부에서는 초기에 이를 계약노동자의 형태로 보충하다가 나중에는 흑인노예에 의존하게 되었다. 계약노동자들은 이민을 온 목적이 상업화 이전 영국에서 누렸던 편안한 생계형 농업이 목적이었기 때문에 자유민이 되면 최소한의 상업화를 추구하였다. 대신에 남부 농업의 상업화는 소수의 대규모 농장주들에 의해서 주도되었으며 이들은 경제력의 집중뿐만 아니라 정치·행정력에 대해서도 소수엘리트 체제의 독점을 행사한다. 그럼에도 그들은 자신들의 권력기반으로 자유인들이 필요했기 때문에 생계농업을 허용했으며 또한 그들의 불만을 무마하기 위해서라도 세율을 낮게 유지하여야 했고 이는 결과적으로 재원이 부족하여 공공시설이나 교육에 대한 투자를 등한시하게 했다. 따라서 남부는 상업과 공업에 있어서 본국은 물론 식민지 북부에 의존할 수밖에 없게 된다.

반면 식민지 북부는 출발부터가 열악한 농업환경에서 시작하는데 이는 그 지역의 토지도 협소했고 남부와 같은 수익성 있는 작물도 없었으며 인디언 등의 견제도 심했기 때문이다. 그러나 북부의 이주민들은 남부 이주민들과 달리 경제적으로 낙오된 사람들이 아니었으며 그들은 종교적, 정치적 신념을 따라 식민지로 건너온 사

* Morison S. (1930)

람들이었다. 그들은 이미 본국에서 상업화의 과정을 경험한 사람들이었고 이들은 이주 초기부터 농업뿐만 아니라 제조업, 상업 등 다방면에서의 상업화를 추구하였는데 이는 초기의 열악한 환경에서 생존하기 위한 불가피한 선택이었다. 그 결과 그들은 10년 정도에 열악한 환경을 극복하고 안정된 생활기반을 갖추게 된다. 이와 같이 안정된 기반이 갖추어진 덕분에 식민정부는 별 다른 저항 없이 동의에 의해 조세를 거두어들일 수 있었으며 이를 기반으로 도로, 수로, 공공건물 등 공공시설의 투자도 활발히 벌일 수 있었다. 특히, 교육에 무관심하여 문맹이 만연했던 남부와 달리 북부에는 공공교육을 통한 문맹퇴치의 중요성을 인식했으며 결과적으로 식민지 북부의 상업화가 빠르게 진행될 수 있는 주요요인이 되었다. 특히 북부의 이러한 상업적 동기는 남부에서 뿐만 아니라 유럽의 다른 국가 식민지에서도 찾아보기 힘든 특징이다. 즉, 미국이 오늘날과 같이 세계최대의 경제대국으로 발돋움하게 된 것은 식민초기부터 북부에서 상업화가 급속하게 진행된 결과라고 할 수 있다.

제4장

북미 식민지의 성장

4 북미 식민지의 성장

4.1 … 북대서양 횡단무역

4.1.1 항해조례(Navigation Act)

초기정착 후 30~40년간 북미대륙의 식민지 경제는 북대서양 횡단무역에 전적으로 생존을 의지할 수밖에 없었다. 따라서 정착초기부터 유럽에 수출할 상품을 생산하는데 노동력의 대부분이 투입되었다. 제3장에서도 설명한 바 있지만 대서양 횡단무역은 식민지의 식량, 담배, 해산물, 목재제품, 해운제품, 가축생산품 등을 수출하고 그 대가로 생존에 필수적인 공산품을 들여오는 것이었다. 또한 거기에 덧붙여 카리브 연안의 식량과 설탕을 유럽에 보내고 거기서 들여온 공산품과 자체적으로 제조한 물품을 카리브에 파는 중계무역도 이루어졌다. 그런데 이러한 대서양 횡단무역을 영국만이 독점한 것은 아니며 프랑스, 네덜란드 등 다른 유럽제국들도 참여하고 있었다. 특히나 일찍부터 선박과 항해기술이 두드러졌던 네덜란드는 영국의 강력한 경쟁자였으며 영국은 대서양 횡단무역에서 네덜란드를 배제시키기를 원했다. 1650년경이 되자 영국과 식민지의 교역규모는 이미 상당한 수준에 이르러 영국의회는 이로부터 얻는 이익을 극대화할 방안을 모색하기 시작한다. 그 결과 1651년 항해조례를 제정하여 영국과 북미 및 카리브의 영국령 식민지 사이의 교역은 영국이나 그 식민지에서 건조되고 영국이나 식민지인이 소유한 선박이 담당해야 하며 그 선박에는 영국과 식민지의 선원이 승선하여야 한다고 규정했다. 식민지의 상인은 영국 상인과 대등한 조건에서 대서양 무역을 행할 수 있으며 식민지 사이의 무역에는 제한이 없지만 영국 근해의 무역에 대해서는 영국 상인만 참여할 수 있다. 한편 다른 유럽국가에서 생산되어 식민지에 수출되는 상품은 일단 영국으로 보내져서 영국과 식민지 소유의 배로 옮겨 수출할 수 있었다. 단, 남유럽에서 생산되어 북미 뉴잉글랜드로 보내지는 소금과 포르투갈에서 생산되는 와인은 예외로 하였다. 1660년 개정된 항해조례는 식민지에서 생산되는 설탕, 담배, 면화, 인디고 등 7개 품목은 영국으로만 수출할 수 있도록 규정하였다. 1700년대 초반까지 앞서 품목 이외에 쌀, 선박용품, 대마, 구리, 비버가죽 등이 금수품목으로 추가지정 되었다. 그리고 1764년에 이르기까지 단지(pot), 탄산칼리(태운 진주의 재), 선철, 원목, 선박목재, 돛대 등도 추가되었다. 직물의 염료로 사용되던 인디고와 선박제조에 사용되는 물품은 영국에게 상당히 중요한 품목이어서 끝까지 금수품목에 남았지만 남부유럽과 포르투갈의 도서지방에서 1/3이상이 소비되었던 쌀은 나중에 금수품목에서 해제되었다.

이러한 항해조례의 의의와 목적은 몇 가지가 있었는데 우선 앞서도 설명한 바와 같이 대서양을 횡단하는 식민지와의 교역에서 네덜란드 세력을 몰아내기 위한 것이었다. 또한 식민지와의 교역뿐만 아니라 유럽 내부의 교역에서도 네덜란드에 대응한 영국의 비교우위를 확보한다는 측면도 있었다. 그밖에도 항해조례는 식민지에서 생산되는 원료제품을 영국에 독점공급하기 위한 목적도 가지고 있었다. 특히, 식민지의 원료상품을 영국으로만 독점공급 하도록 한 것은 원료상품이 영국으로 수입되면서 세금을 부과하였기 때문에 이들이 모두 영국으로 수출되도록 함으로써 조세수입을 극대화하기 위함이었다. 또한 영국의 제조업자들에게 충분한 원료상품을 제공함으로써 그들의 생산량을 늘릴 수 있도록 도와주며 그렇게 함으로써 농촌지역에서 퇴출되어 도시의 임금근로자가 된 사람들의 일자리를 충분하게 제공하고자 했다. 마지막으로 항해조례를 통해 영국은 본국에서 생산된 제조업 제품에 대한 식민지에서의 독점권을 행사하고자 했다. 특정품목을 지정하여 영국으로만 수출이 가능하도록 한 항해조례에 대해 식민지에서는 대체로 저항이 없었는데 그 이유는 식민지에서도 어차피 자신들이 생산한 수출품에 대해 안정적인 시장을 확보한다는 측면이 있었으며 대서양을 횡단하면서 해적 등으로부터 영국함대의 보호는 당시 필수적이었기 때문에 약간의 불편이 있어도 항해조례에 그냥 순응하는 것이 낫다고 판단했기 때문이었을 것이다.*

---

* Seavoy R.(2003)

4.1.2 식민지 교역제한

이와 같이 항해조례에 대해서는 대체로 순응했지만 식민지의 교역을 제한한 일부의 조치는 종종 반발을 사기도 했는데 그 대표적인 예가 1733년에 제정된 당밀법(Molasses Act)이다. 이 법은 당시 더 높은 경쟁력을 갖추고 있던 카리브의 프랑스와 스페인의 식민지에서 생산되어 수입되는 당밀에 대해서 사실상 수입이 금지될 정도의 높은 관세를 부과한 것이다. 이는 바베이도스와 자메이카 등 영국령 카리브 지역의 품질이 낮았던 당밀의 경쟁력을 확보하고자 했던 조치로 그곳에 농장의 소유권을 가지고 영국에 거주하던 의회 인사들에 의해서 주도되었다. 그런데 자신들의 이익을 보호하기 위해 취해진 당밀법은 영국의 서민들에게 피해를 주었다. 즉, 당시 당밀은 선원들이나 농민들이 즐겨마시던 럼주의 주원료였으며 그러다 보니 당밀에 관세가 높게 부과되어 그것을 원료로 사용하는 럼주 가격이 폭등을 하게 되었고 따라서 서민들의 불만이 고조되었다. 또한 럼주는 노예무역에 중요한 품목이었기 때문에 노예 상인들에게도 당밀법은 상당한 부담이었다. 이와 같이 당밀에 대해서 관세를 부과한 것은 많은 부작용이 있었기 때문에 당밀에 대한 관세부과는 차츰 형식에 그치다가 시간이 지나면서 실질적인 관세부과가 사라졌다고 한다. 그러자 의회에서는 실질적인 관세수입을 얻을 수 있도록 1764년에 설탕법(Sugar Act)을 새롭게 제정하여 관세를 낮추는 대신에 관세부과가 실제로 이루어지도록 하였다.

당밀법과 설탕법 말고도 본국의 이익을 도모하기 위하여 다른 교역제한 조치들도 취해지는데 식민지산 모직, 의류, 비버모피로 만든 모자 등이 영국으로 수출되는 것을 금지하였다. 이는 원료 형태로 영국에 독점 수입이 이루어지는 것은 영국의 제조업자에게 유익했지만 가공된 상태로 영국에 수입되면 영국의 제조업자와 경쟁하게 되었기 때문이다. 따라서 그러한 제품은 식민지 자체에서 생산하여 소비하는 것은 어쩔 수 없으나 영국으로 완제품을 가지고 오는 것은 금지한 것이다. 본국의 이익을 지키려는 이러한 목적이 잘 나타내는 것이 철제품의 영국수출에 관한 것이다. 당시 북미 식민지에는 철광석이 상당히 풍부했고 목재에서 나오는 목탄도 많이 생산되어 일찌감치 선철의 대량생산이 이루어졌다. 1750년까지 식민지에 많은 용광로가 생기고 여기서 단지, 못, 경첩, 말굽, 선박과 마차부품, 마차바퀴 등을 생산이 이루어졌다. 1730년 이후 선철과 철근 등이 영국으로 수출되기 시작하였지만 영국의 입장에서는 선철과 철근의 수입은 어느 정도 묵인했지만 그것을 이용해서 제조한 물품에 대해서는 달갑지 않게 생각하였다. 따라서 영국은 1750년에 선철과 철근에 수입되는 관세를 폐지하면서 동시에 식민지에서 새로운 용광로와 제련소나 철공소 등을 세우는 것을 금지하기도 하였다. 이와 같이 영국은 본국의 제조업과 경쟁이 되는 산업이 생겨나는 것을 견제하였지만 반대로 자신들에게 도움이 되는 선박재료, 항해용품, 인디고 등의 생산에는 보조금을 주기도 하였다. 그러나 이러한 보조금이나 교역제한 조치들보다도 식민지의 상업엘리트들이 가장 불만인 사항이 있었는데 그것은 주화의 교역과 지폐의 발행을 제한하고 금지시킨 일이다. 식민지 정부의 관리들은 이러한 본국의 조치가 조세를 제 때에 제대로 거두어들이지 못하도록 하는 동시에 식민지 부의 생산이 극대화되는 것을 방해한다고 생각하였다.*

4.1.3 식민지의 초기상업

그러나 독립을 논할 정도의 실력을 갖추기 이전에 북미 식민지의 산업은 영국에 의존할 수밖에 없었다. 따라서 초기에 식량난을 면하고 드디어 수출을 할 수 있게 되면서 식민지의 수출도 주로 영국으로 이루어졌다. 1700년 북미 식민지의 영국에 대한 수출은 영국 돈으로 395,000 파운드 스털링에 이르렀다고 한다. 이러한 액수는 당시 영국전체 수입액의 52%를 차지했다고 하니 영국의 입장에서도 식민지는 주요한 원료공급지의 역할을 했다. 당시 영국의 수입은 그밖에 27%가 카리브 지역에서 오는 것이었고 남유럽은 19%를 담당했다고 한다. 1770년까지 북미 식민지의 영국에 대한 수출액수는 1,400,000 파운드에 이르게 되어 무려 350%의 성장을 이루게 되었다. 이러한 영국에 대한 식민지의 수출은 버지니아와 메릴랜드에서 나오는 담배와 캐럴라이나 지역에서 나오는 인디고 그리고 목재는 대부분의 식민지역에서 수출이 이루어졌다고 한다. 한편 북미 식민지가 영국으로부터 수입한 액수를 보면 1700년에 344,000파운드에서 1770년 1,870,000 파운드로 늘어 무려 540%의 수입증가가 이루어졌다고 한다. 1700년을 기준으로 북미 식민지의 상품 수입은 60%가 영국으로부터 이루어졌으며 영국의 입장에서는 자신들의 전체 수출의 30%, 제조업제품 수출의 40%가 북미로 향했다고 하니 북미 식민지가 영국 제조업의 주요상품 수출시장으로서의 역할을 충분히 했다고 볼 수 있다. 한편 영국의 북미 식민지에 대한 주요수출품은 이미 여러 차례 설명했지만 제조업 상품인 모직옷

* Dickerson, O. (1963)

감이나 금속제조품 들이 주류를 이루었다. 그밖에 북미 식민지는 영국이외의 지역으로부터 당밀, 소금, 와인, 노예 등을 수입하였다. 당밀은 앞서 설명했지만 럼주 생산에, 소금은 생선을 절이는데, 또한 노예는 수출농산물을 수확하는데 주요한 자원이 되었다. 아마 와인은 식민지 엘리트계층의 기호품이었을 것이다. 그런데 1770년 당시를 보면 북미 식민지는 영국과의 교역에서 상당한 적자를 보고 있었으며 이를 보충할 수단이 필요했다. 그러한 수단이 바로 카리브 연안과 본국 사이의 중계무역이었으며 이를 통해 나오는 이익으로 본국과의 적자를 보전하였다. 즉, 카리브의 당밀과 설탕 등을 영국으로 실어 나르고 오는 길에 본국의 공산품을 실어와 거기에 이윤을 부쳐 카리브 지역에 파는 중계무역을 통해 본국과의 교역적자를 메웠다.*

4.2 … 식민지 상업의 발전

4.2.1 식민지의 자본축적

1750년경까지는 본국인 영국과 북미 식민지 상업의 관계는 영국이 주도하고 여기에 식민지가 협조하는 분업체제였다고 할 수 있다. 즉, 북미 식민지의 주요수출품목인 담배와 인디고 그리고 2/3정도의 쌀은 영국 상인들이 돈을 주고 선매하였으며 식민지 상인들은 이들 산물을 집산하고 선적하여 영국에 수출하는 일을 돕는 정도였다. 즉, 식민지와 영국의 교역은 영국 상인들의 손에 장악되어 있었으며 식민지 상인들은 카리브 지역과의 무역을 담당하는 형편이었다. 특히, 쌀을 제외한 작물의 카리브와 남유럽에 대한 수출은 뉴잉글랜드 지역의 상인들이 담당하였다. 이때 식민지 상인들의 교역은 영국 상인으로부터 얻은 신용을 바탕으로 이루어졌는데 이때 식민지 상인과 영국 상인의 관계는 대개 친인척이거나 종교적으로 인연을 맺고 있는 경우였다고 한다. 이들 신용은 보통 12개월 동안 제공되었으며 이에 대한 만기를 지키기 위해 환어음 등이 활발하게 거래되었으며 만약에 만기를 연장하는 경우에는 대개 5에서 8% 정도의 이자를 지불하여야 했다고 한다.

그러나 1750년부터는 식민지 상인들도 점차 세력을 확장하여 나름대로의 자본

* Johnson, E (1964)

을 축적하기 시작한다. 1770년 뉴잉글랜드 지역에서의 영국과의 무역은 이미 75% 정도가 식민지 상인 소유의 선박을 이용하였다. 그러나 당시 영국과의 무역은 뉴잉글랜드 지역 전체의 17%에 불과할 정도로 다양한 지역에 대한 무역이 성행하고 있었다. 필라델피아와 뉴욕에서도 마찬가지로 식민지 상인들이 성장하여 그 지역 교역의 37%와 25%가 각각 식민지 상인 소유의 선박을 통해서 이루어졌으며 두 지역의 교역의 22% 정도만이 영국과 행해진 것으로 되어있다. 다만 체사피크와 남부지역의 무역은 여전히 영국 상인에 의해서 지배되었는데 남부무역의 12% 정도만이 식민지 소유 선박에 의한 것이었고 특히 그 지역의 수출은 81%가 영국으로 보내져서 여전히 높은 의존도를 보이고 있었다.*

4.2.2 북부지역의 상업

초기정착 후 20년쯤이 지난 1650년이 되면 보스턴은 벌써 목재제품, 절인 은대구 등을 카리브의 영국 식민지와 남유럽에 수출하기 시작하여 1680년에 이르면 뉴잉글랜드의 상인들이 이들 수출품들을 주로 담당하게 된다. 그러다가 1750년경이 되면 보스턴은 벌써 북미 지역의 대표적인 상업도시로 발전한다. 그 지역의 척박한 토지로 농업은 어려웠으나 톱니모양의 들쭉날쭉한 해안선과 깊은 수심은 강이 없음에도 불구하고 항구를 발전시키기에 충분하였다. 거기다가 해안가의 풍부한 산림자원과 해양의 어류자원은 그 지역이 일찌감치 조선업과 제조업 그리고 무역업을 발전시키기에 적합하였다. 특히, 이 지역의 상업발전은 자연조건에 의한 것이라기보다는 앞서도 설명한 것처럼 이 지역에 이주한 초기 정착민들의 종교적 신념과 그들의 노동가치관 등이 더 크게 작용한 결과라는 주장을 흔히 들을 수 있다. 한편 필라델피아 지역은 뉴잉글랜드에 비해 비교적 토지도 넓고 토양도 비옥하여 일찌감치 밀과 이를 이용한 밀가루를 수출할 수 있었다. 특히, 이 지역에는 퀘이커 교도들과 독일계 농민들이 이주했는데 이들은 밀과 밀가루 이외에도 저장 처리한 소고기와 돼지고기 등을 수출하였다. 1750년 이전에 이들은 남유럽과 카리브 연안에 자신들의 밀가루와 저장육류를 보내고 그 지역에서 당밀, 설탕, 소금, 와인 등을 수입하는 정도였으나 1775년경에 이르면 남유럽, 카리브는 물론 영국과도 직접 교역하면서 경제규모가 보스턴을 능가하는 도시로 발전하게 된다. 한편 오늘날 세계 최대의 도시라고 할 수 있는 뉴욕은 당시에는 보스턴이나 필라델피아의 수준에

* McCusker J. & Mernard R. (1985)

못 미치는 제3의 도시였다. 1770년쯤에는 보스턴의 1/2, 필라델피아의 1/3에 불과한 수출규모를 가지고 있었다고 한다. 특히, 뉴욕은 보스턴과 마찬가지로 토지가 좁았기 때문에 다양한 수출상품을 생산하여야 했으며 이는 이 지역 이주민들이 상업적 노동을 견뎌낸 수고에 따른 결과이다.

4.2.3 남부지역의 상업

북부지역과 달리 체사피크를 비롯한 남부지역과 영국 사이의 상품교역은 여전히 영국 상인들에 의해서 장악되고 있었다. 이들 영국 상인들은 장기신용을 얻어 담배를 선매하고 이를 실어다 영국, 프랑스, 네덜란드, 독일 등에 담배를 독점적으로 공급하였다. 그리고 그들은 체사피크 남쪽 캐럴라이나 지역의 쌀과 인디고 그리고 삼림제품들의 교역을 장악하고 있었다. 북부에서와 같은 상업이 남부에서 뿌리를 내리지 못한 원인에 대해 여러 학자들이 관심을 가졌는데 그들의 결론은 대체로 일치한다. 우선 그들은 많은 하천과 그 지류 그리고 그를 연결하는 수로가 거미줄처럼 연결한 남부의 지리적 조건을 언급한다. 즉, 그들은 그러한 이유로 교통이 용이하여 거주자들이 광범위한 지역에 흩어져 살았기 때문에 큰 도시가 발전하지 못하고 따라서 상업도 발전하지 못했다고 지적한다. 그러나 남부지역에 상업이 발전하지 못한 진정한 이유는 지리적 조건보다도 그 지역의 주민들의 생활자체가 상업발전과 거리가 있었기 때문이라는 지적이 더 많다. 즉, 그 지역에 거주하고 있는 많은 자유민들은 계약노동을 끝내고 생계형 농업에 만족하고 살았기 때문에 생존에 필요한 극히 소량의 상품만을 구입하였다. 또한 대규모 플랜테이션에서는 가능한 노예 노동력을 극대화하기를 원했기 때문에 필요한 물자를 웬만하면 노예노동을 통해 자체조달 하고자 했기 때문에 상업발전이 미약했다. 소량이지만 필요한 상품의 거래는 해안지역에 자리 잡은 스코틀랜드와 잉글랜드 등 영국계 상인들이 신용거래를 통해 장악하고 있었다. 상업적 동기를 지닌 일부 자유민이 없는 것은 아니었으나 그들은 도시지역을 발전시키기에 충분하지 못했으며 또한 영국계 상인들과 경쟁하기에는 역부족이었다. 특히, 대농장의 생산품들은 그들과 직접 계약을 맺은 영국의 대상들에 의해 이루어지고 있었기 때문에 지역 상인들이 그러한 교역에 참여할 수 있는 여지가 별로 없었다.*

* Price J. (1983)

4.2.4 독립전쟁 직전의 상업

시간이 지나면서 식민지 북부에서 영국과의 직접교역은 여전히 중요한 부분이기는 하였지만 그것이 지역전체의 상업에서 차지하는 비중은 점차 들었다. 즉, 독립전쟁이 임박한 시기에 식민지 북부에서 생산되는 제조품이나 식품의 상당부분이 이미 영국이외의 지역으로 수출되었다. 1770년대 식민지의 주요수출 품목은 곡물과 채소, 담배와 인디고, 어류, 육류, 가축생산품 등 식품, 그리고 목재제품이었고 당시 수출품 중 80% 가량을 차지했다. 최대 수출품목인 곡물과 채소에는 쌀, 옥수수, 귀리, 밀, 콩, 밀가루, 옥수수가루, 건빵, 감자, 양파 등이 포함되었다. 두 번째로 많은 수출 품목은 담배와 인디고가 차지했으며 다음으로는 소금을 뿌리거나 절인 생선, 육류, 버터, 치즈, 소기름, 돼지기름 등 식품과 가축이 해당되었다. 마지막으로 목재제품에는 돛대, 선재, 판재 등 선박용 목재, 나무통 제조용 목재, 해운용품, 단지, 진주회 등이 포함되었다고 한다.*

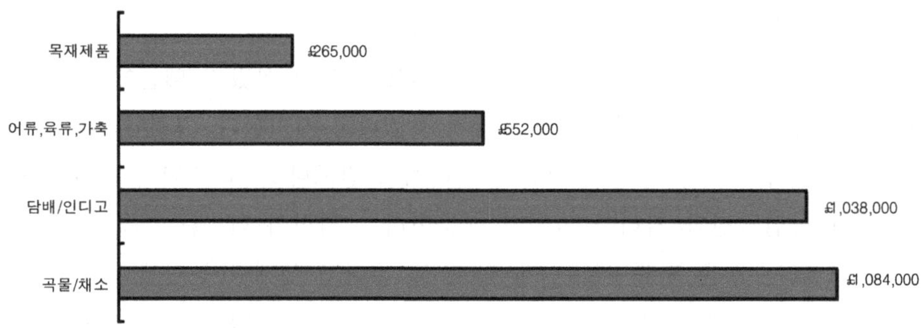

〈그림〉 북미 식민지의 주요 수출품 (1770년 경)

4.2.5 식민지의 제조업

위에서 살펴본 수출품들은 대부분이 농수산물과 삼림제품이었고 북미 식민지에서도 제조업이 서서히 발전하게 되지만 초기의 제조업 수출품은 럼주와 선박 정도였다. 그러나 1770년경에 상당한 수준에 이른 각종 제조품들은 주로 북부지역의 농민들이 농한기의 여가시간을 이용해 만들어 판매했으며 대부분이 식민지내의 수요를 충당하기 위한 것이었다. 그러나 농가가 아니라 임금노동자, 계약노동자,

* Johnson, E (1964)

노예를 이용해 제조품을 생산하는 곳들도 있었는데 그것은 대개 소규모 제철소, 조선소, 밧줄, 돛, 수레·마차 제작, 화약제조, 럼주생산, 제혁, 제분, 제재소 등이었다. 특히, 제철과 조선은 상당한 기술과 자본을 요하는 산업이었지만 이미 식민 시대부터 건실한 기반을 가지고 영국의 제품과 경쟁할 수 있었다. 독립전쟁이 시작될 무렵 북미 식민지의 철 생산량은 30,000톤에 불과했지만 이는 이미 세계에서 일곱 번째로 큰 철 생산규모였다. 영어를 쓰는 북미 식민지의 인구는 1700년경 25만에서 30만 정도였지만 1770년이 되면 인구가 210만으로 늘어서 800% 가량의 증가를 기록했다. 이러한 인구증가는 철제품과 농기구에 대한 엄청난 수요를 의미하며 따라서 제철산업의 발전이 상당히 발전하고 또한 1750년 이후에는 영국에서 보조금까지 지불하였음에도 불구하고 선철과 철근 등의 수출은 극히 적은 양에 지나지 않았다. 그런데 식민지산 선철과 철근에 대한 관세를 폐지한 1750년의 법령은 대신에 식민지에서 철의 압연, 절단, 파쇄공장과 용광로의 신설을 금지하여 영국산 제품의 식민지 수출을 증가시키려 하였다. 그러나 식민지 총독들은 실제로 이를 강제하지는 않았다고 한다. 제철산업에의 투자자금은 성공한 상인들에 의해 조달되었는데 그들은 대개 자신의 투자자산을 다양화하거나, 은퇴 후를 고려하거나, 또는 자신들의 수출화물선의 바닥선재로 이용하기 위한 목적을 지니고 있었다. 제철소는 1770년대에는 펜실베이니아와 그에 인접한 뉴저지와 메릴랜드 지역에 집중되었는데 그 위치는 대부분 철광지역과 가까웠으며 목탄을 얻기에 충분한 산림과 동력을 이용될 수 있는 풍부한 수자원을 가지고 있었다. 제철업은 매우 노동집약적 산업이었으며 따라서 노동력을 먹여 살릴 식량 또한 충분했어야만 했다.

제철업의 경우 위와 같은 조건이 충족되어야 했기 때문에 대부분 깊숙한 오지에 위치하는 경우가 많았으나 조선업은 해안가를 따라 발전했기 때문에 보다 더 눈에 띄는 산업이었다. 1770~1775년 사이 매년 평균 400척 정도의 대양선박이 건조되었으며 그 중 1/4~1/2 정도는 영국 상인에게 판매되었다. 그 결과 영국 상인들이 근해와 유럽 그리고 대서양 교역에 사용하는 선박의 1/3정도가 북미 식민지에서 건조된 것이었다. 당시 식민지의 조선소에서는 대형군함과 동인도로 가는 원양선박을 제외하고 거의 모든 선박을 만들었다. 초기의 조선소들은 동부해안의 여러 지역에 퍼져 있었는데 주로 항구나 강의 어구 또는 내해지 등이 선호되었으며 이들 지역은 벌목된 원목들을 강으로부터 흘려보내 보관하기 좋은 곳들이었다. 그러나 1775년경에는 조선소들이 뉴잉글랜드 지역에 집중되는데 그 이유는 다음과 같다. 우선 뉴잉글랜드의 상인들이 카리브 해와 연안교역을 지배하고 있었으며 그 지역에 기술자들이 풍부하였다. 또한 들쭉날쭉한 해안지역으로 베어낸 나무들을 운반하기에 편리하였으며 용광로와 철공소 등이 가까워 배에 사용될 철제 부착물들의 대강의 모양으로 만들어 공급할 수 있었다. 마지막으로 보스턴, 뉴욕, 필라델피아 지역에서 선박용 밧줄과 돛 등을 쉽게 공급할 수 있었기 때문이다. 그밖에 북부에 정착한 농부들의 가정에서 모직, 아마 등의 옷감과 대마로 만든 범포(돛에 쓰는 천) 및 밧줄용 섬유, 신발, 나무통 등을 생산해냈다. 농민들이 재배한 아마와 대마는 물에 불려서 실을 뽑아 범포와 아마포 등을 만들었으며 키운 양에서 뽑아 낸 털을 아이들이 물레질을 통해 실을 만들고 어른들은 이를 이용해 모직옷감을 만들었다고 한다.*

4.3 … 식민지의 변화

4.3.1 식민지를 둘러싼 인식

약간의 불만은 있었지만 식민초기 본국과 식민지의 관료들은 항해조례나 그 밖의 교역을 제한하는 조치를 적용하는데 별로 어려움이 없었다. 그들은 여러 조치들이 다소 불편하기는 했지만 그래도 본국과 식민지의 이해관계를 대체로 잘 지켜준다고 생각하였다. 그런 의미에서 1715년부터 7년 전쟁이 끝난 1754년까지의 기간을 유익한 무관심(Salutary Neglect)의 시기라고 칭한다. 의역하면 좋은 게 좋은 거라는 뜻으로 약간의 불만이 있더라도 대의를 위해서 이를 감수한다는 의미이고 크게 문제 삼지 않고 그냥 묵인하던 시기라는 뜻이었다. 그러나 실제로 이 시기에 식민지의 엘리트 세력은 그런 일들을 여러 차례 겪으면서 본국의 이해가 식민지의 이해와 다를 수 있다는 것을 조금씩 느끼기 시작했을 것이다. 이러한 인식이 점차 확산되면서 서서히 영국과 식민지의 밀월관계가 식어갔으며 결국에는 독립전쟁이 일어나는 계기로 이어졌을 것이다.

그런데 이 시기 식민지정책은 재무상을 거쳐 1721~42년 수상을 지낸 왈로페(Robert Walope)와 1724~48년 남부주 장관을 지낸 뉴캐슬 공작(Duke of New Castle)에 의해서 주도되었다. 그들의 식민지 정책의 목표는 당시와 그 이전의 프랑스 및 스페

* Bailyn B. (1988)

인과의 전쟁에서 발생한 부채를 상환하기 위해 충분한 세금을 부과하는 것이었다. 특히, 그들은 의회에서 자신들의 다수당 지위를 유지하기 위해 지지 세력을 도울 방안을 찾고, 영국에 들어오는 식민지 상품에 대한 조세징수를 늘리고 또한 식민지에 대한 제조업 제품의 수출을 늘림으로써 영국의 고용안정을 도모하는데 관심을 기울였다. 그러나 French-Indian War라고 불리는 7년 전쟁이 종료하고 나서 상황이 바뀌기 시작한다. French-Indian War는 애팔레치아 산맥 서쪽에서 프랑스인과 인디언의 연합세력과 벌인 전쟁으로 영국이 이에 승리함으로써 애팔레치아 산맥 서쪽으로도 식민지가 확대될 수 있는 계기를 제공한다. 이에 따라 식민지의 주민들은 변방으로 계속 영토를 넓혀가기를 원하였으나 본국의 입장에서는 그만큼 영토가 늘어나면 그에 따른 방어 비용이 추가되는 것이기 때문에 영토 확장에 반대했다. 특히나 그런 식으로 개척지를 확장하려면 추가적인 방위에 드는 비용을 식민지에서 자체적으로 부담하고 그 이전에 전쟁비용에 대해서도 식민지가 비용을 지불할 것을 요구하기 시작했다. 그러나 식민지 주민들 입장에서는 전쟁에 패퇴한 프랑스인과 인디언들과의 충돌 가능성이 낮아졌기 때문에 영국군의 보호가 더 이상 필요없다고 생각하게 되었다. 특히 그들은 자신들이 변방지역에서 고생하면서 영토를 넓혀가는 것을 반대하는 것은 본국의 이익만을 지키는 것으로 여겨졌으며 그 동안 불만이 있어도 참고 있었는데 이제는 더 이상 참을 수 없다는 식의 반발이 더욱 고조되기 시작한다. 즉, 7년 전쟁의 종료는 식민지 경제의 발전에 영국의 보호가 필수적이라는 인식에 변화를 가져오기 시작하였으며 이는 이후 독립전쟁으로 이어지는 계기가 된다.*

4.3.2 화폐와 상업발전

앞서도 언급했지만 식민지에서의 가장 큰 불만은 상업 활동을 하는데 필요한 화폐의 만성적인 부족현상 이었으며 이는 식민지 상인뿐만 아니라 그들과 거래를 하는 영국 상인들에게도 항상 불만사항이었다. 북미 식민지에서 소량의 금화와 은화가 통용되었으나 대부분 스페인에서 들어온 것들로 그들의 가치가 일정하지 않았을 뿐더러 그것으로는 영국에서 들여온 물품에 대한 대금을 지급하기에도 부족한 현실이었다. 이와 같이 안정적인 가치를 지닌 신뢰성 있는 통화부족의 현상은 점차 규모가 커져가고 있는 식민지의 경제활동을 제약하는 요인이 되어갔다. 사정이

---

* Henretta, J. (1972)

이러하자 식민정부에서는 각종 형태의 종이화폐를 유통시켰는데 그것들은 신용증서, 대부증명, 담배의 창고보관증 등이었다. 이것들은 대부분 식민정부가 인건비를 지급하거나 공공사업의 건설비 그리고 전쟁비용을 지불하는데 사용하였으며 세금을 받을 때도 사용하였다. 그러나 이들 종이화폐는 가치가 일정하지 않아서 그것을 발행한 식민지와 그 인접식민지에서만 통용되었다고 한다. 대개 식민정부의 화폐발행은 공공건설과 학교지원 등에 사용할 자금을 마련하기 위해 이후에 거두어들일 세금에 근거하여 환급해줄 요량으로 발행되는 경우가 많았다. 따라서 화폐발행능력은 해당 식민정부의 조세부과와 징수능력에 좌우되었으며 그런 이유로 세율이 높았던 뉴잉글랜드 지역에서의 화폐발행이 많았고 중간 식민지(뉴욕, 필라델피아 등)에서는 그 보다 좀 적었으며 조세징수가 수월하지 못했던 남부 지역에서는 종이화폐의 발행이 많지 않았다. 특히, 뉴잉글랜드 지역에서는 남부에 비교하여 공공건설과 학교지원 등의 자금이 많이 필요했으며 북쪽의 캐나다 지역과의 분쟁으로 인한 군사비 지출을 위해서 종이화폐를 발행하는 경우가 많았다. 그런데 이와 같이 전투가 벌어지는 시기에는 세금을 거두어들이는 것 자체가 쉬운 일이 아니었기 때문에 유사시에는 물품으로 세금을 내는 것도 허용되었다고 한다.*

4.3.3 종이화폐의 유형

여러 종이화폐 가운데 가장 많은 논란이 되었던 것은 식민정부에서 발행하는 신용증권(Bill of Credit)인데 이는 보통 5년 내지 8년 만기의 이자를 지급하지 않는 일시차입금의 형태로 발행되었으며 이들을 화폐처럼 유통시킬 수 있었다. 1690년에 퀘벡에 있던 프랑스 식민지를 영국 식민지에 편입시키기 위해 원정공격을 위한 비용을 충당하기 위해서 매사추세츠 주에서 최초로 발행하였다. 그러나 당시 일부 주에서는 이러한 신용증권을 남발하여 인플레이션을 일으키는 원인이 되었으며 따라서 시간이 갈수록 그 가치가 떨어지는 문제가 있었다. 그러나 워낙 화폐가 부족한 가운데 교환의 매개라는 기능을 담당할 수 있다는 편리성 때문에 신용증권이 많이 유통되었다. 즉, 인플레이션의 걱정은 있었지만 그러한 물가상승은 매우 점진적으로 일어나는 것이기 때문에 일상생활의 유통에 사용하는데 그다지 거부감이 높지 않았던 것 같다.

한편 사우스캐롤라이나(1712), 매사추세츠(1714), 로드아일랜드(1715), 뉴햄프셔

* Leslie V. (1975)

(1717) 등 여러 주에서는 신용부족 현상의 극복을 위해 토지은행을 설립하였으나 대부분 실패하였다. 그러나 1723년에 설립된 펜실베이니아와 뉴저지의 경우는 성공을 거둘 수 있었다. 그들은 새롭게 개간되어 장차 수확을 하게 될 토지를 담보로 그 가치의 최고 50%까지를 대출해 주었다. 보통 12년에 걸쳐 연 이율 5%내지 8%를 내도록 하는 대부증명은 매년마다 1/12씩의 이자와 원금을 갚도록 하였다. 12년이라는 장기에 걸쳐서 대부해주고 거기에 대해서 일정액씩 갚도록 함으로써 부족한 신용을 극복하기 위한 신용창출의 기능을 충실히 할 수 있었다. 특히, 대부증명을 여러 크기의 소액으로 발행하여 이들이 일상생활에서 화폐로서 유통되는데 편리함을 제공하였다.

앞서도 언급한 바 있지만 남부 주에서는 담배를 수출할 때 선적 전에 창고에 보관하도록 하였다고 하였는데 그 때 담배를 맡겼다는 증명을 받았다. 그리고 1713년 버지니아 식민정부는 이러한 담배의 창고보관증을 화폐로 통용하는 것을 합법화 시켰다. 그런데 초기의 창고보관증에는 담배의 품질에 대한 아무런 보장이 없었다는 것이 문제였으며 따라서 1730년에 버지니아 주와 1747년에 메릴랜드 주에서는 각각 담배의 품질검증을 실시하는 법안을 통과시켰다. 이와 같은 제도의 시행으로 일정 수준에 미달하는 담배는 태워져 버리기도 하였으며 그에 따라 자유농민들의 불만을 사기도 했지만 이는 또한 남부에서 자유농민이 점차 밀려나고 대농장이 확산되는 원인이 되었다.

4.3.4 화폐발행을 둘러싼 대립

앞서도 설명했지만 식민지에서 발행되는 화폐 그 중에서도 신용증권은 특별한 담보가 없이 그냥 앞으로 거두어들일 세금을 근거로 발행되었기 때문에 인플레이션이 발생하여 화폐의 가치가 떨어질 가능성이 높았다. 실제로 사우스캐롤라이나 식민정부는 1703년 이래 지속적으로 신용증권을 남발하였으며 전쟁비용 부담뿐만 아니라 신용증서를 토지투기에 이용하기도 하였다. 이러한 일로 인해 인플레이션이 발생해서 그 가치가 자꾸 떨어지니 상품의 대금으로 신용증권을 받았던 영국 상인들의 불만이 고조되었다. 따라서 그들은 신용증권의 발행을 금지시켜줄 것을 영국의회에 지속적으로 청원하였다. 이러한 상황에서 제정된 것이 1751년 통화법(Currency Act of 1751) 인데 이 법은 뉴잉글랜드 지역 특히, 로드아일랜드에서 발행된 신용증권을 규제할 목적을 가지고 있었다. 이 법은 일단 뉴잉글랜드에서 통용되고 있던 신용증권에 대해 우선 법적 지위를 부여하였다. 그러나 동시에 이 법은 새로운 신용증권의 발행은 전쟁비용 부담과 정부비용의 충당에 국한하였으며 특히 5년 이내에 상환할 수 있는 충분한 정도의 세액이 보장되었을 때만 발행이 가능하도록 하였다. 또한 신용증권은 사적인 채무를 보상하는 데는 유통될 수 없었으며 기존의 증권도 만기가 되면 새롭게 연장을 할 수 없도록 규정하였다. 이와 같이 신용증권의 발행이 제한되자 뉴잉글랜드 지역의 통화량 부족현상이 심각해져 1755년 뉴잉글랜드 지역의 식민정부 들은 물품을 통한 조세납부를 허용할 수밖에 없게 되는 등 식민지에서의 불편과 불만이 상당히 고조되기 시작하였다. 이러한 분위기 속에서 영국수상에 취임한 그렌빌(George Granville) 정부의 여러 가지 정책은 여러 면에서 분위기를 악화시키게 된다. 즉, 앞서도 설명했듯이 7년 전쟁의 종료이후 본국 정부는 늘어난 영토의 방위부담을 식민지에 지우려고 노력하였다. 특히, 당시 내각은 전쟁과 방비비용의 충당을 위해서 식민정부의 중앙집중 즉, 영국정부에서 직접 관리하는 방식으로의 전환을 모색하게 되었다. 그러다 보니 식민지 엘리트들의 불만이 더욱 고조되었으며 앞에 설명했던 그 동안의 유익한 무관심의 시대는 그렌빌 수상의 취임과 함께 공식적으로 마감되었음을 의미하게 된다.*

4.3.5 식민지 불만의 고조

유익한 무관심의 시대가 종료되고 나서 영국정부의 각종 조치에 대한 식민지의 불만을 크게 세 가지로 분류할 수 있다. 우선 식민지 상인들의 이익이 영국 상인들의 이익에 종속시키려고 한다는 불만을 가지고 있었다. 앞서 보았듯이 원료상품의 경우는 반입을 허용하면서도 제조업제품의 영국반입을 여러모로 막는 것 자체가 영국 상인들만 보호하기 위한 것이라는 불만이 밖으로 표출되기 시작하였다. 또한 식민지에서의 전쟁과 방위비용을 위해 식민지에 각종의 세금을 부과하는 것 자체가 식민지 지도층의 이해를 영국정부의 이해에 종속시키려 하는 것이라는 불만도 함께 고조되어 갔다. 그런데 자유농민과 같이 서민계층이 아니라 식자층과 부유층 등 지도계층의 불만이 쌓여간다는 것은 그 만큼 문제가 더 복잡해짐을 뜻하는데 이는 그들의 반발이 조직화되면서 일이 커지는 것을 의미하기 때문이다. 마지막으로 식민지의 이해관계를 영국에 종속시키려 한다는 불만 중에서 가장 심

---

* Ernst, J. (1973)

각했던 것은 앞서도 설명했지만 종이화폐의 발행에 대해서 영국정부가 계속해서 제동을 걸어온 것이다. 식민지 지도층 입장에서는 영국정부의 그러한 조치가 식민지 경제를 계속해서 본국의 수중에 두려는 의도로 받아들여졌기 때문이다.

이와 같이 통화문제에 대해서 불만이 점차 고조되는 가운데 이 문제의 해결을 위한 시도가 한 두 차례 있었다. 우선 그렌빌 내각에서도 식민지에서 통용될 균등가치를 지닌 지폐를 발행하는 문제를 검토하기도 하였다. 또한 벤저민 프랭클린(Benjamin Franklin)에 의한 미주대부국 (American Loan office) 설립제안이 있었다. 벤저민 프랭클린은 미국의 독립선언 당시 가장 연장자로서 미국독립에 많은 역할을 수행한 인물이다. 당시 그는 자신이 축적한 부와 명석한 두뇌로 식민지와 본국에 많은 인사들과 친분을 지니고 있었다. 덕분에 그는 식민지 시대에 양측의 문제를 중재하는 역할을 하게 되었으며 미주대부국의 설립 노력도 그러한 역할의 일환이었다. 식민지에서 통화와 신용의 발행을 허용하려는 그런 일련의 노력들이 성공했다면 상황이 어떻게 달라졌을지 모르지만 당시 내각은 그렇지 못했다. 즉, 그들은 새로운 통화의 발행을 위해 영국내의 상인들과 정치적 지도층들이 협의를 거치는 복잡한 절차보다는 단순히 그들의 불만을 잠재우는 손쉬운 방법을 모색하였다. 당시 영국의 상인과 지도층들은 뉴잉글랜드 등 북부의 상공업 발전 등으로 북미 식민지가 비교우위를 확보하게 된 것이 신용증권의 남발에 따른 인플레이션 덕분이라고 믿고 있었다. 따라서 그들은 새로운 1764년 통화법(Currency Act of 1764)을 통과시키게 되는데 기존의 통화법이 뉴잉글랜드 지역에만 국한된 것이었다면 새롭게 제정된 통화법은 사실상 버지니아를 겨냥하여 남부지역까지를 제한하려 시도하였다. 즉, 이 법은 북미 식민지 전체의 비교우위에 영향을 미치는 입법으로 새로운 통화법이 실행되면서 북미 식민지 상인들은 신용을 얻을 기회가 점점 더 어려워졌다. 반면에 영국상인들은 상업은행들의 성장과 더불어 신용을 획득하는데 훨씬 유리했기 때문에 자신들의 비교우위를 어느 정도 회복할 수 있었다. 결국 새 통화법에 따라 통화부족이 더욱 심화되고 영국의 상업은행을 통해 신용을 직접 얻을 수 없었던 북미 식민지 상인들은 점점 더 불리한 위치에 놓이게 된다.*

* McClelland, P. (1969)

4.4 … 본국과의 충돌

4.4.1 독립전쟁 직전의 상황

이와 같이 통화문제로 식민지의 불만이 고조되고 있었지만 나중에 독립전쟁이 촉발된 표면적인 원인은 조세부과 문제로 본국과 식민지의 감정싸움이 격화된 데서 찾을 수 있다. 즉, 방금 설명했던 통화법의 시행시기인 1764년은 앞서도 설명했던 기존의 당밀법을 대체한 설탕법이 제정된 해이고 그 다음해인 1765년에 시행된 인지세법도 비슷한 시기에 부과되기 시작한다. 그러나 조세문제는 단지 피상적인 이유일 뿐 실제로는 식민지 내의 통화와 신용부족의 문제가 정말로 더 심각했었다. 그러한 분위기에 따라 벤저민 프랭클린은 미주대부국 설립을 다시 한 번 추진하게 되고 그 과정에서 인지세법 등을 폐지하는 등의 중재노력을 펼쳤다. 그러나 이러한 그의 노력은 1767년에 타운센드 조세법(Townsend Act)이 제정되면서 다시 한 번 실패로 돌아가고 이후 상황은 더욱 악화되어 간다. 상황이 계속 악화되는 가운데 불만도 계속 커질 것이고 그렇다고 해서 통화부족의 문제가 해결된 것은 아니니 통화발행의 문제의 불씨는 계속 남아 있었다. 영국정부에서도 그러한 문제를 인지했을 것이고 상황을 계속 방치하다가는 정말 큰 일이 날지 모를 거라는 우려를 했을 것이다. 따라서 1773년에 드디어 식민지에서의 종이화폐 발행을 조건부로 승인하는 조치를 내린다. 그러나 충분한 세율을 보장된 경우에만 발행할 수 있었던 새로운 신용증권에 대해서는 법적 지위가 보장되지 않았기 때문에 식민지의 불만을 잠재우기에는 불충분하였다. 즉, 이미 약이 오를 데로 오른 식민지 식자층과 부유층 등 엘리트 집단을 그와 같은 미봉책으로는 막을 수 없는 상황이었다. 특히, 식민지 상인들은 이제 자기들 스스로도 은행을 조직하고 운영할 수 있는 능력을 충분히 갖추었으며 따라서 영국에 의존하지 않고 독자적으로 살아갈 수 있다고 확신하였다. 거기다가 그 동안 신용증권, 대부증명, 창고보관증의 사용상 나타난 여러 부작용을 통해 화폐를 발행하고 운영할 수 있는 경험이 축적된 상태였다. 그러나 본국 정부가 화폐발행을 지속적으로 규제하고 영국 상인들만을 보호하려 한다면 식민지 자체에서 화폐와 상업신용을 공급할 수 있는 은행의 설립이 필요함을 인식하기 시작하였다. 그러나 은행권을 발행할 수 있는 권한을 가진 은행을 설립하자면 식민 상태에서는 불가능했으며 이를 실현시키기 위해서는 독립이 되기를 기다리는 수밖에 없는 상황이었다.*

4.4.2 조세인식의 차이

이미 설명했지만 그와 같은 독립의 움직임을 제공한 단초는 조세문제에서 비롯되었으며 그것은 조세에 대한 본국과 식민지의 기본적인 인식이 달랐기 때문에 발생하였다. 앞서도 설명했지만 이와 같이 식민지 내에서 각종 조세를 부과하려는 움직임은 그렌빌 내각의 시도에서 비롯된 것이다. 우선 식민지의 상품은 영국에 입항할 때 조세가 부과되기 때문에 식민지에서 새롭게 조세를 부과하는 것은 부당하다는 것이 식민지 주민들의 인식이었다. 특히, 식민지의 상품은 항해조례와 그 외의 관세 같은 수출제한 및 금지 조치들로 인해 이미 충분한 대가를 치루고 있다고 생각하고 있었다. 그러나 영국의회에서는 전혀 다른 인식을 가지고 있었는데 우선 7년 전쟁을 치르는 동안 영국이 군대를 파견하고 그에 따른 전쟁비용을 치르는 동안 일부 식민지 상인들은 적국인 프랑스와의 반역적인 거래를 통해서 이익을 얻기도 했다고 생각했다. 또한 전쟁 중에 그렇게 해서 이익을 얻었지만 전쟁이 종료되고도 가장 큰 혜택을 얻을 집단이 바로 식민지인들이라고 인식했다. 그리고 전쟁의 종료 이후 지속적으로 개척을 통해 영토를 넓히려면 그에 따라 늘어나는 방위비 부담은 식민지에서 하는 것이 당연하다고 여겼다. 그런데 더 근본적인 원인을 따져보면 이러한 식민지와 본국인 영국의 인식의 차이는 단순히 누가 비용을 얼마나 부담하느냐는 그런 차원이 아니라 대영제국의 체제에 대한 인식의 차이에서 비롯되었다. 즉, 본국과 식민지가 상하관계라는 인식과 달리 식민지에서는 대영제국을 연방의 개념으로 이해하여 중앙정부와 식민정부가 영국여왕을 중심으로 서로 대등한 관계로 이해했다. 따라서 본국정부는 식민지에서 조세를 부과할 권한이 없으며 식민지에서의 조세는 식민지정부가 부과하고 거두어 사용할 권한이 있다고 인식하고 있었다. 반면에 영국의회는 대영제국을 연방이 아니라 단일제국으로 이해하여 자신들이 중앙정부이기 때문에 제국의 안전을 위해서 자신들이 조세를 부과할 권한이 있다고 인식하고 있었다.

---

* Hammond, B. (1957)

4.4.3 조세저항의 시작

이미 몇 차례 설명했지만 미국독립의 근본원인이 화폐부족에 있었지만 표면적으로는 식민지에서의 과세로 인한 문제가 촉발되고 확산되어 독립전쟁에 이르게 된다. 1764년의 설탕법은 그러한 시초인데 이 법은 당초 1733년에 당밀법이란 이름으로 처음 시행될 때만 해도 관세수입을 얻으려는 목적보다는 바베이도스나 자메이카 등 영국령 식민지에서 생산되는 당밀을 보호하기 위하여 취해진 조치였다. 즉, 카리브 지역의 스페인이나 프랑스의 식민지로부터 들어오는 당밀에 대해 매우 높은 수준의 관세를 부과하여 수입이 중단되도록 하는 일종의 무역금지 조치였지 관세수입을 올리려는 목적은 아니었다. 그러나 1764년의 설탕법은 관세율을 낮추는 대신 실제로 관세징수를 강화하여 관세수입을 올리는 것을 목적으로 하였다. 특히, 거두어진 관세수입으로 북미 식민지에 주둔하는 영국군의 군사비용을 충당하고자 하는 목적을 띠고 있었다. 또한 식민정부로 하여금 관세징수에 적극적이도록하기 위해서 식민지 세관원의 임금과 보스턴지역의 해군성 법관들의 보수를 징수된 관세를 통해 지급하도록 하였다. 이와 같은 설탕법의 실질적 시행은 앞서 설명하였지만 럼주생산비 증가를 불러왔고 또한 포르투갈 등 남부유럽에서 당밀이나 생선 등과 함께 교환되는 소금이나 와인 등의 교역에도 피해를 주었다. 그런데 이러한 설탕법의 실질적 시행이 북미 식민지의 교역에 피해를 주면서 점점 불만이 축적되는 시기에 더욱 기름을 붓는 것과 같은 사건이 있었는데 그것이 바로 1765년의 인지세법(Stamp Act)이다. 수입증지라 불리기도 하는 인지는 정부기관에서 발행하는 각종 증서에 부착하도록 하는 것을 의미한다. 영국본토에서는 이러한 제도가 1694년에 이미 시행되어 조세수입을 올리는데 매우 유용한 수단으로 증명되었으며 이를 북미 식민지에서도 그대로 시행하려 한 것이다. 즉, 변호사자격증, 숙박업증명, 선하증권, 보증서, 계약서, 토지측량증명, 저당증서, 토지문서, 임대증서, 고용계약, 도재증명, 대학졸업장, 공공기관 임명증서, 신문광고 등 거의 대부분의 법률증서에 인지를 부착하도록 하고 인지가 첨부되지 않은 증서에 대해서 법적인 지위를 부여하지 않았기 때문에 반드시 세금을 내야만 했던 것이다. 그런데 설탕법에 의해서 주로 피해를 본 계층이 서민계층이었다면 인지세법의 경우는 세금을 내야하는 사람들이 일정수준 이상의 식자계층이거나 부유계층이었다. 그런데 서민계층과 달리 지도계층에 있는 이들은 자기불만을 표출하는데 보다 더 적극적이었고 특히나 조직적으로 반발을 나타낼 수 있었다. 이들은 1765년에 뉴욕에서

회의를 열어 북미 식민지의 조세권은 식민지 의회에 있음을 선언하였다. 특히, 보스턴, 뉴욕, 필라델피아의 상인들은 자신들의 불만을 실력으로 보여주기 위해 영국에서 들여오는 상품에 대한 불매운동을 전개한다. 여기에 놀란 것은 오히려 영국에서 북미 식민지에 상품을 보내던 영국 상인들이었으며 그들은 영국의회에 대해 인지세법 폐지를 청원하게 된다.

4.4.4 조세저항의 확산

방금 전 설명했듯이 1765년의 인지세법은 북미 식민지에서 조직적인 반발을 불러와 보스턴, 뉴욕, 필라델피아 상인들의 불매운동을 촉발시켰으며 이에 놀란 영국의 상인들이 오히려 영국의회에 대해 식민지에서의 인지세법 폐지를 청원하게 만들었다. 상황이 이렇게 되자 1766년 영국의회는 하는 수 없이 인지세법을 폐지하였지만 동시에 선언법(Declaration Act)을 통과시킨다. 이는 말 그대로 선언적인 내용을 담고 있는데 그것은 어떠한 경우일지라도(all cases whatsoever) 영국의회가 북미 식민지에서의 과세의 권한을 갖는다는 선언이었다. 즉, 영국 상인들의 청원에 의해서 인지세법을 폐지하지만 앞으로 필요한 경우에는 언제라도 영국의회가 다시 조세를 부과할 수 있는 권한을 가진다는 것을 분명히 한 것이다. 이는 뉴욕회의에서 식민지 대표들이 모여 북미식민지에서의 과세권은 식민지 의회에 있다고 선언한 것에 대해 반박한 것으로 대표권도 없는 식민지 인사들에게 어림없는 소리 말라는 일종의 엄포였다. 아무튼 인지세는 비록 폐지되었지만 영국의회는 설탕법과 더불어 몇몇 교역품에 대한 조세는 그대로 유지하였다. 그런데 1767년의 타운센드 조세법은 조세를 부과할 수 있는 교역품의 범위를 대폭 늘려서 다시 한 번 식민지의 반발을 사게 된다. 특히, 타운센드 조세법은 종이, 유리그릇, 납봉, 안료, 차 등 영국에서 수입되는 상품에 대해서까지 조세를 부과하도록 하였다. 이 법이 발효되자마자 북미 식민지 여러 도시에서는 수입거부 운동이 발생을 하게 되고 영국에서도 정치문제로까지 비화되는 사태가 발생한다. 대부분의 상인들이 사태를 수수방관하게 되고 정치문제가 심각해지자 영국의회는 차에 대한 과세를 제외하고 타운센드 조세법을 폐기하게 된다. 그런데 당밀과 차에 대한 조세가 계속해서 부과되고 그 징수를 강화하자 불만이 고조되어 가던 시점에서 최악의 사태가 발생하는데 그것이 1773년 차세법(The Tea Act of 1773)이다. 차세법은 당시 경영난에 빠져있던 동인도회사에서 북미식민지에 차를 직접 수출하도록 허용한 것이다. 즉, 영국에서 수입되는 차에 대해서는 조세가 부과되지만 동인도에서 들여오는 차는 영국을 거치지 않고 들어오게 됨으로써 기존에 차를 수입하던 식민지 상인들에게 불리했다. 특히, 이미 조세가 부과되고 창고에 보관되었던 차 가격에 비해 엄청나게 가격이 낮은 차가 수입되는 것은 식민지의 차 수입업자 입장에서는 참을 수 없는 일이었다. 이에 북미식민지의 지도층은 항구노동자들을 규합하여 동인도회사가 수입한 차의 하역을 거부하는 사태가 발생하였다. 이들은 동인도 회사의 차를 구입하는 사람들을 추적하여 협박하기도 하였는데 그러던 중 보스턴에서 영국의회와 국왕을 규탄하는 집회가 열렸다. 그런데 그날 밤 집회가 끝난 뒤 회식을 마친 일단의 군중들이 보스턴 항구에 정박 중인 배에 올라 동인도회사가 실어온 차 상자들을 바다에 던져 버리는 사건이 발생했으며 이것이 그 유명한 보스턴 차파티(Boston Tea Party)이다.

4.4.5 무력충돌의 발생

사태가 이렇게 되자 영국의회는 매사추세츠 식민의회로 하여금 동인도회사의 손해를 배상토록 요구하는 강압법(Corecion Act of 1774)을 즉시 통과시킨다. 또한 매사추세츠 의회가 그와 같은 결의를 할 때까지 대외무역에 대해서 보스턴 항구를 폐쇄하도록 강제한다. 그런데 당시 보스턴은 북미 식민지의 가장 대표적인 상업항구이며 이러한 보스턴 항구를 폐쇄한다는 것은 북미 식민지 경제의 숨통을 조이는 것이나 마찬가지였고 북미 식민지의 지도계층에서는 더 이상 이러한 식으로 끌려다녀서는 안 된다는 인식이 확산되기 시작했다. 따라서 북미 식민지의 지도층 인사들이 1774년 9월 필라델피아에 모이게 되었는데 이를 제1차 대륙회의(continental congress) 라고 한다. 제1차 대륙회의에는 조지아를 제외한 12개 주에서 55명의 인사가 참석했으며 그 중에는 사무엘 애덤스(Samuel Adams), 패트릭 헨리 (Patrick Henry) 등이 포함되었는데 이들은 영국 국왕이 임명한 식민지 총독의 정부에 속한 인물들은 아니다. 이들은 매사추세츠 정부법을 제정하는데 그것은 영국국왕이 임명한 총독의 정부를 대신하여 매사추세츠 주민들에 의한 새로운 정부를 구성하여 조세징수 등의 통상적인 정부기능을 하도록 한 것이다. 이 법은 또한 매사추세츠 정부가 국왕이 임명한 총독의 권한을 정지하고 강압법이 폐지될 때까지 그를 고립시키기 위해서 민병대 조직을 동원하도록 허가하였다. 이는 한마디로 쿠데타를 일으킨 것이나 마찬가지로 영국국왕의 권한을 무시하고 자신들이 새로운 정부를 구성한 것이다. 영국정부에서는 그런 행위를 그냥 두고 볼 수는 없었을 것이며 따라서 영국의회도 즉시 자신들의 합법적인 정부의 권한을 회복하기 위하여 정규군의 동원을 명령하게 된다. 이에 대해서 매사추세츠의회는 영국의 이러한 행위를 적대적 행위로 간주한다고 선언하면서 양측 간에 전쟁이 정식으로 선언된다. 그러다가 결국 양측은 1775년 4월 Lexington과 Concord지역에서 무력충돌이 벌어지게 되는데 이것이 바로 독립전쟁의 시작이었다.*

* Gipson, L. (1954)

제 5 장

새로운 공화국

5 새로운 공화국

5.1 … 독립전쟁

5.1.1 독립선언

앞서 설명했지만 제1차 대륙회의에서는 매사추세츠 정부법을 통해 영국국왕이 임명한 식민지 총독을 고립시키고 새로운 정부를 구성하였다. 그러나 그들은 사실 영국국왕과의 영원한 단절을 원했던 것은 아니며 다만 영국의회가 제정한 강압법 등을 폐지할 때까지의 임시조치를 취했던 것이다. 따라서 1774년 9월 소집되었던 제1차 대륙회의의 참석자들은 10월에 일단 해산하면서 사태가 계속될 경우 다음 해 5월에 다시 만나기로 합의하였다. 사실 영국에서도 강경파와 화해파가 대립을 벌이는 상황이 전개되었으나 이런 상황에서는 보통 강경파가 득세하기 마련이고 따라서 영국에서도 강경론이 우세하였기에 영국군이 파견되었던 것이다. 그러던 와중에 앞서의 콩코드와 렉싱턴에서의 무력충돌이 1775년 4월 발생하며 사태해결의 실마리가 보이지 않았다. 따라서 원래 약속대로 1775년 5월 다시 필라델피아에서 제2차 대륙회의(Continental Congress)가 개최된다. 여기에는 제1차 대륙회의에 참석했던 인사들이 대부분 그대로 참석하고 매사추세츠의 존 헨콕(John Hancock), 버지니아의 대 농장주였던 토머스 제퍼슨(Thomas Jefferson), 그리고 영국에서 돌아온 벤저민 프랭클린이 펜실베이니아 대표로 새롭게 참여한다. 이들은 첫 대륙회의에서 희망했던 대로 평화로운 문제의 해결이 되지 않고 사태가 악화되자 대륙군의 창설을 결의하게 된다. 그리고 대륙군 사령관에는 나중에 초대 미국대통령이 되는 유명한 조지 워싱턴(George Washington)이 임명되었다.

사실 워싱턴을 대륙군 즉, 독립군의 사령관으로 임명하기는 하였으나 그때까지도 미국이 실제로 독립한다는 생각은 없었던 것으로 보인다. 앞서도 언급했지만 그들은 무력사태를 영국의회의 조치가 철회될 때까지의 임시적인 것으로 생각했으며 사태가 해결되면 영국국왕의 품으로 돌아간다는 생각이 많았던 것 같다. 그러나 전쟁이 지지부진하게 오랫동안 지속되면서 시간이 흘러 더 이상 영국의 세력권 안으로 돌아간다는 것은 점차 더 어려워져갔다. 따라서 1776년 6월에 버지니아 대표인 리처드 헨리 리(Richard Henry Lee)의 제안에 따라 그들은 독립선언에 대한 구체적인 논의를 시작하게 된다. 이 때 독립선언서 초안은 토마스 제퍼슨이 작성하였다고 알려지고 있으며 존 애덤스(John Adams)와 벤저민 프랭클린의 수정을 거쳤다고 한다. 이렇게 해서 작성된 독립선언서는 6월28일 대륙회의에 제출되었고 7월2일 대륙회의의 결의를 거쳐 7월4일에 정식으로 공표된다. 그 이후 매년 7월4일은 독립기념일로 지정되어 현재 미국의 주요한 국경일 가운데 하나가 되었다.*

5.1.2 독립전쟁의 전개

그러나 그러한 화려함이나 즐거움과는 달리 독립전쟁 초기는 매우 불안하고 우울한 상태의 지속이었다. 대륙군이라 칭하였지만 사실 무기도 변변한 것이 없었고 훈련을 제대로 받을 겨를도 없었으며 대부분 단기간의 전투에 소집되었다가 추수철이 되면 집에 돌아가는 등 사실상 군대라고 할 수도 없는 형편이었다. 거기다가 북미 식민지의 모든 사람들이 단결한 것도 아니고 영국국왕에 충성하는 왕당파들은 영국군에 가담하였기 때문에 식민지인 내부에서도 서로 싸움을 벌여야 했다. 이들 왕당파들은 독립전쟁 이후 캐나다로 이주하여 오늘날의 캐나다가 영국여왕을 최고주권자로 받드는 국가가 되지만 아무튼 독립전쟁 초기의 대륙군은 정말 보잘 것 없는 수준이었다. 거기에 비해 영국군은 규모와 조직 면에서 대륙군을 압도하는 능력을 보유하고 있었다. 특히 그들은 장비도 좋고 훈련도 잘되어 있었으며 영국 해군은 당시 최강으로 대서양과 북미연안을 장악하고 있었다. 그렇기 때문에 영국군은 초기에 여러 전투에서 승리를 거두는 등 큰 무리가 없어 보였다. 그러나 이러한 영국군은 애초부터 대륙군을 군대로 보지 않았으며 그들과의 전투를 마치

* Jensen, M. (1950)

군사훈련 정도로 대수롭지 않게 여겼다. 심지어 일부 장교들은 전쟁터에 자기 부인을 동반하는가 하면 버고인(John Burgoyne) 장군은 자기 부하의 부인과 정분이 나는 등 정신력이 매우 해이한 상태였다. 그래도 우세한 조직과 장비를 갖춘 영국군이니 당장 큰 문제는 없었고 처음에는 성과도 있었지만 결국은 사고가 나고 말았다. 즉 방금 언급한 버고인의 부대가 작전상 오류로 길을 잘못 들어 헤매다가 독립군에 포위되어 결국 항복을 하게 된 것이다. 그런데 나중에 전쟁이 끝나고 미국에서 이들을 본국에 송환하려고 하였을 때 이미 그들은 뿔뿔이 흩어져서 개척민이 되거나 이민자들 속에 들어가고 흔적도 없었다고 한다.

5.1.3 프랑스의 개입

능력이 모자라서 진 것이기 보다는 서로 손발이 맞지 않아 패배한 것이지만 아무튼 버고인 부대의 항복은 유럽정세에 변화를 일으킨다. 즉, 그 동안 사태를 관망하고 있던 프랑스가 개입을 시작하였는데 사실 미국은 이미 독립전쟁 초기부터 벤저민 프랭클린과 존 애덤스를 프랑스에 파견하여 무기와 보급품의 원조와 해군기지를 제공받아 왔었다. 그러나 표면적으로 프랑스는 독립전쟁에 중립적인 입장이었는데 이는 프랑스가 영국과의 몇 차례 전쟁에서 패하여 눈치를 보고 있는 상황이었기 때문이다. 그러나 속으로는 은근히 영국이 패하기를 바라는 마음이 있었고 그래서 뒤로 몰래 미국을 지원했지만 이제 버고인이 패전한 소식은 비로소 그들이 영국에 복수할 기회를 얻었다고 생각하게 만들 만한 사건이었다. 미국은 1776년 독립선언 이전부터 벤저민 프랭클린 등을 통해 프랑스가 미국의 독립을 인정해줄 것을 요구했었다. 그 때까지 프랑스는 차일피일 그 일을 미루고 있었으나 드디어 1778년 2월에 미국과 프랑스는 정식으로 동맹조약을 체결하게 된다. 조약의 내용은 프랑스가 미합중국의 독립을 인정하고 양국은 최혜국 대우를 하며 미합중국의 독립이 달성될 때까지 영국과 전쟁을 계속하며 단독으로 강화할 수 없다고 규정하고 있었다. 그리고 1778년6월 프랑스가 영국에 대해 선전포고를 하자 스페인과 네덜란드는 미국에 대해서 차관을 제공하고 러시아는 미국과 무장독립동맹을 체결 우호적인 관계를 형성하게 된다.

5.2 … 독립국가의 탄생

5.2.1 지지부진한 전쟁

프랑스마저 개입하게 되니 영국의 입장에서는 하루라도 빨리 전쟁을 끝내는 것이 유리하나 그 이전에 월등한 조직과 장비를 가지고도 이기지 못했다면 그 전쟁이 쉽게 끝날 리가 없었다. 그러자 영국에서는 그 동안 영국군을 지휘하던 하우(William Howe) 장군에 대한 비난여론이 빗발치게 되고 따라서 그를 본국으로 소환하고 대신 클린턴(Henry Clinton)경을 파견하였다. 클린턴은 뉴욕을 점령하는 등 나름대로의 전과를 올리기는 했지만 한 번 군기가 빠졌던 군대가 갑자기 정신을 차리기는 힘든 법인지라 확실한 승리를 거두지는 못하였다. 이러한 가운데 프랑스에서는 데스뎅 백작(Comte d'Estaing)이 이끄는 함대를 북미에 파견하고 또한 로샹보 백작(Comte de Rochambeau)이 이끄는 연대병력을 로드아일랜드 부근의 해역에 상륙시키는 등의 작전을 펼친다. 그러나 이번에는 영국군이 선수를 쳐서 전쟁을 승리로 이끌 기회를 놓치는 등 번번이 시간만 끌게 된다. 그러던 중 콘왈리스 (Charles Cornwallis)가 이끄는 영국군이 요크타운에서 프랑스의 라파예트 제독(Marquis de Lafayette)와 그라스 백작(Comte de Grasse)에 의해 바다와 육지로부터 협공을 당하여 항복하는 일이 발생한다. 당시 영국군의 사정으로 보아 사실 그 일은 그다지 대수롭지 않은 패배였다고 할 수도 있었다. 그러나 문제는 그 패배를 계기로 영국 내에서 반전 여론이 크게 확산되기 시작한 것이다. 즉, 전쟁을 빨리 끝내도 시원찮은 판에 비록 규모가 작은 전투이기는 하지만 이런 식으로 영국군이 당하는데 분통을 터뜨리게 된 것이다. 특히, 영국 상인들은 자신들이 생산한 공산품의 40%를 수출하던 북미시장이 막힌 것은 물론이고 공해상에서 미국과 프랑스의 연합군에게 나포되는 상선이 증가하자 불만이 증폭되었다. 한 기록에 의하면 1777년 한 해 동안에만 나포된 영국 상선의 수가 450척에 이르렀다고 하니 영국 상인들의 불만이 어느 정도였는지 짐작할 수 있다.

5.2.2 파리평화협상

상황이 이렇게 되자 영국 쪽에서도 사태의 평화로운 해결을 모색하였으며 대륙회의에서도 이에 대해 긍정적이었기 때문에 평화협상이 논의된다. 그러나 그 협상을 벌이는 방안에 대해서 영국의회가 단 1표차로 부결시키는 바람에 협상은 일단 무산된다. 그러나 이후 영국에서 자유당 내각이 출범하게 되고 당시 내무장관이었던 셀번 경(Earl of Shelburne)이 벤저민 프랭클린과 절친한 사이였기 때문에 비밀협상이 진행된다. 그런데 나중에 협상에 합류한 존 제이(John Jay)는 영국이 독립을 공식 승인하지 않는 한 평화협상은 무의미하다는 강경자세를 취했으며 이에 영국국왕 조지 3세(George Ⅲ)는 1782년 12월5일 의회연설에서 미국의 독립선언을 정식 승인한다. 그러나 미국과의 동맹조약을 맺은 프랑스나 스페인은 미국과 영국만의 독자적인 문제해결을 달가워하지 않았기 때문에 협상은 지지부진한 상태에 있었다. 그러던 중 영국군은 스페인과의 지브롤터 전쟁에서 승리하고 또한 프랑스의 그라스제독도 서인도제도에서 영국군에게 패배하는 일이 발생한다. 이는 당시 독립전쟁으로 전력이 분산되어 다소 약화되기는 했지만 영국군이 여전히 막강하다는 사실을 다시 한 번 확인시켜주는 계기가 되었으며 그에 따라 스페인과 프랑스의 강경태도도 완화된다. 그 결과 1783년 9월 파리에서 평화조약이 조인되는데 이를 통해 영국은 북미식민지의 독립을 국제적으로 승인하게 된다. 또한 미국의 영토는 서쪽으로 미시시피 강, 남쪽으로 스페인령인 플로리다를 국경선으로 하도록 정해졌다. 그밖에 미국은 영국 상인에 대한 채무를 상환하며 왕당파의 몰수재산을 보상하기로 약속했다. 결국 이와 같은 파리평화협정이 조인됨으로써 미합중국은 명실상부한 독립국으로 새롭게 출범하게 된다.*

5.3 … 신생국의 과제

5.3.1 조세제도와 주권행사

독립전쟁의 목적은 자치적인 식민정부의 운영에 있었으며 비록 전쟁의 승리로 영국정부의 세력을 몰아내었지만 미국에서는 자치적으로라도 정부의 운영이 필요하였다. 그런데 자치적인 운영을 위한 대의는 주민들로부터 나올 수밖에 없으며 이러한 의사를 표시하는 주권은 조세납부 능력과 밀접한 관련이 있었다. 조세문제는 결국 독립전쟁을 촉발시켰지만 전쟁이 끝난 후에도 조세제도를 둘러싼 논란이

* Abtheker, H. (1960)

끊이지 않았다. 즉, 전쟁이전부터 토지에 대해서는 낮은 세율이 부과되고 있었고 또한 남부지역에서는 비교적 고율의 인두세가 적용되어 주요 조세수입원의 역할을 하고 있었다. 그런데 전쟁이 끝나고 자유민들은 인두세의 경감 또는 폐지를 요구하는 한편 토지에 대해서는 평가가치에 따라 차등해서 세금을 부과하기를 원하였다. 토지의 평가가치는 수확에 따라 증가하지만 생계형 농업을 영위하는 대부분 자유농민들은 노동력을 많이 들이지 않기 때문에 그들의 토지는 산출량도 많지 않았고 따라서 평가가치도 높지 않았다. 그러나 상업적 동기를 가지고 자신의 토지를 소유하여 열심히 일하는 사람들은 자신의 토지가치가 높이 평가되기 때문에 오히려 더 많은 세금을 내어야만 했다. 물론 이는 조세 부담능력에 따라 주권행사를 늘릴 수 있게 함으로써 일면 공정한 측면도 있어 보였다. 그러나 인두세 폐지와 동시에 평가가치에 따른 토지세 부과는 대다수의 자유농민들은 세금을 한 푼도 내지 않아도 되게 하는 것이어서 상업적 동기를 지닌 자유토지농민이나 농장주 그리고 상인들로부터 반발을 샀다. 즉, 자유인들의 조세능력에 따른 주권 행사는 대의민주주의의 기초로 인식되었지만 그것은 동시에 경제발전의 장애요인으로 인식되기도 하였다. 그러나 1790년대 이후 적어도 북부지역에서는 조세제도에 대한 그와 같은 논쟁이 대부분 종료된다. 이는 조세를 통해 도로확충 등이 이루어지고 그에 따라 상업적 농업에 의한 잉여생산물을 판매한 이윤으로 세금을 충분히 부담하고도 남을 정도로 상업이 번성하였기 때문이다.

5.3.2 연방정부의 필요성

독립이후 지도 계층에서는 미국이 생존하기 위해서는 상업적 발전을 지속시켜야 한다는 생각을 가지고 있었다. 특히 그들은 강력한 중앙정부를 구성하여 하루속히 정치적 안정을 달성하는 것이 전후 신생국인 미국의 생존에 필수적이라고 보았다. 그들은 또한 상업적 발전을 통해 독립전쟁 이전의 상업적 번영을 회복하기 위해서라도 강력한 중앙정부가 필요하다고 생각했다. 특히나 미국의 독립은 당시 영국에서 진행되고 있던 산업혁명에 동참하는 기회를 제공함으로써 미국이 장차 강대국으로 발전할 수 있는 기반을 마련해주었다. 이러한 산업화 과정을 통해 미국은 과거 영국이 북미 식민지로부터 원료를 들여다가 엄청난 부를 축적한 과정을 자국 내에서 실현할 수 있는 기회를 가지게 된다. 또한 산업화를 통해 미국은 스스로를 무장함으로써 유럽제국들이 더 이상 넘보지 못하도록 할 필요도 있었다.

그러나 독립전쟁의 승리는 단순히 기회를 제공하였을 뿐 실제로 그렇게 되기 위해서도 역시 강력한 연방정부가 필요했다. 그런데 연방정부가 역할을 제대로 하려면 우선 충분한 재원이 확보되어야 했다. 뒤에서 곧 설명하겠지만 연방정부의 충분한 재원을 확보하기 위해서는 그 때까지 각각 운영되어 오던 주정부와의 관계를 새롭게 정립할 필요가 있었다. 특히 연방정부와 주정부의 관계는 나중에 미국이 애팔레치아 산맥 너머 더 서쪽으로 정착지를 확대해나가는 과정에서도 중요한 의미를 가지게 된다.

5.3.3 연방규약(Articles of Confederation)

앞서도 지적한 신생국가로서의 미국이 당면한 여러 문제를 해결하기 위해서 강력한 연방정부의 필요성에는 공감이 있었지만 사실 그것이 결코 쉬운 문제는 아니었다. 미국연방에 관한 최초의 논의는 영국과의 전쟁이 한참 진행 중인 1777년의 대륙회의에서 있었다. 즉, 이 회의에서는 독립전쟁의 수행 중에 대륙회의가 중앙정부의 역할을 할 수 있도록 결의하는 연방규약을 채택하였다. 이후 그에 대하여 각 주의 정부가 추인하도록 하였는데 1781년에 13개 주 가운데 메릴랜드가 마지막으로 추인함으로써 연방규약은 사실상 미국 최초의 헌법이 된다. 그런데 이는 전쟁 중에 임시로 중앙정부의 역할을 위임했을 뿐 각 주정부는 과세권 등 대부분의 정부권한을 그대로 가지고 있는 형태였다. 특히, 과세권이 주정부에 있는 상태에서는 연방정부는 운영비를 주정부에 청구할 수밖에 없었는데 주정부는 운영비의 지급을 미루거나 아예 거부하기도 했으며 요청된 액수의 일부만을 주는 경우도 있었다. 즉, 연방규약에 의한 연방정부는 독자적인 과세권한이 없었기 때문에 그 역할도 제한적일 수밖에 없었다.

5.3.4 허약한 신생국가

그런데 1783년 파리평화협정의 체결직후 워싱턴의 대륙군이 해산되었기 때문에 미국은 스스로를 지킬 군사력마저 미비한 상태에 있었다. 사실 연방정부는 군대를 운영할 능력도 없었던 형편이라 유럽제국들이 상황에 따라서 언제라도 미국을 자신들 마음대로 처리할 수도 있을 지경이었다. 그러나 비록 군사력은 없더라도 미국이 생존할 수 있는 방법으로 생각할 수 있는 것이 경제적인 번영을 통해 유럽

국가들에게 국가로서의 미국의 경제적 가치를 제고하는 것이었다. 앞서도 언급했지만 경제적 번영을 위해서는 강력한 형태의 중앙정부가 있어야 했지만 연방정부는 조세를 부과할 권한조차 없었다. 사실 연방정부에서는 조세는 어쩔 수 없더라도 관세라도 부과할 수 있는 권한을 얻고자 노력했으나 두 차례의 그러한 노력은 주정부들의 반대로 무산되었다. 사정이 이러하다 보니 권한도 없는 연방정부를 상대로 미국과 통상권을 논하고자 하는 국가도 없었다. 즉, 연방정부가 관세를 부과할 권한도 없는데 그러한 연방정부와 통상협정을 맺는다고 하여도 그것이 지켜진다고 믿을 수 없는 상황이었다. 외국과의 통상은 고사하고 과세권한이 없는 연방정부는 국내의 상업 활동을 통제할 권한마저 없었기 때문에 경제발전을 도모할 방법 또한 없었다. 특히, 이러한 상황에서 국제무역이나 각 주간의 무역에서 분쟁이 발생할 경우 이를 해결할 수 있는 일괄적인 사법체계도 없었다. 즉, 전쟁기간 중의 임시적인 방편으로 마련된 연방규약에 의해 운영되는 연방정부는 전쟁종식 이후 중앙정부로서의 역할을 수행할 수 없었으며 미국은 독립은 하기는 하였으나 중앙정부가 없이는 그야말로 매우 위험한 상황의 연속이었다.

5.4 … 연방헌법과 정부수립

5.4.1 헌법회의(Constitutional Convention)

신생 독립국으로서의 이러한 허약한 모습과 위험을 극복하고자 1787년 5월25일부터 9월17일까지 필라델피아 정부청사에서 헌법회의가 개최된다. 여기에는 로드아일랜드를 제외한 12개주에서 55명의 대표가 참석한다. 대부분 41세~45세의 젊은 사람들로 60세 이상은 4명에 불과했으며 최고령자는 당시 81세의 벤저민 프랭클린이었다. 이들은 조지워싱턴을 의장으로 선출하여 비밀보장을 원칙으로 회의를 진행했는데 실질적으로 회의를 주도한 사람은 뉴욕의 알렉산더 해밀턴(Alexander Hamilton)과 버지니아의 제임스 매디슨(James Madison)이었다. 헌법회의에서는 몇 개의 대립된 안을 두고 논쟁이 있었는데 에드먼드 랜돌프(Edmund Randolph)가 제안한 버지니아 안은 입법, 사법, 행정의 3권을 분립하고 국민에 의해 선출된 상원과 하원의 입법부가 행정부와 사법부의 관리를 임명하자는 것이었다. 그런데 버지니아 안에서는 입법부의 의석수를 각주의 자유민 인구와 세금부담액에 비례해서 결정하도록 하여 인구가 많을수록 유리하게 되는 국민주의적 입장을 견지하였다. 반면 윌리엄 패터슨(William Paterson)이 제안한 뉴저지 안은 각 주의 규모에 관계없이 모든 주가 동등한 대표권을 가져야 한다는 주장을 담고 있었다. 그밖에 해밀턴 안은 종신직 대통령을 두는 강력한 중앙집권적 정부를 주장하였다. 회의 진행은 버지니아 안과 뉴저지 안에 대한 양측의 주장이 맞서면서 장기화되고 여러 차례 결렬의 위기를 맞기도 한다. 그러나 결국 타협안이 마련되어 상원은 각주에서 두 명씩의 대표를 두어 동등한 권한을 가지되 하원에서는 인구비례로 의원을 선출하여 국민주의적 입장도 반영하게 된다.

5.4.2 연방헌법의 비준

우여곡절 끝에 헌법이 합의되기는 하였지만 이에 대한 각 주정부의 비준을 받는 일도 상당한 어려움을 겪었다. 특히, 알렉산더 해밀턴, 제임스 매디슨, 존 제이 등 연방파는 적극적으로 헌법 비준을 위한 선전활동을 벌였지만 패트릭 헨리, 조지 클린턴, 리처드 헨리 리 등은 이에 반대하는 운동을 전개했다. 그러나 1787년 12월에 델라웨어가 최초로 비준한 직후 펜실베이니아가 두 번째로 비준하게 된다. 그리고 1788년 6월초까지는 9개주가 비준하게 되어 13개 주의 2/3를 넘겨 연방헌법은 비로소 효력을 발생할 수 있게 된다. 그러나 그 때까지 당시 규모가 가장 컸던 버지니아와 뉴욕이 비준을 하지 않음으로써 실질적인 정부의 출범은 어려웠다. 그러다 마침내 6월 25일 버지니아 주 의회에서 89대 79로 비준안이 통과되고 해밀턴의 설득에 힘입어 뉴욕에서도 1788년 7월 26일 비준안이 통과되어 연방정부 출범의 분위기가 형성된다. 13개주 가운데 노스캐롤라이나는 초대 대통령이 취임하고 난 후인 1789년 11월에서야 비준을 했으며 헌법회의에 대표조차 파견하지 않았던 로드아일랜드는 1790년에 5월에 뒤늦게 비준을 완료하고 연방에 가입하게 된다. 이와 같은 여러 우여곡절을 겪은 끝에 드디어 미합중국의 역사적 탄생을 위한 준비가 모두 마무리되었다.

5.4.3 초대 정부의 출범

아직 노스캐롤라이나와 로드아일랜드는 비준을 하지 않았지만 새로운 헌법에 따른 총선거가 1789년 1월에 실시되어 초대 연방의회가 구성된다. 그리고 각 주에서 모인 선거인단이 뉴욕에서 조지 워싱턴을 대통령으로 또한 차점자인 존 애덤스를 부통령에 선출한다. 초대 대통령인 워싱턴의 취임식은 1789년 4월30일 뉴욕에 위치한 연방 홀의 발코니에서 진행되었다. 그 당시 그가 성서에 손을 대고 취임선서를 한 것이 전통이 되어 그 이후 미국 대통령들은 성서에 손을 얹고 취임선서를 하게 되었다. 이후 워싱턴은 행정부의 주요기구로 국무성, 재무성, 국방성을 설치하고 토머스 제퍼슨을 국무장관, 알렉산더 해밀턴을 재무장관, 헨리 녹스(Hery Knox)를 국방장관에 각각 임명한다. 또한 워싱턴은 연방사법부의 조직에도 착수하여 존 제이를 대법원장으로 하는 5명의 대법원 판사를 임명하며 그 밖에 3개의 순회법원과 13개의 지방법원을 설치하는 등 국가의 기본골격을 완성하게 된다.

5.5 … 국민주의 정책

이상과 같이 기본 골격을 갖춘 워싱턴 행정부의 정책을 국민주의 정책이라 칭하는데 이는 국민주의적 헌법에 기초한 정책이란 의미이다. 그러한 워싱턴 집권초기에 실시된 주요정책들을 살펴보면 우선 가장 중요한 것이 1791년의 수정헌법으로 이는 연방정부로부터 개인과 각주의 자유를 보호하는 법안으로 연방헌법에 대한 거부감을 완화시키기 위해 제정된 것이다. 실제로 대통령 취임이후에 연방헌법을 비준한 노스캐롤라이나와 로드아일랜드는 권리장전이 추가된 수정헌법이 통과되고 나서야 연방에 가입하였다. 두 번째가 1789년의 재정법인데 이는 연방정부의 운영에 필요한 안정적 재원을 확보하기 위한 법안이었다. 세 번째는 1787년에 채택된 북서부 조례의 내용을 정식으로 입법한 것으로 애팔레치아 산맥의 서쪽으로 진출하는 데 대한 규율을 제정한 것이다. 한편 의회에 제출한 국가공신력에 관한 보고서는 신생국인 미국의 공공신용을 확보하기 위한 방안을 마련한 것이며 합중국 은행의 설립은 식민 시대부터 문제가 되었던 통화부족현상을 해소하고 화폐경제의 조성을 위한 중앙은행을 설립하는 법안이다. 마지막으로 제조업에 대한 보고서는 미국의 제조업경쟁력을 확보하기 위한 방안을 논의한 것이다.*

---

* Miller, J (1960)

5.5.1 수정헌법 10조 (1791)

강력한 연방정부를 염두에 둔 미국 헌법을 완성하는 과정에서 반대자들은 연방정부가 개인의 권익을 침해하는 행위를 할 경우 이를 막을 방도가 없다는 점을 지적하였다. 따라서 매디슨은 연방정부의 행위로부터 개인의 권익을 보호할 수 있는 10개항의 권리장전(Bill of Rights)*을 제출하였으며 의회는 이를 즉시 통과시키고 각 주정부의 추인을 얻도록 하여 원래의 헌법에 추가하였다. 이를 수정헌법 10조라고 하는데 이는 기존 헌법에 10개항을 새롭게 추가했다는 의미이다. 이와 같은 권리장전의 제정과 헌법에의 추가는 그 때까지 연방헌법에 반대하던 많은 사람들을 누그러뜨리는 역할을 하였으며 그 결과 마지막까지 연방헌법을 비준하지 않았던 노스캐롤라이나와 로드아일랜드를 연방에 합류시킬 수 있었다.

그러한 수정헌법 10조의 내용을 하나하나 열거해보면 다음과 같다. 첫째, 연방은 개인의 신앙의 자유를 금지하거나 국교제도를 도입할 수 없다. 둘째, 연방은 국민의 언론, 출판, 집회, 청원의 자유를 축소시키지 못한다. 셋째, 국민은 무기를 소유하고 휴대할 수 있는 권리를 갖는다. 넷째, 국민은 부당한 수색이나 체포를 당하지 않을 권리를 갖는다. 다섯째, 어떠한 사람도 법의 정당한 절차 없이는 생명, 자유, 재산을 빼앗기지 않는다. 여섯째, 어떠한 사유재산도 정당한 보상 없이 공익을 위해 강제로 사용될 수 없다. 일곱째, 고소를 당한 사람은 공정한 배심원들에 의해 신속하고 공개적인 재판을 받을 권리를 가진다. 여덟째, 지나치게 많은 보석금이나 벌금을 부과하거나 잔인하고 전례 없이 가혹한 처벌을 하지 못한다. 아홉째, 헌법구조에 대한 원칙을 고수한다. 마지막 열 번째, 헌법에 의해 연방정부에 구체적으로 위임되지 않은 권한은 각 주나 그 주민에 속한다. 이상에서 언급한 이러한 내용들은 오늘날 대부분 민주국가들의 헌법이나 인권관련 법안들에서 찾아볼 수 있을 정도로 미국뿐만 아니라 다른 많은 국가에서 소중한 인권이 보호받을 수 있는 중요한 근거를 제공하고 있다.

5.5.2 재정법(The Revenue Act of 1789)

앞서 설명한 권리장전은 국가의 기본적인 체제를 규정한 헌법에 관한 것이었다면 헌법에 의해 구성된 초대의회에서 통과된 두 법령은 장차 국가의 운영을 위한

* 이는 1689년 영국에서 제정된 권리장전과는 다른 내용이다.

중요한 정책에 관한 것이다. 즉, 연방정부가 구성되기는 하였지만 충분한 재원이 없다면 정부로서의 역할을 제대로 수행할 수가 없음은 이미 설명하였다. 따라서 연방정부가 출범하고 가장 시급하게 추진 한 일은 바로 연방정부의 재정을 확보하는 일이었다. 즉, 미국의 초대의회에서 처음으로 심의한 것이 바로 The Revenue Act of 1789 즉 재정법에 관한 것이다. 이는 제임스 매디슨이 최초로 성안하여 의회에 제출하였으며 곧바로 압도적인 다수의 지지로 법안이 통과되었다. 이 법에 의하면 연방정부의 재정은 관세를 주요수입원으로 하며 나중에 자세히 설명하겠지만 관세율은 대부분의 경우 5%를 부과하였다. 또한 Tonnage Tax라고 하여 수입화물을 싣고 오는 선박의 톤당 무게에 따라 부과하는 입항세를 보조적인 조세 수단으로 확보하였다. 특히, 이 법안에서는 미국국적의 선박이나 외국인 소유의 선박이라도 미국에서 건조된 선박에 대해서는 입항세를 낮게 매기고 있다. 이는 식민시대 영국이 항해조례를 통해 자국과 식민지 선박에 대해서 우대를 해주어 비교우위를 확보할 수 있었던 것과 마찬가지로 1789년의 재정법은 일종의 미국판 항해조례를 포함하고 있다고 볼 수 있다.*

5.5.3 북서부 조례(The Northwest Ordinance of 1787)

북서부 조례라고 번역될 수 있는 The Northwest Ordinance는 애팔레치아 산맥의 서쪽으로 진출하는 규칙을 정한 것이라고 할 수 있다. 그런데 이는 원래 연방규약에서 규정했던 사항을 초대의회에서 정식 법률로 입법 제정한 것이다. 즉, 연방규약을 체결할 당시 메릴랜드에서는 다른 주정부들이 애팔레치아 산맥의 서쪽에 대한 영유권을 연방정부에 대해서 인계할 때까지 연방규약의 추인을 거부하였다. 당시 애팔레치아 산맥의 서부지역에 영토를 보유하지 않았던 메릴랜드의 입장에서는 나중에 넓은 영토를 가진 주 정부가 다수의 인구를 바탕으로 연방정부의 권한을 독점할 것을 우려한 것이었다. 이에 대해 버지니아가 애팔레치아 산맥 서쪽의 자신들의 영유권을 포기하고 다른 주들도 그를 따르게 되어 문제가 해소되었다. 북서부 조례에 따르면 애팔레치아 산맥 서부의 새로운 개척지는 우선 연방정부에 귀속시켜야 하며 그렇게 연방정부의 소유가 된 토지에 대해서 개인들은 스스로 측량을 통해 경계를 확정한 뒤 소유권을 구매하고 거기에 대한 세금을 내야했다. 이러한 토지에서 형성된 새로운 주는 기존 주와 동일한 자격으로 연방에 가입할 수

* Ferguson, E. (1961)

있으나 새로운 주에서는 노예제는 금지된다고 규정되었다. 이 법령은 미합중국이 서부로 영토를 확대해가는 과정에 관한 일을 미리 규정한 것으로 영토의 확대에 관해서는 나중에 다시 설명할 기회가 있을 것이다.

5.6 … 공공신용의 확보

5.6.1 재정의 확보

앞서도 설명했지만 신생국가로서 변변한 국방력을 갖추지 못한 미국이 유럽제국의 정치적 상황에 따른 희생양이 되지 않기 위해서는 우선 미국 스스로의 경제적 가치를 높이는 일이었다. 이를 위해서는 미국경제의 국제적 공신력을 확보하는 일이 중요했고 따라서 초대의회는 재무장관인 해밀턴으로 하여금 미국의 공신력을 확보하기 위한 방안의 연구를 지시하였다. 우선 해밀턴은 앞서 설명한 재정법을 기초하는데 있어 연방정부의 재정을 튼튼히 하는 것이 중요하다고 보았다. 즉, 재정법을 기초한 매디슨은 영국에 대해서는 높은 관세를 부과하되 미국의 독립을 도와준 프랑스에 대해서는 관세를 낮게 부과하는 차별관세를 선호하였다. 그러나 재무장관 이었던 해밀턴은 연방정부의 충분한 재원을 확보하는 것이 더 중요하다 주장하며 모든 상품에 대한 5%의 단일 관세부과를 관철시켰다. 그러나 그는 강철, 밧줄, 소금, 의류 등에 대해서는 관세 대신에 고율의 세금을 매기는 것을 허용하였다. 이들 상품들은 어차피 수입되고 있었기 때문에 관세를 매기기보다 세금을 통해 추가적 재정수입을 확보하려 했던 것이다. 그러나 미국에서 생산되고 소비되는 선박이나 담배에 대해서는 높은 관세를 부과하여 미국 산업을 보호하기도 하였다.

5.6.2 전쟁부채의 청산

해밀턴은 독립전쟁 기간 중 미국을 도와준 프랑스, 스페인, 네덜란드 등에 지고 있던 전쟁부채에 대해 우선 제대로 책임을 짐으로써 유럽제국으로부터의 신용을 확보하는 것이 신생국 미국의 경제발전에 필수적인 요소라고 판단하였다. 따라서 그는 1790년 1월 의회에 제출한 국가신용에 관한 보고서에서 전쟁 중에 연방정부와 각 주에서 발행한 각종 채권을 연방정부 발행채권으로 대체하는 계획을 제안하였다. 그러나 전쟁 중 발행된 다양한 종류의 채권에 대해 모두 액면가를 보장하고 향후 연리 6%의 이자를 지급하는 연방채권으로 대체하는 계획에 대해 많은 논란이 있었다. 우선, 전쟁부채의 대부분은 자유농민이나 참전자들이 임금이나 물품 대금을 대신해서 받은 것이고 그들은 그것을 현금화할 필요가 있었기 때문에 어떤 경우에는 액면가의 10~25%만 받고 넘긴 경우도 있었다. 따라서 현재 채권을 보유하고 있는 사람들은 대부분 상업적 동기의 실업가들이기 때문에 액면가 그대로 보상한다는 것은 나라의 독립을 위해 애쓴 애국자들의 노고는 무시하고 그들을 상대로 금전 장사를 해서 이득을 본 사람들을 우대하는 것이나 마찬가지라고 생각하였다. 또한 자신들이 발행한 채권에 대해 스스로 책임을 지고 부채해소 노력을 벌였던 버지니아 주 등은 연방정부가 뒤늦게 모든 부채를 떠안는 것은 발행된 채권에 대해 아무런 조치도 취하지 않았던 주들에게만 유리한 행위라고 주장했다.

5.6.3 해밀턴의 신용계획

그러나 해밀턴의 입장에서는 우선 상당한 채권들이 이미 외국인의 손에 들어가 있고 이들은 전쟁 중 미국을 도와준 프랑스, 스페인, 네덜란드 등에서 얻은 원조의 대가로 주어진 것이었다. 그렇기 때문에 그 채권에 대해서 액면가 이하로 보상을 한다면 그것은 미국의 대외공신력에 타격을 줄 것이라고 생각하였다. 그는 또한 대부분 초기의 구매자들은 연방정부 체제에 부정적인 견해를 가지고 있으며 그들은 대부분 세금을 납부할 때만 현금이 필요하다고 보았다. 따라서 전쟁 채권으로 보상받은 돈을 그냥 과자단지(cookie jar)에 넣어뒀다가 필요할 때만 쓸 것이므로 경제발전에 도움이 되지 않을 것이라 여겼다. 그는 그럴 바에는 차라리 현재 채권을 보유한 실업가들을 제대로 보상하고 그들이 상업적 동기를 발휘하여 경제활동을 활성화시키는 것이 오히려 미국의 경제발전에 훨씬 유리하다고 주장하였다. 그러나 그는 자신의 계획을 통과시키기 위해 반대자들을 설득하고 타협할 필요가 있었다. 그 중에서 특히 매디슨과 제퍼슨은 버지니아 출신이었고 앞서 언급하였지만 버지니아 주는 전쟁부채의 상당부분을 이미 해소했기 때문에 연방정부가 다른 주의 부채를 끌어안는데 반대 입장이 강하였다. 따라서 그는 그들의 불만을 해소하기 위해 전쟁부채를 해소해 온 주에 대해 새로 발급되는 연방정부의 채권을 지급하여 주 정부의 비용을 충당할 수 있도록 약속했다. 한 가지 더 재미있는 일화는 오늘날 미국의 수도인 워싱턴 DC가 포토맥 강변에 위치하게 된 것도 해밀턴이 매디슨과 제퍼슨을 설득하기 위한 방편으로 정해진 것이었다. 즉, 그 이전까지만 해도 필라델피아에 있던 수도를 버지니아와 메릴랜드에 가까운 포토맥 강변으로 이전하기로 약속했었기 때문이라는 것이다.

5.6.4 공공신용의 확대

그러한 곡절을 통해 해밀턴의 신용계획이 실행에 옮겨질 수 있었으나 그 일은 오늘날 미국이 세계최대의 금융 강국이 된 밑거름을 제공했다는 평가받기도 한다. 특히, 그는 의회에 대해서 정부채권을 발행하되 그 규모는 현재 정부의 운영비용과 앞으로의 이자비용을 충당할 정도만 재정을 확보하면 된다고 권고하였다. 즉, 채권을 모두 상환할 필요가 없으며 이자비용만 충당하면서 채권의 규모를 늘려가는 것이 경제의 규모를 키우는데 도움이 될 거라고 생각한 것이다. 그러한 그의 생각이 정확히 들어맞았던지 그 당시부터 이미 미국연방채권에 대한 시장이 생겨나고 활성화 되었으며 그러한 채권거래상들이 모여든 장소가 뉴욕의 Wall Street 부근 이었고 오늘날 이 지역은 세계 금융의 중심지 역할을 하게 된다. 또한 뒤에 설명하겠지만 뒤에 유럽에서 일어나는 나폴레옹 전쟁 등으로 불안을 느낀 많은 자금들이 미국의 채권시장으로 몰려들어 미국의 경제발전에 원동력으로 작용하게 되는데 이는 해밀턴이 생각했던 것 이상의 행운을 미국에게 안겨준 사건이었다.

5.7 … 합중국은행

5.7.1 국립은행 설립에 관한 보고서

이미 여러 차례 언급했지만 식민시대 경제적으로 가장 큰 문제점은 화폐와 신용의 부족 현상이었다. 전쟁을 치루면서 연방정부의 역할을 했던 대륙회의나 각 주의 정부는 이러한 문제를 해결하기 위해 나름대로 노력하였다. 즉, 토지은행이나 주 정부자체가 종이화폐를 발행했으나 이미 설명했듯이 전쟁 중 발행한 채권은 인플레이션 등의 문제를 야기하였다. 일부 상업은행에서 금화와 은화에 연동하여 발행한 화폐가 있었으나 그것은 규모가 매우 작았으며 운영도 상당히 보수적이어서 결국 동북부 상인들만을 위한 것이라는 비난을 사기도 했다. 따라서 1790년 12월에 해밀턴의 국립은행 설립에 관한 보고서가 제출되었을 때 1781년에 설립되었던 북미은행에 대한 안 좋은 기억을 떠올리는 사람들도 있었다.* 특히, 이듬해 2월 의회에서 다수 지지를 얻어 통과한 국립은행 설립방안은 제퍼슨, 매디슨, 랜돌프 등의 반대의견을 받아들인 워싱턴에 의해 거부되어 바로 입법되지 못하기도 했다. 대부분 남부출신인 반대파 사람들은 헌법에서 연방정부가 상업은행 운영에 관여할 권한을 부여하지 않았다고 주장하였다. 사실 당시 남부는 자급자족의 대농장이나 생계형 노동이 대부분을 차지하고 있었기 때문에 현금이 그렇게 필요하지 않았다. 단지 현금경제는 북부의 상공업자 집단이 연방정부에 대한 자신들의 권한을 확대하려는 시도로 여겨지고 있었다. 즉, 그들은 전쟁 이전에 영국 상인들이 신용거래를 통해 자신들의 경제를 지배해왔던 것을 이제 북부 상인들이 대신하기 위해 국립은행을 수단으로 삼고 있다고 보았다.

5.7.2 합중국은행의 설립

그러나 화폐와 신용부족의 문제는 미국경제에서 반드시 해결되어야 할 문제였기 때문에 결국 합중국은행 설립은 허용되었다. 그 결과 20년간 독점권을 부여받은 합중국은행이 1,000만 달러의 자본으로 필라델피아에 설립되었다. 그런데 1,000만 달러의 자본금 가운데 20%의 지분은 연방은행의 소유였으며 나머지 80%는 개인이 지분을 소유하였다. 연방정부 재정을 독점적으로 운영하는 합중국은행은 높은 수익률이 보장된 것이나 마찬가지였기 때문에 1791년 7월 합중국은행의 주식이 공개되었을 때 투자자와 투기꾼들이 모여 장사진을 이루었다고 한다. 앞서 설명하였지만 합중국은행의 가장 큰 역할은 연방정부의 재정을 관리하는 대리인으로서의 역할이다. 즉, 연방정부는 자신들의 수입을 우선 모두 합중국은행이나 합중국은행과 계약을 맺은 주 은행에 예치하게 된다. 이와 같이 연방정부 자산을 독점적으로 관리하는 대신에 합중국은행은 필요한 경우 언제라도 연방정부에 대한 재정대출의 의무가 있었다. 특히, 합중국은행은 독자적 권한으로 은행권을 발행하거나 지점간의 자금 이체를 통해 상업 거래에 필요한 신용을 지원하는 역할도 하였다. 그러나 합중국은행의 화폐는 금화와 은화의 보유액에 연동되어 매우 제한적으로

---

* 북미은행에 대한 설명은 제6장에서 찾아볼 수 있다.

발행되었으며 특히 합중국은행은 토지나 담배와 같은 물권을 담보한 대출은 하지 않았다. 당시 연방정부가 부과하는 관세는 금화와 은화로만 납부할 수 있었으나 금화나 은화와 연동되어 발행되었던 합중국은행의 화폐는 관세 납부에 이용될 수 있어 연방정부의 조세징수를 돕는 역할을 하였다. 또한 앞서 언급한 개인이 소유한 80%의 합중국은행 지분 중에 40%는 금화나 은화로 지불해야 했지만 60%까지는 연방정부가 발행한 채권으로 구입할 수도 있었다. 이는 해밀턴의 신용계획에 의해 새롭게 발행된 연방정부 채권의 가치를 지지시키는 역할을 하여 그에 대한 투자를 활성화시키는 효과도 얻게 된다.

5.8 … 제조업의 육성

5.8.1 제조업에 관한 보고서

신생국 미국이 독립을 하기는 하였으나 독립전쟁 당시 미국은 무기의 대부분을 프랑스에 의존할 수밖에 없었다. 따라서 초대의회에서는 해밀턴에게 미국 제조업을 발전시키는 방안 특히, 미국을 무장시키는 방안을 연구토록 지시하였다. 이에 따라 작성된 해밀턴이 제조업에 관한 보고서가 1791년 12월에 의회에 보고되었다. 해밀턴은 공업의 기계화가 산업 생산력을 획기적으로 개선하는 방법이라고 생각했다. 특히, 그는 당시 미국의 주요수출품이었던 농산물, 삼림자원, 어획물에 대해 다른 여러 지역으로부터의 수입이 가능했던 유럽각국이 국제시세를 좌지우지 할 경우 미국의 교역조건 즉, 수출품과 수입품의 가격비율이 불리해질 것으로 보았다. 수출물가가 떨어진다는 것은 같은 물량을 수출하고도 그만큼 대가를 적게 지불받는 것이기 때문에 수출을 통한 수입이 줄어들게 된다. 해밀턴은 미국이 이와 같은 교역조건의 불리함을 극복하기 위해서는 제조업생산을 늘려야 하며 그것을 수출함으로써 미국의 국가소득 안정성을 확보할 수 있다고 주장했다.

5.8.2 유치산업육성

그는 특히 미국의 산업을 크게 세 가지로 구분하여 서로 다른 보호와 육성 전략을 펼쳐야 한다고 주장하였다. 그 세 가지 구분은 우선 이미 국내에서 충분한 양을 생산하여 국내수요를 담당하고 있는 자급산업과 이제 점차 생산량이 늘어나면서 국내수요를 담당하기 시작한 성장산업 그리고 마지막으로 아직 걸음마 단계에 있는 유치산업으로 구분하였다. 이미 국내에 충분한 생산기반이 있고 거기서 생산된 상품이 국내수요의 대부분을 충족시키고 있는 자급산업에 대해서는 특별히 보호할 필요가 없음은 누구나 이해할 수 있는 논리이다. 반면에 이제 막 국내생산이 늘어나는 중에 있는 성장산업에 대해서는 높은 관세를 부과하여 생산기반이 완전히 갖추어지도록 도와주어야 한다는 것이다. 즉, 철강제품이나 가죽제품 또는 항해용품, 종이 등과 같이 국내에서 생산되고 있으나 품질이 아직 외국산 특히, 영국산에 미치지 못하는 산업에 대해서는 높은 비율의 관세를 부과하여 그들이 외국산과의 경쟁력을 갖출 수 있도록 보호해주어야 한다는 것이다. 마지막으로 섬유나 방직 등과 같은 산업은 아직 기계화가 이루어지지 않고 수공업이 대부분이지만 이들에 대해서는 기계화를 통해 생산성의 향상이 이루어지도록 도와야한다고 주장했다. 특히, 당시 미국의 섬유나 방직 등은 대개 가내수공업으로 이루어졌고 그 제품의 가격이 기계를 이용해 생산한 제품과 같았다. 그러나 높은 관세를 통해서 이들 상품의 수입을 억제하면 높은 가격이 유지되고 그렇게 되면 기계화에 따른 이윤이 증대되기 때문에 기계화에 대한 투자가 더욱 빠르게 이루어질 것이라고 보았다. 이러한 자본투자는 대개 동북부 지역 실업가나 외국자본에 의해 이루어질 것이기 때문에 은행신용을 확대하고 계약에 대한 법적보호 장치를 강화하는 것 또한 중요하다고 보았다. 마지막으로 해밀턴은 기계화의 진전에 따른 필요한 노동력은 여성이나 아동인력을 통해서 충분히 조달할 수 있다고 보았다.*

5.8.3 우선순위에 대한 이견

그러나 당시 미국은 산업의 90% 이상이 농업이었고 대부분의 제조업이 가내수공업에 의해 이루어지는 상황이었기 때문에 공업화의 중요성에 대한 공감을 얻는 것이 쉬운 일이 아니었다. 따라서 해밀턴은 자신의 주장을 뒷받침하기 위하여 화

* Miller J. (1959)

약, 총포, 대포, 전함 등 군수물자에 대한 공장생산의 중요성을 강조하였다. 그러한 해밀턴의 주장에 대해서 반대할 사람은 별로 없었기 때문에 군수품의 생산을 기계화하는 데는 큰 어려움이 없었다. 그러나 군수품 이외의 소비재 등 다른 제조업제품의 생산을 기계화하여야 한다는 것에 대해서는 많은 사람들이 각기 다른 생각을 가지고 있었다. 특히나 토머스 제퍼슨을 비롯한 남부의 지도층에서는 연방정부의 최우선 과제가 애팔레치아 산맥 서부지역에 대한 정착을 돕는 것이라 생각했다. 그들은 미국의 장점은 넓은 토지이며 이러한 풍부한 토지를 이용하여 농업기반을 확대하는 것이 미국의 장래라고 생각하였다. 그들은 연방정부가 관세를 부과하여 공업생산을 보호하려는 것은 결국 연방정부의 지지층인 북부의 상공인들을 보호하여 그들과의 유대관계를 강화하려는 시도로 받아들였다. 특히, 제퍼슨 등 남부의 인사들은 독립국 미국의 정치적 지지기반은 토지를 경작하는 농민들이 되어야 한다고 보았다. 그들의 생각에는 토지에 기반을 두지 않은 공장의 임금노동자들은 사회적 책임이 깊지 않으며 특히, 자신이 속한 고용주의 의도에 따라 움직일 수 있기 때문에 국가의 정치기반으로 삼기에는 부적합하다고 보았다. 토머스 제퍼슨은 자신의 이러한 생각을 실제로 책으로 발간하였는데 1785년에 런던에서 발간된 버지니아 주의 기록(Notes on the State of Virginia)에서 역설하였다. 그러나 뒤에 역사가들은 이 책에 드러난 제퍼슨의 이중적 태도를 꼬집기도 하는데 그는 공장노동자들이 근본이 없기 때문에 토지에 기반을 둔 농민들을 정치기반으로 하여야 한다고 주장하면서도 자신이 보유한 노예문제에 대해서는 관대한 태도를 보였다. 또한 안정적 정치기반으로 삼아야할 농민들의 교육, 즉 문맹의 퇴치에 대해서는 침묵하는 등 정치기반이 일반민중에 있어야 한다고 보기 보다는 자기 자신과 같이 토지를 소유한 대부호에게만 유리한 상황을 염두에 두었음을 엿볼 수 있다.

5.9 … 국제교역상의 문제

5.9.1 교역 불균형의 확대

독립전쟁으로 인해 영국으로부터 수입이 중단되면서 소비재 부족현상이 심했던 미국으로서는 영국선박을 나포하여 빼앗거나 프랑스나 네덜란드로부터의 간간히 이루어지는 수입품에 의존할 수밖에 없었다. 이러한 틈을 메우기 위해서 미국에서도 여러 가지 대체품의 생산이 이루어졌지만 그 종류도 다양하지 못하고 품질도 매우 조악한 형편이었다. 따라서 독립전쟁 기간 동안은 물론 그 이후에도 상당기간 미국에서 소비재의 재고는 매우 낮은 수준에 머물렀다. 그러다 전쟁이 끝나고 평화가 도래하자 다시 미국시장을 장악한 것은 영국 상품이었다. 국내에서 흉내내어 만든 제품은 물론 프랑스나 네덜란드에서 생산된 제품도 가격이나 품질에 있어서 영국제품과 비교가 되지 않을 정도였기 때문이다. 또한 전쟁이 끝나자 미국 상인들은 언어가 달라 의사소통도 잘 되지 않는 프랑스나 네덜란드 상인들 대신 같은 영어를 쓰기도 하지만 이전에 거래관계가 있던 상인이나 은행과의 신용거래를 회복하는 것이 훨씬 쉬운 일이었다. 특히, 이들 수입상들은 외상으로 물건을 들여다가 역시 외상으로 도매상에 넘기고 도매상 역시 외상으로 소매상에게 넘기면 그들 또한 소비자들에게 가을 수확을 담보로 외상을 주는 일종의 연쇄적 신용 고리를 형성하였다. 그런데 그러한 신용 관계는 외상을 갚을 수 있는 능력이 있을 때나 가능한 것이었다. 독립전쟁 이전에 미국은 영국으로부터 많은 양의 소비재를 수입하였지만 반면에 많은 농산물을 영국에 수출하였고 모자라는 부분은 카리브나 남유럽 지역과의 중계무역을 통해 보충하면서 지출과 수입의 균형을 이룰 수 있었다. 그러나 전쟁이 끝나면서 수입은 다시 영국 상인에 의해 다시 장악되어 옛 수준을 회복하였지만 수출은 전쟁 이전의 수준에 도달하지 못하고 수입의 1/3 규모에 머물러 있었다.

5.9.2 수출의 어려움

그 첫 번째 이유는 우선 전쟁이전에는 영국으로 가던 수출품의 시장이 이제는 막혀버렸기 때문이다. 즉, 예전에는 영국제국에 속한 식민지로서 영국과의 교역에서 특혜를 받았지만 이제 그러한 혜택이 전혀 없어졌다. 특히, 인디고나 항해용품 등이 영국에 수출될 때 보조금이 주어졌으나 이제는 그런 혜택도 받을 수 없었다. 또한 담배 같은 것은 전부가 영국에 보내어져 그것이 다시 프랑스와 네덜란드 등으로 재수출 되었는데 이제는 영국에 들어갈 때도 관세를 내야했고 따라서 영국에서의 담배수요도 자연스럽게 줄어들게 되었다. 특히 예전에는 담배를 영국에 수출하면 그들이 프랑스와 네덜란드에 독점공급 했는데 이제는 영국에서 그러한 일을 하지 않기 때문에 미국상인들이 프랑스와 네덜란드의 구매상들을 직접 상대하여야 했다. 그러한 과정에서 신생국 미국의 교역조건은 지속적으로 악화되었으며 따라서 교역적자도 더욱 심화되어갔다. 그런데 미국은 이제 대영제국에 속한 국가가 아니기 때문에 항해조례에 따라 카리브의 영국식민지와의 직접 거래도 금지되었다. 그렇다고 영국이 아닌 다른 나라 식민지와의 교역이 허용되는 것도 아니었다. 즉, 영국이 자신들의 식민지와의 거래를 독점한 것처럼 유럽의 다른 제국들도 본국과 자국 식민지의 거래를 독점화하였기 때문에 신생국인 미국이 이들의 틈에 끼어들 여지가 없었다. 그것뿐만 아니라 예전처럼 남부유럽과 직접 교역을 하던 것도 이제는 쉬운 일이 아니었다. 왜냐하면 남부유럽으로 가자면 북아프리카 연안을 지나야만 했는데 이 지역의 소위 야만국(Barbaria State) 즉, 아프리카의 여러 부족들이 지원하는 해적들이 미국 배를 약탈하는 일이 잦았다. 예전에는 영국해군의 보호를 받을 수 있었지만 이제 신생독립국인 미국은 스스로의 해군력을 갖추지 못했기 때문에 자신들의 상선을 보호할 힘조차 없었던 것이다.

5.9.3 교역문제의 해결노력

이러한 일을 보다 못한 대륙회의에서는 특사를 파견하여 북아프리카의 부족들을 달래보기도 했지만 그들은 오히려 뇌물을 바치라는 식의 요구를 해서 문제를 해결할 수 없었다. 그들은 야만족에게만이 아니라 프랑스나 네덜란드, 스페인 등에 특사를 파견해서 미국상품의 수출을 확대하려고 노력하였지만 거의 모두가 허사에 그치고 말았다. 그런데 그와 같은 외교적 노력이 실패한데는 앞서도 설명했지만 신생국인 미국의 신용이 아직 확립되지 않았기 때문이기도 하다. 즉, 전쟁 후 미국의 수출은 수입의 1/3수준에 지나지 않았기 때문에 교역적자가 지속적으로 쌓여가고 있었으며 그러한 상황에서는 수입대금을 지불하기도 쉽지 않았다. 역시 앞서도 설명했지만 영국으로부터의 수입은 대개 외상으로 이루어졌지만 만기가 되면 그것을 갚는데 있어 예전처럼 종이화폐를 받지 않았기 때문에 금화나 은화 등 주화의 부족현상이 더욱 심화되었다. 독립이전 종이화폐의 남발로 물가가 증가한 현상을 설명하였지만 전쟁 후에는 반대로 화폐가 부족하여 물가가 떨어지는 이른바 디플레이션이 일어나게 된다. 디플레이션이란 상품의 가치가 떨어지는 현상으로 외상거래를 통해 부채를 지고 있는 입장에서는 빚을 갚기 위해 더 많은 물량의 상품이 필요하다는 뜻이다. 그러나 당장 생산물량이 늘어나는 것이 아니기 때문에 신용거래를 맺고 있던 소매상이 도산하면 도매상이 파산하고 또한 수입상들은 외국의 수출자로부터 빚 독촉을 받게 되는 등 연쇄적 신용의 고리가 붕괴하게 된다. 이와 같이 신용이 없는 상인과의 무역거래를 하려는 상대는 없었을 것이고 그러니 당연히 미국상품을 수출하려는 노력도 성과를 거두지 못하게 되었다. 앞서 해밀턴의 국가신용에 관한 보고서에서 외국에 지고 있는 부채를 액면가 그대로 보상하는 것이 중요했던 이유도 모두 전쟁 이후 크게 나빠진 미국의 국가신용을 회복할 필요가 있었기 때문이다. 수출을 위한 이와 같은 일련의 노력들이 수포로 돌아가니 당장 무역불균형을 위해서 미국이 할 수 있는 일이 한 가지 밖에 없었다. 즉, 수출이 안 되어 교역적자가 지속되는 문제를 해결하자면 이제는 수입을 줄이는 노력을 할 수밖에 없는 것이다. 수입을 줄이기 위해 할 수 있는 방법은 수입품에 관세를 높게 부과하여 수입을 억제하는 것이다. 따라서 뉴욕, 펜실베이니아, 로드아일랜드, 매사추세츠, 뉴햄프셔 주에서는 그와 같은 관세를 실제로 부과하였다. 그런데 이러한 일부 주의 관세정책이 효과적이려면 강력한 중앙정부가 있어야 함을 다시 한 번 일깨워 주는 계기가 되었다. 즉, 13개 주 가운데 일부만이 관세율을 높이면 수출자의 입장에서는 관세율이 낮은 다른 주로 우선 수출 한 뒤 주 경계를 넘어 관세를 한 푼도 내지 않고 관세율이 높은 주로 우회 수출할 수 있게 된다. 따라서 수출을 늘리기 위한 노력도 별반 효과가 없었지만 수입을 줄이려는 노력도 성과를 보지 못하여 독립전쟁 이후 미국은 국제교역에 있어 매우 어려운 지경에 있었다.

5.10 … 외교적 노력

5.10.1 프랑스 혁명

이와 같이 독립직후 국제교역상 미국의 어려움은 연방정부가 형성되고 나서야 비로써 해결의 실마리를 찾게 된다. 즉, 1789년 프랑스 혁명과 그에 이어 1793년 영국과 프랑스의 전쟁이 발발하고 나자 영국과 프랑스로부터의 미국상품에 대한 수요가 급증하여 높은 가격에 상품을 수출할 수 있게 된 것이다. 영국과 프랑스 본국뿐만 아니라 카리브에 위치한 그들의 식민지에서도 미국상품의 수요가 급증한다. 특히 영국의 입장에서는 미국을 대신할 것으로 기대했던 캐나다에서의 생산활동이 부진하여 미국상품에 대한 수요가 급증하였다. 오래간만에 어려움을 벗어나는 듯 보이지만 그러나 미국으로서는 다른 고민거리가 있었다. 즉, 미국은 독립 전쟁 중 자신을 도와준 프랑스와 동맹조약과 무역조약을 체결하였는데 특히, 동맹조약에 따르면 프랑스가 영국과 전쟁상태에 돌입하면 미국은 프랑스에 군사적으로 원조하여야만 하였다. 그러나 당시 미국의 국방력이 아직은 전쟁에 참여해서 누구 편을 들 처지가 아니었다.

5.10.2 워싱턴의 중립선언

고민 끝에 대통령이었던 조지 워싱턴은 프랑스에 대해서 동맹조약에 따른 군사적 원조를 할 수 없다고 비공식적으로 통보하였다. 그리고는 그러한 그의 결정을 공식적으로는 나타낸 것이 상업에 있어서의 1793년 4월의 중립선언이다. 당시 미국은 영국과 프랑스 두 나라와 모두 무역을 하고 있었지만 서로 적대국인 영국과 프랑스는 서로 상대국과의 교역을 방해하기 시작한다. 특히, 영국은 자신들의 우수한 해군력을 바탕으로 프랑스 해안을 봉쇄하고 프랑스로 접근하는 미국상선을 나포했다. 따라서 미국의 중립선언은 겉으로는 자신들을 방해하는 영국해군에 대해 미국은 프랑스와 자유롭게 무역을 할 수 있음을 선포한 것이었다. 그러나 실질적으로는 미국해군이 자신들의 상선을 보호할 수도 없었고 영국군이 해상권을 장악하고 있는 상황이었기 때문에 미국의 중립선언은 상징적인 의미일 뿐 사실상은 영국과의 교역만을 하겠다는 뜻이었다. 그러면서도 미국은 뒤로는 은밀히 프랑스와의 교역을 계속 이어가고 있었다. 즉, 영국해군에게만 들키지 않는다면 괜찮은 것이니 프랑스나 프랑스 식민지와의 교류를 계속한 것이었다. 그런데 당시 미국은 이러한 교역뿐만 아니라 프랑스의 사략선들을 지원하는 일도 하고 있었다. 사략선이란 민간무장선으로 정부의 지원으로 적국의 배를 나포하여 물품을 빼앗는 일종의 해적선이다. 그런데 미국은 이러한 사략선들이 미국의 항구를 드나들면서 상품을 하역하고 보급품을 싣는 것을 허용하였다. 영국의 입장에서는 이러한 미국의 행위를 그냥 지켜볼 수만은 없었을 것이며 따라서 이에 대한 보복으로 영국해군은 미국상선을 더 심하게 다루기 시작하였다. 그 결과 1794년에는 미국상선이 250척이나 나포되고 그에 놀란 워싱턴 행정부는 중립선언을 더욱 강화하는 입장에서 사략선들이 미국항구에 입항하는 것을 금지시키게 된다. 이에 미국 내에서도 토머스 제퍼슨 등은 워싱턴의 그러한 얄팍한 행동을 비난하고 당장 영국과 교역을 중단하라고 목소리를 높였지만 그것은 공허한 메아리일 뿐이었다. 왜냐하면 당시 미국의 입장에서는 프랑스와의 교역보다는 영국과의 교역이 훨씬 중요한 부분을 차지하고 있었고 따라서 둘 중에 하나를 선택하라면 영국이 아니라 프랑스와의 교역을 중단하는 것이 유리하였기 때문이다.

5.10.3 제이의 조약

특히, 미국상인들은 이번 기회를 이용하여 독립전쟁으로 관계가 소원해진 영국과의 교역을 합법적으로 회복할 수 있기를 희망하였다. 즉, 이전과 같이 영국에 대해 자유롭게 수출할 뿐만 아니라 캐나다나 카리브의 영국식민지와 교역을 정식으로 할 수 있게 되기를 바란 것이다. 따라서 워싱턴과 해밀턴은 영국과의 교역관계를 정상화시키는 길을 모색하기 위하여 존 제이를 영국에 특사로 파견하였다. 그에 따라 1795년 3월 미국과 영국 사이에 합의가 이루어지는데 이를 제이의 조약(Jay's Treaty)이라고 한다. 이 조약에 따르면 우선 영국은 전쟁기간 중 나포된 미국선박과 상품에 대해서 보상을 할 것을 약속했다. 그 대신 미국은 자국에 입항하는 영국선박에 대해서 미국선박과 동일한 입항세를 부과하기로 한다. 또 한 가지 중요한 것이 1796년까지 미국 내 모든 요새에서 영국군을 철수시킨다는 것이었다. 사실 그 동안 독립전쟁을 통해 미국이 독립을 인정받았지만 북미의 여러 요새에 남아있던 영국군들은 그대로 주둔하고 있던 상태였다. 미국은 그들을 쫓아낼 만한 힘이 없었기 때문에 어찌할 도리가 없었으며 그들이 애팔래치아 산맥을 넘어 서부로 정착지를 넓혀가는 데 심각한 장애물이었던 미국으로서는 이러한 조약의 내용이 큰 선물이 아닐 수 없었다. 그러나 프랑스에 대한 식량 수출은 전쟁 물자를 보급하는 것이 아니므로 허용되어야 한다는 미국의 주장은 받아들여지지 않았다. 또한 미국은 독립전쟁 기간 중에 영국군에 가담하여 싸우다가 전쟁 종료 후에 영국군을 따라 캐나다나 카리브 지역으로 이주한 노예들에 대한 보상을 요구하였으나 이 역시 영국은 거부하였다. 대신에 독립전쟁 중에 몰수된 왕당파의 재산을 보상하라는 영국의 주장을 미국은 수용하지 않았다. 이와 같이 영국과 조약을 맺는 것에 대해 비난도 있었지만 제이의 조약은 1795년 7월에 상원에서 비준되면서 영국과의 관계가 정상화 되었다.

5.10.4 프랑스와의 1800년 협약(Convention of 1800)

한편 1793년 워싱턴의 중립선언은 프랑스의 입장에서는 자신들과의 동맹조약을 일방적으로 파기한 배신행위였기 때문에 감정이 상했을 것이다. 그러나 프랑스의 입장에서도 이를 제재할 마땅한 방도와 여력이 없었을 것이다. 다만 프랑스도 적국인 영국으로 향하는 미국선박들을 나포하여 자신의 항구로 끌고 가는 일이 있었다. 그러나 그 동안 그들은 미국선박을 나포하여 자신들의 항구로 끌고 가 상품을 하역한 뒤 물건 값을 지불하고 배를 놓아주고는 하였다. 아마 형식적으로는 영국으로 가다가 납치되어 프랑스의 항구로 가는 것처럼 보이지만 그 물건의 원래 목적지가 애초부터 프랑스였을 지도 모를 일이었다. 그러나 1794년 이후 프랑스 사략선들의 미국입항을 금지시키고 더 나아가서 1795년에 제이의 조약을 통해 미국이 자신의 진로를 분명히 하자 프랑스의 입장에서도 더 이상 우호적일 수만은 없었을 것이다. 따라서 1796년 7월 이후는 물건을 내리게 하고 값을 치른 후 보내던 배들을 그냥 나포해서 압수하기 시작하였다. 사태가 이렇게 되자 미국의 입장에서도 그냥 있을 수는 없고 그렇다고 자신들이 먼저 약속을 어긴 것이라 변명이 궁색하니 프랑스를 달랠 필요가 있었을 것이다. 따라서 당시의 미국 대통령이었던 애덤스는 프랑스에 특사를 파견해서 이미 쓸모가 없어진 동맹조약을 대체하는 새로운 조약의 체결을 타진하였다. 그러나 프랑스에서는 이미 미국에게 배신당한 경험이 있고 얄팍하게 나오는 미국과의 새로운 조약을 호락호락하게 그냥 맺어줄 리가 없었다. 그들은 미국의 특사를 만나주지 않을뿐더러 진심으로 정부 관료와 만나고 싶다면 먼저 뇌물을 제공하라는 식으로 비아냥거리기까지 했다. 특히, 뇌물을 주어야 할 관료 이름을 밝히지 않고 다만 X, Y, Z로 지칭을 했다는 의미에서 이는 XYZ 사건(XYZ Affairs)으로 미국에 알려지게 된다. 이에 미국 내 여론이 악화되고 이를 기회로 미국의회는 1798년 여름에 프랑스와 1778년 맺었던 무역조약을 일방적으로 파기하였다. 사실상 전쟁상태에 빠지게 된 미국과 프랑스는 카리브 지역에서 양국 군함이 실제로 해전을 벌이기도 하였지만 프랑스의 입장에서는 영국과의 전쟁도 힘이 든 와중에 미국까지 적으로 둘 필요가 없었기 때문에 적대관계는 오래가지 않았다. 즉, 나폴레옹 집권 이후인 1800년 9월 미국과 협약을 맺어 이전의 동맹조약을 대체하고 무역관계를 회복하게 된다.

5.10.5 스페인과의 조약

한편 미국은 1795년 영국과 제이의 조약을 체결하는 동시에 핑크니(Thomas Pinckney)로 하여금 스페인과 조약체결도 추진하였다. 이 당시 미국의 목적은 크게 두 가지가 있었는데 우선 스페인으로 하여금 미시시피 강의 동쪽이 미국의 영토임을 인정하게 하여 경계를 확실히 하고자 했다. 그리고 또 하나는 미시시피 강에서의 안전항해권을 확보하는 일 이었다. 당시 5대호를 비롯한 미시시피 강 연안에서 생산된 물품들은 대부분 뗏목을 이용해서 미시시피 강의 하류로 보내어지고 있었기 때문에 안전한 항해를 보장받는 것은 무척 중요한 일이었다. 애팔레치아 산맥의 서쪽으로 진출하려는 미국의 입장에서는 그 지역에서 생산된 물품을 산맥너머로 다시 운반해오기 보다 미시시피 강을 이용해 하류로 운반하는 것이 훨씬 편리한 방편이었다. 핀크니의 협상은 대단한 성공을 거두어 방금 설명한 두 가지 목적이외에도 미시시피 강 어귀에 있는 뉴올리언스에 미국상품을 집하할 수 있는 권리를 3년간 보장받는 성과도 올렸다. 이와 같은 성공적인 결과에 힘입어 스페인과의 핑크니 조약(Pinkney's Treaty)은 의회에서 아주 수월하게 비준을 받게 되는데 이는 제이의 조약이 아주 간신히 의회 비준을 통과한 것과 대조적인 일이었다.

제 6 장

대륙국가로의 발전

6 대륙국가로의 발전

6.1 … 공화파의 정책기조

6.1.1 공화파의 집권

미국의 초대 대통령을 지낸 조지 워싱턴은 1789년부터 1797년까지 두 차례에 걸쳐 집권 한 뒤 3선을 원하는 지지자들의 간청을 물리치고 은퇴를 결심한다. 사실 미국 헌법에는 대통령의 3선 금지 조항이 없음에도 불구하고 워싱턴이 재선 이후 출마를 포기함으로써 그 뒤에 프랭클린 루스벨트(Franklin D. Roosevelt)를 제외한 모든 대통령이 2차 임기 후에 물러나는 전통을 수립하게 된다. 그런데 제5장에서도 설명했지만 워싱턴의 임기 중에 영국과의 교역을 정상화하기 위해 체결된 제이의 조약을 둘러싼 해밀턴과 제퍼슨 세력의 대립이 연방파와 공화파라는 두 개의 정파를 탄생시킨다. 따라서 워싱턴의 후임자 선출을 위한 1797년의 대통령 선거는 연방파의 존 애덤스와 공화파의 토머스 제퍼슨 사이에 치열한 경쟁을 불러왔다. 결국 선거에서 존 애덤스가 단 3표차로 대통령에 선출되고 2위를 기록한 제퍼슨이 부통령이 된다. 연방파의 애덤스대통령은 중용주의정책을 표방하였으나 대중의 지지를 얻는데 실패했으며 외교적으로도 많은 어려움을 겪었다. 특히 앞서도 언급했던 프랑스와의 XYZ 사건도 애덤스 대통령 당시의 일이며 그는 또한 나폴레옹과 1800년 협약을 맺는 결실을 거두었지만 그 해의 선거에서 공화파의 제퍼슨에게 패배한다. 1801년 취임한 제퍼슨 이후 제임스 매디슨(James Madison), 제임스 먼로

(James Monroe)가 대통령에 집권하는데 이들은 모두 공화파 인물들이다. 이들이 모두 두 번씩 집권하여 8년씩 대통령직을 수행했고 또한 그 뒤를 이어 4년간 집권한 존 퀸시 애덤스(John Quincy Adams)까지 공화파 정권은 무려 28년간이나 집권하게 된다.

6.1.2 농업중시 정책의 현실

앞서도 설명했지만 강력한 연방정부를 지지했던 북동부 지역은 상업적 발전을 모색했지만 남부지역에서는 토지에 기반을 둔 농업을 중시했다. 특히, 공화파의 토머스 제퍼슨, 제임스 매디슨, 제임스 먼로는 모두 남부의 버지니아 주 출신이었기 때문에 그들은 자연스럽게 농업기반을 확장하려는 정책을 펼쳤다. 따라서 그들의 정책은 자신들이 생산한 농산물에 대한 수출시장을 안정적으로 확보하고 또한 애팔레치아 산맥을 넘어 서쪽으로 경작지역을 넓히는데 초점이 맞추어져 있었다. 그러나 농산물의 수출확대에 초점을 둔 그들의 정책은 유럽에서 진행된 전쟁으로 인해 정반대 방향으로 움직이게 된다. 즉, 영국과 프랑스에 의한 미국선박 나포에 대응하여 1806년과 1809년의 두 차례에 걸친 수입금지 정책과 1807년의 출항금지 정책을 시행한다. 특히 이 과정에서 영국과 사이가 벌어져 급기야 1812~1814년에는 그들과 전쟁을 다시 한 번 더 치르게 된다. 또한 대내적으로는 연방정부가 나서서 상업 활동을 지원하는 것을 반대하였으며 또한 서부개척에 있어서도 연방정부가 주도적인 역할을 하기 보다는 실제 정착민들과 주 정부에 의한 영토 확장을 선호하였다. 그러나 그들의 농업중시 정책은 역설적으로 결국 상업적 발전을 부추기는 결과를 낳았다. 특히, 영국과의 관계가 악화되면서 상호 교역이 줄어들어 공산품을 수입할 수 없게 되면서 오히려 미국의 공업이 발전하게 되는 동기를 부여한다. 즉, 공화파의 정책이 아무리 농업을 중시하고 싶어 했어도 당시의 상황은 미국이 상업화의 방향으로 움직일 수밖에 없게 했으며 그 와중에 공화파가 집권한 것은 아이러니라 할 수 있다.

6.2 … 나폴레옹 전쟁과 수출

6.2.1 전쟁초기의 수출호황

앞서도 설명했지만 1789년 프랑스 혁명이후 영국과 프랑스의 전쟁이 재개되면서 영국과 프랑스는 물론이고 그들의 식민지에 대한 수출이 활기를 띠게 되었으며 이러한 상황은 1807년까지 지속된다. 특히, 카리브지역 생산물의 재수출이 급격히 증가하게 되는데 이는 영국이나 프랑스가 상호 나포 위험성을 우려했기 때문이다. 즉, 그들은 자신들의 식민지와 교역물품을 미국항구로 먼저 옮기고 거기에서 중립국인 미국적 선박에 선적하여 대서양을 횡단시켰다. 이는 영국의 항해조례가 영국식민지와의 교역을 위해 일단 모든 상품이 영국항구를 거치게 한 것과 같은 효과를 발휘했다. 따라서 미국은 유럽과 카리브 지역 무역에서 자연스럽게 비교우위를 확보할 수 있었다. 1803년에 이미 미국 수출의 19% 정도가 이러한 재수출이 차지하게 되었으며 불과 4년 후인 1807년에는 미국 전체 수출에서 재수출이 무려 36%를 담당하게 된다. 이와 더불어 미국국내에서 생산된 상품의 수출도 상당히 증가하게 되는데 1803년에 5,200만 달러였던 미국의 수출액이 1807년에는 두 배 가까운 1억100만 달러까지 증가하게 된다. 특히, 담배에 이어 새로운 수출작물로 각광을 받게 된 면화의 경우 1800년에 8,625 Metric Ton이었던 수출물량이 1806년에는 3배가 넘는 28,635 Metric Ton으로 늘어나게 된다.* 나중에 다시 설명할 기회가 있겠지만 초기의 주요수출 농산물이었던 담배는 지력을 약화시키기 때문에 계속 새로운 지역으로 옮겨가야 했으며 원래 지역에서는 목화를 재배하게 되지만 이러한 목화의 생산도 뒤에 기술개발 등이 뒤받침 되었기 때문에 가능할 수 있게 되었다. 또한 이 기간 중에 남부유럽에 대한 미국의 식량수출도 급증하게 되는데 이는 스페인 등 남유럽에서 군사 활동을 벌인 영국군을 위한 식량이 필요했기 때문이다.

6.2.2 해상봉쇄

이와 같이 유럽에서의 전쟁으로 미국의 수출이 증가할 수 있었던 것은 미국이 중립선언을 통해 중립국 지위를 가지고 있어 비교적 안전할 수 있었기 때문이다.

---

* Adams. H. (1931)

그러나 이는 사실상 영국이나 프랑스가 전쟁기간 중 미국으로부터 필요한 물자를 얻기 위해 편의상 묵인한 것이었고 사략선 등에 의해서 미국선박이 나포되는 일도 전혀 없지는 않았다. 그러나 한 쪽이 확실하게 승기를 잡게 되면 이러한 편의상의 묵인이 더 이상 지속될 수 없는데 실제로 그런 일이 발생한다. 즉, 1805년에 영국 해군이 트라팔가르에서 프랑스와 스페인의 연합함대를 격파하여 대서양 해상권을 다시 확실하게 장악한 것이다. 사정이 이렇게 되자 영국은 더 이상 미국의 중립국 행세를 눈감아주지 않고 프랑스로 가는 미국선박을 나포하기 시작한다. 이에 대항하여 프랑스도 영국으로 가는 미국선박을 나포하기 시작하여 1806년부터 1812년 사이 영국과 프랑스에 의해 각각 528척과 389척의 미국선박이 나포되었다. 그러나 당시 보스턴의 어느 상인의 기록에 따르면 영국이나 프랑스로 가는 선박이 1/3만 나포되지 않으면 충분히 이익을 낼 수 있었다고 한다. 이는 유럽에서의 미국상품 수요가 상당하였으며 따라서 교역조건도 미국에 매우 유리했다는 증거이다. 그러나 시간이 갈수록 영국군의 횡포가 더 심해지게 되고 심지어는 도망병을 잡는다는 구실로 미국 상선에 승선하여 선원들을 잡아가는 일까지 발생한다.

6.3 … 토머스 제퍼슨의 대응

6.3.1 수입금지법(1806)

이와 같이 선박과 상품을 빼앗기는 것은 물론이고 자국민이 다치는 일까지 발생하기 시작하자 미국도 더 이상 두고 볼 수는 없었다. 따라서 토머스 제퍼슨은 1806년 5월에 개인특사를 영국에 보내 미국의 중립국지위를 인정해줄 것과 또한 미국 선원들에 대한 강압행위를 중지해줄 것을 요청하였다. 제퍼슨은 자신의 협상력을 높이기 위하여 특사 파견 이전인 4월에 미국의회를 통해 수입금지법을 입법하였다. 즉, 영국이 미국의 요청을 들어주지 않을 경우 이미 통과된 수입금지법을 실행하여 영국으로부터 대마, 가죽제품, 유리그릇, 종이, 양철, 놋쇠 등의 수입을 막을 것이라 통보한 것이다. 그는 아마도 독립전쟁 이전에 영국 상품의 불매운동을 통해 영국 상인들이 의회에 압력을 행사하도록 했던 것과 비슷한 상황을 염두에 두었던 것으로 보인다.

6.3.2 출항금지법(1807)

그러나 그 때는 영국이 미국을 자기 영토로 인식했던 때였으며 이제 독립국이 된 상황에서 그의 그러한 의도가 먹혀들어갈 여지가 별로 없었다. 따라서 영국군에 의한 미국선박의 나포도 계속되었으며 영국이 그럴수록 프랑스도 더욱 경쟁적으로 미국선박을 못살게 구는 상황이 지속되었다. 이렇게 되자 제퍼슨은 수입금지법에서 한 발 더 나아가 아예 미국 선박이 상품을 싣고 유럽으로 출항하는 것을 아예 금지시켜 버린다. 즉, 1807년의 출항금지법은 미국상선에 의한 교역을 금지시킴으로써 미국 스스로가 수출과 수입자체를 중지시켜 버린다. 그의 이러한 조치는 미국선박이 나포되고 미국선원들이 피해를 보는 것을 방지한다는 명목을 내세운 것이다. 그러나 그는 그러한 조치를 통해서 대서양교역이 중단되면 미국에 상품을 수출하는 영국과 프랑스의 생산차질과 실업을 야기하여 영국인과 프랑스인을 불편하게 만들 것이라 생각했을 것이다. 그러나 전에 설명한 버지니아 주의 기록에서 자신이 편리한 면만을 고려했다는 비난을 받기도 했던 제퍼슨은 실제로 하나만 알고 둘을 모르는 외골수적인 성격이었던 듯하다.

6.3.3 대서양 교역의 급감

즉, 제퍼슨은 대서양 교역을 중단함으로써 영국과 프랑스에 불편을 끼칠 생각이었다고 하지만 교역중단에 따른 피해는 실제로 미국에 더 큰 타격을 안기게 된다. 결국 그의 출항금지법은 유럽에서의 전쟁발발로 간신히 숨통을 트고 활력을 찾아가던 미국의 수출에 찬물을 끼얹는 자멸행위나 마찬가지였다. 앞서 설명했지만 당시 동북부 상인들은 대부분 외상거래를 통해 물건을 공급하여 수입업자와 도매상, 소매상, 소비자에 이르는 신용 고리가 형성되어 있었다. 그런데 제퍼슨의 조치로 인해 동북부 해안지역 도시들의 신용이 붕괴되는 결과를 초래하게 된다. 남부 버지니아 출신의 대통령으로 신용제도에 무관심했고 또한 북동부지역의 상업인들이 투기에 의해 돈을 번 사람들이라는 반감을 가지고 있었을 지도 모르지만 그 당시 제퍼슨은 대통령으로서의 경제적 감각을 많이 결여하고 있었다고 볼 수 있다. 즉, 그는 출항금지법이 북동부에만 영향을 끼칠 것이고 그래서 자신의 지지기반인 남부에는 별 문제가 없다고 생각했을지 모르나 그것은 대단한 착각이었다. 즉, 남부지역이야 말로 생산된 농산물의 수출에 절대적으로 의존하고 있는 지역이기 때문에 출항금지법으로 수출의 길이 막히자 남부지역 경제는 상당한 피해를 겪게 된다. 특히, 담배에 이어 새로운 수출품으로 각광받기 시작한 면화수출에 직격탄을 날려 1807년에 3만 Metric Ton에 이르렀던 수출이 1년 후에 5,417톤으로 거의 1/6으로 줄어드는 사태를 맞이하게 된다.* 상황이 이렇게 되자 제퍼슨은 자신의 실수를 인식하게 되고 임기 말인 1809년에 출항금지법을 대신하여 교역금지법을 제정하였는데 이는 영국산 제품의 수입을 금지하는 것이었다. 그러나 이는 명분상의 조치로 받아들여졌는데 왜냐하면 1809년의 이 교역금지법은 1년 동안 한시법으로 자신의 임기까지만 적용되도록 했기 때문이다. 즉, 자존심이 유독 강했던 제퍼슨의 입장에서는 자신의 실수를 인정하기 보다는 적어도 자신의 임기 중에는 자신의 판단이 옳았음을 끝까지 주장하고 싶었는지 모를 일이다.

6.4 … 영국과의 전쟁

6.4.1 메이컨 법안(Macon's Bill of 1810)

앞서 언급한 바와 같이 제퍼슨 대통령의 체면을 살리기 위해 제정된 교역금지법은 그가 물러난 다음해 바로 효력이 정지되었다. 제퍼슨의 뒤를 이어 대통령에 취임한 제임스 매디슨은 우선 미국의 수출을 회복시키려는 노력의 일환으로 메이컨 법안을 입법한다. 메이컨 법안의 골자는 미국의 교역을 방해하지 않는 국가와의 교역을 대통령이 승인한다는 것이다. 즉, 상대방 국가가 미국의 교역을 방해하지 않는다면 대통령은 출항금지법과 수입금지법으로 금지되었던 그 나라와의 교역을 허용하고 다른 국가에 대해서는 여전히 교역을 금지하도록 한다는 일종의 유화책이었다. 이는 영국에 대해 그들이 자신의 교역을 방해하지 않는다면 그들과 교역을 허용하는 것은 물론 프랑스와는 교역을 포기한다고 설득함으로써 영국에 미국과의 교역을 재개하는 구실을 제공해주고자 한 것이었다. 그러나 제퍼슨과 같이 남부 버지니아 출신인 매디슨의 정책도 그다지 센스가 없었던지 처음에 생각했던 바와 전혀 반대의 결과가 나타난다. 즉, 영국을 달래보려고 했던 시도인데 영국과의 교역이 재개되기 보다는 오히려 영국과 사이가 더 나빠지는 계기가 되고 만다. 이러한 와중에 프랑스의 외교적 수완도 한 몫 하여 미국에서 영국에 대한 반감이

* Adams. H. (1931)

고조되도록 하는 결과를 낳게 된다.

6.4.2 1812년 전쟁

영국과의 사태가 악화일로를 겪는 가운데 마침내 미국의회는 1812년 6월 영국에 대한 전쟁을 선포한다. 전쟁을 선포하기는 했지만 당시 미국은 전쟁에 아무런 대비도 없는 형편이었다. 특히, 북동부 지역의 상공인 집단은 전쟁이 무모하다고 비판하며 또한 영국해군이 대서양을 장악하고 있는 현실을 무시하고 영국과 전쟁을 벌인다는 것은 아무런 이득도 없을 것이라고 주장하였다. 그러나 남부와 애팔레치아 산맥 서부의 순진한 토지세력 들은 유럽 국가들이 서로 전쟁에 빠져있는 혼란을 이용하여 북미대륙에서 유럽 세력 특히, 캐나다의 영국인들을 몰아내어야 한다는 주장까지 하며 전쟁을 지지하였다. 그러나 아직 전쟁에 가담할 정도의 군사력도 갖추지 못한 미국이 덜컥 전쟁을 선언하고 특히나 이 기회에 캐나다까지 점령하겠다고 나섰으니 공화파 정권은 정말 순진했다고 할 수밖에 없었다. 그렇게 전쟁이 시작되었고 아무리 유럽에서의 전쟁에 매달려 있다고 하지만 최강의 전력을 갖춘 영국군을 상대로 미국이 전쟁에 이긴다는 것은 역시 무리였다. 당시 미국 육군은 7천 명 정도에 지나지 않았으며 무기나 장교들의 지휘능력 등이 영국군에 훨씬 미치지 못하였다. 1813년에는 이리 호, 테임즈 전투 등에서 승리를 거두기도 했지만 1814년 유럽에서 승기를 굳힌 영국이 군대를 증파하자 상황은 급격하게 미국에 불리하게 전개된다. 대서양에서 체사피크 만을 통해 진입한 영국함대는 곧바로 상륙하여 워싱턴 DC로 진격하게 된다. 이에 당황한 매디슨 대통령은 민병대까지 동원해보려 했지만 수적으로나 전략적으로나 열세를 면할 길이 없어 결국 워싱턴 DC를 버리고 피난을 떠날 수밖에 없었다. 전쟁이 끝나고 대통령이 돌아왔을 때 워싱턴 DC 시내는 곳곳이 불에 타 버린 상태였으며 당시 대통령의 관저도 그을음으로 얼룩져 있었다고 한다. 이를 수리할 때 흰색 페인트로 칠을 한 것이 오늘날 미국 대통령의 관저를 백악관 즉, White House라는 명칭으로 부르게 된 유래라고 한다. 아무튼 아직 능력도 안 되는 미국이 감히 영국을 상대로 전쟁을 선포하고 수도를 점령당하는 수모를 겪었지만 다행히 영국으로서도 미국과의 전쟁에 오래 시간을 끌 수 없는 형편이었다. 따라서 1814년 12월에 전쟁이전의 상태를 그대로 유지하는 조건으로 미국과 영국간의 평화협정이 체결하게 된다.*

---

* Adams. H. (1931)

6.5 … 은행과 신용제도

6.5.1 북미은행

워싱턴과 연방파 존 애덤스에 이어 존 퀸시 애덤스까지 모두 28년이나 정권을 잡은 공화파의 정책은 정말 엉성하기 짝이 없는 실수 연발로 이어지게 된다. 즉, 해밀턴의 국가신용에 관한 보고서에 의해 초기부터 착실하게 자리를 잡았어야 할 미국의 은행과 신용제도도 여러 차례의 시행착오를 겪게 된다. 은행과 신용제도에 대한 공화파의 시행착오를 설명하기 위해서는 우선 연방정부 출범 이전 임시정부의 역할을 하였던 대륙회의에서 설립이 인가되었던 북미은행에 대해 먼저 알아볼 필요가 있다. Bank of North America는 독립전쟁 중인 1781년 대륙회의에서 설립이 인가되어 필라델피아에 본부를 두고 대륙회의가 연방정부의 역할을 할 수 있도록 재원을 마련하는 것이 주요목적이었다. 이후 미국이 독립하자 북미은행은 금화와 은화를 바탕으로 은행권을 발행하여 화폐가 부족했던 어려움을 극복하고자 했다. 그런데 은행권을 발행함에 있어 북미은행은 독립이전 발행되었던 종이화폐들이 인플레이션을 일으켰던 경험을 바탕으로 매우 신중하게 화폐를 발행하였다. 즉, 금화와 은화가 기축으로 뒤받침 되는 경우에만 은행권을 발행하였으며 토지 등 물권을 담보로 하는 은행권의 발행은 거부하였다. 이와 같은 북미은행의 운영방침에 대해 토지를 소유한 농업기반 계층의 반발을 샀으며 이러한 이유에서 남부인사들은 나중에 합중국은행의 설립에 반대하게 된다.

6.5.2 상업은행

전쟁이 끝나고 독립을 쟁취한 초기에는 앞서의 북미은행이 있었지만 매우 보수적으로 운영되었기 때문에 상업적으로 단기적인 신용 거래를 뒷받침할 수 있는 금융기관의 필요성이 절실했다. 특히, 연방헌법에서 각 주 정부가 신용증서나 다른 종류의 종이화폐를 유통시키는 것을 금지하였기 때문에 안 그래도 부족한 금화와 은화만으로는 늘어나는 상업적 거래를 감당할 수 없었다. 이에 일부 주에서는 스스로 상업은행의 설립을 인가하여 상업적 거래를 도울 수 있도록 조치하였다. 그렇게 해서 최초로 생겨난 것이 뉴욕은행이며 1787년에는 이와 같은 상업은행은 3

개가 있었다. 이후 1801년까지 상업은행은 모두 31개로 늘어나게 되며 북미은행 역시 상업은행 형태로 전환되어 모두 32개의 상업은행이 존재한 셈이다. 이들 상업은행들은 주로 북동부 지역의 주에서 설립을 인가했는데 각 은행마다 특정한 상업을 지원하거나 특정한 공공사업을 수행할 목적을 가지고 설립되었다. 그런데 이런 은행들을 통한 신용창조가 인플레이션 등의 부작용을 유발하는 것을 방지하기 위해 주 정부에서는 각별한 주의를 기울였다. 즉, 은행 설립을 허가할 때 법인화된 은행에 대해서만 은행권의 발행을 허가한다든지 은행권을 금화나 은화로 교환해 주는 의무를 지키지 못하면 허가를 취소한다든지 하는 규제 장치를 마련하고 있었다. 특히, 법인이 중요한 이유는 특정개인이 은행을 소유하여 자기 마음대로 좌지우지 하는 것을 방지하고자 했던 것이다. 나중에 다시 설명하겠지만 법인에 대한 허가는 여러 사람이 공동으로 소유하고 공동의 권한과 책임을 지도록 하여 특정인이 독점력을 행사할 수 없도록 하였으며 이러한 제도는 미국의 상공업이 발달하는데 중요한 역할을 한다.*

6.5.3 합중국 은행

앞서도 언급했지만 토지에 기반을 둔 남부 인사들은 연방정부가 합중국은행을 설립하는 것은 동북부의 상공인들만을 위한 신용제공을 하는 것이라 반대하였다. 그러나 북미은행이 일반 상업은행으로 전환된 가운데 통화발행을 관리하여 인플레이션 등을 통제할 수 있는 중앙은행이 필요했기 때문에 1791년에 20년의 특허기간을 가진 합중국은행이 발족하게 된다. 그러나 합중국은행이 오늘날과 같은 중앙은행의 역할을 진정으로 수행하게 된 것은 1805년부터였다. 즉, 그 이전에는 연방정부의 재정과 관련된 업무가 주된 역할이었으나 1805년부터는 은행의 은행 즉, 일반은행을 관리하는 중앙은행의 기능을 하게 된다. 따라서 합중국은행은 그 해부터 상업은행이 발행하는 은행권에 대한 할인율을 설정하는 방법으로 그들을 통제하기 시작한다. 즉, 상업은행이 발행한 은행권을 중앙은행에 예치할 때 신용상태가 좋지 못한 은행에 대해서는 할인율을 높게 적용하였다. 그러나 합중국은행의 이러한 중앙은행 역할은 몇 년 못가서 중단되고 마는데 그 이유는 공화파 정권에서 합중국은행의 특허기간 연장을 허용하지 않았기 때문이다. 이번에도 역시 농업기반의 남부인사들이 연방정부가 은행 운영에 관여하는데 반대하였고 또한 상업

* Seavoy, E. (1982)

은행들은 중앙은행의 기능을 통해 자신들의 신용기능을 억제하는 합중국은행에 대해서 반감을 가지고 있었기 때문이다. 특히, 몇몇 규모가 큰 대형 상업은행들은 합중국은행이 사라질 경우 연방정부의 재정이나 관세부과액 등을 자신들이 유치하기 위해서 합중국은행의 특허기간의 연장에 반대하였다. 이와 같이 관련자들의 이해관계가 서로 일치하여 특허기간이 연장되지 않으면서 합중국은행은 결국 1811년에 문을 닫게 된다. 그러나 합중국은행이 문을 닫은 시기는 연방정부를 위한 중앙은행이 정작 절실했던 시기였다. 즉, 그 다음 해인 1812년은 영국과 다시 전쟁을 벌이는 과정에서 군대동원이나 무기구입 등을 위한 연방정부의 자금력이 필요했다. 그러나 그러한 역할을 해야 할 합중국은행이 바로 1년 전에 문을 닫았기 때문에 연방정부는 신용능력을 확보할 길이 없게 된 것이다. 독립전쟁 당시에 임시정부 성격의 대륙회의가 재정능력이 없었던 것과 마찬가지로 막상 전쟁을 치루는 시기에 연방정부 스스로 재정을 확보할 길을 막아버린 것이나 마찬가지였다. 앞서도 언급했지만 영국군에게 수도 워싱턴 DC를 빼앗기고 퇴각해야 했던 매디슨 대통령은 돌아와서 백악관을 흰색 페인트로 칠했을 뿐만 아니라 중앙은행인 합중국은행의 설립을 다시 추진하게 된다. 그 결과 1817년 1월에 제2차 합중국은행이 설립되는데 특허기간은 1차 때와 마찬가지로 20년으로 정했지만 자본금은 제1차의 1000만 달러에서 3500만 달러로 크게 늘이도록 했다. 합중국은행은 바로 다음 해인 1818년까지 8개 지역에 지점을 세우는 등 빠른 속도로 확장되지만 1821년까지는 중앙은행의 기능을 수행하지는 않았다. 아마도 제1차 합중국은행이 중앙은행의 기능을 수행하면서 상업은행들의 반감을 사고 그 결과 합중국은행의 특허기간 연장이 좌절된 경험 때문에 중앙은행의 기능수행을 주저했었던 것 같다.

6.5.4 상업은행의 성쇠

제1차 합중국은행의 특허기간 연장에 반대했던 상업은행들은 합중국은행이 실제로 사라진 상황을 반겼을 것이다. 왜냐하면 이제는 각 상업은행의 신용상태를 문제 삼아 감독할 기관이 없어졌으니 자기들 마음대로 사업을 확장할 수도 있었을 것이다. 따라서 합중국은행이 폐지될 당시인 1811년에 115개 이르던 상업은행의 수가 1815년까지는 211개로 늘어나고 2차 합중국은행이 생겨난 이후인 1820년까지는 모두 300개 이상의 상업은행이 운영되었다. 특히 남부와 서부에 설립된 상업은행들은 수출품을 담보로 하는 은행권을 발행하면서 신용을 확대해갔다. 그런데 1818년 유럽에서의 대규모 풍년은 미국산 식량에 대한 수요를 줄였으며 곧 바로 이어 1819년 유럽에 몰아닥친 금융위기로 미국산 면화에 대한 수요를 급격하게 감소시킨다. 상황이 그렇게 되자 미국의 상당 수 상업은행들이 위기에 빠지고 도산하는 사태가 발생한다. 그것이 바로 1820년부터 제2차 합중국은행이 중앙은행의 기능을 수행하게 되는 계기를 제공했다.

6.6 … 기반시설의 정비

6.6.1 국가교통망에 관한 보고서

공화파 정권이 경제적인 인식 면에서 미숙한 점이 많아 여러 가지 어려움을 겪었지만 그 정파의 사람들이 모두 그와 같이 비전이 없었던 것은 아니었던 듯하다. 제퍼슨 대통령시절 재무장관을 지낸 갤러틴(Albert Gallatin)은 1808년 국가교통망 정비에 관한 보고서를 상원에 제출한다. 이 보고서에서 그는 향후 미국 내 주간 교역량이 늘어나는 것을 뒷받침하기 위해 도로와 수로의 연계망을 건설하는 야심찬 계획을 연방정부가 주도할 것을 제안한다. 그의 계획은 오대호에서 뉴욕까지, 뉴욕과 뉴저지 사이 그리고 이를 워싱턴의 포토맥까지 연결시켜 궁극적으로 버지니아의 체사피크 지역까지 연결하는 거대한 수로 시스템을 포함하고 있었다. 그러나 그의 이러한 계획은 전혀 실현되지 못했는데 그 원인은 제퍼슨과 매디슨 대통령 당시에 교역금지 조치들과 1812년 전쟁 등으로 연방정부 재정이 파탄에 빠졌기 때문이다. 또한 연방정부의 예산으로 교통망을 정비하는데 대해서 각 주가 서로 자신들에게 유리한 계획을 추진하려 했으며 또한 비용조달문제 등으로 의견일치를 볼 수 없었던 점도 한 원인으로 지적된다. 따라서 독립 이후 초기 30여 년간의 교통망 건설과 확충은 주로 그에 관심을 가진 주를 중심으로 이루어지게 된다.

6.6.2 남부의 반대

그런데 이러한 교통망의 확충에서도 남부와 동북부 주 정부들 간에 확연한 인식 차이가 다시 한 번 드러난다. 즉, 동북부의 주 정부들은 상업적 거래와 경제발전을 뒷받침하기 위하여 도로나 수로의 확충에 열심이었던 반면 남부의 주들은 도로나 수로의 건설에 별로 관심이 없었다. 그런데 교통망 확충에 반대 입장을 보인 남부의 주장을 보면 나름대로 이해가 가는 면도 있었다. 우선 앞서도 언급했지만 당시 남부는 비교적 연결이 잘되어 있는 대규모 하천과 지류로 구성된 자연수로 망이 천연적으로 갖추어져 있었다. 이러한 이유 때문에 남부에서는 도시형성이 어려웠고 따라서 상업적 활동이 활발할 수 없었다고 했지만 역시 같은 이유로 주 정부들은 교통망 확충을 게을리 하였고 또한 연방정부가 도로나 수로건설을 주도하는데 반대 입장을 보였다. 자기지역에 유리한 경우를 제외하고 연방정부가 나서서 교통망을 확충하는 것을 반대했던 남부 주들의 또 다른 이유는 연방정부의 재정수입원이 관세였기 때문이다. 즉, 연계망을 확충하기 위한 재원을 마련하자면 관세 인상이 필요하였고 그렇게 되면 공산품 가격이 올라가기 때문에 그것은 공업이 발달한 북부 주들에게만 유리한 것이라 판단하였다. 또한 그들은 내륙 깊숙이까지 도로와 수로 등 교통망이 확충되면 북부의 상공인들이 몰려들어 농업 기반을 염두에 둔 서부개척 정책이 저해될 수 있다고 우려했다. 몇 가지 예외가 있었는데 우선 강과 항구의 준설 작업에는 반대하지 않았으나 그것은 아무리 천연의 하천이나 항구라 하여도 퇴적물이 쌓이면 통행에 지장을 초래하니까 남부에서도 그런 것은 필요하다고 생각했기 때문일 것이다. 두 번째 예외는 메릴랜드에서 버지니아까지 연결된 국도의 건설이었는데 이 역시 자신들의 지역에 건설되는 도로이니 반대할 이유가 없었을 것이다. 나중에 이 도로는 오하이강을 따라 중서부의 중앙까지 연장되지만 그 이후 더 이상 내륙으로 들어가는 연장은 결국 실현되지 못한다. 세 번째 예외는 도로건설을 위해 주 정부에 대해 땅을 불하하는 정책에는 찬성하였는데 이 역시 토지를 받는 것이니 반대할 리가 없었을 것이다. 마지막 네 번째 예외는 육군공병대에게 군사상 또는 우편확충의 목적으로 도로나 수로의 건설을 위해 측량하고 계획을 수립할 수 있는 권한을 준 것이었다.*

---

* Bruchery, S. (1988)

6.6.3 유료도로

이와 같이 연방정부가 나서서 교통망을 정비한 예외도 있었지만 대부분 도로나 수로의 건설 및 확충은 주 정부가 주도하여 진행하게 된다. 특히나 이러한 도로와 수로의 확충은 북부 주가 더 활발하게 추진하였는데 그 이유는 북부에 그만큼 상업적 교역량이 훨씬 많았기 때문일 것이다. 초기에 미국의 도로는 정말 형편없는 수준이었기 때문에 돈을 받고 통행을 시켜주는 유료도로가 생겨나기 시작한다. 그러나 초기의 이러한 도로는 대부분 잔돌을 깔았는데 눈비가 오면 따라 유실되는 경우도 많았고 유지비용도 상당히 높았다고 한다. 그러다가 1830년대 이후에는 널빤지를 잇대어서 깔고 양쪽을 밧줄로 엮은 도로가 생겨나면서 유지비용과 안전도를 높일 수 있었다고 한다. 이러한 도로들은 주로 주 정부가 자금을 지원한 민간법인에 의해 건설이 되었는데 주로 상업수요가 많은 지역에 건설되었기 때문에 수익성도 높았다. 요즘도 미국에 가면 통행료를 받는 턴파이크(Turnpike)라는 도로들이 있지만 땅이 넓은 미국에서 초기의 도로들이 발달하게 된 이유는 바로 상업적 이윤을 추구한 유료도로들을 건설하면서 진전된 것이다. 특히, 도로 그 자체만으로는 수익성을 보장받기가 힘들었을 수도 있기 때문에 당시의 유료도로 법인들은 교량을 세우고 돈을 받거나 역마차와 수로, 증기선 등의 사업과 더불어 부두나 선창을 함께 운영하는 경우가 많았다고 한다.*

6.6.4 수로확충

도로는 막대한 비용이 들어가는 것이었기 때문에 주 정부가 지원을 했지만 수로의 경우에는 일반적으로 정부지원 없이 민간에 의해 건설되었는데 이는 아마 대부분 천연하천을 이용하여 건설비용이 크지 않았기 때문인 것 같다. 그러나 수로는 도로에 비해 수익성도 낮았는데 이는 그만큼 효율성이 낮았다는 의미일 것이다. 즉, 천연하천을 이용하다보면 구부구불 돌아가야 하는 불편함도 있었고 또한 꼭 필요한 지역을 거치지 못하는 경우도 있으니 경제성이 떨어졌을 것이다. 특히, 훗날 증기기선이 출현하기 전에는 수로에서 물이 흐르는 반대 방향으로의 진행은 무척 어려웠다. 또한 수많은 지류를 가진 수로의 특성상 다른 사람의 접근을 막고 통행료를 부과하는 것이 어려웠던 것도 경제성이 낮았던 이유였을 것이다. 즉, 경

* McMaster, J. (1926)

제학적 관점에서 수로는 배타성과 경합성이 낮았기 때문에 사적이윤을 추구하기 어려웠을 것이다. 하지만 나중에 증기선이 생기는 등의 발전으로 수로의 건설에 따른 경제적 효과는 역시 대단하였기에 주정부나 지방정부가 자금을 조달하여 수로건설을 추진하는 경우가 많아졌다. 그러나 이것도 대부분 북부 주에 해당되는 이야기이고 남부 주에서는 그러한 수로건설의 성공적인 예가 별로 없었다. 즉, 북부에서는 상업적 활동이 활발하여 수로건설이 가져오는 외부효과까지 감안하고 매우 적극적으로 수로를 건설할 수 있었으나 남부는 그렇지 못했다.*

6.6.6 증기기선

톰 소여의 모험 등 당시를 배경으로 한 동화를 읽어보면 미시시피 강을 거슬러 올라가는 증기기선의 모습을 상상해볼 수 있지만 이러한 배는 1807년 뉴욕과 알바니 사이에 최초로 운행되었다. 이후 증기기선은 특히 오하이오와 미시시피 강 등 미국대륙의 가운데를 흐르는 대규모 하천을 중심으로 1850년까지 급속히 확산되어 간다. 이러한 증기기선은 우선 속도가 빨라서 인기가 있었지만 더욱 큰 의미는 앞서도 잠깐 언급했듯이 물이 흐르는 방향과 반대 즉, 강의 하류에서 상류로 거슬러 올라갈 수 있다는 것이 무엇보다 중요한 발전이었다. 제5장에서 스페인과의 조약을 통해 미시시피 강의 항해권과 그 하구의 뉴올리언스의 화물 적하권이 중요했다고 설명했었다. 하지만 사실 그 때까지의 미시시피 강의 항해라는 것은 강의 상류에서 하류로 바지선을 띄워 보내는 것에 불과했다. 즉, 수출상품을 뗏목과 같은 무동력 배에 실어 하류로 내려 보내는 것이고 하구인 뉴올리언스에 도착하면 상품도 내리고 배도 함께 처분해버리는 경우가 대부분이었다. 그러나 동력 없는 배를 다시 강의 상류로 끌고 올라가는 것은 거의 불가능하였으며 따라서 상류로 사람과 물건을 옮기는 일은 무척 힘든 일이었다. 그러나 증기기관을 이용한 증기기선이 생겨나면서 그러한 일이 가능해졌기 때문에 과히 교통의 혁명이라고 할 수 있었다.

---

* Segal, H. (1961)

6.6.7 철도건설

그러나 진정으로 미국의 교통혁명을 일으킨 것은 철도건설에서 비롯되었다고 보는 학자들이 많다. 이러한 철도의 이용은 증기기선보다 훨씬 늦어서 볼티모어와 오하이오 간에 최초의 상업적 운영이 시작된 것은 1830년의 일이었다. 그러나 불과 10년 후인 1840년 이후 오늘날 미국의 중서부 지방까지 철도가 확산되는데 그렇게 철도가 확산될 수 있었던 것은 강철레일을 이용하게 되면서 부터라고 한다. 즉, 그 이전까지의 레일은 목재에 철을 씌운 형태가 대부분이어서 무거운 하중도 견딜 수 없었고 유지비용도 높았다고 한다. 특히 문제가 되었던 것은 미국산 강철의 강도가 약해서 레일이 쉽게 휘어졌기 때문에 초기에는 대부분 영국산 강철을 이용할 수밖에 없었다. 그러나 나중에 미국의 철강 산업이 발전하면서 철도건설도 함께 확산되는 모습을 볼 수 있다. 미국대륙의 동과 서를 완전히 횡단하는 철도가 완공된 것은 1869년의 일로서 그에 대해서는 나중에 다시 설명할 것이다. 그런데 미국의 교통혁명이라고 불리는 철도건설은 사실 엄청난 자금이 들어가는 일이었기 때문에 당시의 운송비용을 고려하면 철도가 그렇게 까지 유용한 수단이었을지 의문을 제기하는 학자들도 많다. 따라서 그처럼 높은 비용에도 불구하고 철도의 수요가 급증할 수 있었던 원인을 밝히려는 시도도 많았다. 그러한 연구의 결론은 철도의 건설비용이 커서 운송비용을 높인 것이 사실이지만 철도는 운송과정에서 생길 수 있는 다른 손실을 가장 최소화할 수 있는 수단이었다고 한다. 즉, 증기기선을 이용하다 보면 물건이 물에 젖거나 배와 함께 물에 가라앉는 피해를 볼 수도 있었을 것이고 또한 배를 이용하면 일단 항구까지는 쉽게 보내더라도 그 이후의 목적지에 가려면 추가적인 운송수단을 이용해야 했다. 하지만 철도의 경우는 역이 생기는 곳은 그만큼 상업적 거래가 활발한 지역이고 따라서 그 자체가 물건의 최종 목적지인 경우가 많았다고 한다.*

6.6.8 통신발전

이상에서 살펴본 교통망의 확충은 미국의 광활한 영토가 통합된 시장으로 발전되어 수출이 아니라도 국내거래만으로도 충분한 이윤을 얻을 수 있도록 하는 계기를 제공하게 된다. 그런데 이와 같이 통합된 시장으로 발전하기 위해서는 교통수

* Fogel. R.(1971)

단뿐만 아니라 정보를 빠르고 정확하게 전달할 수 있는 통신수단 또한 발전해야 했다. 전기를 이용하게 되고 그에 따라 전신을 보내는 일은 훨씬 나중의 일이지만 초기에 미국에서 안정적으로 정보를 전달할 수 있는 체제로 발전한 것이 바로 우편제도이다. 우편제도의 급속한 발전을 쉽게 알아볼 수 있는 통계를 살펴보면 다음과 같다. 즉, 1791년에 불과 89개였던 우체국의 수가 약 60년 후인 1859년에는 27,977개로 무려 3,000배 이상 늘어나게 된다. 또한 정보를 전달하는 수단으로 중요했던 것이 신문의 보급인데 1846년에 실린더를 이용한 프레스 인쇄기계의 개발로 신문발행이 확대되어 1860년이 되면 1,000만부의 신문이 발행되었다고 한다. 그 당시 미국의 인구가 약 3,150만 명이었다고 하니 신문발행부수가 1,000만부인 것은 상당한 양이었다고 할 수 있다.*

6.7 … 미국제조업의 태동

6.7.1 법인화(Incorporation)

앞서 유료도로인 턴파이크는 주정부나 지방정부의 지원을 받은 개인들이 설립한 법인에 의해 건설되고 운영되었다고 설명하였다. 그런데 법인이란 특정조직에 대해서 법적 인격을 부여하는 것으로 여러 개인이 집단으로 공동의 소유권을 가지기 때문에 유한권한과 더불어 유한책임을 지게 된다. 미국에서는 식민초기부터 이러한 법인의 편리함을 터득하였으며 유한권한과 유한책임은 산업화를 확장시켜나가는데 매우 유용한 방법으로 쓰일 수 있었다. 즉, 식민시대에 각 마을에 건설된 교회나 학교, 법원 건물 등의 소유권을 개인이 아닌 법인으로 해 놓으면 선거를 통해 관리집단이 교체되더라도 소유권 이전 등의 문제가 발생하지 않는 편리함이 있었다. 식민시대 미국에서는 초기부터 법인의 이러한 장점을 알게 된 뒤 도시민과 수출업자에 대한 보험서비스에 대한 법인화도 시도되었다. 또한 토지은행이 대부업무를 할 때 담보로 받은 토지의 소유권에 대해서도 카운티(County: 우리의 군 단위에 해당하는 행정구역)를 통해 법인등록을 하도록 하였다. 이는 나중에 보험회사나 토지은행의 소유권이 다른 집단으로 이전되어도 회사와 은행의 서비스와

* Willis, J. & Primack, M. (1989)

소유권을 지속적으로 승계할 수 있는 장점이 있었기 때문일 것이다. 법인의 이러한 유용성 때문에 독립 이후에도 미국에서는 기존체제와 이해가 대립되진 않는 사업에 대해서는 법인화를 장려하였다. 그런데 기존체제와 이해가 대립되는 경우는 다음과 같은 관점에서 이해할 수 있다. 즉 법인의 경우에는 유한권한과 유한책임이 있었는데 공동의 소유이기 때문에 한 사람이 무제한의 권한을 행사할 수 없지만 일이 잘못되었을 때 또한 한 개인이 모든 책임을 지지도 않는다. 따라서 이는 그 만큼 위험부담이 줄어드는 것을 의미하며 개인이 모든 책임을 지고 운영되던 기존 사업체에 비해 법인을 운영하는 것이 여러 가지로 유리하였다. 즉, 제혁, 제분, 제제, 조선 등 기존의 제조업자와 수출업자들에게는 새로운 법인 형태의 경쟁자가 나타나면 자신들이 불리하기 때문에 이러한 사업 분야에 대해서는 법인의 허용을 막았다. 하지만 새로운 은행의 설립이나 도로건설 등에는 대규모 투자가 필요했었기 때문에 이들에 대해서는 법인화가 활발하게 허가되었다. 특히나, 은행이나 도로는 공익성이 큰 사업이기 때문에 어느 한 개인에게 소유권이 집중되는 것보다는 공동소유의 법인이 훨씬 나았다. 이는 은행이 개인의 소유가 될 경우 그 개인의 사금고로 활용될 위험성이 있다는 관점에서 이해할 수 있다. 그러나 공동의 소유를 통해 법인에 대한 권한을 일정수준 이하로 제한할 수 있으며 또한 공동의 소유는 공동의 책임 즉, 개인의 책임부담을 줄여주기 때문에 위험성이 줄어들고 따라서 시험적인 새로운 기술을 적용할 필요가 있는 사업에서는 법인화가 유용한 수단이 되었을 것이다.

6.7.2 면방적 공업

방적이란 실을 만드는 일로 목화를 이용해서 실을 뽑는 면방적 공업은 영국에서 일찌감치 기계화가 이루어졌다. 이러한 면방적공업의 기계기술이 미국으로 전래된 것은 1790년 1월 사무엘 슬래이터(Samuel Slater)라는 사람이 뉴욕에 도착한 것이 계기가 되었다고 한다. 그는 영국에서 면방적 기계를 발명한 아크라이트(Richard Arkwrite)가 운영하는 공장에서 면방적 기계기술을 습득하고 기술자격증까지 취득하였는데 그가 미국으로 건너온 것이 미국에서 면방적공업의 기계화를 촉진시킨 계기가 되었다. 당시 영국에서는 자신들의 면방적 기계기술이 해외로 유출되는 것을 막고자 했으며 따라서 해외로 나가는 사람들에 대한 검문검색도 엄격했었다고 한다. 그런데 슬레이터는 순전히 기억력으로 이를 해결했다고 하니 그는 대단한 지력의 소유자였던 것 같다. 어느 날 그는 로드아일랜드의 방적업자인 모세스 브라운(Moses Brown)의 광고를 보고 찾아가게 된다. 브라운은 방적기계 기술자를 구하고 있었는데 슬레이터가 찾아오자 그 지역 기술자가 자신을 위해 만들어준 방적기계를 한 번 검사해줄 것을 요구한다. 그 기계를 살펴본 슬레이터가 그 기계들이 조잡한 불량품에 지나지 않는다는 사실을 알려주자 브라운은 슬레이터에게 새로운 기계를 만들어줄 것을 부탁하게 된다. 만약에 그가 기계를 제작하는데 성공한다면 이익의 절반을 나누어주겠다고 제의했으며 그렇게 해서 1790년 12월 Blackstone 강의 폭포에서 떨어지는 물을 이용한 수차를 이용한 공장에 미국최초의 면방적기계가 가동되기 시작한다. 그의 공장은 대단한 성공을 거두었으며 1798년 슬레이터는 지역의 자본가들로부터 거둔 자본으로 자신의 회사를 설립하고 매사추세츠, 메인 등으로 공장을 확산시켜갔다. 또한 처음에 조잡한 불량품밖에 만들 수 없었던 미국의 방적기계 산업은 슬레이터로부터 훈련받은 기술자와 또한 영국에서 새롭게 건너오는 기술자가 점차 늘어나면서 발전을 거듭하게 된다.*

6.7.3 섬유공업

일찌감치 영국에서 건너 온 기술로 미국의 면방적 공업이 발전하기는 하였지만 그렇게 해서 생산된 실을 가지고 천을 만드는 섬유공업은 기계화가 더 복잡했던 모양이다. 앞서 언급했던 슬레이터의 공장에서 생산된 실들은 주로 Putting Out System 이란 방식을 통해 주변의 농가에 나누어 준 뒤 이를 각자의 집에서 베틀질을 통해 옷감을 만들어 내는 가내수공업이 대부분이었다. 그런데 1806년 수입금지법이 제정되고 그 이후에 영국과의 전쟁이 끝나는 1814년까지의 기간 동안 미국 내에서 섬유생산이 급증하게 된다. 즉, 영국으로부터 섬유를 수입할 수 없으니 국내생산을 늘려야 했으며 특히 영국과의 전쟁으로 군복 등의 수요가 늘어 대량생산을 할 수 있는 방안이 모색되었다. 그 결과 비록 기계화는 이루어지지 않았지만 베틀을 설치한 공장형태의 섬유생산이 시작되는데 1808년에 15개 공장에서 8,000개의 베틀이 가동되었던 것이 1811년이 되어서는 그런 공장이 87개로 늘고 거기에 설치된 베틀도 무려 80,000개에 이르게 되었다고 한다. 비록 기계화가 되지 않아 생산비용도 높고 가격도 높을 수밖에 없었지만 유럽에서 전쟁이 한참이던 당시의 수입금지법과 출항금지법 등으로 교역을 할 수 없었기 때문에 미국의 섬유산업이

---

* Bagnall, W. (1890)

보호 장벽 속에 성장할 수 있도록 해준 셈이다. 이와 같이 섬유산업이 공장체제로 전환되어 성장하는 과정에서 장차 기계화만 이루어져 생산비가 낮아진다면 국내 생산품이 수입품을 대체할 수 있는 가능성이 보이기 시작했다. 그러나 전쟁이 끝나고 난 직후에는 값도 싸고 품질도 좋은 수입품이 다시 들어오기 시작하자 다시 어려운 상황에 부딪치게 된다. 따라서 전쟁 직후인 1816년부터 섬유에 대해 높은 관세를 부과하여 미국은 국내 섬유산업을 보호하려 했다. 그러나 미국이 아무리 높은 관세를 부과한다 해도 섬유산업이 지속적으로 수공업의 형태를 유지했다면 그들은 결국 경쟁력을 잃었을 것이다. 그러나 다행히도 미국은 영국에서 자동직조기의 제조기술을 들여오는데 성공하게 된다. 다행이라고 말하기는 했지만 그것은 미국의 입장에서 표현한 것이고 영국으로서는 엄청난 불행일 수밖에 없었는데 그 이유는 오늘날의 관점에서 보면 일종의 산업스파이 행위와 관련이 있기 때문이다. 즉, Boston 출신의 프란시스 로웰(Francis Cabot Lowell)이라는 청년은 1810년부터 1812년까지 영국을 방문한다. 수학적 지식과 기계적 지식이 뛰어났던 로웰은 병 치료와 요양을 가장한 영국 방문에 앞서 매사추세츠와 로드아일랜드의 여러 방적공장을 돌면서 실험적으로 만들어지고 있던 자동방적기를 유심히 관찰하였다. 그 이후 영국에서 그는 전쟁이 끝나면 자신이 현지에서 생산된 섬유를 미국으로 수입할 것이라고 속이고 다니며 최신의 방적기계가 설치된 공장들을 방문한다. 그는 공장을 방문하면서 본 기억을 토대로 여러 부품들을 스케치하고 그것들이 어떻게 연결되었는지 메모했다고 한다. 보스턴으로 돌아온 그는 나중에 Boston Associates로 불리게 되는 상공인 집단을 모아 Boston Manufacturing Company를 세우고 1813년 미국최초의 자동직조기를 개발한다. 그러나 도용한 기술이어서인지 그만큼 완벽할 수는 없었기 때문에 지속적으로 손을 보아야 했고 실질적인 생산이 시작되는 것은 1817년의 일 이었다. 하지만 그렇게 만들어진 자동직조기는 생산초기부터 이윤을 내기 시작하였고 1820년이 되면 상당한 규모의 이윤을 올리게 된다. 그렇게 되자 점차 Boston Associates는 자동직조기 보급도 늘리고 보스턴 근방에 일종의 공업단지를 건설하여 직조하고 표백하고 염료를 입히고 무늬를 찍어내는 일 등을 집약화 한다. 그러한 성공과 노력에 힘입어 1825년에 11,000개에 불과하던 자동직조기가 불과 10년 후인 1835에는 120,000 개로 늘어나는 등 엄청난 규모로 성장하게 된다.*

* Seavoy, E. (1982)

6.7.4 면화생산의 진화

위에서 살펴본 미국의 방적기술과 직조기술의 발전에 직접적인 영향을 미친 것이 미국에서의 면화생산 방식의 진화에 힘 있은 바가 크다. 즉, 처음에 미국에서는 처음에 면화생산이 그렇게 활발하지 못했는데 그 이유는 1790년대까지만 해도 면방적 가공에 주로 이용되던 목화종자는 Long staple 종자였는데 이는 대서양의 섬 지방에서 재배가 되었다고 한다. 이러한 Long staple 종자는 가공이 간편했던 반면 미국본토에서 재배가 가능한 Short staple 종자는 목화씨를 분리하는데 많은 노동력이 필요했다고 한다. Short staple 종자는 아마도 Long staple에 비해 크기가 작으니 가공이 불편했던 모양이다. 따라서 Short staple은 수익성이 별로 높지 않았는데 나중에 목화와 씨를 자동으로 분리할 수 있는 조면기 즉, Cotton Gin이 발명되자 드디어 Short staple도 수익성 있는 작물로 대접을 받게 되었다. 이렇게 되자 그 동안 별 관심을 못 끌던 Short staple 면화의 생산이 남부전역으로 확산되고 앞서 언급했듯이 지력을 엄청나게 약화시키는 담배를 대신해서 면화가 남부의 주요 수출품이 된다.

6.7.5 조면기의 개발

그런데 조면기의 개발은 농업적으로 목화가 주요수출작물이 될 수 있도록 해주기도 했지만 미국의 제조업 발전에도 지대한 영향을 끼친다. 즉, 1793년에 휘트니(Eli Whitney)가 개발에 성공한 조면기는 면화생산의 혁명을 일으키기는 획기적인 발명이었다. 그는 이에 대한 특허를 취득했으나 원리가 너무 간단하여 이를 모방한 유사품들이 범람하게 된다. 이에 그는 특허분쟁을 통해 자신의 권리를 지키려고 했으나 워낙 모방품이 많았으며 소송에 시간도 오래 걸리고 비용 또한 엄청나게 들자 결국 포기하게 된다. 그 대신 그는 남들이 흉내를 내어 더 많은 조면기가 모방되기 전에 자기 스스로 조면기를 대량생산하고 이를 판매하거나 또는 사용권을 허가해주는 것이 훨씬 더 많은 이익을 내는 방법이라고 생각하고 전략을 수정한다. 그의 새로운 전략은 바로 표준화인데 이것이 훗날 미국 제조업의 혁명을 가능하게 하는 또 하나의 요인이 된다. 표준화를 비롯한 미국제조업의 발전과 산업혁명의 태동에 대해서 알아보기 전에 우선 미국 제조업의 발전요인이 어디에 있었는지 살펴볼 필요가 있다.*

---

* Woodbury, R. (1960)

6.8 … 미국제조업의 발전요인

6.8.1 제도적 요인

우선 미국제조업이 가내수공업의 형태를 벗어나 공장형태로 발전할 수 있었던 것은 아까도 설명하였지만 영국과의 전쟁 직후인 1816년에 제정한 관세법을 통해 높은 관세를 부과함으로써 국내 산업을 보호하고 제조업의 높은 이윤을 보장하였기 때문이다. 제조업 발전의 두 번째 요인으로 꼽을 수 있는 것은 제조업에 대한 법인화를 장려한 것도 포함된다. 즉, 성공이 확실하게 보장되지 않은 새로운 기술의 도입에 막대한 자본을 끌어들이는데 법인화는 자금조달을 수월하게 하는 한편 유한책임으로 인한 위험을 분산하는 유용한 수단이었다. 특히나 방적 산업이나 섬유 산업에 들어가는 원료인 면화생산의 획기적인 기술발전은 생산비용을 하락시키고 따라서 더욱 높은 이윤을 축적시켜 기계를 통한 자동화를 좀 더 앞당길 수 있게 해준다. 마지막으로는 앞서 설명했던 Putting Out System이나 더 나아가서는 Boston Associates가 건설한 공업단지와 같이 잘 발달된 분업체계를 갖춘 것을 지적할 수 있다.

6.8.2 노동력의 조달

자본투자로 인해서 제조업의 기술발달이 이루어지고 생산성이 향상된다고 하여도 식민시대 부터 미국에 가장 부족했던 생산요소는 노동력이다. 1790년에 문을 연 슬레이터의 방적공장에서도 초기부터 가장 큰 문제는 노동력을 확보하는 일이었다고 한다. 즉, 그의 공장에서는 세 가지 부류의 노동력 집단이 필요했는데 그것은 우선 방적기를 운전하는 기술자와 기계 앞에서 수작업을 하는 단순 노동력이 우선 필요했으며 마지막으로 이들을 관리할 감독자들도 있어야 했다. 방적 기술자와 감독자들은 1820년까지 대부분이 영국에서 이민 온 사람들이 대부분을 차지하고 있었으나 단순 기계작업을 위한 노동력은 대부분 7살에서 12살까지의 어린이 그 중에서도 여자아이들이 담당했다고 한다. 방적기계 앞에서의 단순작업은 빠른 손놀림이 필요했는데 어린아이의 작은 손이 상당히 유용했다고 한다. 예전에 우리도 그랬지만 당시 미국에서도 여자아이들은 학교에 잘 보내지도 않고 집에서 일을 거들다 나이가 들면 결혼을 시키는 경우가 대부분이었던 모양이다. 그런데 대량의 단순 노동력이 필요했던 방적공장에서는 주변 시골마을을 돌아다니며 이런 여자아이들을 모집하였다. 그러나 부모들의 입장에서는 딸 자식들을 타지에 내보내는 것을 달갑지 않았을 것이기 때문에 부모를 안심시키기 위해 아이들을 위한 기숙사를 마련하고 엄격한 규율 속에 생활하면서 일을 하도록 했다고 한다. 여기서 일하는 대부분의 여자아이들은 임금을 집에 송금하여 부모의 생활을 돕거나 대학에 다니는 남자 형제들의 학비를 마련하거나 또는 자신의 결혼비용을 모으기 위해 아주 열심히 일했다고 한다. 당시 그런 여성인력이 학교에 가지는 못 했지만 교육열은 높아서 대부분이 글을 읽을 수 있었고 생산성이 매우 높았다고 한다. 그런데 초기 방적공장의 문제점은 그들의 이직률이 무척 높았던 것인데 보통 그들의 50% 이상은 고용기간이 3년을 넘기지 못하였다고 한다. 그 이유는 부모들이 딸 자식을 남의 손에 그렇게 오래두는 것을 원하지 않았을 수도 있고 어차피 집안 형편을 돕고 자신들의 결혼자금을 모으는 것 등이 목적이었으므로 일정기간 만 일하길 원했기 때문일 것이다. 방적공장의 이러한 높은 이직률 문제는 1839년과 1841년 사이 그리고 1845년과 1846년 사이 아일랜드에서 흉년으로 인한 대기근이 발생하자 미국으로의 이민이 폭발적으로 증가하면서 상당부분 해소될 수 있었다고 한다.*

6.8.3 생산성 향상

앞서도 언급한 프란시스 로웰은 영국의 기술을 요즘 같으면 엄청났을 사용료 한 푼 주지 않고 빼돌린 인물이지만 미국에서는 자신들의 제조업 기술기반을 출발시킨 중요한 위인으로 여겨진다. 그렇게 시작된 로웰의 기계공장은 초기에는 Boston Associates를 위한 자동방직기를 생산·공급하는 역할을 주로 했지만 시간이 지나자 Boston 이외의 다른 지역에도 방직기를 공급하면서 끊임없이 기술혁신을 시도하게 된다. 그가 설립한 Lowell Shop의 기술자들이 특히 관심을 가진 것은 운전속도를 향상시키고 노동력이 부족한 미국의 실정에 맞게 어떻게 하면 노동력의 투입을 줄일 수 있는지의 문제를 해결하는 데 집중되어 있었다고 한다. 그러한 Lowell Shop의 노력은 1820년 이후 철제주형을 이용한 기계를 개발하게 되는데 이는 운전 속도를 획기적으로 개선시켰고 진동을 최소화해 생산성을 높일 수 있었다고 한다. 이러한 미국에서의 기술개발 노력이 지속되면서 1830년대에는

* David, P. (1975)

일부 섬유품목에서 미국의 생산성이 영국이나 그 밖의 유럽제국을 추월하는 분야가 생겨난다. 물론 고급제품에 있어서는 아직 영국의 품질을 따라갈 수가 없었기에 여전히 영국산 섬유가 상당량 수입되었지만 Heavy Cotton Sheet 즉, 두꺼운 면섬유 부문에서는 미국산의 생산성이 훨씬 높았다고 한다. 그런데 한 가지 흥미로운 사실은 미국산의 생산성이 영국보다 높아진 이유가 오히려 기술력이 부족했기 때문이라는 것이다. 즉, 당시 영국의 방직기들은 정교한 기어를 통해서 운전이 되었던데 비해 그와 같이 정교한 기어를 만들 수준이 안 되었던 미국에서는 그냥 벨트를 이용하였다고 한다. 그러나 벨트는 기어에 비하여 마모가 심해서 자주 끊어지기 때문에 잦은 교체를 해주어야 했었다고 한다. 하지만 벨트를 사용하는 미국산 방직기는 영국산 같이 정교하게 돌아갈 필요가 없었고 매우 단순하게 작동되었기 때문에 오히려 기어에 비해 운전속도가 빨랐고 그것이 미국의 생산성을 향상시킨 요인이었다. 저급 제품일수록 정교할 필요가 없으니 대충 빨리 만드는 것이 오히려 도움이 되었다는 이야기이다. 또한 미국산의 이러한 단순한 특징은 기계조작이 복잡하지 않아 미숙련노동의 투입이 가능하게 만들었다. 즉, 기어를 이용한 영국산 기계는 매우 고가품이고 상당히 복잡하게 작동되기 때문에 소수의 고급기술자에 의해 운전될 수밖에 없었지만 대충 벨트로 엉성하게 연결되어 움직이는 기계를 운영하는 데는 그다지 큰 기술이 필요 없었기 때문에 단순노동력을 다수 투입할 수 있었다고 한다.*

6.8.4 표준화

앞서 미국의 산업혁명에 대해서 언급했지만 그것의 가장 중요한 요인이 바로 지금부터 설명하고자 하는 표준화이다. 앞서 Cotton Gin 즉 조면기를 발명하여 미국 면화산업의 혁명을 일으킨 휘트니는 특허를 냈지만 너무 간단한 원리였기 때문에 모조품이 범람하였다. 처음에 휘트니는 특허분쟁을 통해서 자신의 권리를 지키려 하였으나 이를 포기하고 남들이 더 이상 모방하기 이전에 자신이 개발한 조면기를 대량 생산·판매하는 전략으로 수정하였다고 설명했다. 그런데 그는 대량생산을 위해서 다양한 크기와 형태의 조면기에 공통적으로 적용될 수 있는 부품을 개발하여 생산성을 향상시키고자 했고 그 전략이 맞아 떨어져 상당한 부를 축적할 수 있었다. 그러한 그는 1798년 프랑스와의 비공식적인 전쟁상태에 돌입하게 된 연방정부

---

* Rothbarth, E. (1946)

에 보병용 Musket총을 보급하는 계약을 맺게 된다. 그런데 휘트니는 여러 차례 계약기간을 연장한 끝에 1801년에나 첫 납품을 하고 계약을 모두 이행한 것은 1809년이었다고 한다. 그가 계약을 이행하는데 그와 같이 오랜 기간이 걸린 것은 그가 기술이 부족해서가 아니라 그의 관심이 총 자체의 생산보다는 어떻게 하면 더 효율적으로 총을 생산할 수 있을까 하는 생산 공정의 개발에 관심이 많았기 때문이라고 한다. 사실 그는 프랑스 병기창에서 생산되는 Musket 총이 호환부품으로 만들어지는 것을 모방하고 싶어 했다. 즉, 그는 여러 조면기에 공통으로 쓰이는 부품을 개발했듯이 Musket 총의 생산에 있어서도 그와 같은 호환부품을 만드는 기술에 많은 관심을 가지고 있었다. 그 과정에서 그는 정교하게 호환될 수 있는 부품제작용 공구들을 개발하게 되는데 그것은 부품을 절단하거나 연마하는 기계, 구멍을 뚫는 천공 기계, 또한 일정하게 찍어내는 압연 기계들을 개발하고 그렇게 해서 생산된 부품들의 재원을 정확히 측정할 수 있는 기계들을 함께 개발하였다. 오늘날로 치면 그는 정밀기계의 개발에 무척이나 많은 공을 들인 것을 알 수 있다. 그는 사망할 때까지 연방정부의 전쟁성과 긴밀한 관계를 유지하면서 여러 병기창에서 표준화 기술을 개발하는데 노력하였다고 한다. 그러나 그의 이러한 노력이 미국산업 전반에 걸친 완전한 표준화를 이루지는 못했다고 한다. 하지만 그의 생애 동안 표준화를 함께 노력했던 Harpers Ferry 병기창의 기술자들이 그의 발자취를 이어받아 표준화 체제를 완결했다고 한다. 특히, 존 홀(John Hall)이 개발한 선반과 천공기계는 분당 3천 회전을 할 수 있는 당시로서는 최첨단의 기계였을 뿐만 아니라 진동이 없었다고 한다. 쇠붙이를 깎아내고 구멍을 뚫는 기계가 진동이 심하면 그만큼 정교하지 못할 것이지만 그의 기계는 진동이 없어서 정밀도를 크게 향상시킬 수 있었다고 한다. 특히, 나중에 공장의 책임자가 된 그는 운영비의 1/3 이상을 실험적 기계의 생산과 기존 기계의 성능향상을 위한 작업에 배분하였다고 한다. 요즘으로 치면 R&D 투자에 막대한 예산을 투입한 것이고 이는 기술개발 이외에도 그와 관련된 기술자들을 양성하는 효과도 있었다고 한다. 특히, 그는 공장인원의 절반을 기계생산에 투입하여 기술자 양성에 힘썼는데 단순노동자 한 명에 기술자 한 명이 배치된 꼴이니 공장에서 일을 하면서 기술을 배우는 것이 충분히 가능했을 것이다.*

---

* Woodbury, R. (1960)

6.9 … 미국 산업혁명의 기반

6.9.1 제조업의 확산

방금 언급한 존 홀을 비롯한 선구자들의 노력은 미국 내에 기술 인력이 기하급수적으로 늘어나는데 기여하였다. 또한 그뿐만 아니라 존 홀의 선배였던 휘트니가 특허로 인해 고통을 당했었기 때문인지는 몰라도 그들은 자신이 배출한 기술자들이 자신들이 고안한 기계에 대한 특허사용료를 물지 않고도 얼마든지 모방하거나 그대로 사용하는 것을 허용했다고 한다. 그 결과 존 홀 등이 배출한 기술자들은 자신의 기술을 가지고 애팔레치아 산맥 서쪽의 새로운 개척지로 확산되어 나갔는데 그들이 몰려간 피츠버그, 신시내티, 루이빌, 뉴올리언스 등의 오늘날에도 유명한 대도시가 되었다. 특히, 나중에도 설명하겠지만 철도의 확산과 함께 정비인력이 필요했기 때문에 지역마다 배치된 그들은 자신의 기술을 이용하여 보일러, 증기선, 증기기관차와 그의 부품들을 생산했다. 그런데 그들 중에는 당시에 폭발적으로 수요가 늘어났던 철제 난로와 또한 도시 지역에 새롭게 들어서는 주택에 유행했던 철제난간 등을 제조하여 경제적으로 크게 성공한 사람들도 생겨났다고 한다.*

6.9.2 규모의 경제실현

또한 이 시기 미국의 제조업은 교통망의 확충으로 내국시장이 통합되어가면서 소규모 수공업 체제에서 대량생산체제로 발전하면서 규모의 경제가 실현된다. 우선 휘트니가 개발한 조면기 덕분에 면화생산의 획기적인 증가가 있어 면화와 그 제품의 수출이 대량으로 이루어질 수 있었다. 또한 자동화를 위한 대규모의 동력을 발생시키고 전달할 수 있는 기술발전이 지속적으로 이루어진 것도 미국에서 대량생산이 가능하도록 한 요인 중 하나이다. 초기의 동력은 대부분 폭포 등에서 떨어지는 물을 이용한 수차가 대부분이었으나 시간이 가면서 증기기관과 보일러를 이용하는 기술들이 끊임없이 개선되어 간다. 또한 마지막으로 생산 공정을 지속적으로 개선하여 생산성이 증대된 것 또한 대량생산 체제로 발전할 수 있었던 또 하

* Hughes, J. (1974)

나의 원인으로 지적할 수 있다.

6.9.3 영국실사단의 언급(1853)

1851년에 런던에서 개최된 Crystal Palace Exhibition은 오늘날 흔히 열리는 첨단 기술 박람회와 같았는데 당시 미국에서 개발된 기계와 공구가 전시되어 많은 관심을 불러일으켰다고 한다. 이에 1853년 영국정부는 두 사람의 고급기술자를 보내 미국의 공장을 둘러보고 실태를 조사하도록 지시하였다고 한다. 그들은 미국의 공장체제의 여러 가지 면에 감동을 받았는데 그들의 보고서에 언급된 미국공장 체제의 두 가지 특징이 있었다. 우선 그들은 제조업이 몰려있는 지역의 훌륭한 공공교육체제를 언급했으며 다음으로는 공장에 여러 종류의 단순한 작업기계가 다수 존재한다는 사실을 지적했다고 한다. 즉, 고가의 복잡한 기계가 놓여있는 영국의 공장체제와 달리 미국의 공장에서는 단순한 기계를 여러 종류 들여놓고 여러 단계의 단순작업을 거쳐 물건을 생산하는 체제가 미국 공장체제의 특징으로 비춰진 것이다. 이러한 특징을 갖춘 미국의 제조업 성장은 이미 1850년대부터 미국에서 산업혁명이 태동하고 있다는 사실을 이제 유럽인들도 인식하게 만든 것이다.*

6.10 … 영토 확장의 완료

6.10.1 루이지애나 구입(Louisiana Purchase)

앞서 미국이 스페인과의 조약을 손쉽게 체결할 수 있었다고 했지만 사실 스페인의 입장에서는 다른 생각이 있었기 때문이다. 즉, 미국이 프랑스와 1800년 협약을 맺을 당시 프랑스와 스페인은 이미 비밀협약을 통해 뉴올리언스와 미시시피 강 서쪽의 땅을 프랑스에 양도하기로 하였다. 이런 내막이 있었던 스페인의 입장에서는 미국과의 조약이 그렇게 중요한 문제가 아니었다. 그런데 미국의 입장에서는 이미 힘이 빠질 대로 빠진 스페인과 미시시피 강을 사이에 두고 국경을 가지는 것은 큰 문제가 없었으나 제국주의적 확장을 시도하고 있는 프랑스와의 국경선을 맞대고

---

* Seavoy, E. (1982)

있는 것은 위협이 아닐 수 없었다. 특히나, 스페인으로부터 이미 확보해두었다고 생각했던 미시시피 강의 안전항해권과 그 어귀의 뉴올리언스에 대한 상품집하권이 무의미해진다는 것은 골칫거리가 아닐 수 없었다. 따라서 1803년 당시의 대통령이었던 토머스 제퍼슨은 프랑스에 대표단을 파견하여 미시시피 강 어귀의 뉴올리언스를 사겠다고 제안하였다. 그런데 당시 프랑스는 영국과의 전쟁에 지쳐있었으며 양국은 1802년의 아미앵 조약으로 휴전 상태이기는 하였으나 조만간 전쟁이 재개될 것이 예상되고 있었다. 이러한 상황에서 프랑스의 나폴레옹 황제는 어차피 영국과 전쟁을 재개했을 때 강력한 해군력을 통해 영국이 뉴올리언스를 점령하고자 한다면 프랑스로서는 그 지역을 방어할 힘이 없다고 판단하였다. 또한 영국과의 전쟁 중에 뉴올리언스와 루이지애나를 지켜낸들 계속해서 정착 해오는 미국인들을 쫓아내기도 힘들 것이라 판단했던 모양이다. 따라서 나폴레옹은 미국의 대표단이 뉴올리언스를 사겠다고 했을 때 차라리 루이지애나 전체를 구매하는 것이 어떠냐고 오히려 제안했다. 그 결과 미국은 뉴올리언스뿐만이 아니라 루이지애나 전체 땅 5조3000만 에이커를 에이커 당 3센트로 하여 총 1500만 불에 구입하게 되었으며 미국의 영토는 갑자기 거의 두 배 가까이 늘어나게 되었다. 미국은 루이지애나 구입의 결과 당시 스페인 식민지였던 멕시코와 국경을 접하게 된다.

6.10.2 플로리다 구입

한편 미국은 탈출한 노예들이 인디언들과 함께 살면서 조지아 주 등을 습격한 것을 보복한다는 구실로 1812년 플로리다 서부를 점령해버린다. 스페인은 이에 대해 항의했지만 당시 그들의 국력으로는 미국을 상대로 뭘 어떻게 해볼 도리가 없는 상황이었다. 그러던 중에 당시의 애덤스 국무장관은 스페인의 외무장관 오니스(Luis de Onis)와 협상을 벌여 스페인의 플로리다 땅을 500만 달러에 구매하겠다고 제안했다. 처음에 스페인은 미국이 프랑스로부터 루이지애나를 구매한 것 자체가 불법이라고 주장하였다. 그러나 그들은 그 거래를 뒤집을 만한 힘도 없었고 시간이 가면 언젠가는 플로리다도 미국의 손에 넘어갈 것이 분명했기에 하는 수 없이 플로리다를 미국에 팔기로 결정한다. 따라서 미국과 스페인은 1819년 애덤스-오니스 조약(Adams-Onis Treaty)을 통해 플로리다를 미국영토에 귀속시키게 된다.

6.10.3 텍사스 합병

텍사스는 원래 스페인에서 독립한 멕시코의 영토였지만 산타페 지역에는 멕시코와의 무역거래를 하는 미국인들이 몰려들고 있었다. 처음에는 멕시코도 미국인의 이주를 환영하였으나 1827년이 되자 현지 미국인의 수가 오히려 멕시코인의 10배에 이르게 된다. 그러자 멕시코 정부는 더 이상의 미국인 이주를 금지하고 미국으로부터 들어오는 상품에 대해 관세를 부과하는 등 강경책을 펼치기 시작한다. 이러한 멕시코 정부의 강경정책은 오히려 그 지역에 거주하던 미국인들을 자극하여 1836년 텍사스의 독립을 선언하게 만든다. 이에 멕시코는 대통령이 직접 군대를 지휘하며 초반에는 전쟁을 유리하게 이끌었지만 휴스턴(Sam Houston)이 이끈 텍사스 군이 멕시코 대통령을 포로로 잡는 등 전세를 역전하게 되고 결국 벨라스코 조약(Treaty of Velasco)을 통해 멕시코로부터 텍사스의 독립을 인정받게 된다. 이어 텍사스 공화국은 미국에 합병시켜줄 것을 요구하였으나 미국의회는 노예제 확대문제를 이유로 텍사스의 합병을 승인하지 않았다. 그러나 팽창주의를 표방한 존 타일러(John Tyler)가 대통령에 오르자 곧 텍사스의 합병을 승인하여 텍사스는 1845년 6월 미국의 새로운 주로 편입된다.

6.10.4 캘리포니아 획득

그러나 이를 지켜보던 멕시코가 강력히 반발하고 나섬으로써 양국 간에는 다시 전쟁이 벌어지게 된다. 양국 간의 전쟁은 초반에 매우 치열하게 전개되었지만 시간이 지나면서 멕시코가 불리해지고 미국은 마침내 멕시코의 수도인 멕시코시티까지 진격하게 된다. 이 때 당시 멕시코의 영토에 있던 캘리포니아의 미국인들이 멕시코에 대해서 반란을 일으켜 미국은 캘리포니아까지 손에 넣을 수 있었다. 결국 1848년 체결된 과달루페-히달고 조약(Treaty of Guadalupe Hidalgo)은 멕시코가 미국인들에게 진 부채를 미국이 대신 갚아주는 조건으로 캘리포니아를 정식으로 미국 영토에 편입시키게 된다. 그 결과 오늘날 캘리포니아, 네바다, 유타, 애리조나, 뉴멕시코에 이르는 광활한 지역이 미국영토에 포함된다.

6.10.5 오래건 설정

한편 미국은 스페인의 플로리다 영토를 빼앗은 애덤스-오니스 조약을 맺으면서 캘리포니아의 영토를 북위 42도로 정한바 있다. 그 이후 미국은 루이스와 클라크 두 사람을 파견하여 미주리 강 상류에서 태평양 연안까지를 탐험시키고 그에 대한 영유권을 확보하려 했다. 하지만 영국도 캐나다에 있던 북서부 모피 회사를 통해 북미의 태평양연안과 북극해에 이르는 지역을 탐사하면서 자신들의 영유권을 확보하려는 노력을 펼치고 있었다. 따라서 북미의 태평양 연안과 오늘날의 미국 북서부지역은 미국과 캐나다의 영유권이 겹치는 지역이었다. 그러나 미국인들이 계속해서 북쪽으로 이주를 해오자 영국으로서는 캐나다와 미국의 경계문제를 확실히 할 필요가 있었다. 따라서 당시 미국의 국무장관과 영국대사의 이름을 딴 러시-바곳 조약(Rush-Bagot Treaty)을 통해 캐나다와 미국의 경계를 북위 49도 선으로 정하여 오늘날 미국과 캐나다의 국경선이 거의 직선에 가깝게 결정되었다. 그러나 영국은 현재의 브리티시 콜롬비아 지역에 밴쿠버 섬 부근에 자치정부를 세우고 있었기 때문에 이 지역은 북위 49도선 아래에 있음에도 불구하고 캐나다의 영토가 되었다. 따라서 오늘날 미국북서부의 워싱턴 주와 그 아래 오래건 주 등의 영토가 미국 땅으로 인정된 것은 1846년의 일이다.

6.10.6 알래스카 구매 등

1867년 재정적으로 어려움에 처해있던 러시아의 황제 알렉산더 2세(Alexander Ⅱ)는 알래스카 땅을 가지고 있다가 영국 등에 빼앗기느니 차라리 돈을 받고 파는 것이 나을 것이라 판단하고 먼저 미국에 접근하였다. 밤을 세워가며 미국과 협상을 벌인 결과 1867년 3월 30일 새벽에야 구매계약이 성사되는데 그 금액은 에이커당 12센트씩 쳐서 모두 720만 달러로 결정되었다. 당시 알래스카의 구매에 대해 대부분 반대는 하지 않았지만 일부에서는 앞으로 인구를 채우기에도 힘든 영토를 이미 확보한 미국의 입장에서 그 쓸모도 없는 땅을 구매한 사실을 비난하는 측도 있었다. 그러나 당시 그들은 거기에 엄청난 양의 석유와 천연가스가 매장된 사실을 몰랐지만 결국 이 지역은 미국의 자원의 보고 역할을 하게 된다. 한편 미국은 1898년 하와이와 푸에르토리코를 미국영토에 편입시키면서 오늘날과 같이 대서양과 태평양에 걸쳐 영토를 모두 소유한 대륙국가의 모습을 갖추게 된다.

제 7 장

갈등확산과 국론통일

7 갈등확산과 국론통일

7.1 … 독립이후의 정치적 대립

7.1.1 연방정부의 권한

지금까지 우리는 독립전쟁 이후 연방정부의 권한을 둘러싸고 여러 분야에서 남부와 북부의 의견대립이 있었음을 알 수 있었다. 그 대표적인 논란을 크게 세 가지로 구분하면 신용 창조와 기반시설 확충 그리고 새로운 개척지의 배분과정에서 연방정부가 얼마나 주도적인 역할을 하느냐에 관한 것이었다. 우선 은행을 통한 신용창조 과정과 관련해서는 북미은행과 제1, 2차에 걸친 합중국은행의 설립에 관한 대립으로 잘 나타났다. 또한 도로, 수로, 철도 등의 건설과 유지보수에 관해서는 일부 예외적인 경우에만 연방정부가 주도적인 역할을 했었다. 그런데 은행이나 기반시설과 관련된 문제는 주 정부가 주도해서 연방정부의 역할을 대신하는 것으로 문제를 해결할 수 있었다. 즉, 연방은행이 있기는 하였으나 합중국 은행 등의 역할은 극히 제한적이었으며 상업적 활동을 지원하는 기능은 주 정부에서 설립을 허가한 상업은행들이 있어 신용창조의 문제를 해결할 수 있었다. 또한 도로나 수로 등 교통망 같은 기반시설의 확충도 연방정부 보다는 각 주 정부와 지방정부가 주도하고 민간이 법인화 등을 통해 참여하는 방식으로 해결할 수 있었다. 즉, 은행의 신용창조와 기반시설의 건설 문제에 대해서는 연방정부의 권한을 주 정부에 이양하여 행사할 수 있도록 함으로써 해결책을 찾을 수 있었다.

그러나 또 한 가지의 주요한 쟁점이었던 연방정부 소유의 토지를 배분하는데 있어서는 그러한 해결책이 간단하지 않았다. 앞서 설명한 1787년의 북서부조례에 의해서 새로운 개척지의 영토는 일단 연방정부에 소유권이 귀속되고 이후 측량과 등록 등의 절차를 거쳐 개인에게 불하하도록 되어있었다. 그런데 이와 같은 북서부조례에 따라 토지를 이양함에 있어 가장 큰 논란은 노예제의 지속여부였다. 당시 남부의 노예제도에 대해서 북부에서는 폐지를 주장하였으며 새롭게 개척된 토지에서 노예제가 허용되어서는 안 된다는 입장이었다. 그런데 은행신용이나 기반시설 건설의 문제는 주 정부가 있어 자체적으로 그 권한을 행사하면 되었지만 새로운 개척영토에는 주정부 자체가 아직 존재하지 않았기 때문에 주 정부에 권한을 이양하여 자체적인 결정을 내린다는 것 자체가 불가능한 일이었다. 따라서 영토가 계속해서 서쪽으로 넓혀져 가면서 새로운 주를 연방에 가입시킬 때 그 주에서 노예제를 금지할 것인지 허용할 것인지가 항상 뜨거운 논쟁거리였다.

7.1.2 서부개척의 진전

1812년에 시작된 영국과의 전쟁이 1814년 끝나자 미국으로서는 이제 애팔레치아 산맥을 넘어 서쪽으로 확장해나가는데 있어 장애물이 제거된 셈이었다. 따라서 그 이후부터 애팔레치아 산맥 너머로 많은 이주가 이루어지기 시작했으며 1820년에 이르면 애팔레치아 산맥 서쪽의 인구가 240만 명에 달하게 된다. 물론 240만 명은 결코 적은 인구는 아니지만 워낙 땅 덩어리도 넓어 그 광활한 영토에 인구가 넓게 퍼져 분포가 되어있었기 때문에 도시라고 불릴 만한 곳은 찾아보기 힘든 형편이었다. 현재는 이름만 들어도 잘 알 수 있는 대도시이지만 피츠버그, 신시내티, 루이빌, 세인트루이스 같은 곳도 당시 사람들이 제법 많이 모여 살았음에도 아직은 작은 마을에 지나지 않았었다. 그나마 애팔레치아 산맥 너머 서쪽에서 도시의 면모를 갖출 것처럼 보였던 유일한 곳이 바로 뉴올리언스인데 1816년이 되면서 벌써 미국최대의 도시로 성장할 수 있는 가능성을 보이게 된다. 그 이유는 앞서도 언급했지만 미시시피 강의 하구에 위치한 이 도시로 애팔레치아 산맥과 미시시피 강 사이의 넓은 영토에서 생산되는 품목들이 미시시피 강을 따라 보내졌기 때문이다. 특히나 그 전에는 강 상류에서 하류로만 이동이 가능했지만 이제 증기기선의 발달로 하류에서 상류로도 사람과 상품의 이동이 가능해졌기 때문에 뉴올리언스는 정말 하루가 다르게 성장을 거듭할 수 있었다. 그런데 그 당시 미시시피 강을 타고 뉴올리언스를 거쳐 가던 여러 상품들 가운데 가장 값나가고 풍성한 품목은 면화였다고 한다. 또한 증기기선의 발달로 강을 따라 거슬러 올라가는 것이 가능하였기 때문에 미시시피 강의 동쪽뿐만 아니라 프랑스로부터 구입한 루이지애나 지역 즉, 미시시피 강 서쪽지역에도 많은 사람들이 이주하게 되었다고 한다. 특히나 그 지역 중에서도 미주리로 불리는 지역에 많은 사람들이 몰려들어 1818년이 되면 이 지역의 인구가 연방정부에 가입할 정도가 되었다. 따라서 그 지역의 사람들이 자치적인 주 헌법을 만들고 미국의회에 대해 자신들을 미국의 새로운 주로 인정해줄 것을 요청하게 된다.

7.2 … 미주리의 연방가입

7.2.1 논란의 발단

그런데 미주리의 연방가입은 노예제 유지를 둘러싼 북부와 남부의 그 동안 논란을 한층 가열시키게 된다. 그 당시 북부지역 사람들도 목화재배를 위해서는 노예노동력을 사용하는 것이 어느 정도는 필요하다고 인정하고 있었다. 그러나 그들은 미주리에서 생산되는 주요 농산물은 면화가 아니라 곡물 등 식량이라고 인식했다. 그런데 미주리의 헌법은 노예제를 인정하려했기 때문에 북부의 주에서는 이러한 헌법을 가진 미주리를 연방에 편입시킬 수 없다고 주장하였다. 당시는 초창기 13개 주에 더해 애팔레치아 산맥 서부에 켄터키, 테네시, 오하이오, 인디애나 등 9개 주가 추가 되어 22개의 주가 있었으며 그 중에서 남부에 위치한 11개 주는 노예제를 허용하였지만 북부에 위치한 11개 주에서는 노예제가 금지되어 있었다. 따라서 미주리가 노예주로 연방에 가입한다는 것은 그 때까지 유지되던 11:11의 균형이 깨지는 것을 의미하기 때문에 북부의 주장이 매우 완강할 수밖에 없었다.

7.2.2 의회에서의 대립

따라서 미국의회에서 미주리를 주로 승격하여 연방에 가입시키는 문제에 대해 격렬한 논란이 벌어지게 된다. 이미 우리가 알고 있지만 미국 연방의회는 상원과 하원의 양원으로 구성되어 있는데 상원은 각 주에서 두 명씩의 상원의원을 대표로 파견하고 하원은 각 주의 인구구성에 따라서 서로 의원 수가 달라진다. 그런데 뒤에 자세히 설명하겠지만 인구 면에 있어서 남부에 비해 북부의 주들이 훨씬 규모가 컸다. 따라서 하원에서는 북부 주의 의원 수가 훨씬 많았으며 그러한 이유로 하원에서는 미주리 주를 연방에 편입한 후 노예제를 금지시키는 법안이 통과된다. 즉, 주로 승격된 이후에 미주리에는 새로운 노예를 들여올 수 없으며 기존에 있던 노예의 자식들도 25세가 되면 노예에서 해방된다는 내용의 법안이 제출된 것이다. 그러나 상원에서는 인구비례에 의한 구성이 아니므로 하원과는 상황이 많이 달랐고 따라서 상원에서 법안이 논의되는 과정에서 노예제 금지에 대한 조항이 삭제되게 된다. 하원에서는 이러한 상원의 결정에 동의할 수 없었으며 따라서 미주리 주의 연방편입 문제가 해결되지 못했다.

7.2.3 미주리 대타협(Missouri Compromise of 1820)

그렇게 해서 2년이라는 세월이 흐른 뒤인 1820년 극적인 타협이 이루어지는데 이를 미주리 대타협이라고 부른다. 즉, 남부 정치적 지도자들은 노예제의 지속을 위해서는 앞으로도 자유주와 노예주 수의 균형이 유지되어야 한다고 생각했다. 따라서 그들이 제시한 타협안은 노예제 헌법을 가진 미주리의 연방가입을 승인하는 대신에 당시 매사추세츠에 속해있던 메인을 분리시켜 새로운 주로 연방에 가입하게 하여 12:12의 균형을 계속 유지하자는 것이었다. 이렇게 해서 성립된 미주리 대타협은 향후에도 루이지애나 지역에서 새로운 주가 탄생할 때 북위 36도30분 이북은 노예제를 금지하고 그 남쪽에서는 노예제를 허용하기로 합의가 이루어진다.

7.3 … 토지이용과 경제적 격차

7.3.1 토지인식의 차이

그런데 노예제를 둘러싼 북부와 남부의 이러한 대립의 배경에는 새롭게 개척되는 토지의 이용에 관한 인식의 차이가 있었다. 북부의 인식을 먼저 살펴보면 그들은 새롭게 개척되는 서부의 농지가 자유농민들에게 우선 배분되어야 한다고 생각했다. 특히나 독립전쟁이나 1812년 전쟁과 같은 위기상황에서 목숨을 바쳐 국가를 구해낸 애국자들의 자손인 개척지의 자유농민들에게 토지가 우선 나누어져야 한다고 주장하였다. 더욱이 그들은 상업적 노동에 의한 생산물을 판매할 내국시장의 확산이라는 측면에서 빠른 속도의 개척과 성장을 통한 연방국가의 확장을 환영하였다. 그들은 농업에 기반을 두었지만 농업과 더불어 교통망 등 기반시설의 확충에도 적극적으로 찬성하였으며 그것을 따라 전파되는 제조업공장의 확산에 대해서도 긍정적으로 받아들였다. 물론 남부에서도 서부개척에 반대하는 입장은 아니었으나 그들은 점진적인 개척지 확장을 원하였다. 그들은 서부로의 진출이 농업기반 확대라는 측면에서 북부의 자유농민들과 마찬가지 의견이었으나 그들이 생각한 농업기반의 확대는 담배와 목화 등 해외에 수출할 작물 생산을 늘린다는 의미였다. 즉, 그들은 노예를 동원한 대량생산을 필요로 하였으며 이를 통해 대농장주의 이윤추구와 자유농민들의 생계형 농업을 보장해줄 수 있기를 원했다.

그들은 또한 상업이나 공업발전에 대해서도 북부와 다른 인식을 가지고 있었다. 즉, 그들은 품질이 조잡한 국산품 보다는 관세가 부과되지 않는다면 가격도 저렴해지고 거기다가 품질도 훨씬 나은 수입품이 좋다고 생각했다. 그들은 관세 등을 통해 수입을 어렵게 하고 질이 떨어지는 국산품 생산을 장려하는 것은 북부 상공인들만을 위한 정책이라고 여겼다. 특히, 그들은 토지에 기반을 두지 않아 뿌리도 없는 도시의 임금노동자들은 정치적으로 믿을 수 없는 불안정한 세력이라 보았다. 즉, 그들은 토지에 기반을 둔 생계형 노동의 백인들이 정치를 하는데 더욱 편리한 기반이라고 여겼다. 그렇기 때문에 그들은 상업적 인식을 바탕으로 가진 북부의 농민, 상인, 공업인 들의 서부개척을 달갑지 않게 여겼다. 그들은 북부의 그러한 경쟁적인 서부개척을 제지하지 못한다면 언젠가는 자신들이 경쟁에서 밀릴 것이라고 판단하였다. 따라서 그들은 미주리 대타협을 통해 제도적으로 노예제의 유지를 보장받으려고 했던 것이다.

7.3.2 남·북간 격차의 시작

그러나 남부 노예주에서 아무리 그러한 노력을 하였더라도 현실은 점차 남부에 불리하게 전개되고 있었다. 미주리의 대타협이 있었던 1820년대의 인구구성만 보아도 남부 노예주의 지도층이 걱정했던 것이 어느 정도인지 쉽게 짐작할 수 있다. 우선 1820년 미국의 전체인구는 960만 명 정도였는데 그 중에서 백인 인구는 780만 명 정도였다고 한다. 그런데 그 당시에 북부 자유주에 살고 있는 인구는 510만 명으로 미국 전체인구의 약 53%에 이르렀으며 또한 중요한 점은 그들의 대부분이 백인이라는 사실이었다. 반면에 그 당시 남부 노예주 인구는 전체의 46% 정도인 440만에 달하고 있었는데 이 중에서 37%인 160만은 흑인 노예였다. 특히, 사우스캐롤라이나는 전체 인구의 52%가 또한 버지니아에서는 전체 인구의 43%가 노예였다고 하니 백인이 다수 이기는 했어도 흑인노예가 인구의 상당부분을 차지하였다. 사정이 그렇다 보니 미국 전체의 백인 가운데 64%가 북부 자유주에 거주하고 있었으며 남부 노예주에 거주하는 백인은 36%에 지나지 않았다는 이야기가 된다.* 즉, 참정권을 가진 백인 인구에 있어서 북부가 거의 두 배 가까이 되는 규모를 가지고 있었다. 그리고 이와 같은 상황은 점점 더 심화될 것이 분명했기 때문에 남부에서는 많은 인구를 앞세운 북부의 자유주가 언젠가는 노예제도의 폐지를 주장할 것이라 우려했다. 나중에 다루겠지만 그러한 우려는 점차 현실로 드러나게 되고 결국에는 남북전쟁이라는 극단으로 치닫게 된다. 그런데 1820년대에 이러한 차이는 그래도 인구구성에서의 차이에 불과했지만 겨우 10년이 지난 1830년의 상황을 보면 북부 자유주와 남부 노예주 사이에는 여러 분야에서 분명한 격차가 발생하기 시작하는 것을 알 수 있다. 즉, 당시의 각종 자료를 분석해보면 1830년대에는 노동제도, 토지소유 유형, 도시화 정도, 공장 숫자, 문자 해독률 등에 있어서 북부와 남부는 확연히 다른 길을 걷고 있었음을 알 수 있다. 이러한 차이가 나기 시작한 두 지역은 그 이후 30년 이상을 각자의 길을 가면서 1860년에 링컨(Abraham Lincoln)이 대통령에 당선된 시점에 가서 보면 전혀 다른 두 개의 경제체제가 존재하는 것처럼 되어버린다.

---

* Walker, F. (1872)

7.3.3 철도와 중공업 격차

이와 같이 토지이용에 대한 서로의 인식차이에서 비롯된 조그만 차이가 점차 다른 두 개의 경제체제를 만들어 가는데 이 과정에서 철도확산과 그에 따른 중공업의 발전양상도 서로 확연하게 다른 것을 확인할 수 있다. 우선 미국의 철 생산은 1850년에 60만 톤이었던 생산량이 꾸준히 늘어 1860년에는 90만 톤에 달하게 되지만 이는 반드시 철도확산에 따른 것만은 아니다. 물론 철도가 미국산 철의 가장 큰 수요처이기는 했지만 1860년대에 미국에서 생산된 철의 20% 정도만이 철도에 투입되었으며 나머지는 대부분 철을 이용한 제조업 제품에 투입되었다. 즉 미국산 철은 앞서도 언급했던 철제난로, 건물의 난간 등 철도레일보다 부가가치가 높은 제품의 생산에 이용되었다. 특히나 철도 레일에 쓰이기 위해서는 미국산 철의 품질이 아직은 영국 등 유럽산에 많이 떨어지는 수준이었다고 한다. 미국산 철의 품질이 낮았지만 미국경제가 도약하는 계기를 만든 것으로 평가되는 철도의 건설은 영국 등 유럽에서 충분한 철을 수입할 수 있었기 때문에 가능했다. 그런데 철도 건설에 들어가는 막대한 양의 철을 수입하기 위해서는 미국이 그들을 수입하고 대금을 지급할 충분한 능력을 지니고 있었다는 의미이다. 그것은 철도 건설시기에 겹쳐 캘리포니아에 불어 닥친 골드러시 즉, 금광 개발붐에 의해 막대한 양의 금 채취가 가능했기 때문이다. 거기다가 면화나 식량 등 그 밖의 농업수출에서 얻는 수입과 당시 유럽에서 인기를 끈 미국의 채권판매 등을 통해 충분한 재원을 마련할 수 있었다고 한다. 즉, 미국이 철도산업을 일으킬 수 있었던 것은 그 시기에 미국의 신용창출 능력이 충분히 뒷받침 되었기에 가능했다고 볼 수 있다.

그런데 이러한 철도의 확산은 사람과 물자의 수송을 통해 미국의 내국시장을 활성화시킨 측면도 있었지만 유발효과(Spillover effects)를 통해 미국의 중공업 발전에 상당한 기여를 했다고 볼 수 있다. 즉, 철도의 확산은 철 생산뿐만 아니라 제철, 제련 등의 기술을 발전시킬 수 있었으며 특히나 기관차나 증기기선 그리고 그 밖의 여러 기계를 돌리기 위한 산업용 증기엔진의 기술을 혁신적으로 발전시키는 역할을 하였다. 또한 앞서도 설명했지만 철도와 기차의 유지보수를 위해서 이를 관리할 기술 인력이 필요했고 이들이 철도역이 있는 미국 전역으로 퍼지면서 공업화가 확산될 수 있었다. 즉, 이들이 역 근처에 문을 연 공작소에서는 지역민들의 필요에 따른 여러 종류의 다양한 기계들을 만들어 공급할 능력을 갖추고 있었다. 그런데 이러한 철도나 중공업의 발전에 있어서도 남북의 지역격차가 심화되는데 예를 들어 1838년에 미국전역에 1,850대의 고정된 증기엔진이 있었지만 그 중에서 노예주에 설치된 것은 30%에도 못 미치는 550대에 불과하였다고 한다. 더구나 그것의 절반인 275대는 루이지애나에 설치된 것이었다고 하니 다른 남부 주에는 훨씬 더 적은 숫자의 엔진이 운영되고 있었음을 알 수 있다. 또한 1848년의 한 통계를 보면 사우스캐롤라이나 찰스턴과 그 주변에서 운영되던 증기엔진의 수가 28대 이었다고 한다. 이는 같은 시기 필라델피아에서 운영되던 174대는 물론 그보다 십 년 전인 1838년 피츠버그의 증기엔진 수 133개에도 못 미치는 숫자였다.* 즉, 북부와 남부의 중공업 수준은 시간이 갈수록 격차가 벌어지게 되었음을 알 수 있다.

7.3.4 도시화의 격차

이와 같은 중공업 수준의 격차는 두 지역 간의 도시화 수준에서도 더욱 큰 차이를 만들어 간다. 즉, 공업화를 바탕으로 내부로의 시장을 늘려가는 북부에서는 금융기관을 통한 신용창출을 이용하여 지속적으로 새로운 부를 축적해 가게 된다. 특히, 철도를 통해 내륙생산품의 시장이 확대되어 가고 또한 이를 수출과 연결하면서 내륙과 해안 양쪽 지역 모두에 도시를 형성하고 키워나간다. 즉, 수출과 수입이 함께 활기를 띠면서 해안의 보스턴, 뉴욕, 필라델피아 같은 초기의 항구도시들이 더욱 확장되는 것은 물론 볼티모어, 사바나, 모빌, 뉴올리언스 등의 새로운 도시들도 발전하게 된다. 이러한 도시의 발전은 해안가뿐만 아니라 철도로 연결되는 내륙의 도시들도 성장시키는데 그들은 시카고, 클리블랜드, 신시내티, 세인트루이스, 루이빌, 멤피스 등 오늘날의 대도시들로서 그 때부터 성장하기 시작한 것을 알 수 있다. 사바나, 모빌, 뉴올리언스는 그나마 농산물 등의 수출로 활기를 띤 남부의 도시들이지만 내륙의 도시들은 시카고, 클리블랜드, 신시내티, 세인트루이스가 모두 북부에 위치한 도시이며 루이빌이 있는 켄터키나 멤피스가 있는 테네시도 비교적 북부에 가까운 남부지역의 주들이다. 이와 같이 남부와 북부는 여러 면에서 점점 더 차이가 벌어지면서 시간이 가면 갈수록 경제적인 면에서 비교가 안 될 정도가 되어간다.

---

* Carroll P. (1969)

7.4 … 정치제도의 차이

7.4.1 노동가치의 인식

앞서 경제적인 면에서 남부와 북부사이에 두 개의 서로 다른 체제가 자리 잡아가고 있다고 설명하였으나 그와 같이 서로 다른 경제적 현실은 북부와 남부의 정치제도에서도 상당한 차이를 만들게 된다. 앞서 설명하였던 토지이용에 대한 양 지역의 인식차이가 경제적 격차를 일으킨 출발점이었다면 정치제도의 차이는 노동의 가치에 대한 인식의 차이에서 근원을 찾아볼 수 있다. 벌써 여러 번 강조해왔지만 북부정착민들은 상업적 동기가 강하였으며 그 결과 그들은 상업적 노동을 통해 농산물 등을 생산하고 이를 시장에 내다 팔아 자신의 소득을 극대화하는 것이 목표였다. 따라서 그들은 노동력의 대부분을 농사짓는데 투입했으며 그렇게 해서 얻어진 소득을 통해 자신들의 생활수준을 높게 유지하고 공공학교를 지원하는 재원을 조달하기 위해 세금도 납부하였다. 또한 자신의 작물을 판매하기에 편리한 기반시설 확충에 투자하여 자신들이 수확한 생산물의 부가가치를 높이는데 매진하였다. 그들은 자신의 노동에 대해서도 사회적으로 높은 가치를 부여하였으며 그러한 노동의 결과물을 이용하여 상업적 부를 축적하는 행위에 대해 자부심을 가졌다. 따라서 그들은 연방의 영토가 대륙전체로 확장되면서 거기에서 나오는 새로운 부의 창출을 극대화하기 위해서는 무엇보다 개척지의 상업화를 보다 활성화시킬 필요가 있다고 생각하였다.

남부의 농장주들 역시 북부의 농민들과 마찬가지로 농업생산으로부터 나오는 소득을 극대화하는 것이 목표였다. 한 가지 다른 것이 있다면 그들은 자신의 노동을 투입하는 것이 아니라 노예 노동력의 투입을 통해서 자신의 부를 축적하고자 했다는 것이다. 한편 남부의 백인농민들은 소득의 극대화가 목표가 아니라 어떻게 하면 적은 노동력을 투입하여 편안한 삶을 사느냐가 목표였다. 즉, 이미 몇 차례 강조해왔지만 남부 농민들은 생계형 농업을 영위하면서 아주 필요한 경우를 제외하고는 상업적 교환행위에 참여하지 않으려 했다. 즉, 그들은 담배, 목화, 옥수수 등 상업적 거래에 필요한 작물의 생산은 최소화하였으며 그저 자신과 부양가족 그리고 한 두 명의 노예가 먹을 만큼의 식량을 생산하고 가능한 힘든 노동을 피했다. 남부 농장주들과 백인 농민들은 농업에 대해서는 높은 사회적 가치를 부여했지만 노동 자체에 대해서는 낮은 가치를 부여하였다. 그들은 북부 농민들과 같은 상업적 노동은 노예들에게 시켜야 하며 고귀한 자신들은 그러한 노동을 해서는 안 된다고 여겼다. 따라서 그들은 연방의 새로운 개척지에서도 대농장주, 농민, 노예의 관계를 그대로 유지하여야 한다고 보았다. 그들에게 있어서 노예제의 폐지는 전혀 있을 수 없는 일이었으며 이러한 그들의 생각은 북부와는 전혀 다른 정치체제를 갖추게 된다.

7.4.2 공통적 정치구조

북부와 남부가 전혀 다른 정치체제를 갖추게 되었다고 하였으나 그래도 남부와 북부의 정치제도 가운데 공통적인 요소들이 있었다. 이를 몇 가지로 정리해서 설명하자면 우선 북부나 남부를 막론하고 백인 남성만이 참정권을 가진다는 것이 그 첫 번째이다. 비록 북부는 노예제를 반대하기는 하였으나 그들 역시 백인들이 우월하며 그 중에서도 남성이 정치행위에 참여할 수 있다는 생각 했었다. 백인 남성만이 참여하는 것이 민주주의 제도인지 현대적 시각으로는 논란이 있겠지만 아무튼 그 당시의 생각으로는 그걸 민주정치제도라고 생각했다. 두 번째 공통점으로는 납세자에게만 선거권이 주어졌다는 것인데 즉, 위에서 백인남성들에게 참정권이 주어졌지만 백인남성이라고 무조건 선거에 참여할 수 있는 것이 아니라 세금을 낸 사람들 즉, 토지 등 일정한 재산이 있는 사람들로 선거권이 제한되었다. 물론 남부에서는 인두세를 주로 거두었기 때문에 그 경우에는 비록 낮은 세금이지만 조금이라도 인두세를 내야했던 백인들이 모두 참여하여 일반선거권제도에 가까웠다고 할 수 있다. 세 번째 공통적 정치구조는 주 정부의 관료들은 남부나 북부를 막론하고 선거에 의해서 선출된다는 것이었다. 또한 네 번째 대통령 선거인단도 모두 선거에 의해서 선출된다는 것 역시 남부와 북부의 공통된 정치구조라고 할 수 있다. 행정 관료나 대통령과 마찬가지로 사법조직의 법관들도 선거에 의해서 선출되었는데 연방판사와 달리 그들이 일정한 임기를 지니고 있었음 또한 남부와 북부의 공통된 정치구조라고 할 수 있다. 여섯 번째는 주 정부 아래의 하부 행정조직인 county, city, village, township 등에서의 행정인들 역시 자치적인 선거에 의해서 선출되었는데 종종 주 정부에서는 그들의 선거에서 납세자들만이 선출될 수 있도록 자격을 제한하는 경우도 있었다고 한다. 연방헌법에서는 상원과 하원에 따라 그 대표자의 수를 정하는 기준이 달랐지만 주정부나 그 밖의 조직에서 대표자 수를 정하는 원칙은 주민의 수가 기준이 되었다고 한다. 일부 남부 주에서는 흑인노예의 수를 3/5로 인정해주었는데 이는 노예를 소유한 농장주의 정치적 권한을 높게 해주는 수단이었을 것이다. 그리고 인구에 변동이 있으면 대표자의 수를 조정하는 원칙을 가지고 있었던 것도 남부와 북부의 공통점이었다. 남부와 북부의 정치제도에 있어 또 다른 공통점은 투표에 있어서 비밀투표를 원칙으로 했다는 것이다. 그리고 마지막으로는 균등한 사업제도를 보장한 법인제도를 가지고 있었다는 점을 들 수 있다. 그러나 남부에서도 이러한 제도가 있었겠지만 상업적 발전이 뒤진 남부에서는 이러한 제도를 제대로 활용하지 못하였을 것으로 여겨진다. 따라서 은행이나 공공기반시설 확충을 비롯한 여러 가지 상업적 활동을 위해 법인제도를 활발히 이용한 것은 아마도 북부지역에 국한된 일이었을 것이다.

7.4.3 농업기반 민주주의

오늘날의 관점에서는 어울리지 않을지 모르지만 선거에 의한 대의 행사라는 의미에서 당시의 정치제도를 민주주의라 부를 수 있을 것이다. 그러나 노동 가치의 인식에 대한 차이에서 보았듯이 공통적 제도를 가지고 있었다 하여도 남부와 북부의 정치제도는 근본적으로 차이가 있었다. 농업기반 민주주의(Agrarian Democracy)라고 표현할 수 있는 남부의 정치제도는 우선 백인농민들을 정치적 기반으로 하는 농장주 중심의 지배구조를 가지고 있었다. 즉, 대농장을 소유한 남부의 정치적 지도 계층은 자신들의 지배권을 유지하기 위해 농업에 종사하는 백인들이 생계형 노동을 영위하는 것을 보장해주었다. 그 당시 남부의 정치 지도자였던 칼훈(John Calhoun)이 토머스 제퍼슨의 정치적 비전을 설명한 의회 연설문을 보면 그 당시 남부인사들이 어떤 사고를 가지고 정치를 했는지 잘 알 수 있다. 즉, 그의 연설에 의하면 백인은 부자이건 가난하건 상관없이 매우 신성한 존재이기 때문에 어떠한 상황에서도 천한 노동에 종사해서는 안 된다는 것이다. 또한 사회를 크게 두 부류로 나눈다면 우월한 백인과 열등한 흑인으로 구분할 수 있으며 노동은 노예들에 의해서 이루어져야 한다는 주장이다. 이러한 사고를 가진 남부의 정치적 지도자들은 백인농민들의 지지가 필요했을 것이기 때문에 자신들이 소유한 토지의 일부에 대해서 백인농민들이 공동 경작권을 가질 수 있도록 보장하였다. 뿐만 아니라 그들은 연방 정부나 주 정부 소유의 공공 토지를 불하할 때 백인 농민들이 낮은 가격을 지불하고도 참여할 수 있도록 도와주었다. 또한 비교적 높은 세금이 부과되는 북부와는 달리 남부에서는 농지에 대해 매우 낮은 세금만을 부과하였으며 특히 나 공공교육의 재원 마련을 위한 세금을 부과하는 일들을 남부에서는 상상도 할 수 없었다. 정치적 엘리트 계층의 입장에서는 백인 농민들이 교육을 통해 너무 많이 알게 되면 어쩌면 자신들이 계속해서 지배권을 행사하는데 방해가 될 수도 있다는 점을 인식하고 있었을 지도 모를 일이다. 그들은 농민들에게 부과하는 세금을 낮추어 주기 위해서 또한 자신들이 내는 세금을 최소화하기 위해서라도 도로나 철도 등의 기반시설을 건설하는데 주정부가 나서는 것을 극도로 꺼려하였다.

7.4.4 상업기반 민주주의

남부의 정치체제를 농업기반 민주주의라고 한다면 북부의 정치체제는 상업기반 민주주의(Commercial Democracy)로 표현할 수 있다. 상업기반 민주주의는 우선 최소 생계만을 위해 농업에 종사하는 백인농민들을 기반으로 하는 남부에 비해 글을 읽을 줄 알면서 자신들의 생활수준 향상에 관심을 가지고 있는 인구집단이 정치적 기반이다. 이들은 토지를 직접 소유한 농민은 물론 임금을 받고 농업에 종사하거나 또는 공장에서 노동을 하는 사람들도 포함하며 직접 노동이 아니라도 그들을 관리하는 사무직 고용자, 자본을 소유한 기업가 등 다양한 직업을 포함한다. 따라서 농민들만을 정치적 기반으로 하는 남부와는 달리 북부에서의 선거 출마자들은 다양한 형태의 이해집단을 대표하였다. 특히 선거에서는 금전적 능력이 매우 중요하였는데 이때의 금전적 능력이란 선거에 출마한 개인의 금전적 능력이라기보다 그들을 뒤에서 밀어주는 이해집단의 재력이라는 표현이 맞다. 즉, 금전적 능력이 월등한 이해집단이 선거를 유리하게 이끌어 갔으며 그 결과 선출된 대표자의 정책은 자신을 뒤받침 해준 집단의 이해를 반영하는 것이었다. 예를 들어, 출마자들은 기반시설의 건설이나 신용창조에 있어 자신을 밀어준 지역이나 상인집단에 유리한 정책을 공약으로 내세우게 되며 당선 된 후에는 그러한 정책을 실행해 나가는 형태였을 것이다. 이러한 북부의 정치제도가 형성되는 과정에서 공공교육이 중요한 역할을 하였는데 일종의 금권정치라고 할 수 있는 북부의 상업적 민주주의가 부패하지 않기 위해서는 건실한 사고를 할 수 있는 계층의 존재가 필수적이었다. 이 당시의 지식이란 일단 읽고 쓰고 간단한 계산 정도를 할 수 있는 정도면 충분했으며 그러한 지식을 가지고 있으면 상업 활동을 하는데 유리하였다. 우선 읽고 쓸 수 있다는 것 자체가 새로운 것을 받아들이기에 유리한 조건으로 작용한다. 새로운 기계를 들여온 다던가 새로운 상업기법을 활용한다던가 하는 것이 모두 가능해지게 되는 것을 의미한다. 그런데 그러한 지식능력을 가지고 있으면 여러 정책적 대안들에 대해서 현명한 판단을 할 수 있게 된다. 앞서도 잠시 언급했지만 금권 정치제도에서도 건전한 감시가 가능했기 때문에 북부의 정치제도가 부패하지 않고 경제발전을 이룰 수 있었던 배경이다. 즉, 공공교육을 통해 건전한 사고를 갖춘 사람들은 남들이 우대를 받거나 자신이 부당하게 대접받는 것을 묵과하지 않았을 것이다. 따라서 선거 결과에 금전적인 능력이 영향을 미쳤다고 하지만 당선되고 나서 무조건 자신들에게만 유리하게 정책을 이끌어 가면 문제가 있었을 것이다. 그렇기 때문에 그들은 적어도 표면적으로는 기회를 평등하게 부과하여 누구나 열심히 하면 성공할 수 있다는 믿음을 심어주었을 것이다. 이것은 교육의 중요성을 일깨워주는 것으로 이러한 교육에 관심을 가지지 않았던 남부에서는 기회의 평등화가 아니라 결과의 평등화를 통해 궁핍의 평준화가 이루어졌다고 볼 수 있다.

7.5 … 미주리 서부 개척

7.5.1 Gag Rule

앞서 살펴보았듯이 남부와 북부는 외형적으로는 비슷한 정치체제를 가지고 있었지만 두 지역 사이의 사고 차이는 전혀 다른 결과를 가져왔다. 이와 같이 내용적으로 전혀 다른 두 개의 정치체제가 내륙으로 확장되어 가면서 서로 해결할 수 없었던 것이 노예제의 확산 문제였다. 이러한 논란은 미주리 대타협에 따라 노예주와 자유주의 수를 동수로 하는 것으로 일단락 된 것처럼 보였지만 근본적인 문제가 해결된 것은 아니었다. 따라서 미국의회에서는 노예제 폐지에 대한 청원이 끊이지 않았으며 특히, 북부의 지식인들은 톰 아저씨의 오두막 같은 반노예제 문학작품들을 남부에 대량으로 우편 발송한다. 이러자 남부 정치인들은 Gag Rule이라는 것을 통해 의회에서 노예제 폐지에 대한 청원을 할 때 법안을 낭독하지 못하도록 하였다. 특히 이 법이 실제로 시행된 1835년부터 1837년까지 남부의 우편당국에서도 반 노예제 우편물의 배달을 거부하는 등 조직적 대처가 있었다고 한다. 즉, 노예제에 대한 남부와 북부의 대립이 극명하게 나타나기 시작하며 아까도 언급했던 칼훈의 의회연설을 보면 그는 노예제도는 남부문화의 기반이며 이를 폐지하려는 시도가 계속될 때 남부는 연방에서 독립할 것임을 분명히 밝히고 있다.

7.5.2 텍사스 합병

앞서 제6장에서 설명했듯이 멕시코에 살던 미국인들이 멕시코로부터 독립한 후 텍사스 공화국을 세우고 곧이어 미국연방에의 편입을 요청했을 당시 우선은 거부되었던 이유도 바로 노예제 때문이었다. 즉, 텍사스 주가 미주리 타협에서 언급된 북위 36도30분 이남에 있었기 때문에 텍사스는 노예제가 허용될 수 있어 북부 주에서 텍사스의 미국연방 가입을 처음에는 반대했던 것이다. 하지만 당시에 국가의 영토를 확대해야 한다는 의견도 많았었기 때문에 텍사스의 연방가입을 위해 일종의 편법까지 동원되었다. 즉, 상하원 합동회의를 통해 원래 2/3의 찬성 대신 과반만 확보하면 되는 방법을 통해 텍사스의 연방가입을 통과시킬 수 있었다. 역시 제6장에서 언급했듯이 텍사스가 미국의 영토가 된 이후 멕시코와의 전쟁이 벌어졌으며 그 결과 캘리포니아를 비롯한 멕시코의 영토가 미국으로 편입되기에 이른다. 이 과정에서도 북부의 정치인 중 윌모트(David Wilmot)는 새롭게 편입된 영토의 토지가 초기 애국자들의 자손들에게 주어져야 한다는 법안을 제출한다. 그는 법안에서 북서부조례의 문구를 사용하였을 뿐 노예제에 대한 언급은 전혀 없었다. 그러나 남부의 정치인들은 윌모트의 주장에 노예제 확산을 막을 의도가 있다고 판단하여 반대한다. 당시 1848년의 대통령 선거에서 노예문제가 시끄러워지는 것을 원하지 않았던 일부 북부 민주당원들의 반대로 윌모트의 법안은 결국 통과될 수 없었다. 그러나 멕시코와의 협정을 통해 캘리포니아 등의 영토가 미국으로 편입되자 의회에서의 협정 동의안은 별 문제 없이 통과되어 드디어 미국 본토가 오늘날과 같은 모습을 갖추게 된다.

7.4.3 자유토지당의 결성

그런데 앞서 언급한 1848년 대통령 선거의 민주당 후보 지명전은 밴 뷰렌(Van Buren)과 루이스 카스(Lewis Cass) 두 사람의 대결양상을 보였다. 그런데 1837~1841년 사이 이미 한 차례 임기를 역임한 전직 대통령 출신의 밴 뷰렌은 텍사스 합병과 멕시코 전쟁을 반대하여 반 노예제 성향을 띠고 있었다. 그러나 당시 민주당의 전당대회 과정에서 대통령 후보는 선거인단의 2/3의 지지를 얻어야 한다는 새로운 규정이 신설되는 바람에 반 노예제의 후보는 지명될 수가 없게 되어버린다. 반면 미시간 주 출신의 루이스 카스는 북부출신 이지만 윌모트 법안을 저지한 북부민주당을 이끈 인물이기 때문에 남부에서도 반대하지 않아 그는 대통령 후보가 될 수 있었다. 그렇게 되자 밴 뷰렌을 지지한 북부민주당원들은 뉴욕주의 유티카에 모여 자신들만의 전당대회를 열고 밴 뷰렌을 대통령 후보로 지명한다. 그들은 자신들을 Free Soil Democrats 즉, 자유토지민주당이라 불렀으며 이들은 나중에 보수정당인 휘그당(Whig Party)의 반노예제 인사들과 합병하여 오늘날의 공화당(Republican Party)으로 진화한다.

7.5.4 캘리포니아 주의 성립

결국 휘그당의 테일러(Zachary Taylor)가 당선된 1848년의 대통령 선거 당시에 캘리포니아에서는 하나의 역사적 사건이 벌어진다. 즉, 어느 날 아침 한 사나이가 오늘날 새크라멘토 부근의 아메리칸 강을 산책하던 중 세수를 하려고 강물에 손을 담그던 중 건너편 물속에 뭔가 번쩍이는 것을 발견한다. 그 번쩍이는 것은 다름이 아니라 금덩어리였고 자세히 보니 그 주위에 금덩어리가 여기저기 널려있었다고 한다. 그 소문이 알려지고 사람들이 캘리포니아로 몰려가기 시작했으며 이를 가리켜 골드러시(Gold Rush)라고 부른다. 자고 나면 새로운 사람들이 삽과 곡괭이 냄비를 들고 사금을 채취하러 캘리포니아로 몰려들어 인구가 급증하기 시작한다. 워낙 사람들이 많이 몰려들자 주 정부의 필요성이 생겼으나 노예문제로 대립하는 의회를 통해 일을 도모하자면 언제 그렇게 될지 알 수 없는 상황이다. 그러자 캘리포니아 주의 사람들은 스스로 자치정부를 구성하고 주민투표를 통해 노예제 금지의 헌법을 채택한 뒤에 연방에 편입을 요구한다. 그러나 미주리 주가 연방에 가입할 때 11대11의 균형이 깨지게 되었던 것과 마찬가지로 캘리포니아가 자유주로 연방에 가입하면 15대15의 균형이 깨지게 되어 당연히 남부의 노예주 출신 정치가들은 이를 반대했다. 그러나 그들은 이 기회를 이용하여 북부로부터 몇 가지 양보를 얻어내는 조건으로 캘리포니아의 연방가입을 허용한다. 그들이 내세운 조건은 다름이 아니라 도망 노예제를 채택하는 것이었다. 당시 노예주에 속해 있던 노예들이 자유주로 도망가면 속수무책인 상황이었지만 연방정부에서 이들 도망한 노예를 체포하여 원래의 지역으로 돌려보내는 제도를 만들었던 것이다. 또한 뉴멕시코,

애리조나, 유타의 지역정부를 허용하면서 노예제에 대해서 언급하지 않기로 했는데 이는 향후에 이들이 주정부로 승격하여 연방에 가입할 때 노예주로서 가입할 수 있는 여지를 남기려는 남부의 의도가 담긴 전략적 결정이었다.

7.6 … 갈등의 심화

7.6.1 캔자스-네브래스카 법 (Kansas-Nebraska Act)

이와 같이 양보를 통해 자신들이 원하는 것을 얻으면서 기회를 엿보던 남부의 정치인들에게 또 한 번의 기회가 찾아오게 되는데 그것이 바로 1854년의 캔자스-네브래스카 법이다. 북부에 속한 일리노이 주의 상원의원이었던 더글러스(Stephen A. Douglas)는 시카고에서 출발하는 대륙횡단 철도건설에 대해서 연방정부의 토지를 불하하는 법안을 추진하고 있었다. 그러나 당시에 남부 도시인 세인트루이스, 멤피스, 뉴올리언스 등에서도 자신들을 출발지로 하는 대륙횡단 철도건설을 시도하였다. 더글러스는 시카고가 남부도시들에 비해 확실한 우위를 가질 수 있도록 지금의 네브래스카 지역에 가능한 많은 인구를 이주시킬 방안을 모색하였다. 그러한 이주민의 증가를 돕기 위해서는 우선 네브래스카 땅에 지역정부를 허용하는 것이 급선무였다. 그런데 네브래스카는 북위 38도30분 이북에 위치한 지역이라 미주리 타협에 의하면 그곳은 자유주가 되어야 했다. 그러나 남부 주 정치인들로부터 지지를 얻기 위해 더글러스는 네브래스카를 둘로 분할하여 남쪽의 캔자스에서는 노예제를 허용하자는 절충안을 제시한다. 이것은 이전의 미주리 타협을 뒤집는 행위로서 상당한 반발이 있었지만 결국 그의 안이 통과가 되어 네브래스카와 캔자스가 분리된 채 지역정부가 허용된다. 그렇게 되자 네브래스카와 캔자스에는 북부 출신의 자유농민들이 이주하기 시작했으며 미주리 쪽에서도 캔자스로 백인들이 이주해오기 시작한다. 그러나 북부에서 오는 사람들은 대부분 영구적 정착민인데 반해 미주리에서 오는 사람들은 임시로 넘어온 이주민들이었다. 그들은 정착 목적으로 온 것이 아니라 추후에 캔자스를 노예주로 만들 것을 염두에 두고 오는 사람들이었는데 노예를 데리고 오지는 못했다. 하지만 그들은 노예 대신 총기를 들여왔고 북부출신의 농민들과 잦은 분쟁을 벌였는데 이를 가리켜 Bleeding Kansas라는 말이 생기게 된다. 즉, 본격적인 남북전쟁에 앞서 피 흘리는 캔자스로 불리는 소규모의 내전이 벌써 시작되고 있었던 것이다.

7.6.2 공화당의 창당과 Dred Scott 판결

캔자스-네브래스카 법과 그에 이은 Bleeding Kansas 사건으로 북부의 사람들은 노예제를 폐지하기 위해서는 기존의 정당으로는 불가능하기 때문에 북부사람들에 의한 새로운 정당이 필요하다는 인식을 가지게 된다. 그 결과 1848년 선거에서 민주당에 분리되었던 자유토지당과 휘그당의 반노예제 인사들을 중심으로 새로운 정당인 공화당이 1856년에 창당된다. 공화당의 정강정책은 당연한 것이지만 연방정부가 나서서 노예제를 폐지하는 것을 우선에 두었으며 또한 북부주민들의 의사를 반영하여 연방정부가 주도하여 도로, 철도 등 기간시설을 확충하는 것도 목표로 삼았다. 그러나 1856년에는 민주당 제임스 뷰캐넌이 대통령에 당선되면서 공화당은 첫 선거에서는 패배를 맛보게 된다. 그런데 1857년의 드레드 스콧(Dred Scott)에 대한 대법원의 판결이 내려지면서 분위기가 공화당 쪽으로 유리하게 전개되기 시작한다. 스콧은 원래 미주리 출신의 노예였으나 주인이 자유주인 위스콘신으로 이주하면서 자유민의 신분이 되었다. 그러나 그의 주인이 다시 미주리로 돌아가면서 그를 따라가게 되자 다시 노예의 신분이 되어야만 했다. 그는 자신이 자유민이라고 주장했고 결국 대법원에서 그 문제가 다루어지게 되었는데 당시 남부의 세력이 강했던 대법원 판결은 비록 스콧이 자유민이었다고 하더라도 노예주로 돌아온 이상 다시 노예의 신분으로 돌아가야 한다고 결정했다. 아울러 대법원은 연방정부가 노예제를 금지할 권한이 없으며 따라서 북위 38도30분 이북 지역에서 노예제를 금지한 미주리 타협 등은 원천무효라고 판결한다. 이 판결은 노예제 폐지를 목표로 하는 공화당의 존재이유 자체를 부정하는 것으로 북부에서는 이를 계기로 현재 상태에서는 더 이상 노예제 문제를 해결할 수 없음이 분명해진다. 따라서 다음 번 기회가 오면 더 이상 현행의 정치구도를 유지할 수 없다고 판단하게 되었으며 그러한 기회가 처음으로 찾아온 1860년의 선거에서 공화당 대통령 후보로 나선 인물이 바로 링컨이었다.

7.6.3 링컨의 대통령 당선(1860)

1860년 대통령 선거에 나서는 공화당의 주요 정강정책은 두 가지로 요약될 수 있는데 우선 첫 번째는 두 말 할 것도 없이 노예제를 전면 폐지하여 스콧판결을 무시하는 것이었다. 두 번째는 서부의 연방영토를 북부 자유농민들에게 우선 배분하는 것으로 실제로 공화당이 집권한 뒤에 Homestead Act로 구체화되는데 그 내용에 대해서는 뒤에 자세히 설명할 것이다. 그런데 이러한 정강정책을 가진 공화당의 대표주자로 나선 인물이 앞서 언급한 링컨(Abraham Lincoln)이다. 원래 켄터키의 가난한 농부의 아들로 태어난 그는 어려서부터 똑똑한 인물이어서 학교에는 단 1년밖에 다니지 못했지만 글쓰기와 정확한 산술실력을 갖추었다고 한다. 젊어서 사업실패의 쓴 경험을 맛보기도 한 그는 카운티 보조원과 우체국장 등을 거쳐 일리노이 주의회 의원에 4회 연속 당선되는 등 정치적 역량을 보인다. 1846년 휘그당 소속으로 하원의원이 되기도 했던 그는 앞서도 설명했던 캔자스-네브래스카 법을 주도한 민주당의 더글러스에 맞서 상원에 출마한다. 그는 1차 투표에서 제일 많은 표를 얻기도 했으나 과반을 획득하지 못하자 2차 투표에서 더글러스의 낙선을 위해 자신의 출마를 포기하는 등 신념이 무척 강한 인물이었다. 1856년 공화당이 창당될 때 활약한 그는 더글러스와 다시 맞선 1858년 상원의원 선거에서 "분열된 집안"이라는 제목의 연설에서 노예제를 두고 대립하는 상황이 하루속히 해결되어야 한다는 주장을 하여 많은 인기를 얻게 된다. 그리고 그는 1860년 대통령 선거에서 공화당의 대통령 후보로 지명된다. 그런데 당시 민주당의 분열이 발생하여 링컨의 당선은 거의 확실한 상태가 되었다. 즉, 스콧판결로 연방정부가 노예제를 금지한 것이 위헌이라고 판결을 받은 남부 정치지도자들은 이번 기회에 아예 노예에 대한 확실한 규정을 법률로 만들려고 하였으나 북부 민주당 인사들은 그렇게 까지 하는 것을 찬성할 수는 없었다. 즉, 정치적 이득을 위해서 노예제에 대한 일들을 묵인할 수는 있었지만 그걸 아예 제도화하는 데는 북부 민주당 인사들이 동의할 수 없었던 것이다. 그렇게 민주당은 남부와 북부가 서로 대립하다가 결국 양측에서 각기 대통령 후보를 내세우는 사태로 까지 이어졌으며 이와 같이 민주당이 분열된 상태에서 공화당의 승리는 아무런 문제가 없었다.

7.7 … 남북전쟁

7.7.1 링컨의 의지

상대방이 분열되는 바람에 공화당 대통령 후보가 되는 것만으로도 대통령 당선이 보장되었던 링컨의 의사가 분명하였기 때문에 남부에서도 이제는 다른 방법이 없으며 오직 한 가지 방법은 그들이 연방을 탈퇴하는 것이라고 생각했다. 그러나 링컨은 어떠한 이유에서도 연방이 분열되는 일은 없어야 한다는 강력한 의지를 표명하며 만약에 남부가 연방에서 분리되려는 움직임을 보인다면 무력을 사용해서라도 이를 막을 것임을 경고했다. 그는 특히, 신생국인 미국의 민주공화정 체제가 산업화에 가장 적합한 형태라 생각했으며 미국이 분열되지 않고 성공하는 모습을 보이는 것만이 자신의 주장을 뒷받침하는 길이라고 믿었다.

7.7.2 남부의 연방탈퇴

그러나 링컨의 그러한 강력한 의지와 경고에도 불구하고 그가 대통령에 당선된 1860년 11월부터 사우스캐롤라이나를 비롯한 남부 주들이 연방을 탈퇴하기 시작한다. 그러나 대통령직 취임은 그 다음 해 3월이었기 때문에 링컨으로서는 아무런 대응도 할 수 없었고 물러나는 대통령인 뷰캐넌(James Buchanan)도 별다른 조치를 취할 수 없었다. 다만 뷰캐넌은 임기 막바지에 캔자스를 자유주로 연방에 가입시키고 또한 콜로라도, 네바다, 다코타에 지역정부를 설치하는 안을 승인하게 된다. 그런데 그들 지역에서의 노예제에 대한 언급은 없었는데 그럴 필요가 없었던 것은 링컨이 취임하면 당연히 노예제를 허용하지 않을 것이 분명했기 때문이다. 사태가 점차 노예제 폐지로 간다는 것이 분명해지면서 남부 주들은 링컨이 취임하기 전인 1861년 2월에 노스캐롤라이나, 미시시피, 플로리다, 루이지애나, 앨라배마, 조지아 등 6개주로 구성된 남부 연합(Confederate States of America)을 결성한다. 또한 그들은 앨라배마의 몽고메리를 수도로 정하고 미시시피 출신의 제퍼슨 데이비스(Jefferson Davis)를 대통령에 선출하는 등 북부와의 전쟁에 대비한다. 그리고 마침내 이러한 연방탈퇴를 무력으로라도 진압할 것이라 천명한 링컨이 3월에 취임함으로써 Civil War 즉, 남북전쟁이 드디어 발발하게 된다.

7.7.3 남북전쟁의 전개

전쟁이 어떻게 전개되었는지는 이 책의 큰 관심사가 아니지만 남북전쟁의 특징적인 사항을 몇 가지 살펴보자면 우선 남군이나 북군이나 모두가 자원병이 참전한 형태의 전쟁이라는 점이 특별한 의미를 가진다. 우선 북부의 병사들은 나라가 둘로 쪼개지는 것을 볼 수 없었기에 연방의 수호라는 사명을 가지고 전쟁에 참여한 것이다. 또한 남부의 백인병사들 역시 노예제가 폐지되어 흑인들이 자신들과 같은 지위를 가지게 되는 것을 절대로 받아들일 수 없기에 노예제와 자신들의 고귀함을 수호하기 위해 전쟁에 참전한 것이다. 다시 말해 남부와 북부는 추구하는 가치관과 경제적 목표에 대한 신념이 서로 달랐지만 그들은 모두 자신의 체제를 지키기 위해 자발적으로 시민전쟁(Civil War)에 참여한 것이다. 이러한 남북전쟁은 초기에 남군에게 유리하게 전개되는 듯했지만 시간이 지나면서 북군이 승기를 잡아가는데 당시 치열한 전투가 벌어졌던 게티즈버그(Gettysburg)에서 행한 링컨의 연설은 오늘날도 유명하다. 즉, 그는 1863년 11월의 연설에서 “오늘 이곳에서의 병사들의 죽음은 결코 헛된 것이 아니고 신의 축복을 받은 이 나라는 반드시 새로운 자유의 탄생을 맞을 것이다. 새로운 탄생은 국민의 국민에 의한 국민을 위한 즉, of the people, by the people, for the people의 정부를 가지는 공화국의 탄생을 의미한다.”고 역설하였다. 그처럼 치열하게 전개되던 남북전쟁은 1865년 4월에 남군의 리(Robert E. Lee) 장군이 북군의 그랜트(Ulysses S. Grant) 장군에게 항복하는 문서에 서명함으로써 막을 내리게 된다.

7.8 … 실질적 미국혁명

7.8.1 연방정부의 권한강화

노예제를 둘러싼 남북전쟁은 결국 주정부와 연방정부의 권한에 관한 다툼이나 마찬가지였다. 즉, 남부의 주들은 연방정부 주도의 상업적 신용창조, 기반시설의 건설, 서부개척지의 토지배분에 대해서 반발하였다. 그러나 남북전쟁에서 남부 연합의 패배는 결국 연방정부의 승리였으며 링컨 행정부는 당시 전쟁의 긴급사태를 연방정부의 권한을 확대하는 기회로 삼았다. 남북전쟁의 전시상태에서 연방정부가 통과시킨 중요한 법안은 모두 17개에 이른다. 이러한 법안들은 모두 남북전쟁 이후 권한이 강화된 연방정부 주도의 강력한 산업발전 정책을 펼칠 수 있는 계기를 마련한다. 링컨이 집권한 1861년 3월에 가장 먼저 한 일은 보호관세 법안인 Morrill Tariff Act를 통과시킨 것인데 이는 공화당 집권자체가 미국의 산업화 과정에 얼마나 중요한 전환점이 되었는지를 알 수 있게 한다. 다음으로는 1862년 2월 필요한 경우에 연방정부가 군사적 목적으로 철도를 운영할 수 있도록 한 것인데 이는 전시에 운송수단의 확보가 중요했기 때문일 것이다. 같은 시기인 1862년 2월에 입법된 Legal Tender Act는 연방통화의 유통을 위한 법률인데 이는 녹색의 미국 달러화 즉, Greenback이 최초로 도입되는 근거를 마련한다. 1862년 4월에는 미국의 수도인 워싱턴 DC에서의 노예제가 폐지되며 5월 달에는 서부의 공공 토지를 실제 정착민에게 배분한다는 내용의 Homestead Act가 제정된다. 이어서 6월에는 드디어 미국의 모든 영토에서의 노예제를 폐지하는 법안이 통과된다. 또한 7월에는 대륙 횡단 철도의 건설에 대해서 연방정부가 보조를 할 수 있도록 하는 Pacific Railway Act가 통과된다. 같은 시기인 역시 7월에 각 지역의 대학 설립을 촉진시키기 위해 그러한 목적으로 연방정부의 토지를 배분할 수 있도록 하는 Land Grant Act가 통과된다. 한편 1862년 7월에는 또한 흑인병사들을 모집하기 위한 Militia Act가 입법되었으며 1863년 2월과 1864년 6월에는 국립은행체제를 확립하는 National Banking Act가 통과되었다. 1863년 3월에는 20~40세의 남자들에게 군복무 의무를 부과하는 법령이 통과되며 1864년 6월에는 흑인병사들에게도 동등한 급여가 지급되도록 하였다. 1864년 7월에는 두 번째 대륙 횡단철도 건설의 지원을 위한 Northern Pacific Act가 성립된다. 그리고 1864년 10월에는 주립 상업은행 발행 화폐에 대한 2%의 조세가 부과되는데 이는 연방화폐의 촉진을 위한 것으로 이 역시 나중에 자세히 설명할 것이다. 이어서 1865년 1월에는 수정헌법 13조를 통해 노예제 금지를 헌법에 명시하게 된다. 1865년 3월에는 전년 10월의 2% 세금부과가 효과가 별로 크지 않았기 때문에 주 정부 인가의 상업은행에서 발행한 화폐에 대해서 10%의 세금을 부과하여 연방화폐의 유통촉진을 다시 한 번 강화했다. 마지막으로 1865년 3월에는 군 장교들에게 해방노예와 지주들 사이의 새로운 노동계약을 감독할 수 있는 권한을 부여한다.

7.8.2 수정헌법 제13 ~ 15조

전쟁기간 중 취해진 이상의 조치들은 모두가 연방정부의 권한을 강화하기 위해 취해진 조치들이지만 그 때부터 이루어진 일들은 진정한 미국의 혁명이라고 불려질 정도로 오늘날 미국의 기틀을 마련한 중요한 사건들이라고 할 수 있다. 특히 이들 조치 가운데 헌법 개정을 통해 나타나는 것들은 그 만큼 국가의 근간을 바꾼 조치들이라 할 수 있다. 우선 1865년의 수정헌법 제13조는 노예제를 전면폐지하게 된다. 이는 노예제를 둘러싼 동북부와 남부 사이의 오랜 논란에 종지부를 찍으며 농업적 민주주의에 대해 상업적 민주주의가 승리하게 됨으로써 향후 국가발전 방향을 확실하게 결정하는 계기가 된다. 따라서 이는 20세기 미국이 세계에서 가장 우월한 산업국가로 발돋움하는데 결정적인 기반을 제공하는 사건이다. 또한 1868년의 수정헌법 제14조는 주정부에 대한 연방정부의 우위를 명시하게 된다. 그 동안 조세를 거두고 도로·수로 등 국가 기반시설을 건설하는데 있어서 주 정부와 연방정부의 권한에 대한 논란을 종결시킴으로써 국가의 통치권한에 대한 논란을 마무리하게 된다. 즉, 향후 국가의 발전을 추구함에 있어서 연방정부가 절대적인 권한을 가지고 정책을 추진해 나갈 수 있게 된 것이다. 강력한 중앙정부를 허용함으로써 이 역시 미국이 20세기 절대 우위의 산업국가로 발돋움 하는데 중요한 기반으로 작용한다. 마지막으로 1870년의 수정헌법 제15조는 해방노예를 포함한 선거인단의 구성을 명문화하게 되는데 이 역시 중요한 입법이다. 이는 그 동안 토지에 기반을 둔 백인에게만 투표권을 주고자 했던 남부의 주장에 반해 조세를 부담할 능력이 있는 상공인과 특히 흑인 중에서도 해방노예에 대해서 투표권을 부여 한 것이다. 제한적이나마 흑인들에게도 투표권을 부여한 것도 중요한 사실이지만 이 헌법 개정 역시 상공업을 중요시하는 공화당의 정책적 의지가 담겨진 것이다. 이상에서 설명한 수정헌법 제13조, 제14조, 제15조의 헌법 개정은 미국이 오늘날과 같이 세계경제의 절대적인 강자로 발전하는데 제도적인 근본을 제공하게 된다.

7.9 … 연방주도의 경제체제

7.9.1 조세제도와 국채발행

그러나 이상과 같은 제도적 근본을 만들었다고 하여도 연방정부가 제대로 정책을 시행할 수 있기 위해서는 무엇보다 재정을 강화하는 정책이 우선 필요하였다. 앞서 살펴본 독립전쟁이나 1812년 전쟁에서도 마찬가지였지만 남북전쟁 기간 중 연방정부의 가장 큰 고민거리 가운데 하나가 바로 전쟁비용을 충당하기 위한 재원을 마련하는 것이었다. 당시 연방정부의 재정수입원은 관세였으나 앞서 설명했던 Morrill Tariff는 조세수입이 목적이라기보다는 미국의 제조업 육성을 위한 공화당의 공약을 수행한 보호주의 성격의 관세인상이었다. 따라서 실제로 전쟁비용 충당을 위해서 관세 이외에도 조세를 거둘 수 있는 권한을 연방정부에 부여할 필요가 있었다. 연방정부가 부과한 조세는 소득세와 물품세로 구분할 수 있었는데 오늘날 대부분의 국가에서 부과되는 소득세 제도는 이 당시 미국에서 처음 도입된 것이다. 특히, 오늘날 미국에서 국민들에게 가장 거부감이 많은 기관 가운데 하나인 Internal Revenue Service 즉, IRS의 전신인 내부세입위원회가 이 때 생겨나게 된 것이다. 그러나 조세는 전쟁비용 충당의 보조수단에 지나지 않았으며 막대한 규모의 전쟁비용을 충당하기 위해서 국채를 발행해야 했었다. 독립전쟁 직후에는 주 정부에서 발행한 채권을 둘러싸고 애국자들보다는 채권을 헐값에 사들인 상공인들만 보상하였다는 비난을 받았었다. 그러나 남북전쟁 당시의 국채는 은행가인 제이 쿡(Jay Cooke)의 기막힌 판매기법에 힘입어 연방정부의 재정을 안정시킬 수 있었으며 이번에는 실제로 애국한 사람들에게 보상이 돌아가게 했다.

7.9.2 국립은행제도와 통화

1846년 통과된 법안에 의하면 연방정부는 자금집행을 현금으로만 하도록 되어 있었는데 이는 연방정부를 재정적으로 압박하여 권한을 제한하는 것이 노예제 유지에 유리하다고 판단한 남부 주들이 이를 강력히 지지하여 이루어진 것이었다. 남북전쟁의 발발 후 재무성 장관은 채권발행을 통해 전쟁비용을 마련하기는 하였으나 몇 년을 끌지 모르는 전쟁을 위해 매번 그렇게 하기는 힘들었기에 보다 근본적인 해결책이 필요했다. 근본적인 해결책이란 조세를 통해 충분한 재원을 마련하는 것이었지만 전쟁 중인 상황에서 그것은 당장 시행이 어려운 일이었다. 따라서 임시 대안으로 제시된 것이 앞서 설명했던 1862년의 Legal Tender Act 인데 이는 연방정부의 종이화폐 즉, 달러화인 Greenback을 인쇄하는 것이었다. 독립전쟁을 전후하여서도 문제가 되었지만 아무런 담보 없이 종이화폐를 그냥 발행하는 것은 인플레이션을 일으킬 수밖에 없다. 인플레이션의 문제를 해결하기 위해서는 시중에 돌아다니는 통화를 없애는 것이 필요하며 그러기 위해서 기존의 화폐를 장기채권으로 전환하는 것이 필요하였다. 그런데 당시 뉴욕 은행에서 연방정부 채권을 담보로 화폐를 발행하는 제도를 시행하고 있었다. 이러한 방법은 정부채권에 대한 수요도 늘릴 수 있을 뿐만 아니라 향후 연방정부에서 거두어들일 세금을 담보로 화폐를 발행하는 것이기에 어느 정도 안정적인 가치를 유지할 수 있었다. 따라서 연방정부의 재무성은 뉴욕 은행의 제도를 전국적으로 확대하여 국립은행 제도를 시행하고자 하였다. 즉, 국립은행을 통해 연방정부 채권을 담보로 안정적인 가치를 지니면서 또한 전국적으로 통용될 수 있는 단일 형태의 국립은행 화폐를 발행하려 한 것이다.

또한 앞서 설명한데로 연방정부가 징수한 물품세를 예치할 은행으로 각 지역에 국립은행이 필요하기도 했다. 그 동안 은행제도를 엄격하게 시행해오던 주에 대해서는 국립은행의 법인화가 용이하게 허용하였으며 이에 따라 많은 사업가들이 은행산업에 참여할 수 있는 기회를 제공하였다. 국립은행법(National Banking Act)은 1863년 시행되는데 당시 설립된 전국의 국립은행들은 규모에 따라 일정한 규모의 연방정부채권을 구매하는 것과 지불준비금을 보유하는 것이 의무화되었다. 지불준비금의 수준은 은행마다 달랐는데 17개 법정은행은 예치금의 25%를 그리고 다른 지역의 은행들도 도시규모에 따라 15~25%의 지불준비금을 보유해야 했다. 앞서 설명했지만 1864년 주립은행이 발행한 화폐에 대해 2%의 세금을 매긴 것은 주립은행의 국립은행 전환을 촉진하여 국립은행 화폐의 유통을 확산시키기 위한 것이었다. 그러나 그 성과가 매우 미미하였기에 연방정부는 1865년 3월부터는 주립은행발행화폐에 대해 10%의 세금을 추가로 부과한다. 이와 같은 세금이 부과되자 드디어 주립은행들의 국립은행으로의 전환이 활기를 띠었으며 1863년 66개에 불과하던 국립은행이 1866년에는 1,644개로 늘어난다. 한편 1866년이 되면 주립은행 화폐가 마침내 시중에서 사라지게 되어 미국은 드디어 전국적으로 유통되는 통일된 연방통화를 가지게 되는데 거기에는 동전, 달러화, 국립은행권 세 가지가 해당된다.

7.10 … 전쟁이후의 공화당 정권

7.10.1 정책기조

이상에서 언급한 헌법 개정이나 조세강화, 통화발행 등 일련의 조치는 전쟁을 치루기 위해 연방정부의 권한을 강화한 것이었다, 하지만 전쟁이 끝나고 평화가 찾아온 시기에 연방정부의 이러한 권한은 결국 미국의 산업화를 추진할 수 있는 강력한 원동력이 되었다. 특히, 당시의 공화당 정권은 이러한 연방정부의 권한을 두 가지 정책의 추구에 집중하게 된다. 그것은 우선 다름 아니라 연방정부의 강력한 권한을 앞세워 산업자산의 축적을 극대화해나가는 것이고 또 하나는 대륙 전체로의 정착을 확대하여 미국이 진정한 의미의 대륙국가로 안정되게 하는 것이었다.

7.10.2 링컨의 암살

전쟁을 치루면서 까지 벌였던 국가의 미래에 대한 오랜 논란이 전쟁과 더불어 종결됨으로써 이제 공화당은 자신들의 정책을 강력하게 밀어붙이면 될 것처럼 보였다. 특히, 1864년 3월에 재선에 성공한 링컨이 대통령에 취임함으로써 공화당은 정말 모든 것이 마음먹은 대로 되어 간다고 느꼈을 것이다. 그러나 그해 4월 연극을 관람하던 링컨대통령이 극장에 숨어든 암살범에 의해 총격으로 사망하게 된다. 링컨이 암살되기는 했지만 공화당으로써는 그를 승계한 부통령 앤드류 존슨(Andrew Johnson)이 자신들의 정책을 계속 추진할 것이라 기대하였다. 원래 남부 테네시 주 출신의 상원의원인 그는 자신의 주가 연방에서 탈퇴하는 것을 반대하여 링컨의 눈에 들게 된다. 특히, 그는 남북전쟁 중 링컨에 의해 테네시 주지사로 임명되었으나 테네시 주민의 입장에서는 반역자나 마찬가지여서 많은 위험을 무릅쓰고 주지사의 역할을 수행했다. 그러한 공로가 인정되고 또 전쟁 이후 남부지역에 대한 포용정책의 일환으로 그를 러닝메이트로 지명하여 부통령에 당선된 것이다. 그러나 링컨의 뒤를 이어 대통령에 취임한 존슨은 공화당의 기대와는 다른 방향으로 움직였다. 즉, 그는 전쟁 중의 적대적인 감정을 치유한다는 취지로 노예제를 제외한 모든 조치를 전쟁 이전의 상태로 돌리고자 했다. 그리고 그는 결국 1865년 5월 남북전쟁기간 중의 반란자에 대한 전면적인 사면을 허용하는 조치를 공표한다. 그렇게 되자 남부정치인들의 대부분이 정치에 복귀하여 6개월이 지난 후에는 모든 남부의 주정부가 전쟁 이전의 인물들에 의해서 다시 장악되는 사태가 발생한다.

7.10.3 공화당의 반발

이에 대해 공화당이 반발하여 1865년 남북전쟁 이후 처음으로 열린 연방의회에서 남부 주의 상하원의원에 대한 인준을 거부하게 된다. 그렇게 남부출신 상하원 의원들의 인준을 거부했던 공화당은 1866년의 선거에서 상하원 모두 절대다수를 확보하고 존슨 대통령의 유화정책에 대한 본격적인 반격을 시도한다. 우선 제1차 재건법안(Reconstruction Act)을 통과시켜 그들은 1867년 3월 존슨의 출신주인 테네시를 제외한 나머지 10개 남부 주정부의 권한을 무효화시킨다. 또한 그들은 10개 주를 5개 권역으로 분할하여 군부에서 파견한 장군들에 의해 통치되도록 하는데 그들은 장교들이 주도하는 헌법회의를 조직하고 주 헌법의 개정을 추진하게 된다. 그들은 전쟁에 참여하지 않은 백인과 해방노예들로 선거인단을 구성하면서 전시에 노예주 정부에 참여했거나 남부군에 참전한 사람들에 대해서는 선거권을 인정하지 않았다. 이렇게 해서 만들어진 헌법과 선거인단에 의해 선출된 주 의회는 우선 연방정부의 우월한 권한을 명시한 수정헌법 제14조를 정식으로 추인해야만 다시 연방에 편입될 수 있었으며 그럴 경우에만 연방의회에 대표자를 참석시킬 수 있었다. 이러한 정책을 편 공화당의 의도는 두 가지로 요약될 수 있는데 우선은 전쟁기간 중에 입법화된 여러 정책을 그대로 시행함으로써 경제개발정책을 지속적으로 추진하고자 했다. 그리고 또 하나는 가능한 오랜 기간에 걸쳐 남부 주의 운영에 대한 공화당 정권의 영향력을 유지하고 확대하고자 했던 것이다.

7.10.4 공화당의 퇴조와 타협

그런데 공화당이 의도했던 가능한 오랜 기간은 1877년경이 되면 벌써 그들이 더 이상 강력한 영향력을 행사할 수 없는 사태에 직면하게 된다. 그러한 공화당의 영향력 감소는 1870년 이후부터 나타나기 시작하는데 남부 주에서 원래의 정치인들을 몰아내고 그 공백을 메우기 위해서 공화당이 세운 사람들 중에는 능력이 모자라거나 자격조건이 안 되는 사람들이 많았다. 이런 무자격자들이 정권을 잡으면서 각종 부정부패가 발생하게 되고 여기에 연방정부 인사들도 연루되는 사건들이 벌어지기 시작한다. 이에 공화당에 대한 인기가 차츰 시들해지고 이런 와중인 1873년 찾아온 경제 불황은 공화당 체제가 경제발전에 만능이라는 환상을 깨뜨리게 되고 그 결과 1874년의 선거에서는 하원에서 공화당의 지배가 종식된다. 특히, 공화당 정권의 산업화 정책으로 피해를 입게 된 농업계의 불만이 확산되고 1876년에는 그들의 지지를 얻은 북부농업당(Greenback party)이 등장하게 되어 공화당의 지지층이 분산된다. 계속된 불황속에서 1876년 치르게 된 대통령 선거에서는 민주당의 승리가 확실시 되는 상황이었다. 이에 공화당에서는 정권을 민주당에 넘기기보다는 공화당의 경제개발정책에 찬성하는 남부민주당의원들을 회유하여 타협책을 제시할 수밖에 없었다. 타협의 내용은 대통령 선거에서 선거인단의 표계산 방식을 변경하여 공화당 후보로 출마한 해이스(Rutherford Hayes)를 1표차로 대통령에 당선시키는 대신에 남부에 여러 가지 혜택을 제공하는 것이었다. 우선 그 동안 남부주에 주둔하고 있던 연방군을 철수시키고 또한 남부의 주에서 흑인의 선거권을 박탈하는 편법에 대해 공화당이 묵인 한다는 것이었다. 아울러 남부에서 출발하는 횡단철도 건설과 각종 기간시설의 확충을 연방정부가 지원하는데 공화당이 협조하고 마지막으로 이러한 타협에 협조한 남부의 민주당원들이 관직에 참여할 수 있는 기회를 확대해주기로 약속한다. 결국 이러한 타협을 통해서 남부출신의 기존 정치지도자들이 대부분 복귀하여 주 정부의 권한을 장악하게 된다. 이들은 그 동안 전쟁에 패한 후 남부가 감수해야 했던 각종 불이익을 원래의 상태로 돌렸다고 해서 저당을 회수한 사람 또는 구제자의 뜻을 가진 Redeemer 라고 불린다.

7.10.5 1865년 이후 3대 정책

당시 공화당의 퇴조는 한 정권이 너무 오랫동안 권좌에 머무르게 되면 나타나는 폐해를 보여주고 있지만 그래도 이 때 공화당의 경제발전 정책은 오늘날 미국경제의 지위를 이루는 중요한 기초가 되었다. 특히 1865년 이후 공화당이 추진한 경제발전의 세 가지 중요한 정책적 도구는 철도건설, 관세부과, 통화정책 등을 들 수 있다. 우선 철도건설에는 막대한 건설비용이 들었으나 아직 인구가 제대로 정착되지 않은 가운데 수요보다 앞서 철도를 건설하자니 막대한 자금을 연방정부가 지원할 수밖에 없었다. 두 번째 관세부과는 도시지역의 산업을 보호하고 그들에게 높은 이윤을 보장함으로써 도시 상공업자들 특히, 제조업자들이 산업자본을 축적하는데 유리하게 작용한다. 마지막으로 통화정책은 인플레이션 억제에 있었는데 이는 자신들이 생산한 농산물에 대한 가치가 높아지면 유리했던 농촌지역의 부를 도시지역으로 이전시키는 역할을 하게 되며 나중에 설명하겠지만 이는 농업계의 불만을 고조시키게 된다.

7.10.6 도시 우위와 시장통합

이상과 같은 일련의 정책에도 불구하고 1915년까지는 그래도 농촌인구가 도시인구보다 많았다. 특히 남부에서는 백인들이 농촌인구의 다수를 차지하고 있었는데 그들은 경제적 감각이 대체로 부족했다. 따라서 시간이 가면서 도시가 농촌을 능가하는 것은 어쩔 수 없는 현실이었으며 1875년이 되면 벌써 도시지역의 부가 농촌지역의 부를 능가하는 수준에 이르게 되고 그 이후부터 도시와 농촌의 불균형은 지속적으로 확대되게 되어간다. 앞서도 언급하였지만 철도의 확산은 미국 내국시장을 빠른 속도로 통합하게 되는데 1861년에 5만 킬로미터에 불과했던 철도망의 길이가 1900년이 되면 이미 30만 킬로미터를 넘어서게 되고 주요한 간선망에 지선들이 연결됨으로써 1895년경에는 통합된 내국시장이 현실화되기 시작한다.

7.11 … 대륙횡단 철도

7.11.1 내국시장통합의 전조

이미 여러 차례 언급했듯이 철도건설이 미국 내국시장의 통합에 결정적인 역할을 했으나 철도 이전 시장통합에 전초적인 역할을 한 것이 있으니 그것은 1861년에 완성된 대륙횡단 전신망이었다. 이러한 대륙횡단 전신망이 완성됨으로써 미국 전역에서 각종 상품의 시세를 정확히 파악할 수 있는 길이 열렸고 각 지역에서 발행되는 신문을 통해 전국적인 뉴스들이 전달될 수 있게 된다. 또한 전신망을 통해 상품운송에 필요한 열차를 수배하고 배치하는 일들이 가능해지는 등 철도의 운송 정보를 전달하는 일도 쉬워진다.

7.11.2 철도법령

대륙을 횡단하는 철도는 남북전쟁 이전부터 추진되었고 실제로 전쟁 중인 1862년에 태평양철도법(Pacific Railway Act)이 통과됨으로써 연방정부의 지원을 얻는 대륙횡단철도의 정치적 결정이 내려지게 된다. 앞서도 언급했지만 이에 대한 역사적 평가는 충분한 수요가 생기기 전 10년 이상 앞서서 철도를 건설하는 무모성이 있기는 하였지만 결국 대륙횡단철도가 조기에 완공됨으로써 수요를 창출하는데 도움이 되었다는 것이다.* 즉, 충분한 수요가 창출되기를 기다린 뒤에 철도를 건설하는 것이 경제적으로 타당한 일이긴 하나 그런 과정을 기다렸다면 수요창출과 내국시장 통합은 훨씬 더디게 일어났을 것이라는 뜻이다. 그러나 이러한 수요창출과 내국시장 통합에 중요한 영향을 주는 입법이 또 하나 있었는데 이는 대륙횡단철도의 건설에 있어서 표준 궤도를 정하여 이를 의무화 한 1863년의 법령이다. 즉, 그 이전까지의 철도는 레일 사이의 넓이가 일정하지 않아 제각각 이었는데 이러한 레일을 가지고는 전국적인 철도망의 연결이 불가능했을 것이다. 아무튼 대륙횡단철도를 건설하기 위한 법안들이 통과되었지만 실질적인 건설이 시작된 것은 남북전쟁이 끝난 이후 이다.

7.11.3 최초의 횡단철도

대륙횡단 철도건설이 실제로 착공된 것은 1865년 여름이었으며 1869년 5월에 오늘날 유타 주의 북부 지역에서 양쪽으로부터 건설되어 오던 철도가 연결됨으로써 북미최초의 대륙횡단철도가 완성된다. 양쪽에서 건설되었다고 설명한 바와 같이 첫 번째 대륙횡단 철도는 우선 네브래스카 주 오마하라는 곳에서 시작하여 Union Pacific 회사가 서쪽으로 철도를 건설해갔으며 서쪽에서는 캘리포니아 주의 새크라멘토에서 시작하여 Central Pacific 철도회사가 동쪽으로 철도를 건설해갔다. 그런데 동쪽에서 서쪽으로 철도를 건설하는 데는 남북전쟁에 참전했다가 제대한 군인들과 유럽이민 특히, 아일랜드계 이민들이 참여하였으며 서부에서 동쪽으로 건설해

* Fogel, R. (1964)

간 철도건설에는 중국인 노동자들이 투입되었다고 한다.

〈그림〉 최초의 북미횡단 철도 연결

철도건설에는 연방정부의 지원이 필요했다고 했는데 이는 토지불하와 채권발행의 두 가지로 이루어졌다. 즉, 연방정부는 레일이 깔려 철도가 연장되면 각각의 1마일 당 양쪽으로 10마일 즉, 20제곱마일의 땅을 철도회사에 불하했다. 땅을 양도받은 철도회사는 이 땅을 다시 분할하여 민간에게 판매하는 방식으로 비용을 충당하였다. 그러나 땅을 불하받아 판매하는 데는 시간이 걸리기 때문에 실질적인 건설비용은 연방정부의 채권을 판매하여 충당하였다고 하는데 연방채권은 보통 30년 만기의 6%이자가 지급되었다고 한다. 1869년에 첫 대륙횡단철도가 완공된 이후 1893년까지 모두 7개의 대륙횡단철도노선이 완공되었는데 그 중 하나는 현재 캐나다 영토에 있는 것이다.

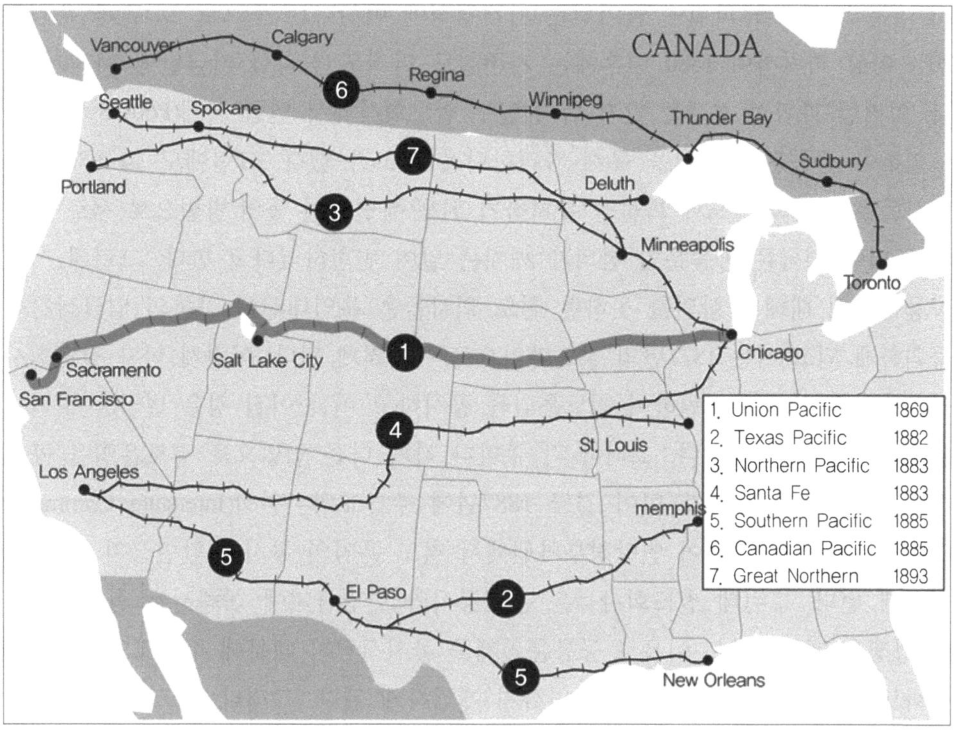

〈그림〉 북미 대륙횡단 철도(19세기 말)

7.11.4 철도의 파괴적 경쟁

이렇게 건설되기 시작한 철도들은 시간가면서 더욱 진전되는데 횡단철도에는 표준궤도가 쓰였지만 지역 철도에 따라서는 다른 궤도를 쓰는 경우도 있었다. 따라서 이를 연결하는 여러 방법들이 고안되었는데 예를 들어 바퀴 폭을 아예 넓게 하여 서로 다른 궤도 위에서 움직일 수 있게 하는 기술들이 개발되기도 한다. 그 밖에 초기에 깔렸던 레일들을 강철로 바꾼다던지 단선의 철도를 복선화하던지 강을 건너기 위한 새 다리들을 놓고 나무로 되어있던 것을 철교로 교체하고 역 주변을 정리하는 등의 진전이 일어난다. 그리고 간선철도를 중심으로 기점도시와 주변

도시를 연결하는 수많은 노선들이 건설되었으며 엄청난 속도로 새로운 철도들이 생겨나면서 기존철도와 경쟁이 심화되고 심지어는 기존철도들의 시장을 위협하는 수준에 이르게 된다. 철도 건설은 점점 투기적인 성향을 띠게 되고 우후죽순처럼 늘어나는 철도망들은 서로 자기 철도에 수요를 유치하기 위해 가격경쟁이 일어나는데 이러한 현상을 파괴적 경쟁(Destructive Competition) 이라고 한다. 다시 말해서 이는 스스로를 파멸에 몰아넣는 가격경쟁에 빠진다는 뜻으로 그 결과 운임이 20% 이상 하락하여 1880 이후에는 기존철도 마저도 심각한 자금난에 빠지게 된다. 이러한 파괴적 경쟁을 막기 위해 일부 철도회사에서 연합 체제(Pool System)를 도입하여 공동운임 편성을 통해 가격하락을 막고자 했다. 그럼에도 불구하고 각 회사들은 자신의 철도에 화물을 유치하기 위해 특별할인 등의 방법으로 서로 경쟁하게 되어 결국은 공동운임 합의가 깨지는 일이 빈번하였다고 한다. 그런데 서로 공동운임에 대해서 합의를 못하던 철도 회사들은 운임대신에 공통의 임금삭감에 동의하게 되고 이는 1877년의 철도파업으로 이어지게 된다. 이렇게 되자 철도회사들은 각 주 의회에 청원하여 철도운임을 공시하고 이를 어길 경우 벌금을 물리는 등의 방법을 동원하였다. 그러나 각 주마다 각기 다른 입법으로 철도운임을 규제하는 것이 여러 문제가 있어 결국 1887년에 주간교역위원회(Interstate Commerce Commission)가 구성되어 연방정부차원에서 철도 운임의 공시와 할인금지 등을 감시하게 된다. 그런데 철도회사들은 운임공시와 할인금지에 대해서는 환영하였으나 경쟁을 제한한다는 이유로 공통운임제를 금지시켰기 때문에 주간교역위원회와 불화도 자주 발생하여 결국 대법원까지 개입하게 된다. 그러나 철도의 파괴적 경쟁 문제를 해결하기 위한 여러 노력에도 불구하고 1893년에 찾아온 불황으로 철도들이 파산하는 사태가 발생한다. 그 해 여름에 74개의 철도회사가 파산되는 것을 시작으로 그 다음해 까지 모두 104개의 철도가 파산하게 된다. 그러나 이와 같은 파산의 과정은 결국 투기적으로 건설된 과도한 수의 철도들이 정리되고 살아남은 철도회사들은 재정적으로 건전한 상태가 되도록 하는 효과가 있었다. 그런데 이와 같은 철도의 재정 상태를 건전하게 하는 과정에서 국립은행이 신용을 창조할 수 있는 기능이 큰 역할을 하였다. 즉, 부채의 상환일정을 조정하거나 부채를 채권으로 전환하는 과정에서 신용을 제공하는 역할을 국립은행들이 담당한 것이다. 이러한 국립은행들의 도움으로 1893년과 1894년에 걸친 불황과 철도파산의 사태는 결국 철도회사를 8개의 대형 그룹으로 재편되게 하였으며 재정적으로 건실한 철도 체제로 재편된다.

7.12 ··· 보호주의 관세

7.12.1 Morrill Tariff(1861)

앞서 설명했지만 공화당은 미국의 공업을 육성하기 위해서 높은 관세를 부과하여 이윤을 보장하고 공업화를 부추기는 정책을 펼친다. 그에 따라 남북전쟁 직전 집권한 공화당은 1861년에 Morrill Tariff Act를 통과시키는데 이는 실제로 펜실베이니아, 뉴욕, 뉴잉글랜드 등 도시지역의 산업을 보호하기 위한 높은 관세의 부과였다. 그러나 Morrill Tariff Act의 혜택을 받은 것은 기존의 도시지역 뿐만 아니라 미국 대륙 내부로 공업화의 진전을 이끌게 된다. 특히 남북전쟁 이후에는 오하이오 강 북부와 미시시피 강 동쪽 지역 그러니까 오늘날 미국의 중서부 지역에 대한 공업화를 부추기는 결과를 낳는다.

7.12.2 농업의 희생

그런데 처음에는 공업을 육성하기 위한 목적으로 부과되던 관세가 점차 시간이 지나며 로비 등을 통해 공업육성과는 상관없는 특정상품에 대해서도 높게 부과되면서 1870년 이후에는 본래의 목적이 퇴색되는 경향을 보인다. 특히나 철강 산업은 오늘날도 그렇지만 그때부터 이미 그러한 보호주의적 성향이 무척 강하였다. 역시 오늘날에도 그렇지만 철강 산업을 보호하면 철강을 원료로 쓰는 자동차 등 다른 산업에 피해를 주게 된다. 그 당시 철강 산업에 대한 보호도 다른 분야에 피해를 끼치게 되었는데 가장 크게 영향을 받은 것이 철도산업이다. 즉, 철도건설에 들어가는 막대한 강철레일이 필요하였으나 이에 대한 높은 관세는 결국 철도건설 비용의 상승을 의미하며 따라서 철도운임이 높아질 수밖에 없었다. 이렇게 되자 자신들의 작물을 국내 또는 해외시장에 내다팔기 위해 철도에 의존할 수밖에 없었던 농민들은 관세에 대해서 불만을 가지게 된다.

7.12.3 정치적 쟁점화

예전 남부의 농민들뿐만 아니라 이제는 서부로 개척해간 북부출신의 농민들도 관세에 대해 안 좋은 감정을 가지게 되어 앞서 설명한대로 공화당의 지지가 많이 줄어들게 된다. 따라서 보호주의적 관세부과 문제는 중요한 정치적 쟁점으로 부상하게 되지만 공업화와 도시화를 지지하는 공화당의 입장에서는 농업과 농촌분야가 다소 희생되는 한이 있더라도 높은 관세를 부과하는 것을 당연시 하였다. 특히 그들의 입장에서는 연방정부의 관세수입이 확보되어야만 전쟁채권을 구매한 애국자들이나 참전용사에 대한 지원을 계속 할 수 있다고 생각하였다. 그러나 민주당에서는 적어도 농업부문이 소비하는 공산품 가격을 인하하기 위해서 관세가 인하되어야 한다는 입장이었다. 이에 공화당도 나름대로 지지기반의 확보가 필요하였기 때문에 아까도 얘기한 것처럼 특정상품에 대한 관세를 높이 부과하였는데 그 결과 양모와 설탕 등 일부 농산품에도 높은 관세를 매기는 혜택이 주어지게 된다.

7.13 … 통화정책

7.13.1 무이자 Greenback

앞서 설명하였지만 연방정부에서 발행한 Greenback의 경우 아무런 담보가 없이 발행된 것이기 때문에 인플레이션의 문제가 있었다. 또한 Greenback은 채권이 아니었기 때문에 이자를 지급하지도 않았고 따라서 의회에서는 Greenback을 발행할 때 추가적인 재원을 마련하기 위해 세금을 더 부과하여야 하는 부담이 없었다. 또한 농민들의 입장에서도 토지저당을 잡히고 일정액을 빌려 썼더라도 나중에 인플레이션으로 가치가 그 만큼 떨어진 Greenback으로 일정한 액수만 갚으면 되기 때문에 그 만큼 부담이 줄어들어서 좋았다. 이는 철도건설 업자에게도 마찬가지였는데 철도건설을 위해서 자금을 빌렸더라도 역시 이를 가치가 떨어진 Greenback으로 갚기 때문에 그만큼 건설비용이 저렴해지는 것을 의미한다. 그리고 추가적인 이익이 얻는 부류가 있었는데 그것은 채권을 구입한 사람이나 이를 담보로 맡은 국립은행의 입장에서는 연방정부가 채권의 이자를 금, 은으로 지급하기 때문에 그 금, 은을 다시 화폐로 받으면 훨씬 많은 액수를 받을 수 있었기 때문에 더욱 이익을 챙길 수 있었다.

7.13.2 대법원의 제동

그러나 이러한 인플레이션 정책은 여러 가지로 문제가 많았으며 1870년에 이르러서는 1862년 제정된 Legal Tender Act에 대한 대법원의 위헌 판결이 내려지기도 한다. 그러나 이에 대해서 의회와 행정부는 1871년의 법 개정을 통해 대법원 판사 정원을 일곱에서 아홉 명으로 늘리는 편법을 통해 1870년의 판결을 번복시킨다. 이 때 새롭게 임명된 판사 2명 가운데 하나는 철도회사를 대표하는 변호사였으며 두 명 모두가 행정부의 정책에 찬성하는 사람들이었다. 결국 1871년 대법원의 이와 같은 판결 번복은 결국 통화정책에 대한 행정부의 권한과 인플레이션 정책에 대한 의회의 선호를 다시 한 번 확인시켜준 것이다. 그러나 이러한 인플레이션 정책은 오래 지속되지 못하는데 공화당의 지지기반이 약화되어 앞서 설명하였듯이 민주당과 타협할 수밖에 없는 상황을 만들어졌기 때문이다.

제 8 장

농업불만과 산업국가

8 농업불만과 산업국가

8.1 … 농업의 불만

8.1.1 디플레이션 정책

앞서 제7장에서 인플레이션 정책은 오래 지속될 수 없었다고 설명했는데 그 이유는 19세기 후반 유럽에서 금본위제가 채택되고 미국이 이에 동참했기 때문이다. 미국에서 공급되는 풍부한 원료상품은 유럽의 산업화에 많은 도움을 주었고 또한 유럽 노동자들에게 값싼 식료품과 의복을 제공했지만 그 결과 물가가 전반적으로 하락하는 디플레이션 현상이 발생한다. 물가하락은 유럽의 산업화에도 유익했고 그 과정을 통해 축적된 자본이 미국의 철도건설에 투입되는 등 좋은 점도 있었다. 하지만 금본위제로 화폐가치가 안정되어 있던 대부분의 유럽통화에 비해 미국의 통화가치가 급격히 하락하는 것을 막기 위해 미국도 결국 금본위제에 동참을 결정하게 된다. 이와 같은 정책변화는 미국의 철도건설에 투자되는 유럽자본의 가치를 안정시키는 역할도 하였지만 세계경제에 이미 상당한 영향력을 가지게 된 미국의 금본위제 참여는 세계적인 디플레이션 현상이 더욱 확산되는 결과를 낳았다. 금본위제 아래서는 금의 보유량에 한해서만 통화를 공급할 수 있기 때문에 통화 공급량을 제한적으로 늘릴 수밖에 없었고 산업생산량의 증가에 못 미치는 통화량 증가가 디플레이션을 더욱 촉진시켰기 때문이다. 그런데 이와 같은 디플레이션은 채권과 농지 저당대출 소유자들에게 유리한 환경을 제공했다. 왜냐하면 그들이 받을 이자소득은 일정한 액면가로 표시되었지만 디플레이션은 같은 액수라도 실제로 더 높은 이자소득을 주는 것이나 마찬가지였기 때문이다. 결국 디플레이션 정책은 이자소득이나 철도운임 등의 형태로 농촌소득을 도시로 이전시키는 효과 있었기 때문에 농업부문의 또 다른 불만의 원인이 되었다. 그러나 산업화를 통한 국부축적을 극대화하고자 했던 공화당 정권에서는 그러한 정책을 마다할 이유가 없었다.

8.1.2 디플레이션의 원인

그런데 이러한 세계적인 디플레이션의 원인은 결국 미국의 내국시장이 확장되면서 촉발된 현상이라 할 수 있다. 즉, 미국에서 서부로 개척지가 확대되면서 식량작물과 면화의 생산이 늘어난 것이 문제의 첫 번째 근원이었다. 1865년 이후 미주리 서부의 개척지가 확대되면서 식량재배 면적이 세 배나 늘었으며 그 결과 1870년에는 2억3천5백만 부셸이던 식량 생산량이 1900년에 이르러서는 6억5천만 부셸로 늘어나게 되었다. 한편 면화 생산량도 텍사스와 아칸서스 지역으로 재배면적이 확대되면서 1870년 4,300만 배일에서 1900년에 이르면 9,500만 배일로 두 배 이상 증가하였다. 세계시장 전체적으로 보아도 미국뿐만 아니라 다른 지역의 생산량도 함께 증가하는데 식량의 경우 미국의 증가된 밀생산량의 30%가 수출되는 가운데 러시아, 호주, 아르헨티나 등에서도 밀의 수출이 증가하기 시작한다. 면화에 있어서도 미국만 아니라 이집트, 인도 등 다른 지역에서의 공급 역시 확대되고 있어 디플레이션 현상은 더욱 심화될 수밖에 없는 상황이었다.*

8.1.3 연방정부의 판단

이와 같이 미국뿐만 아니라 경쟁국에서도 농산물 수출이 증가하는 가운데 미국행정부의 판단으로는 자국에서의 인플레이션은 그들이 생산하는 농산물뿐만 아니라 공산품에 대해서도 국제시장 경쟁력을 약화시킬 수 있다고 판단하였다. 바로 그러한 이유 때문에도 미국행정부는 인플레이션 정책을 디플레이션 정책으로 전환하게 된 것이다. 특히 공화당이 집권한 연방정부의 입장에서는 디플레이션 정책 시행으로 농업계가 피해를 보겠지만 결국 도시화와 산업화가 더 중요하다고 판단했을 것이다. 즉 그들은 디플레이션으로 인한 식량이나 면섬유 등 필수소비재의

---

* Shannon F. (1945)

가격하락은 오히려 도시화와 산업화에 도움이 된다고 생각하였을 것이며 따라서 농민들의 불만은 더욱 고조되었을 것이다.

8.1.4 서부의 곡물재배 농민

서부의 토지를 불하받기 위해 신용융자를 얻어야했던 개척농민들은 장기 융자금의 상환을 위해 자신들이 재배한 곡물의 판매를 통한 수입을 극대화할 필요가 있었다. 농업생산을 위해서는 토지뿐만 아니라 마차, 농기구, 가축도 갖추고 농토에 철조망을 두르고 우물을 파고 집과 헛간도 지어야 하는 등 많은 투자가 필요한 산업이었다. 그러나 연방정부의 디플레이션 정책으로 인해 자신들이 재배한 곡물의 가격이 지속적으로 하락한다는 이야기는 이러한 투자자금을 회수하기가 점점 더 힘들어진다는 뜻이었다. 따라서 농민들은 두 가지 정책을 선호하였는데 그것은 바로 인플레이션 정책과 철도 운임에 대한 규제였다. 그들은 Grange라는 단체를 조직하고 자신들의 이익을 위해 벌인 로비가 성공을 거두어 1873년 일리노이에서는 철도운영위원회가 구성되어 농산물에 대한 철도운임이 저렴하게 유지되도록 유도한다. 그렇게 되자 다른 주들도 그러한 제도를 갖추려고 시도하지만 이러한 주 정부들의 법안에 대해 법원이 위헌판결을 내린다. 주 정부가 관할경계를 넘어 다른 주까지 영향을 미치는 입법을 하는 것은 연방정부의 권한을 침해한다는 것이 판결의 주된 이유였다. 결국 이러한 문제는 앞서도 설명했던 주간교역위원회(ICC)가 연방정부 주도로 생겨나는 결과를 낳았다. 그런데 이러한 로비를 주도하던 Grange는 나중에 북부 농업당이라고도 불리는 Greenback Party가 된다. 즉, 농민들은 종이화폐의 발행을 통해서 인플레이션이 발생하는 것을 선호했으며 그런 정책을 Green으로 상징되는 농민들이 지지하였다 해서 Greenback이라는 이름이 붙여진 것이다. 그러한 Greenback Party는 1876년 대통령 선거에 독자적인 후보를 내세워 1%의 득표를 얻는데 그치게 된다. 하지만 그들은 공화당 지지를 잠식함으로써 앞서 설명한 바와 같이 공화당이 남부민주당원들과 타협을 할 수 밖에 없도록 하여 결국 남북전쟁 이전의 남부 주 기존 정치세력들이 대부분 복귀하는 결과를 낳기도 한다. Greenback Party는 1878년 선거에서 14명의 하원의원을 배출시키고 그 다음 선거인 1880년에도 10명의 하원의원을 당선시키는 등 영향력을 계속 유지한다.

8.1.5 남부의 면화재배 농민

남부의 면화재배 농민들은 북부와는 다른 정치적 의도를 가지고 있었는데 그들의 주된 관심사는 어떻게 하면 자신들의 생계형 노동의 형태를 유지할 수 있느냐에 있었다. 즉, 그들은 최소한 먹고 살 정도만 유지된다면 북부처럼 융자를 얻어서 농업생산을 극대화할 걱정을 할 필요가 없었다. 그들은 그저 최소한의 생필품을 구입할 수 있으면 그걸로 충분했으며 1년에 한 번 있을 면화 수확을 담보로 외상거래를 할 수 있으면 만족하였다. 그러나 디플레이션으로 인해서 면화가격이 하락하는 것은 그들이 외상을 갚기 위해 더 많은 면화를 생산하여야 한다는 것을 의미한다. 따라서 남부의 농민들도 디플레이션 정책에 불만이었으나 그 취지는 북부와 달랐다. 즉, 빚의 규모가 작았던 그들은 북부보다 디플레이션에 대한 관심은 별로 없었고 다만 그들이 생필품을 구입하는데 연방정부가 도움을 준다면 만족하였다. 그렇기 때문에 1877년 텍사스에서 결성된 남부 연맹(Southern Alliance)은 연방정부가 자신들의 생필품 구매에 대해 보증하는 방안을 추구한다. 또한 그들은 연방정부의 보증 이외에도 백인의 우월성을 강화하거나 흑인들의 참정권을 박탈하기 위한 로비도 전개하였다. 이러한 남부 연맹과 비슷한 이름으로 북부 연맹도 결성되는데 이들은 원래 중서부연맹(Midwest Alliance)이 발전한 것으로 1882년에는 10만 명의 회원을 보유할 정도로 큰 조직이었다. 그러나 이름이 비슷하다 하여도 그들의 목적은 남부 연맹과 달라 백인 우월성 같은 문제에는 관심이 없었으며 북부 농민당과 마찬가지로 인플레이션 정책을 선호했다.

8.2 … 정치적 전개

8.2.1 Populist 운동

방금 설명하였듯이 남부 연맹과 북부 연맹은 이름만 공유했을 뿐 그 근본적인 시각이 달랐다. 이러한 시각차가 분명하게 드러난 것이 1889년 세인트루이스에서 양대 조직을 통합하기 위한 합동대회가 열렸을 때이다. 이 대회에 노동기사단(Knights of Labor)이라는 북부 조직이 참가하였는데 그들은 남부 연합이 자신들과는 다른 생각을 가지고 있음을 확인하게 된다. 즉, 노동기사단은 노동에 대해 높은 가치를 부여하고 있는데 반해 남부의 농민들은 노동의 가치를 천하게 여기고 있다는 사실을 알게 된 것이다. 북부 연맹의 대표들은 또한 남부 연맹에서 추구하는 연방정부의 지원은 사실 불가능할 것이라 생각했지만 남부 연맹의 대표들은 철도요금 규제에 대해서는 또한 관심이 없었다. 반면 북부 연맹의 대표들은 흑인참정권 박탈과 같은 문제를 심각하게 여기지 않는 등 서로 관심이 크게 달랐다고 한다. 한편 캔자스를 비롯한 남부 연맹에서도 자신들의 로비조직을 정치조직화 하려는 움직임이 있었는데 그것이 바로 Populist Movement 즉, 인민운동이다. 그리고 1892년 2월, 세인트루이스에서 남부와 북부 연맹은 인민당(People's party)을 함께 구성하기로 합의한다. 그런데 인민당을 구성하는 과정에서 자금 능력이 우월한 북부 연맹이 주장하는 인플레이션 정책이 정강으로 채택된다. 즉, 인민운동은 남부 연맹에서 시작되었지만 결국 그 무대는 금전적으로 우월한 북부가 차지한 셈이다. 인민당을 지지한 농민들은 디플레이션으로 인한 가격하락에 따른 공동의 피해자라는 공감대는 있었지만 남부와 북부 그리고 서부지역에서 서로 각기 다른 지지를 보였던 것이다. 즉, 남부 면화재배지에서는 인민당에 대한 전적인 지지가 있었으나 북부나 중서부에서는 보통의 지지가 있었다고 한다. 반면 서부지역의 금·은 광산지역에서는 지지도가 낮았지만 금전적인 기여는 그들이 가장 많았다고 한다.

8.2.2 민주당의 대응

그런데 이러한 인민당의 활동에 대해 민주당은 공조를 거부했는데 그 이유는 자신들의 지지층인 백인농민들을 빼앗길 가능성 때문이었다. 하지만 그들은 자신들의 지지를 유지하기 위해서 인민당의 일부정책을 수용했는데 거기에는 우선 인플레이션 정책 지지, 누진소득세제 채택, 다수결에 의한 연방 상원의원 선출, 외국인의 토지소유 금지 등이 해당된다. 그런데 남부주의 백인정치 지도자들은 흑인들의 참정권을 박탈했던 방법을 이 무렵부터 백인농민들에게도 적용하였는데 그것은 인민당지지 백인들을 선거인단에서 제외하기 위해서였다. 예전에 남부의 정치지도자들은 자신들의 권력을 유지하기 위해 백인농민들의 표가 필요했고 그렇기 때문에 그들의 지지를 얻기 위해 생계형 농업을 용인하였다. 하지만 이제 흑인이 해방된 마당에 그들의 정치적 가치는 백인농민과 마찬가지였으며 굳이 피부색을 기준으로 그들을 구분할 필요가 없었다. 특히나, 인민당 지지로 민주당의 표를 깎아 먹을 가능성이 있는 대부분의 무지한 백인농민들은 오히려 민주당의 방해세력으로 인식되었다. 따라서 그들은 흑인 선거권을 박탈하는 방법이었던 문맹테스트, 비밀선거 등을 동원하여 백인 반대자들도 추려내기 시작한 것이다.

8.2.3 1896년 선거와 공화당 승리

앞서 1876년의 선거에서 북부 농업당의 출현으로 지지표를 잠식당해 민주당에 패배할 위기에 있었던 공화당의 상황과 마찬가지로 1896년의 대통령 선거에서는 민주당이 인민당의 출현으로 자신들의 지지표를 잠식당하는 상황에 놓였다. 인민당에 표를 빼앗기지 않기 위해 민주당에서는 인플레이션 정책을 정강으로 내세웠지만 그 이외에는 특별히 내세울 만한 정책이 없었다. 반면에 공화당은 자신들의 도시민과 산업근로자는 물론 상공인을 돕기 위한 뚜렷한 정책을 가지고 있었고 따라서 그들은 광범위한 지지를 얻을 수 있었다. 그 결과 공화당의 맥킨리(William McKinley)는 1896년과 1900년의 대통령선거에서 연속으로 당선되고 인플레이션정책을 내세운 민주당의 브라이언(William J. Bryan)은 1896년 이후 세 번의 선거에서 연속으로 낙선하게 된다. 즉, 1800년대 말에 들어서면서 그 이전의 정치적 위기를 극복하며 도시화와 공업화를 앞세운 공화당의 정책이 다시 확실한 지지를 확보하게 된다. 그 이후 공화당은 1890년에 입법된 맥킨리 관세법 등 보호관세와 금본위제를 바탕으로 한 정책들을 확실히 추진하게 되고 그 결과 미국의 산업화가 급격히 촉진되는 시기를 맞게 된다.

8.3 … 산업혁신

8.3.1 세계경제의 주도권

지금까지 남북전쟁 이후 산업정책에 대한 불만이 축적되어가고 따라서 정치적인 우여곡절을 겪으면서 공화당과 민주당이 번갈아 부침을 겪는 과정을 설명했다. 그러나 이러한 정치적 변화와는 달리 1865년경부터 시작된 미국의 산업혁신과정은 공화당의 주도로 지속적으로 이루어진다. 그 결과 1900년경에 이르면 미국의 산업혁신은 완결의 단계에 접어들어 세계경제의 주도권을 확보하는 수준에 도달하게 된다. 즉, 영국의 식민지에서 출발한 미국의 산업생산은 1885년이 되면 영국의 산업생산을 능가하게 된다. 또한 1914년이 되면 미국의 산업생산은 1865년에 비해 8배 규모로 성장하게 되며 이는 영국, 프랑스, 독일의 산업생산을 합친 것과 같은 규모이니 정말 대단한 성과가 아닐 수 없다. 이를 오늘날 경제성장의 척도로 사용되는 GNP 성장률로 보면 1865~1914년의 50년간 연평균 4%의 성장을 기록한 셈이다. 그런데 미국이 그와 같은 성장을 기록할 수 있었던 데는 풍부한 자원과 강력한 산업정책의 추진이 있었기 때문이기도 하지만 특히, 벌써 여러 차례 강조하지만 그 넓은 영토에 꾸준히 인구가 유입되는 것이 매우 중요한 요인이다. 즉, 1865년부터 1900년까지만 보아도 불과 30여년 즉, 한 세대가 지나면서 인구가 3배 가까이 증가했다는 것은 매우 중요한 사실이다. 이는 오늘날 대부분의 선진국들이 인구증가율 감소와 고령화의 문제를 걱정하는 상황에서도 마찬가지로 중요한 요인이다. 그러나 미국에는 아직도 꾸준히 젊은 인구가 유입되고 있으며 이들이 적어도 당분간 미국경제의 성장 동력으로 적용할 것으로 보인다. 결국 이와 같은 꾸준한 인구유입과 서부개척으로 1890년경 미국은 명실상부한 대륙국가로 성장하게 된다. 1890년의 센서스 자료를 보면 미주리 서부지역에서 평방마일 당 인구가 2인 이하인 지역을 연결하던 연속선이 소멸 되는데 이는 개척지를 계속 확장해나가면서 그 frontier 즉, 개척지의 전방선이 없어진 것을 의미한다. 이는 다시 말해서 대서양에서 태평양에 이르는 모든 영토가 개척자들의 발길에 한 번이라도 닿았다는 뜻이다. 즉, 동부해안의 13개 식민지에서 출발한 미국은 이제 두 대양을 아우르는 명실상부한 대륙국가로의 영토 확장을 종결한 셈이다. 이러한 대륙국가로서의 영토 확장의 종결과 세계경제의 주도권을 거머쥔 시점이 일치한 것은 결코 우연의 일치가 아닐 것이다.*

8.3.2 산업혁신의 무형적 요소

이상에서의 설명을 통해 미국이 독립이후 영토를 확장해가는 과정에서 국가발전 전략에 대한 상당한 대립이 있었으며 결국 남북전쟁까지 치르면서 국론이 가닥을 잡아간 것을 알 수 있었다. 즉, 남북전쟁까지 미국이 걸어온 길은 그 이후 미국이 산업화에 박차를 가할 수 있는 밑거름을 제공했으며 그 이후부터 국가발전 전략에 대한 커다란 논란 없이 산업화에 매진할 수 있었다. 그러나 미국의 이러한

* Seavoy, R. (2006)

산업화 과정에 대해서 훗날의 시각으로 보면 그 당시 미국의 산업화가 성공할 수 있었던 몇 가지 요소를 추려볼 수 있다. 우선 미국 산업화의 기반을 형성하는 무형의 요소들로서는 상업화에 대한 정부의 신념, 작고 효율적인 정부, 읽고 쓸 줄 아는 능력 확산, 풍부한 자본가 집단, 재산권 보호, 명확한 계약제도, 유동적 도시사회구조, 평화의 지속 등을 열거할 수 있다. 우선 상업화에 대한 정부의 신념이란 이미 수차례 언급했지만 국가발전 전략에 대한 남부와 동북부 세력의 대립이 남북전쟁 이후 종결되어 연방정부나 주정부 모두 상업화에 적극적으로 매진함으로써 산업화에 아주 적합한 환경을 제공한다. 다음에 언급된 작고 효율적인 정부 역시 매우 중요한 부분인데 오늘날도 마찬가지이지만 정부조직이 비대해지면 그 만큼 효율성이 떨어지게 마련이다. 최근 미국도 정부조직의 효율성에 대한 많은 논란이 있지만 적어도 그 당시의 신생국가 미국의 행정조직은 매우 작고 효율적이었으며 이것이 미국의 산업혁신에 중요한 배경이 되었다. 이미 여러 차례 꾸준히 제기되었지만 글을 읽고 쓰는 능력 즉, 높은 교육수준 역시 중요한 역할을 했다. 이는 물론 북부 백인에게만 주로 국한된 특징이긴 하지만 당시의 선진국이나 그 이후의 많은 다른 신생국가들과 비교하여 매우 다른 특징이라 할 수 있다. 다음으로 풍부한 자본가라고 표현했지만 이는 소위 기업가 정신을 갖추고 창의적으로 뭔가 새로운 것을 추구해서 부를 축적하고자 하는 진취적인 사람들이 많이 배출되었다는 것이다. 한 국가에 그러한 사람들이 유난히 많다는 것은 그 만큼 그러한 사람들이 활동을 장려할 수 있는 환경이 조성되어 있었다는 뜻이다. 그러한 환경 가운데 가장 중요한 하나가 바로 재산권의 철저한 보호라고 할 수 있다. 흔히들 사유재산권의 인정이 자본주의의 핵심이라 말하듯 재산권 보호가 이루어지지 않으면 자본가들이 마음 놓고 사업을 벌이기가 힘들어지고 그만큼 산업 활동이 위축될 수밖에 없다. 비슷한 맥락에서 명확한 계약제도도 산업발전에 매우 중요한 요소라고 할 수 있는데 계약이 잘 지켜지지 않고 이에 대한 법적 보호가 제대로 이루어지지 않는다면 그 역시 산업 활동을 위축시킬 수밖에 없다. 나중에 자세히 설명하겠지만 당시 미국의 사법당국은 매우 기업 친화적이었으며 그 결과 재산권과 사적계약의 법적인 뒷받침이 확실하게 이루어진 것 역시 미국의 산업화 촉진에 중요한 배경이 되었다. 여기에 더해 유동적인 도시사회구조도 한 몫을 했다고 볼 수 있는데 이는 뭔가 새로운 발전이 이루어지기 위해서는 변화를 잘 받아들일 수 있는 그런 사회구조도 필요하다는 뜻이다. 사고방식도 그러해야 하지만 인구 면에 있어서도 토지 등 기존의 가치체계에 얽매여 있다면 새로운 산업의 육성이 어려워진다. 즉, 도시

사회구조가 유동적이라는 것은 새로운 산업의 출현에 따라 유입되는 인구들을 그만큼 받아들이기 쉽다는 의미이다. 마지막으로 들 수 있는 미국 산업혁신의 무형적 배경요소는 평화의 지속적 유지인데 이 역시 매우 중요하다. 어느 국가든 안정적인 성장을 위해서는 평화가 계속 유지되어야 하는 것은 두말 할 나위도 없다. 비록 남북전쟁이라는 아픔을 겪기는 했지만 이를 통해서 산업시설이 파괴될 정도의 상처를 입지 않았으며 오히려 이를 계기로 국론이 통합된다. 이후 오랜 기간 평화를 유지한 가운데 산업화정책에 매진할 수 있었던 것은 미국이 오늘날의 경제대국으로 발전할 수 있었던 중요한 요인이다.

8.3.3 산업자본 축적요인

이상의 기반요인들은 오늘날 다른 국가에서도 중요하게 여기지만 당시 미국만이 가졌던 다른 특정 요인들 또한 미국에서의 산업투자를 특별히 촉진시키는 역할을 했다. 이들 가운데 우선 자본규제 미비를 들 수 있는데 자본 독점에 따른 폐해가 잘 알려진 오늘날에는 여러 가지 규제가 적용되지만 당시 미국에는 아직 그런 제도가 미비하였던 것도 산업자본 축적에 도움이 되었다고 볼 수 있다. 즉, 상업화의 신념을 가진 정부의 보호 아래 새로운 부를 축적하고자 했던 자본가들은 거의 아무런 제재를 받지 않고 자본을 키워나갈 수 있었다. 다음으로는 낮은 금리를 들 수 있는데 특히 1870~1910년 사이에는 금리가 매우 낮았으며 이와 같이 낮은 금리는 저렴한 비용에 자금을 조달할 수 있음을 의미하니 기업 입장에서는 정말 좋은 환경이 아닐 수 없었을 것이다. 또한 당시는 법인세 제도가 없었으며 소득세 제도도 오늘날과 비교하여 아직 정비가 잘 되어있지 않았다. 따라서 낮은 금리의 자금을 빌려 소득을 올리더라도 높은 세금을 낼 필요가 없었으니 자본가들의 입장에서는 유리한 환경이었다고 말할 수 있다. 앞서도 설명했지만 당시 미국에서는 일정한 요건만 갖추면 누구나 법인을 설립할 수 있었다. 따라서 자기자본이 그리 많지 않더라도 법인제도를 잘 활용하면 큰 어려움 없이 자본을 모아서 사업을 시작할 수 있는 환경이었고 이 역시 산업자본 축적에 매우 유리한 조건이었다. 특히, 법인제도는 유한의 권한과 유한의 책임을 보장했기 때문에 파산을 하더라도 기업가가 무한한 책임을 지지 않아도 되었기 때문에 새로운 기술 등에 대한 투자가 활발하게 이루어질 수 있었다. 만약 기업의 투자가 실패했을 경우 채무자 편의위주로 되어 있던 파산법 자체는 손해가 채권자에게 돌아가게 되어 있었기 때문에 이 역시 산업자본 축적에 유리했던 요소로 파악될 수 있다. 미국의 산업자본 축적요인의 여섯 번째는 투자은행제도가 발달했었던 점을 들 수 있는데 이에 대해서는 나중에 좀 더 자세히 설명할 것이다. 일곱 번째는 합병규제 제도의 미비를 들 수 있는데 반독점규제가 아직 생기기 이전에는 다른 기업을 인수하며 얼마든지 기업의 덩치를 키워갈 수 있었다. 여덟 번째로 철도건설을 위한 유럽자본의 조달이 용이했다는 점도 중요한 요인으로 들 수 있다. 즉, 아직 수요가 미비한 철도의 막대한 건설비용을 조달하기 위해서 철로주변의 방대한 토지를 불하하고 또한 연방채권을 발행하였기 때문에 높은 수익이 기대되었고 따라서 자금조달이 크게 어렵지 않았다. 특히 앞서 지적한 투자은행 제도의 발달은 유럽자본들이 미국으로 쉽게 유입되도록 도왔으며 따라서 미국 내에 막대한 산업자본이 축적될 수 있었다.

8.3.4 저렴한 노동력 확보

식민초기부터 미국경제의 제약요인으로 신용부족 등이 지적되지만 그것은 제도적인 문제였던데 반해 노동력 부족은 인위적으로 쉽게 해결될 수 없는 문제였다. 그러나 이민에 대해서 매우 개방적인 것이었던 것이 그 문제를 해결하는 동시에 오늘날 경제부국인 미국 탄생의 원동력이다. 특히, 그와 같이 외국에서 들어온 인구가 오랜 시간 노동에 종사할 수 있었던 환경도 산업자본 축적에 중요한 역할을 하였다. 즉, 오늘날과 같은 노동자 보호 개념이 없었기 때문에 값싼 임금을 주고도 하루에 10~12시간 씩 매주 6일 동안 노동을 시킬 수 있었다는 것은 근로자 입장에서는 엄청난 착취였지만 자본가 입장에서는 정말 유리한 환경이 아닐 수 없었다. 물론 이는 당시 식량이 풍부하여 이러한 도시근로자들에 대해 값싼 식료품을 공급할 수 있었기 때문에 가능한 일이기도 했다. 즉, 노동자들이 충분한 영양을 섭취하지 못한 가운데 혹사만 당했다면 오래 버틸 수 없었을 것이고 그런 불행한 일이 자주 발생했다면 노동자 보호를 위한 조치의 필요성을 느꼈을 것이다. 그러나 노동자 보호도 마찬가지이고 당시는 정부가 가난하고 힘없는 사람들을 보호하기 위해 복지예산을 쓸 필요성을 느끼지 못했다. 그러한 재원을 마련할 필요가 없었던 것도 오늘날 다른 국가의 재정이나 자본축적에 비해 유리한 환경이라고 할 수 있다. 복지예산 뿐만 아니라 당시 소규모 관료조직과 군대만 가지고도 행정, 치안, 국방 등 국가의 주요기능이 유지되었다는 것은 그만큼 다른 비용을 들이지 않고도 산업자본의 축적에 매진할 수 있는 또 하나의 유리한 환경이었다.

8.4 … 정부의 역할

8.4.1 작고 효율적인 정부

방금 소규모 행정조직과 군대조직을 언급했지만 현대의 많은 국가에서도 강조되고 있는 것 가운데 하나가 작고 효율적인 정부이다. 당시 미국 연방정부는 산업생산이나 경제규모에 비해 매우 작은 규모였다고 평가받을 수 있다. 우선 당시의 미국 대통령 비서실은 비서실장을 비롯해서 문지기까지 불과 10여명에 지나지 않을 정도의 인원밖에 갖추지 않았다고 한다. 주요정책의 결정은 의회 지도자들에 의해서 이루어졌으며 대통령의 주된 업무는 당을 통해 이들과 교감하는 것이었다고 한다. 그런데 그 중에서 대통령이 가장 신경을 썼던 것은 관리의 임명권이었는데 그 이유는 한 번 임명된 관리가 대통령이 바뀐 후 쉽게 해임되는 것을 꺼려했기 때문이다. 그만큼 정책의 일관성을 중요시 했다는 이야기인데 특히, 이를 위해 제정된 1883년의 펜들턴 법(Pendleton Act)은 새로운 관리를 선발하기 위한 공무원시험 제도를 도입한 것이다. 이 법에 의해 전직 대통령은 자신이 임명한 관리에 대해 보호권을 부여할 수 있었기 때문에 공무원 조직이 보호받을 수 있었으며 1900년에 이미 십 만 명의 공무원이 이 법의 보호를 받았다고 한다. 그와 같이 보호받는 공무원 조직이기에 그 규모 또한 쉽게 증가할 수 없었는데 당시 미국의 최대 연방공무원 조직은 오히려 우체국이었다고 한다. 1880년에 5만6천 명의 우체국 공무원이 있었으며 이는 당시 전체 공무원의 56%를 차지하였으며 1900년에 이르러서도 우체국은 13만 6천명으로 전체의 57%를 차지하는 여전히 연방정부의 최대 조직이었다. 이는 당시 우체국이 연방정부의 가장 큰 사업이었으며 또한 거기서 얻는 자금으로 거의 자립할 수 있었기 때문이기도 하다. 앞서도 설명한 농민들의 불만으로 1889년 농림부(Secretary of Agriculture)가 각료조직으로 승격하기도 한다. 그러나 공화당의 핵심 산업정책인 높은 관세의 유지, 국립은행에 의한 신용창조, 철도건설에 대한 보조 등이 지속적으로 추진될 수 있었던 배경에는 소규모 정부조직의 유지가 유권자의 지지를 받았기 때문이다. 즉, 당시 공화당 정권은 자신들의 적은 세수를 가지고 전쟁채권 등의 정부부채를 갚는데 주력할 수 있었다. 따라서 이의 혜택을 받는 전쟁채권을 구입한 애국자 집단이자 개척농민들은 공화당 정책에 반대할 이유가 별로 없었을 것이며 따라서 정권이 바뀐다 하여도 기존의 정책을 크게 바꿀 필요성이 없었다.

8.4.2 법인세와 소득세

그러나 1893년의 경제 불황과 관세수입 감소는 연방정부로 하여금 새로운 자금원을 모색하게 만든다. 따라서 1894년 의회에서는 4,000달러 이상의 법인과 개인 소득에 대해서 2%의 세금을 부과하는 법안을 통과시킨다. 앞서 설명했던 법인세와 소득세는 전쟁기간 중 부과 된 것이지만 평화 시에 세금부과에 대해서는 반발이 있었다. 따라서 결국 4,000달러의 전제조건을 두는 것은 차별이기 때문에 위헌이라는 대법원의 판결이 1895년에 내려지게 된다. 이 판결은 연방 사법부가 산업자본의 편에 있다는 것을 보여준 사례인데 이에 대해서는 나중에 더 자세히 설명하게 될 것이다. 그러나 그 후에도 소득세나 법인세를 거두려는 여러 차례의 입법과 대법원의 판결을 뒤집기 위한 헌법 개정 노력이 있었으나 계속 실패하게 된다. 그러던 중 드디어 1907년 T. 루스벨트(Theodore Roosevelt) 대통령의 주도하에 소득세 법안이 의회에서 제정되고 1909년에 이를 인정하는 헌법 개정이 추진되었으며 각 주의 추인을 마친 1913년이 되어서야 이는 새로운 헌법으로 추가될 수 있었다.

8.4.3 주 정부

연방정부에서도 자신들의 필요성에 의해서 정책의 변화를 원치 않았지만 당시의 주 정부들도 각자 나름대로 이유로 인해 정책의 변화를 바라지 않았다. 우선 북부 주에서는 주 정부가 주도하여 복지정책 등을 추진하고 생활환경 개선을 위해서 노력했지만 남부 주들은 자신들의 정치권력을 유지하기 위해서라도 현상유지를 선호했다. 특히 그들은 백인 우월주의를 간직하기를 원했으며 1896년 유명했던 대법원의 Plessy vs. Ferguson 판결은 비록 백인과 흑인이 평등하더라도 분리해서 상대하는 것을 인정하게 된다. 그런데 이 판결은 연방정부나 의회 그리고 법원에서도 남부 주들이 산업화 정책을 방해하지 않는 한 그들의 흑인차별을 묵인하겠다는 뜻을 나타낸 것이다. 그러나 이 같은 현상유지 정책 역시 결과적으로 산업화에 도움이 되었다고 할 수 있다. 그 이유는 부동산에 높게 부과되던 전통적인 세제가 개편되지 않아 토지, 주택, 공장 등이 주요 조세수입원으로 남았으며 새로운 부가가치가 창출되는 주식, 채권 등 금융자산에 대해서는 상대적으로 낮은 세금이 부과되었기 때문이다. 즉, 부동자산의 75%가 세금을 부과 받던 것에 비해 금융자산은 약 40%정도만이 세금을 부과 받아 그 만큼 자본축적에 유리했으며 이러한 세제는 결국 산업화에 도움이 될 수밖에 없었다.

8.4.4 도시 정부

그러나 이와 같은 현상유지 정책은 도시가 발전하고 확장되어 감에도 불구하고 주 정부로부터 충분한 대표권을 부여받지 못하도록 하였다. 1890년 무렵까지는 도시 거주민의 상당수가 글을 읽지 못하는 외국 출생이었으며 대의권한의 행사 경험이 전혀 없었기 때문에 그리 큰 문제는 아니었다. 그러나 1870년 미국전체 4천만 명의 인구 중 25%정도였던 도시 인구가 1910년이 되면 전체 9200만 인구 중 45%에 이를 정도로 도시인구 비중이 꾸준히 증가하게 된다. 상황이 그렇게 되자 주 정부차원에서는 도시의 주택보급, 보건위생, 대중교통, 공공교육, 치안유지 등의 문제를 해결할 수 없게 된다. 따라서 1900년경부터는 주 정부의 권한이 상당부분 도시정부에 이관되는데 인구가 많은 도시일수록 광범위한 권한을 행사하게 된다. 그러나 그럴수록 도시에 가스, 전차, 전화, 전기 등의 공급권을 부여하는 과정 등에 이권 개입이 잦아지고 부정부패가 발생하는 일들도 많아지게 된다.

8.4.5 공공 교육

사실 이러한 도시화 과정과 관련된 일들도 대부분 북부에 국한된 이야기라고 할 정도로 북부와 남부 사이에 차이를 드러낸다. 특히, 공공교육을 통한 문맹감소 노력에 있어서도 그와 같은 차이를 뚜렷이 찾아볼 수 있다. 북부 주에서는 1880년 이후 교육예산이 꾸준히 증가하기 시작하여 1900년경에는 예산 전체의 25~33%가 교육에 배정될 정도로 문맹퇴치를 위한 많은 노력이 있었다. 그러나 그러한 노력에도 불구하고 워낙 도시화와 인구유입 속도가 빨라 예산부족 현상은 지속되었다. 또한 처음에는 단순히 글이나 읽고 셈이나 가르치던 기초 교육에서 점차 더 고급의 지식을 전수하는 고등교육이 필요하게 되면서 예산부족 현상은 더욱 심화된다. 이에 반해 남부의 교육환경은 거의 재앙이었다고 할 정도로 열악한 수준에 머물러 있었다. 남북전쟁 이전 남부지역에서의 교육이라는 것은 대부분 부유한 집안에서 가정교사를 고용한다거나 또는 이웃의 아이들을 함께 가르치는 정도였다. 남부에 공립학교는 거의 없었으며 노스캐롤라이나 지역에 있던 유일한 공립학교마저도 남북전쟁 기간 중 폐쇄되었다. 결국 공립학교 제도는 전쟁 후 공화당 정부에 의해 본격적으로 시행될 수밖에 없었으며 여러 우여곡절을 겪으면서 공공교육 제도가 겨우 살아남을 수 있었다. 그런데 이러한 공공교육에 있어서도 백인과 흑인 사이의 차이를 확인할 수 있다. 즉, 백인학교의 경우 1년에 100일 정도 등교하고 입학자격이 있는 아이들 가운데 60% 정도가 학교에 다닐 수 있었던 반면 흑인학교는 열리는 날짜나 아이들의 진학비율이 백인학교에 비해 크게 낮았다고 한다. 그러한 차이의 원인은 무엇보다도 예산규모에서 찾을 수 있었는데 백인학교에 배정되는 예산이 흑인학교에 배정되는 예산의 4~5배 정도 많았다. 그러나 예산배정의 차이는 인종 차별적 요인도 물론 있었지만 흑인들의 상당수가 농촌지역에 거주한 까닭이기도 했다. 즉, 당시 농촌지역에는 교육예산의 배정이 극히 적었는데 이는 글을 읽을 줄 알게 되면 도시로 이주하기 쉽다 판단한 토지소유자들이 문맹을 유지하려 했기 때문이다. 즉, 남부의 토지소유주들은 자신의 토지를 경작할 농민들의 도시 이주를 막기 위해서라도 교육에 일부러 더 무관심하였다.

8.5 … 자본조달

8.5.1 농업소득의 도시이전

오늘날 미국은 자원의 부국이지만 석유, 천연가스 등 지하자원의 부존이 알려진 것은 아무래도 비교적 최근의 일이다. 그 이전까지 미국에서 가장 풍부한 자원은 무엇보다 광대한 영토였으며 그 땅에서 생산되는 농산물이야 말로 미국경제 발전의 원동력이었다. 따라서 미국의 산업화가 가속화되는 시기에 필요로 했던 자본의 가장 큰 원천은 농업소득이었다. 그런데 당시 이와 같은 광활한 농토에서 생산된 농작물을 통해 벌어들인 소득을 산업화 자본으로 이전시키는 체계가 잘 갖추어져 있었기 때문에 미국의 산업화가 무리 없이 진행될 수 있었다. 농업소득을 도시의 산업자본으로 이전시키는데 기여한 당시의 체계적인 요인을 꼽자면 이들은 바로 앞서서 설명했던 디플레이션, 높은 철도운송료, 보호주의 관세, 국립은행제도 등을 들 수 있다. 즉, 앞서도 언급했지만 농작물 가격이 지속적으로 하락하는 디플레이션의 발생은 신용융자를 얻어 농사를 지어야 했던 농민들이 부채를 갚기 위해 더 많은 농산물을 생산하여야 하는 것을 의미한다. 그 만큼 농촌 소득이 도시의 채권자들에게 이전되어 산업자본의 축적이 손쉽게 이루어졌다고 할 수 있다. 다음으로 내륙으로 깊숙이 진출한 농민들이 자신이 생산한 곡물이나 다른 농작물을 내다 팔기 위해서는 철도를 통한 운송이 필수적이었다. 그런데 공산품에 대해서는 운임 인하경쟁까지 벌이면서 농산물에 대해서는 계속해서 높은 운임이 유지됨으로써 농민들의 불만이었다. 이에 대해 Grange나 Greenback Party 등을 통해 운임인하를 위한 로비도 하고 정치운동도 전개하여 주간교역위원회(ICC)가 생겨나기도 했다고 설명했다. 그러나 농산물에 대한 여전히 높은 운임은 그 만큼 농촌의 소득을 도시의 상공업자와 채권자들에게 이전시키는 연결고리가 되었다. 또한 보호주의적인 높은 관세가 유지되어 공산품 가격이 높게 유지될 수 있었던 것 역시 농촌의 소득을 도시로 이전시키는 역할을 했다고 볼 수 있다. 마지막으로 연방정부에 의해 농촌에도 국립은행들이 생겨났지만 그들은 토지를 담보로 신용을 제공하는 것이 금지되어 있었기 때문에 농민들보다는 대부분 지역의 상공인들의 필요를 충족시키는 역할을 하였다. 따라서 그들은 농촌지역에서 거두어들인 세금이나 유치된 예금들을 주로 도시지역의 상공인들에게 대출되었으며 이 또한 농촌소득이 도시로 이전될 수 있는 통로 역할을 하였다고 볼 수 있다. 이와 같이 당시 연방정부의 여러 정책들은 농촌에서 축적된 부가 자연스럽게 도시로 흘러들게 만들고 이것이 산업자본의 축적으로 이어지는 결과를 낳게 된다. 즉, 미국이 당시 가장 비교우위를 가졌던 토지에서 벌어들인 소득을 자신들이 비교열위에 있던 제조업에 투자하게 함으로써 미국은 농업부국인 동시에 제조업을 겸비한 산업부국으로 발돋움 할 수 있었다.

8.5.2 유럽자본의 유치

또한 유럽에서 축적된 자본들 또한 안정적인 투자처를 찾아 미국으로 몰려들었으며 이 과정에는 앞서도 설명했던 투자은행들의 역할이 컸다. 우선 남북전쟁의 기간 중에는 채권을 외국에 팔지 못했지만 전쟁이 끝난 후 전쟁부채를 갚기 위한 채권이 발행되자 유럽의 자금들이 대규모로 투자되기 시작했다. 즉, 전쟁이 종료되고 상환불능의 위험성도 사라진 가운데 5~6%의 이자를 그것도 금으로 지급하는 미국 연방정부의 채권은 A급 투자대상이 되었다. 이러한 과정에서 미국이나 유럽의 여러 투자은행들이 활약하였는데 런던, 파리, 프랑크푸르트, 암스테르담 지역의 투자은행들이 뉴욕, 필라델피아, 보스턴 등에 지점을 열게 된다. 특히, 이들은 미국의 철도건설에도 막대한 자금을 투자하였는데 앞서 설명했듯이 철도를 따라 불하된 엄청난 규모의 토지에 대해 투기에 가까운 형태로 투자가 이루어졌다고 한다. 또한 철로가 로키산맥 등 산악지역으로 접어들면서 철도회사들은 광산개발에도 참여하게 되는데 이 과정에도 유럽 자본들이 대거 투자되었다고 한다. 또한 유럽 자본들은 철도뿐만 아니라 미국의 제조업에 대해서도 활발하게 직접투자가 이루어진다. 이는 미국의 보호주의적 관세정책으로 인해 유럽에서 제조된 상품을 수입하는 것보다 미국 현지에서 생산하는 것이 높은 수익이 보장되었기 때문이기도 하다. 특히, 이 과정에서 유럽인들은 미국에 새로 짓는 공장에 최신의 첨단 기술이나 공법들을 적용하고 기술자와 관리자들을 파견하였는데 이 모든 것이 미국의 기술수준을 높이는 계기가 되었다. 또한 유럽의 최신기술은 미국에 와서 미국식으로 노동의 투입을 줄이고 간단한 기계작업을 많이 하는 방식으로 변환되었다고 한다. 현대에도 각국 정부는 외국인 직접투자(Foreign Direct Investment)의 유치를 위해 열을 올리고 있지만 당시 미국은 이와 같은 FDI 유치정책을 따로 펼친 것이 아님에도 불구하고 자금이 몰려들었으니 그 만큼 투자환경이 좋았다고 할 수 있다. 특히 앞서도 설명했듯이 당시 미국은 법인세 제도가 미비하여 그 만큼 투자된 자본에 대한 높은 이윤을 보장받을 수 있었다. 또한 노동 관련법도 미비하여 근로자의 안전과 복지 등에 대한 지출도 최소한으로 유지 할 수 있어 그 만큼 자본투자자들에게는 천국이나 마찬가지였을 것이다.

8.6 … 이민증가

8.6.1 이주민의 유형

앞서 미국에 가장 풍부했던 자원은 토지라고 설명했지만 반면 가장 부족한 자원은 인구 즉, 인적자원이었다. 벌써 몇 차례 강조했지만 미국은 이러한 인구부족을 개방적인 이민 정책을 통해 극복해 나갔다. 당시 새로운 개척지를 포함한 미국 내 이주민의 형태를 다섯 가지로 구분하여 설명할 수 있는데 그 첫 번째로 텍사스,

아칸서스, 오클라호마 지역으로의 생계형 농민들의 이주를 들 수 있다. 그런데 이들의 대부분은 남부의 농장지대에서 옮겨간 백인농민이나 해방노예들이다. 이미 여러 차례 설명했지만 그들은 최소한의 노동만을 영위할 목적을 가지고 있었으며 주로 미시시피 강 쪽으로 빈 땅을 찾아서 이주해간 경우이다. 두 번째로 캔자스를 비롯한 그 서쪽에는 주로 북부의 개척농민들이 이주해 들어갔다. 이들은 산간지역에서도 관개시설을 갖추는 등 자신들의 작물생산을 극대화하여 소득을 증대하는 상업적 농업을 추구한 사람들이다. 이와 같이 농촌 지역으로의 이주민들 이외에 세 번째로 지적할 수 있는 부류가 농촌에서 도시로 이주해 간 사람들이다. 이들은 대부분 개척농민들의 자녀들로서 문자 해독이 가능하였고 도시로 이주하여 상공업에 종사한 뒤 성공하여 신분상승을 이루고자 하는 목적을 띠고 있었다. 그런데 이러한 유형의 이민은 남부의 농촌에서도 나올 법 한데 그런 일은 드물었다고 한다. 즉, 생계형 농업을 영위하는 남부의 농민들 특히, 노예 신분에서 벗어난 남부의 흑인들은 북부로 이주하면 진정으로 신분상승을 이룰 수 있었음에도 불구하고 그러지 못했다. 그 이유는 아마도 그들이 문자를 읽을 수 없었으며 따라서 도시에 와서도 중간계층 이상의 생활을 할 수 없었으며 대부분 미숙련 노동에 종사하여야 했을 것이기 때문일 것이다. 따라서 도시의 상공업에 필요했던 미숙련 노동은 대부분 유럽에서 가난을 피해 미국으로 이민 온 사람들이었으며 이들에 대해서는 뒤에 자세히 설명할 것이다. 앞서 남부의 흑인들이 북부에 가면 훨씬 인간다운 생활을 할 수 있음에도 실제로 그런 경우가 별로 없었다고 언급했지만 제1차 세계대전 이후에는 북부로 이주하는 흑인들이 생겨난다. 그런데 대부분 문자 해독률이 높았다고 하는 이들은 아마도 남부 노예출신 흑인들의 2세들일 것이다. 즉, 부모세대는 글을 몰라 북부로의 이주를 꿈꿀 수 없었지만 그들 중 일부는 자식교육에 열성을 지녔을 것이고 시간이 지나면서 이들이 북부로 이주해가는 경우도 생겨나게 된 것으로 보인다.

8.6.2 유럽계 이민

앞서도 언급하였지만 도시의 상공업 지역에 미숙련 단순노동에 종사한 사람들은 대부분 새로운 기회를 찾아 미국으로 이민해 오는 유럽계 농민들이었다. 당시 유럽에서 오는 이민들은 대개 먼저 이민 온 사람들이 가족이나 친족들에게 미국 생활을 소개하고 함께 생활할 것을 권유하는 경우가 많았다고 한다. 그 당시 먼저 이민을 온 사람들이 고향의 가족이나 친지에게 보낸 편지들을 보면 미국의 상황을 어느 정도 짐작할 수 있다. 그 내용에는 우선 미국에 오면 유럽보다 임금이 높아 먹고 사는 것은 물론 저축도 가능하다는 이야기가 많았다고 한다. 즉, 미국에 오면 그 만큼 돈을 모으고 생활수준을 향상시킬 수 있는 기회가 있었다는 것이다. 그러나 그러한 기회를 얻기 위해서는 당장은 하루 10시간씩 주6일 동안의 고된 노동을 견뎌야 한다는 내용도 편지에 포함되어 있었다고 한다. 즉, 그 기회가 있기는 하지만 그 기회를 살리기 위해서는 우선은 쉬지 않고 일을 할 각오가 되어 있어야 한다는 뜻이다. 하지만 앞서도 잠깐 언급했지만 강도 높은 노동을 하면서 먹을 것도 제대로 먹지 못한다면 오래 버틸 수가 없었을 것이다. 그런데 편지에 보면 미국은 식료품이 풍부하고 값도 싸서 충분히 먹을 수 있다는 내용도 있었다고 한다. 즉, 고생을 하면서도 배를 곯는 유럽과는 다르며 특히, 육류도 충분하게 먹을 수 있음을 전했다고 한다. 그러한 혜택들이 알려져서 그런지 당시 새로운 기회를 찾아 미국으로 이민 오는 유럽인들의 규모는 정말 대단하였다. 1820~1879년 사이에만 850만 명이 이민을 왔고 1880~1914년의 기간 동안 2,000만 명이 더 이민을 왔다고 하니 웬만한 나라 몇 배 또는 몇 십 배의 인구가 유입된 것이다. 초기에는 주로 아일랜드 계 이민들이 많았는데 이들은 1830년대 중반 그 지역에 발생한 흉년과 그에 따른 기근을 피해 미국으로 이주한 사람들이다. 이들은 앞서도 설명한 철도건설 등 중노동에 종사하였으며 1845~50년 사이에 그 규모가 절정을 이루었다고 한다. 그러나 유럽에서도 산업화가 차츰 진행되면서 식량이 풍부해졌고 그러면서 아일랜드 이민은 줄어들게 되었다. 그 뒤를 이어 1880년대 이후부터는 다른 지역에서의 이민이 급증하기 시작하는데 특히 1880~1914년 사이의 이민은 주로 이탈리아, 폴란드, 헝가리, 그리스 등에서 이루어졌으며 그 규모가 약 1,200만 명에 달했다고 한다. 한편 그 당시의 이민들 가운데 러시아나 폴란드에서 온 유태인들도 한 축을 형성하는데 특히, 이들은 교육수준이 매우 높았으며 이재에도 밝아 경제적 성공을 추구하였다. 그 결과 그들의 후손인 오늘날 유태인들은 미국의 정계, 관계, 재계, 학계 등 다양한 분야에서 두각을 나타내며 영향력을 행사하고 있다.*

* Kessner, T. (1977)

8.7 … 기업친화적인 사법부

8.7.1 재산권의 보호

사실 남북전쟁 이후 공화당의 산업촉진 정책이 꾸준히 추진되었다고는 하지만 중간 중간의 정치상황에서 타협이 필요하였기 때문에 연방정부와 의회는 정치적 필요에 따라 유동적인 입장을 취할 수밖에 없었다. 그러나 이러한 상황 속에서도 미국이 꾸준히 산업화 정책을 추진할 수 있었던 것은 흔들리지 않고 중심을 잡아 준 사법부의 역할이 컸다. 즉, 인플레이션, 보호주의 관세, 흑인 선거권, 정부·기업 관계 등의 문제에 대해서 논란이 있을 때 마다 대법원 판결은 산업화 정책을 꾸준히 지지하는 쪽으로 이루어졌다. 특히, 공민권법(Civil Rights Act)에 대한 1883년 대법원의 위헌판결은 그러한 성향을 잘 나타낸다. 얼핏 보면 남부 정치세력들의 백인우월 주의를 지지한 것으로 보이지만 이 판결은 흑인뿐만 아니라 생계형 농업에 종사하는 문맹의 백인들의 참정권까지 제한하는 것을 허용하였다. 이는 결국 남부 정치세력의 기반인 백인 농민들의 영향력을 약화시키는 결과를 가져왔고 따라서 당시의 판결은 북동부 상공업 세력의 정치적 발언권을 강화하는 계기를 제공하게 된다. 또한 대법원은 연방정부가 부여하지 않은 공권력으로부터 개인의 재산을 보호한다는 수정헌법 14조의 내용에 산업적 부까지 포함시켜 확대 해석하는 판결을 내린다. 이 판결은 결국 사유재산권의 범위를 넓힘으로써 산업자본의 축적에 더욱 유리한 환경을 제공하는 역할을 하게 된다.

8.7.2 노동관계

이와 같이 개인의 의사와 재산을 존중해야 한다는 대법원의 입장은 노동관계에도 적지 않은 영향을 미쳤는데 이에 대한 대법원의 두 가지 원칙은 파업해산 명령과 자유계약 주의였다. 철도관련 장비를 대규모로 공급하던 Pullman 회사에서 1894년 발생한 파업은 노동자들의 임금을 20%나 삭감하면서도 관리자와 주주들에 대한 높은 급여와 배당은 그대로 유지한 것이 화근이 되어 발생한다. 이에 대해 노동자들은 자신들의 요구가 받아들여지지 않자 파업을 벌이며 주요 철도시설을 파괴하는 과격한 사태가 벌어지게 된다. 이에 대해 대법원은 기간 시설을 파괴하는 것은 명백한 재산권 침해라는 취지의 판결을 하고 파업해산 명령을 발동한다. 또한 법원의 해산명령에 따르지 않고 파업과 시설 파괴가 계속되자 노조 간부들을 투옥하기도 하였다. 전통적으로 미국의 사법부는 법해석에 있어 원칙을 상당히 중요하게 여기는 편이었고 이러한 원칙의 고수는 자유계약주의에도 그대로 드러난다. 즉 법원의 판단에 따르면 개인은 자유의사에 의해서 어떠한 형태의 노동계약에 가입할 권리가 있다고 보았던 것이다. 그러나 대법원의 원칙주의가 너무 지나친 경우도 있었는데 소위 Yellow Dog 법령에 대한 1908년의 위헌판결이 특히 그렇다. 즉, 노동자가 회사에 취업할 때 노조에 가입하지 않겠다는 내용의 계약서에 서명하는 황견계약을 금지한 의회의 법안에 대해 대법원이 위헌이라 판결한 것이다. 이는 결국 사적 계약을 중시한다는 명분아래 회사와 노동자 개인의 계약에 있어 월등한 협상권을 가지기 마련인 회사의 손을 들어준 것이나 마찬가지이다.

8.7.3 기업규제

그만큼 미국의 대법원은 원칙 고수에 매우 철저한 집단이었고 따라서 종종 어떤 사안에 대해서 행정부나 의회가 모호한 태도를 보일 경우 대법원이 개입하는 일이 많았다. 앞서 설명했던 주간교역위원회(ICC)는 철도에 대한 합리적인 운임을 결정하고 이의 준수여부를 감독하였다. 그런데 문제는 의회가 ICC 설립 당시부터 운임을 설정할 권한을 부여한 것은 아니었다는데 있었다. 즉, ICC는 대의기관이 아니었기 때문에 상업 활동에 대한 가격을 설정할 권한이 없었다. 그럼에도 불구하고 의회가 그렇게 한 것은 농업과 상공업 세력 사이에서 어정쩡한 입장에 있었기 때문에 책임을 회피 한 것이나 마찬가지였다. 따라서 ICC가 설정한 운임에 대해서 분쟁이 발생할 경우 법원이 나서는 수밖에 없었으며 어떻게 보면 이는 의회 권한과 상충될 수 있는 일이었다. 그러나 의회는 자신의 입장을 정할 수 없었기 때문에 자연스럽게 법원이 ICC의 가격설정에 대해서 합리성을 심의하고 결정을 내리도록 한 셈이었다. 의회의 이러한 모호성에 대해서 법원이 개입할 수밖에 없었던 또 하나의 예가 1890년의 셔먼 반독점법(Sherman Antitrust Act) 이다. 나중에 좀 더 자세히 설명하겠지만 록펠러(John D. Rockefeller)의 경우는 이 법에 의해 독점피해가 인정되어 기업분할의 명령을 받았지만 사실 당시 의회가 제정한 반독점법은 독점 자체를 금지한 것은 아니었다. 즉, 그들은 독점을 금지하는 대신에 법원에서 기업결합에 대해서 심사하고 이를 승인하거나 금지하는 절차를 따르도록 한 것이다. 결국 법원의 판단에 따라 좋은 독점과 나쁜 독점을 구분하려 하였고 의회는 그 결정에서 한 발 물러서게 된다. Sherman Antitrust 법의 제정을 주도했던 당시의 T. 루스벨트 대통령도 국가에 도움이 되는 대기업과 나쁜 대기업이 있다고 말한 적이 있는 것도 같은 맥락에서 해석될 수 있다.

8.7.4 파산제도

정치적 사안에 민감한 의회의 모호성이 드러나는 또 하나의 분야로 파산제도를 들 수 있다. 즉, 파산제도는 의회의 입장에서 까다로운 경우일 수밖에 없었는데 그 이유는 제도가 어떻게 되느냐에 따라 채무자나 채권자 둘 중의 하나는 불만을 가질 수밖에 없고 의회는 어느 쪽을 확실히 지지할 수 없는 처지였을 것이다. 따라서 오늘날도 파산에 대한 결정은 법원에서 하게 되지만 그래도 판결을 내리자면 법은 있어야 하고 이를 제정하는 일은 의회에서 담당할 수밖에 없었다. 1800년에 제정된 파산법은 채권자에게 절대로 유리한 법이었다고 하는데 이는 상업거래에만 적용될 수 있었으며 채권자인 경우에만 파산신청이 가능했기 때문에 채무자는 불리하였다. 따라서 당시 신용으로 토지를 구매하여 농사를 짓던 농민들의 반발이 거셌으며 결국 3년만인 1803년에 폐지되고 말았다. 그리고 한참 뒤인 1841년에 채무자와 채권자를 모두 고려한 파산법이 제정되지만 이 법에 대해서는 채권자, 채무자 모두 불만이어서 바로 그 다음 해에 폐지되었다. 즉, 당시 파산법은 채권자의 선취특권을 인정하여 채무자의 입장에서는 불만이었다. 그러나 이러한 조치를 취하기 위해서는 법원의 판단을 기다려야 하는데 그 절차를 밟는데 너무 많은 비용이 발생하여 채권자들로 부터도 환영받지 못했다고 한다. 그러다가 1867년의 연방파산법은 최초로 채무자 구제에 초점을 맞추어 파산상태에서 다년간의 채무이행이 가능하도록 하였다고 한다. 특히, 이법은 불황기에 채권자의 입장에서도 빚을 떼이기보다 시간을 좀 두고 채권을 회수하는 것이니 매우 유용하였다. 그러나 경기가 좋은 시절에는 이런 협조가 이루어지기 어렵기 때문에 1878년의 호황기에 이 법은 결국 폐지되고 만다. 마침내 1898년에 제정된 연방파산법은 오늘날과 같은 형태의 파산법의 효시가 되는데 이 법에서는 개인의 자발적 파산권이 인정되었으며 다만 기업의 경우는 자발적 파산이 제한되었다고 한다. 또한 비자발적 파산의 경우에도 임금노동자와 농민의 보호가 강조되었는데 기업이 파산한 경우에라도 노동자의 임금에 대한 채무변제를 최우선으로 할 것을 규정하였다. 특히, 이 법에 따르면 철도 등 국가 기간산업의 경우는 일시적 파산요청이 가능하도록 한 것이 특징이다.

제 9 장

진보정책과 대기업 체제

9 진보정책과 대기업 체제

9.1 … 진보정책의 도입

9.1.1 수정헌법 17조

앞서도 설명했던 1896년 대통령 선거에서 공화당이 승리하면서 그 동안 중심을 못 잡던 행정부와 입법부도 이제 사법부와 같은 입장에서 본격적으로 산업자본과 도시민의 의사를 반영한 정책을 펼치게 된다. 특히, 1900년 이후에는 T. 루스벨트와 윌슨(Woodrow Wilson) 대통령 주도하에 도시민과 산업 노동자들을 위한 법안들을 시행하기 시작한다. 그런데 미국의회가 이러한 법안들을 입법하게 된 배경에는 1913년에 추인된 수정헌법 제17조가 중요한 요인이다. 수정헌법 제17조는 그 동안 주 의회에서 선출하던 연방 상원의원을 유권자들의 직접선거에 의해서 뽑도록 하는 내용이다. 즉, 그 동안은 상원의원을 주 의회에서 선출했기 때문에 주민들의 의견이 반영되기 보다는 현상유지를 원하는 기존의 정치세력에 의해서 정책이 좌우되는 것을 의미한다. 앞서도 설명했던 것처럼 도시규모가 커져갔지만 그들의 대의권이 제대로 반영되지 못했던 상황이었다. 그러한 이유로 연방하원에서는 1893년, 1894년, 1898년, 1900년, 1902년 등 기회가 있을 때마다 헌법 개정안을 발의하였지만 자신들의 기득권을 잃지 않으려는 상원에서는 이를 매번 부결시켰다. 그러나 1912년 상원의원 후보에 대한 예비선거 제도가 시행되고 각 정당은 예비선거의 승자를 후보로 내세우도록 의무화되면서 분위기가 바뀌게 된다. 따라서 헌법 개정안이 드디어 통과될 수 있었으며 1913년에는 수정헌법 제17조로 추인될 수 있었다. 이와 같은 일이 있은 후 비로소 도시민과 상공업자들의 의사가 입법과정에 제대로 반영될 수 있었으며 과거 체제에 얽매여 변화에 소극적이었던 농업부문의 입김은 줄어들게 된다.

9.1.2 사법부와 기업규제

그런데 당시 도시민과 근로자의 목소리 가운데는 기업규제에 대한 요구가 있었지만 전통적으로 기업 친화적인 사법부에서는 이에 대해 거부감이 있었다. 예를 들어 당시 도시민들이 요구했던 주간교역위원회(ICC)에 의한 철도요금 규제에 관한 내용을 들 수 있다. 농민들은 철도요금이 낮게 유지되는 것을 원했지만 도시민들은 그 보다는 예측이 가능하게 안정적으로 유지되는 철도요금 체계를 선호하였다. 즉, 도시 상공인들은 자신들이 생산하는 공산품에 대한 철도운임이 공정하게 유지되어 다른 생산자들과 동일한 조건에서 경쟁할 수 있는 안정적인 환경을 원하였던 것이다. 그러나 사법부에서는 ICC에 의한 이러한 요금결정에 대해 자신들의 권한을 내어놓는 것으로 여겨 주저하였다. 그러나 T. 루스벨트 대통령의 강력한 로비에 따라 의회에서 입법된 1906년의 Hepburn Act는 ICC에 요금 설정권한을 부여하였다. 그런데 이 법에 의하면 사법부의 심사를 거친 후에 ICC가 요금을 결정하게 되어 사법부를 완전히 배제한 것은 아니었다. 그러나 1910년의 Mann-Elkins Act는 ICC에 가격설정의 전면적인 권한을 부여하였으며 1914년 대법원의 판결도 ICC에 대한 그러한 전면적 권한의 부여를 인정하게 된다.

9.1.3 산업규제위원회

사실 당시 대법원의 판단은 드넓은 내국 시장에 걸친 복잡하고 다양한 상업 활동을 규율하기 위해서는 보다 전문적이고 독립적인 기구가 필요하다는 사실을 인정한 셈이다. 이러한 대법원의 판결에 고무된 의회에서는 이후에 여러 개의 독립된 산업규제 및 감독기구들을 설립한다. 우선 금리 등 미국의 금융정책을 결정하여 요즘에도 많은 관심의 대상이 되는 연방 준비이사회(Federal Reserve Board)가 1913년에 생겨난다. FRB는 원래 당시의 국립은행체제를 관리하고 감독하기 위해서 생겨났는데 현재도 미국의 금융체계를 관리감독하고 기준금리나 지불준비율의 조정을 통해 미국뿐만 아니라 전 세계의 경제상황을 조절하는 강력한 기구이다. 즉, Fed가 이자율을 내리고 올리면 미국뿐만 아니라 세계 주식시장이 급등락하고 환율이 요동치는 등 Fed의 총재는 미국의 경제 대통령이라 할 정도의 막강한 권한을 가진 인물로 평가된다. 또한 대기업의 독점에 의한 경쟁 제한적 행위를 관리·감독하는 기관으로 1914년 설립된 연방교역위원회(Federal Trade Commission)는 현재 독점에 대한 규제뿐만 아니라 소비자 보호 등의 업무도 수행한다. 1916년에 생겨난 연방관세위원회(Federal Tariff Commission)는 미국의 교역정책을 검토하고 변경을 권고하는 등의 역할을 하였다. 그러나 현재는 국제무역위원회(International Trade Commission)에서 외국의 불공정 교역행위에 대한 조사를 벌이고 정책을 권고하며 무역정책의 시행은 미국무역대표부(USTR)에서 담당한다. 연방농업대출위원회(Federal Farm Loan Board)도 역시 1916년에 설립되었는데 국립토지은행에서 농민들에게 농업자금을 대출하는 업무를 관리·감독하는 기관이다. 이는 2008년 미국의 주택금융시장 위기 당시 문제가 되어 유명해진 Fennie Mae와 Fredie Mac의 전신이기도 하다. 다음으로 1920년에 설립된 철도노동위원회(Railroad Labor Board)는 철도 파업사태의 방지를 위한 노동분쟁을 조정할 목적을 띠고 있었다. 1894년 풀만 파업과 그에 따른 시설파괴 등 폭력사태도 있었지만 철도의 보급은 미국의 경제를 통합하는 중요한 수단이었다. 그 만큼 국가경제에의 영향이 컸던 기반시설이었기 때문에 이 부문에서의 파업은 상당한 파장이 있었고 따라서 연방정부에서는 철도와 관련된 일에 많은 관심을 기울일 수밖에 없었다. 나중에 설명하겠지만 미국에서 8시간 노동이 의무화 된 것도 철도노동과 관련이 있었다. 철도노동위원회와 같은 해에 생겨난 연방전력위원회(Federal Power Commission)는 미국전역의 수력발전시설과 송전시설 등을 관리하고 감독하는 역할을 수행했다. 1927년 설립된 연방라디오위원회(Federal Radio Commission)는 라디오 방송을 위한 전파주파수를 배분하였으며 1934년에는 연방통신위원회(Federal Communication Commission)로 확대 개편되어 통신에 관한 관리와 감독을 수행했다. 마지막으로 1937년 생겨난 연방항공이사회(Federal Aeronautic Board)는 당시 상용화되기 시작한 항공 산업과 관련하여 민간 항공회사의 설립을 촉진하고 관리하기 위해 설립되었으며 오늘날은 연방항공국(Federal Aviation Administration)으로 개편된 상태이다.

9.2 … 노동자 보호

9.2.1 사용자책임법안(Employer Liability Statute)

기업규제와 관련하여 대법원은 자신들의 권한을 행정부와 입법부에 상당부분 이양하였지만 노동과 관련된 사안에 대해서는 자신들의 권한을 내어놓는 것을 거부하면서 기업친화적인 성향을 지속적으로 유지하였다. 특히, 1906년에는 주간(Interstate) 교역에서 발생하는 교역과 관련된 사고에 대해서 사용자 책임을 명시하려는 의회의 입법시도가 있었다. 그러나 대법원은 이에 대해 위헌판결을 내림으로써 기업 친화적인 성향을 다시 한 번 드러낸다. 당시 의회는 철도운송 자체가 중장비와 관련된 위험한 일이었기 때문에 여기에서 발생하는 노동자들을 보호하려했던 것이다. 그러나 대법원은 의회에서 마련한 법안이 운송에 직접 관련된 노동자들뿐만 아니라 주간교역과 관련된 운송회사의 모든 근로자들을 대상으로 한다는 이유로 5대4의 위헌판결을 내린다. 그러나 1908년 의회의 두 번째 입법시도가 있었을 때는 대법원도 노동자 보호의 필요성을 결국 인정하게 되고 1912년에는 합헌판결을 내림으로써 근로 중 발생한 사고에 대해서 사용자 책임이 명시되기 시작한다.

9.2.2 8시간 노동 및 유소년노동 제한

1916년 윌슨 대통령은 철도 노동자들에 대한 8시간 노동의무화를 위한 법령의 제정을 의회에 요청하였다. 앞서도 언급했지만 철도 노동은 중장비가 관련된 매우 위험한 노동이었으며 장시간 노동으로 피로가 쌓이고 특히나 야간작업 중에 많은 사고가 발생하여 1907년 한 해에만 4500여명이 숨지는 등의 문제가 발생했다. 오늘날은 대부분 산업에 8시간 노동이 적용되지만 그 때 당시만 해도 노동 계약의 자유주의 원칙을 고수했던 대법원의 위헌판결을 피하기 위해서 철도노동에서부터 그 제도를 도입하는 것이 필요했을 것이다. 그럼에도 불구하고 대법원에서의 반대가 여전히 심하였으며 1917년의 합헌결정은 5대4로 간신히 통과된다. 그러나 같은 해인 1916년 제정된 유소년 노동을 금지하는 법안에 대해서는 대법원의 추인을 받는데 실패하였다. 즉, 의회는 14세 이하의 유소년이 탄광과 섬유 공장 등에서 노동하는 것을 금지시키고 14~16세의 경우에도 8시간, 주 6일 이내에 그것도 주간에만 국한하여 조건부로 노동을 허용하는 법안을 통과시켰다. 그러나 대법원은 이 법안이 상업 활동의 규제하는 것이 아니라 아예 금지시키는 것이라는 이유로 위헌판결을 내린다. 의회는 1919년에 유소년노동을 금지시키는 대신 10%의 세금을 부과하는 법안을 제정했지만 대법원은 이에 대해서도 위헌판결을 내린다.

9.3 … 셔먼 반독점법

9.3.1 대법원의 재량권과 인식

그러나 1890년 제정된 셔먼 반독점법(Sherman Antitrust Act)에 대해서는 입법부가 대법원의 재량권을 인정하였기 때문에 입법부와 사법부 사이에 대립이 없었다. 앞서도 잠시 설명했지만 사실 의회 입장에서는 자신들의 입장을 명확하게 밝히기 어려워 사법부의 판단에 맡기려는 의도도 있었다. 따라서 셔먼 반독점법은 기업결합을 금지시킨 것이 아니라 합병에 대한 심사를 통해 법원이 승인여부를 결정하도록 한 것이었다. 그런데 당시 대법원은 철도산업의 파괴적 경쟁과 그에 따른 파산사태를 보면서 지나친 경쟁이 오히려 소중한 자원을 낭비시킨다는 인식을 가지고 있었다. 즉, 대법원은 지나친 경쟁은 자산축적을 통한 기업의 효율성 제고 노력을 방해한다고 보았으며 특히 미국 전역을 대상으로 하는 막대한 규모의 시장에 대한 공급체계를 안정적으로 확립하기 위한 대기업 체제의 필요성을 인정한 것이다.

9.3.2 제조업독점과 상업독점

셔먼 반독점법에 따른 최초의 판결은 1895년의 E. C. Knights라는 설탕정제회사에 대한 것인데 이는 대기업 체제의 효율성에 대한 대법원의 인식을 잘 보여주는 판결이라 할 수 있다. 즉, E. C. Knights는 당시 14개의 설탕정제공장을 합병하여 미국 설탕시장의 90%를 장악했지만 대법원은 반독점이란 상업 활동에 국한된 개념으로 이를 제조업에 대해서까지 적용할 수 없다는 이유로 기각판결을 내린다. 즉, 경쟁을 제한하는 상업행위는 국가경제에 해롭지만 제조업이 합병하여 규모의 경제를 달성하는 것은 효율성 측면에서 문제가 될 것이 없다는 것이 대법원의 해석이었다. 그러나 1911년의 Standard Oil Company와 American Tobacco Company에 대한 대법원 판결은 제조업 독점보다는 상업 독점에 대한 것이었다. 그런데 하급 법원에서는 두 회사 모두의 해체결정이 내려졌지만 상고심에 대한 대법원 판결은 독점과 대기업체제에 대한 대법원의 인식을 다시 한 번 나타낸다. 즉, 대법원은 Standard Oil Company에 대해서는 해체결정을 내리지만 American Tobacco Company에 대해서는 재조정 명령을 내린 것이다. 즉, 석유사업과 관련해서는 Standard Oil Company가 제조업 기업이 아닌 상업적 독점에 의한 폐해를 인정했지만 담배는 제조업의 성격을 일부 띠고 있기 때문에 효율성 측면에서 어느 정도의 필요성을 인정한 것이다. 따라서 이들에 대해서는 해체보다는 결합의 형태를 재조정함으로써 독점의 피해가 되는 부분만을 제거하면 된다는 판단을 한 것이다.

9.4 … 과점체제의 출현

9.4.1 Standard Oil 판결의 상징성

그러나 Standard Oil에 대한 대법원의 판결도 사실은 록펠러 가문에 대한 반감 등 당시 사회적 분위기에 따른 상징적 판결이라고 볼 수 있다. 즉, 당시 대법원은 미국이라는 거대시장에 대한 가장 효율적인 기업 체제를 모색하기 위해 고심하고 있었고 Standard Oil은 그런 관점에서 볼 때 매우 효율적인 석유공급체계를 구성한 것이었다. 그럼에도 불구하고 반독점 판결이 내려진 것은 처벌을 원하는 당시의 여론을 무마하기 위한 방편이었으며 그 판결로 인해 록펠러 가문이 실제로 잃은 것은 거의 없었다고 한다. 이와 같이 Standard Oil에 대한 판결이 상징적이라는 근거는 우선 당시 Standard Oil의 독점력은 사실상 큰 의미가 없어졌다는 데 있다. 즉, 1901년 Texas 해안에서 발견된 유전들은 그 이전의 유전에 비해서 규모가 엄청나게 컸으며 그 곳에서 최초로 개발된 6개 유전의 생산량이 기존의 생산량을 초과하고 있었다. 그런데 Standard Oil은 이들 유전에 대해서 아무런 소유권도 없었기 때문에 석유시장에서의 영향력이 이미 쇠퇴기에 접어들고 있었다는 분석이 가능하다. 특히, 당시 석유산업의 성패는 록펠러가 중요시 했던 석유의 정제와 판매가 아니라 새로운 유전을 얼마나 개발하느냐에 따라 좌우되었다고 한다. 또한 당시 자동차의 출현으로 휘발유에 대한 수요가 폭발적으로 증가하여 어떤 정유회사도 단독으로는 시장을 상대할 수 있는 능력이 없었다고 한다. 결국 록펠러 자신이 투옥되거나 처벌을 받은 것이 아니라 오히려 기업분할로 더 많은 부를 축적할 수 있었으니 대법원의 판결은 어쩌면 진정으로 록펠러에 대해 면죄부를 주기 위한 방편이었는지도 모를 일이다.

9.4.2 효율적인 과점체제(Oligopoly)

사실 당시 대법원은 효율적인 자본의 축적과 거대 미국시장에 대한 안정적 공급기반 확보를 위한 체제를 모색하고 있었다고 볼 수 있다. 즉, 독점이라는 폐해를 줄이면서 자원배분의 효율성을 추구하기 위해 하나의 기업보다는 일정한 규모 이상의 몇몇 기업이 적당히 경쟁하고 발전해가는 체제를 모색했으며 거기에 대해서 의회와 행정부가 묵인내지는 협조한 것이 라는 평가를 내릴 수 있다. 지나치게 큰 독점기업이 있으면 몇 개의 적당한 기업들이 경쟁하는 체제를 만들고 지나치게 경쟁이 심한 산업에 대해서는 기업합병이 일어나도록 유도하고 이를 심사하여 허용함으로써 경쟁을 줄여 보다 효율적인 자본축적이 되도록 유도하는 것이었다. 이와 같은 과점체제는 오늘날 대량생산과 대량소비의 미국경제를 지탱하는 가장 효율적인 산업구조로 인식되어 왔다.

9.5 … 대기업체제

9.5.1 대기업의 출현

앞서 설명하였지만 미국의 산업화 정책을 꾸준히 지지하였던 사법부는 Oligopoly 즉, 과점체제가 대륙국가인 미국의 대량생산과 대량소비에 가장 효율적이라고 보았다. 그러한 의도가 실현된 것이 1885년 이후 본격적으로 출현하기 시작한 대기업 체제라고 볼 수 있다. 대기업 체제는 물질적 풍요를 삶의 목표로 삼는 국가에서 생산적 경제활동을 조직하고 조화시키기 위해 이제까지 고안된 방법 중 가장 효율적인 것으로 여겨졌다. 미국에서 이러한 대기업 체제가 처음으로 등장한 부문은 아마도 철도산업이었을 것이다. 앞서 설명했지만 투기적으로 우후죽순처럼 생겨난 철도회사들이 서로 가격인하를 통한 파괴적 경쟁을 벌인 끝에 상당수가 파산을 맞음으로써 자연적으로 그 수가 정리가 되었다. 즉, 그 당시 살아남은 소수의 철도회사들이 미국전역을 몇 개로 나누어 가지고 운영되는 대기업 체제가 성립된 것이다. 1860년대 대기업 체제를 이룬 산업을 보면 철도와 더불어 Erie 운하사업, 우체국 사업, 그리고 Western Union 이라는 전신회사 등을 들 수 있다. 특히, Western Union으로 이미 그 당시부터 전신망을 독점하여 전보를 전달하는 등 전국적인 규모의 민간 우편회사였다. Western Union은 대기업이었지만 당시 전보가 개인보다는 철도 회사나 은행 그리고 신문사 등 기업을 주요 고객으로 하였고 그들에게는 정확하고 빠른 정보 전달이 중요했기 때문에 가격은 크게 문제가 되지 않았다. 그러나 1879년 Standard Oil Company의 합병은 대기업 체제를 형성한 후 소비자들에게 높은 가격을 매기기 시작했기 때문에 많은 원망의 대상이 된 것이다.

9.5.2 대기업 등장의 요인

Standard Oil Company의 경우도 그렇지만 1885년 이후 본격적으로 대기업체제가 등장하는 데는 다음의 요인들이 작용한 결과라고 할 수 있다. 즉, 합병, 규모의 경제, 도시민의 구매력증가, 내국시장의 확장, 대규모 자본의 신기술 투자, 과점체제의 효율성, 보호관세 등을 그 요인으로 들 수 있다. 합병에 대해서 규제가 시작된 것은 1890년 셔먼 반독점법이 제정된 이후이지만 그나마도 독점을 규제한 것이 아니고 좋은 합병과 나쁜 합병을 심사를 한 것이다. 따라서 대법원에서 좋은 독점으로 인정되면 얼마든지 합병이 가능했으며 이를 통해 대규모 생산시설을 갖춘 대기업들이 출현한 것은 당연한 일이다. 그런데 대도시와 관련된 사업이라는 표현이 있듯이 그만큼 대기업의 출현은 미국의 도시화와 밀접한 관계가 있다. 1870년의 전체인구 중 25% 정도가 도시에 거주했지만 1910년이 되면 도시인구의 비중은 45%까지 늘어난다. 1910년의 미국전체 인구가 9,200만 명이었다고 하니 당시 4200만 명의 도시인구는 1870년 미국의 전체인구 3800만 명 보다 큰 규모였다. 즉, 대기업이 출현할 수 있었던 것은 도시인구의 규모가 크게 증가한 덕분이고 특히, 그들 도시인구의 소득이 증가하면서 구매력이 증대된 결과이다. 앞서 1865년 이후 40년간 미국의 연평균 경제성장률이 4%라고 하였지만 1865년부터 1908년까지 미국의 일인당 소득은 $237에서 $482로 두 배 이상 증가하였다. 특히, 그 당시 디플레이션으로 인해 물건의 가격이 지속적으로 하락하였기 때문에 구매력 특히, 도시 구매력의 증가는 대단한 것이었다. 1890년부터 1914년 사이 공장노동자의 임금이 28% 증가하였으며 그렇게 늘어난 임금의 77%가 소비재, 서비스(Human Service), 주택 등에 쓰였다고 한다. 그런데 그러한 임금의 증가를 연평균으로 환산하면 1.3% 수준이었던 반면 당시의 일인당 생산은 연평균 2.1% 증가하였다고 한다. 즉, 그 나머지 차이가 투자자의 이익으로 돌아가거나 아니면 재투자에 쓰여 설비를 현대화하거나 신기술을 도입하는데 쓰였다는 뜻이다. 따라서 당시 상황은 산업생산의 효율성이 증대되고 그에 따라 더 큰 규모의 대기업들이 등장하는 순환 고리의 역할을 했다는 것을 알 수 있다. 즉, 기업들이 커져가면서 더 많은 규모의 경제를 달성하고 그런 기업이 다른 작은 기업들을 시장에서 몰아내거나 합병해가면서 더욱 큰 대기업으로 발전할 수 있었다는 뜻이다. 특히, 이 과정에서 미국이라는 대규모의 시장에는 과점체제가 적합하며 따라서 몇 개의 회사가 적당히 경쟁하는 것이 가장 효율적이라고 여긴 대법원 등 사법부의 판단이 상당히 유리한 환경으로 작용했을 것이다. 또한 당시에도 계속 유지되었던 수입품에 대한 높은 관세는 그 만큼 외국으로부터의 경쟁을 걱정하지 않으면서 내국시장에서의 규모를 키워갈 수 있는 또 하나의 유리한 환경이었을 것이다.*

9.5.3 합병운동

1880년대부터 1940년대까지 대대적으로 이루어진 미국기업들의 합병 과정은 미국 기업사에서 가장 중요한 변화의 하나로 평가된다. 특히, 이러한 합병운동은 1893년부터 1895년까지의 불황기에 급격히 증가하였으며 그로부터 10년 가까이 지속되었는데 특히 1895~1898년의 기간 동안 절정에 이르렀다고 한다. 합병은 몇몇 투자은행에 의해서 인위적으로 시도되기도 했지만 대개 지나친 경쟁을 피하고 안정된 가격을 유지하기 위한 기업들 사이에 모색되었다. 보통 합병은 기업들이 가격에 대한 파괴적 경쟁을 막기 위해 우선 Cartel 즉, 기업담합을 시도해보다가 실패한 이후 그 다음 단계로 모색되었다. 앞서 철도산업에서도 처음에는 담합을 통해 가격을 안정시키려 노력하였지만 이 과정에서 서로의 합의를 깨고 특별할인을 제공한다던지 하는 방법으로 자신의 이익을 지키려하기 때문에 Cartel

* Rees, A. (1961)

은 오래갈 수 없었다. 철도의 경우 주간교역위원회(ICC) 설립을 통해 어느 정도 이러한 행위가 용인되었지만 미국의회는 제조업 기업의 담합행위에 대해서는 합법화하지 않았다. 의회의 금지가 없었더라도 대개는 중간에 꼭 합의를 깨는 기업이 등장하기 때문에 담합은 성공할 가능성이 낮았다. 담합이 실패하면 기업들이 다음으로 생각하게 되는 것이 Trust 즉, 기업합동이라는 형태를 시도한다. 이는 기업들이 아예 일종의 조합을 만들어 각 기업의 주식을 하나의 신탁에 맡겨 관리하는 방법이다. 그런데 이 경우 각 기업들의 권한을 완전히 이양한 것이 아니기 때문에 중요한 사안에 대해서 서로 이견이 있을 경우 문제가 복잡해진다. 그런 단점을 극복한 것이 Holding Company 즉, 소위 지주회사 제도라는 것인데 1889년 뉴저지에서 처음으로 허용된 지주회사 제도는 법적으로 하나의 상위기업을 두고 그 아래에 여러 기업을 거느리는 형태이다. 이 때 각 하위기업은 지주회사에서 자신의 지분만큼만 의결권을 가지게 되며 지주회사 이사회에서 각 기업의 운영을 조정한다. 이러한 방법을 통해서 제조업 기업들은 파괴적 가격경쟁을 완화할 수 있는 해결책을 찾을 수 있었으며 따라서 1889년 이후에는 이러한 지주회사들을 중심으로 합병이 추진되기 시작한다. 셔먼 반독점법은 이러한 지주회사 제도에 대해 미국의회가 대응하여 입법한 것이지만 이미 설명하였듯이 반독점법은 독점을 금지한 것이 아니고 좋은 독점과 나쁜 독점을 구분한 것이다. 1895년 E. C. Knights 설탕정제 회사의 판결에서 보았듯이 대법원은 효율성의 측면에서 대기업의 출현을 오히려 장려하는 입장임을 알 수 있다. 특히, 자본시장 기법이 진화하고 발달해가면서 투자은행들이 나서서 지주회사 형태의 기업합병을 더욱 확산시키는데 JP Morgan 같은 투자은행들이 이 당시부터 아주 큰 활약을 했다.

9.5.4 전문경영

그러나 단순하게 합친다거나 대규모 시설을 갖추는 것만으로 성공이 보장되는 것은 아니었다. 즉, 합병을 통해서 거대기업을 만들었더라도 그들은 단순히 같은 종류의 상품을 생산한다는 점 이외에는 초기에는 생산방식, 경영방식, 수익구조, 시장구조 등 모든 것이 각각 다른 상태였을 것이다. 따라서 단순히 기업을 하나로 모아놓은 상태를 가지고는 이익을 낼 수도 없었으며 그 만한 규모에 맞는 보급, 생산, 유통 체제 등을 갖출 수 있어야만 했다. 결국 하나로 통합되었어도 수익이 나지 않는 공장을 폐쇄하거나 시장에서 철수시키는 등의 구조조정이 필요했다. 또한 각 공장마다 서로 다른 판매, 유통, 구매, 공장운영 등의 조직을 하나로 통합하는 일도 필요하였다. 몇 백 명 규모의 작은 공장에서는 주먹구구로 이런 일들이 가능했겠지만 이제 수천 명 이상을 거느린 거대 조직에서 이러한 관리는 전문가에 의해서 이루어질 수밖에 없었다. 따라서 이때부터 전문경영인 체제가 등장하게 되며 이를 경영관리자본주의(managerial capitalism) 체제라고 부를 수 있다. 이에 따라 대기업의 운영은 전문 경영인들에 의해 이루어지게 되고 이들은 효율성을 가장 극대화할 수 있는 생산규모를 갖추고 고용된 인력 또한 효율적으로 투입하여 대량생산이 지속적으로 이루어질 수 있게 기업을 체계적으로 운영하였다.

9.5.5 대량유통체제

이와 같이 규모의 경제를 통해 가장 효율적으로 대량 생산된 상품을 대규모로 판매하는 것 또한 전문적인 방식에 의해서 이루어져야만 했다. 1880년대에 발명된 전화의 보급은 대량 생산된 상품의 대량 보급이 가능하게 하는데 결정적인 역할을 하였다. 특히, 전화가 대대적으로 보급된 도시는 시장으로서 보다 더 중요한 역할을 하게 되었으며 전통적인 도매상들은 중개상으로서의 역할을 수행하게 되었다. 중개상들은 대기업에서 제공한 신용을 통해 대량으로 물건을 공급받고 판매를 대신해 주고 얻는 수수료 수입에 의존할 수밖에 없었다. 즉, 이들은 대부분 제조업체에서 쏟아내는 상품을 자기신용으로 구매해 창고에 쌓아두고 판매하던 관행을 감당할 규모가 못되었다. 만약에 자기신용으로 구매가 가능했던 도매상은 판매수수료를 받을 때보다 2.5~5% 가량 높은 이윤을 챙길 수 있었기 때문에 도매상이나 중개상 중에서 성공한 경우에 대규모의 유통업체로 발전할 수도 있었다. 오늘날 유명한 J. C. Penny나 Marshall 같은 백화점 체인들도 그러한 과정을 거쳐 이 때 생겨난 것들이다. 또한 포장소비재(Packaged Consumer Product)에 해당하는 낱개로 포장된 담배, 성냥, 필름, 비누, 밀가루, 연유, 통조림, 비누 같은 상품의 생산자들은 중개상을 통하지 않고 소비자를 직접 상대하기를 원했다. 즉, 이들 상품은 공장에서 대량으로 생산되기 때문에 유통단계를 거치지 않고 생산과 동시에 소비자에게 전달되도록 하는 것이 성공의 관건이었다. 특히, 이들 상품은 고가의 장비를 활용하여 워낙 대량으로 생산되는 것이기 때문에 가격을 비싸게 받기 보다는 가능한 대량으로 팔아 박리다매를 올리는 것이 중요했다. 그러나 보니 이러한 상품에 대해서는 광고의 중요성이 커졌으며 처음에는 주간지나 월간지를 통한 광고가 이루어지다가 1890년대 프레스인쇄 기술이 발전하면서 일간지를 통한 광고가 대대적으로 이루어지기 시작한다. 그런데 이러한 광고의 효과를 극대화하기 위해서는 상품의 이름을 알리는 것 또한 매우 중요해졌고 따라서 브랜드 네임이 등장하기 시작한다. 특히, 앞서의 소비재뿐만 아니라 가정이나 소규모 상점에서 사용되는 기계제품, 즉, 타자기, 저울, 금전등록기, 재봉틀, 농업기계 등에서도 브랜드 네임이 생겨나게 된다. 또한 이들 기계류에 대해서는 판매도 중요하였지만 수리를 하거나 필요한 부품을 공급하는 것 역시 중요했다. 따라서 전국적인 대리점(Dealer) 체제가 생겨나기 시작했으며 이들은 앞서의 브랜드 네임과 연관되어서 하나의 브랜드만 취급하는 것이 일반적인 경우였다. 그런데 이러한 대리점 체제는 또한 대기업에 의한 과점체제를 유지하는 진입장벽의 역할을 하였다. 즉, 새로운 자본가가 공장과 기계를 구입해서 비슷한 제품을 만들어내는 것은 비교적 쉬울 수 있지만 미국과 같이 드넓은 시장을 상대할 대리점 체제를 갖추려면 웬만한 자본을 가지고는 엄두를 낼 수 없기 때문이다.

9.6 … 주요산업의 대기업

9.6.1 미국산업화의 상징

지금까지 우리는 미국의 대량생산, 대량소비를 가능하게 한 대기업체제가 출범하게 된 공통적인 배경과 일반적인 과정에 대해서 설명했다. 그러나 각 기업들이 모두 같은 과정을 거쳤다고 볼 수는 없으며 각각의 산업과 기업은 주어진 환경에 따른 서로 다른 특징적인 부분들을 가지고 있다. 미국에는 매우 다양한 산업에서 다양한 상품을 생산하는 수많은 기업들이 있지만 여기서는 제철, 석유, 전기, 자동차 등 4개 산업에 대해서 설명하고자 한다. 현재의 관점에서 보면 이들 산업에 대한 미국의 경쟁력은 상당히 약화되었다고 볼 수 있다. 그나마 석유산업은 여전히 미국계 회사들이 세계시장을 장악하고 있지만 그것은 효율성 측면의 경쟁력보다 세계 곳곳에 많은 유전을 장악하고 있는 까닭일 것이다. 반면에 제철산업은 이미 경쟁력을 상실하여 보호주의적 조치에 안주하고 있는 측면이 강하고 전기·전자산업도 사실상 첨단기기를 제외한 범용제품에서는 점차 미국기업들의 활약을 찾아보기 힘들다. 2008년 경제위기가 도래하면서 파산사태를 맞았던 미국의 자동차 산업은 정부의 구제로 어느 정도 살아난 듯하다. 그러나 이들은 현지화에 성공한 외국기업들에게 시장을 내어주고 있는 상황이기 때문에 과연 경쟁력을 어느 정도까지 회복할 수 있을지 의문이다. 그러나 석유, 전기, 제철, 자동차 산업은 20세기 초반에 들어오면서 미국 산업화의 상징이라고 할 수 있는 중요한 산업들이었으며 따라서 이제부터는 미국에서 이들 산업들의 발전 과정을 각각 살펴보자.

9.6.2 제철산업

1870년 이전까지만 해도 제철산업은 통합이 전혀 이루어지지 않은 상태였는데 1850년의 기록을 보면 주로 펜실베이니아 지역에 295개의 용광로가 있었으며 그 밖의 지역에 150~180개의 용광로가 산재해 있었다고 한다. 초기에는 대부분 목탄을 이용한 용광로에서 철을 생산하였는데 이렇게 생산된 선철은 탄소가 많이 함유되어 있어서 강도가 매우 약했다고 한다. 그래서 선철에서 탄소성분을 분리해낼 필요가 있었는데 이 과정을 거쳐 생산된 것이 강철이다. 그런데 탄소를 분리하는 것은 매우 간단한 원리를 따른 것이지만 그러기 위해서는 비용이 많이 들었다고 한다. 따라서 강철은 주로 칼, 쟁기, 삽, 톱, 총 등 당시로서는 고가제품을 만드는 데만 쓰였다. 그러다 1855년에 베세머 전로(Bessemer Converter)라는 것이 발명되면서 비교적 적은 비용에 강철을 대량으로 생산될 수 있게 되었다. 그렇게 된 이후 그 동안 비용문제로 엄두를 낼 수 없었던 철도 레일에도 비로소 강철이 쓰이기 시작했다. 그러한 베세머 전로가 1868년 이후 미국에 도입됨으로써 미국에서도 강철을 대량으로 생산할 수 있게 되는데 특히, 이 때 중요한 역할을 한 사람이 카네기(Andrew Carnegie)라는 인물이다. 그는 원래 철도회사에서 중역까지 지낸 인물로 1865년 은퇴 이후 자신의 사업을 시작하게 된다. 그가 처음에 관심을 가졌던 사업은 하천 위에 철교를 건설하는 것과 그에 필요한 레일과 철제빔을 생산하는 것이었다고 한다. 그런데 영국을 여행하던 중 그는 베세머 전로를 목격하고 바로 그 기술의 사업성을 인식했다고 한다. 미국으로 돌아온 그는 베세머 전로를 건설하기 위한 사업자금을 모집했으며 앞서도 설명했지만 당시 미국에서 산업자본을 끌어모으는 것은 그리 어려운 일이 아니었다. 그런데 그가 베세머 전로를 건설한 시기는 1873년부터 1875년 사이의 기간이었는데 이 시기는 불황기였다. 따라서 그는 그가 처음에 생각했던 것보다 훨씬 더 적은 자금으로 전로를 건설할 수 있었다.

특히, 그가 건설한 베세머 전로는 영국에 있던 것에 비해서 기술적으로 더 앞선 것은 아니었지만 영국의 평균적인 전로보다 규모가 두 배 이상 컸고 생산량은 세 배에 달했다. 따라서 그가 건설한 전로는 엄청나게 성공적이었으며 생산을 시작하자마자 이윤을 내기 시작했다. 또한 그가 건설한 전로는 영국에 비해 수명이 짧았기 때문에 교체주기가 더 빨랐어야 했는데 그럴 때마다 점차 더 큰 규모의 전로를 건설하면서 더 큰 규모의 경제를 달성할 수 있었다. 그러나 카네기의 장점은 규모의 경제 이외에도 훌륭한 경영진을 보유하고 있었으며 금융비용을 최소화한데 있었다. 즉, 카네기는 자신이 근무했던 철도회사의 유능한 경영진들을 스카우트해서 고용했는데 생산비용을 얼마나 절감하느냐가 그들의 능력을 평가하는 중요한 기준이었다고 한다. 카네기의 이러한 성공은 당시 경영관리 자본주의 모형의 모범사례가 되었다. 카네기의 성공에 고무되어 이후 무수히 많은 새로운 생산자들이 철강시장에 진입하게 했다. 당시 강철에 대해 100%의 수입관세가 부과되었으니 생산만 하면 그 만큼 큰 이윤이 보장될 수 있었다. 특히, 철도건설이 투기적으로 증가하는 가운데 기존의 레일이 강철로 교체되고 일부 철로는 단선에서 복선으로 확대되는 등 강철에 대한 수요가 지속적으로 늘었기 때문에 시간이 가면서 점점 더 많은 철강 생산자들이 생겨났다. 결국 그렇게 많아진 생산자들 모두가 생존할 수 없는 상황이 되고 따라서 합병이 시도된다. 그런데 그 과정에서 활약한 사람이 모건(J. P. Morgan)인데 그는 1885~1890년 사이의 대대적인 합병을 통해서 카네기 철강에 대한 경쟁자로 등장하게 된다. 결국 철강에서도 파괴적 경쟁이 불가피 했으나 모건은 자신의 주도로 합병된 회사들이 카네기와 경쟁을 하자면 자신도 피해를 감수해야 함을 인식했을 것이다. 따라서 그는 카네기에게 일정한 금액을 제시하며 철강회사를 자신에게 팔 것을 제의했다고 한다. 그 금액이 얼마인지는 알려지지 않았지만 카네기는 그 보다 높은 4억8천만 달러라는 당시로서는 천문학적인 금액을 제시하며 모건의 제의를 사실상 거절했다. 그런데 더 놀라운 것은 모건이 그 가격을 그대로 받아들여서 카네기 철강을 인수하게 된 것이다. 그렇게 해서 탄생한 U. S. Steel은 회사의 주식가치가 14억 달러에 이르렀다고 하니 결국 모건도 손해를 보지는 않은 것이었다. 특히 그는 금융기법을 동원하여 그 만큼 회사의 가치를 부풀리고 그것을 일반주식으로 공개함으로써 이익을 챙길 수 있었다. 그러나 철강에 대한 수요는 여전히 지속적으로 증가하고 있었기 때문에 터무니없이 가치가 부풀려지지는 않은 것으로 여겨지면서 U. S. Steel의 주식은 여전히 매력적인 투자대상이었다. 그런데 카네기 철강마저 합병한 U. S. Steel은 마음만 먹으면 다른 경쟁자들을 없애고 독점을 형성할 수 있었겠지만 그런 일은 없었다. 즉, U. S. Steel은 반독점법으로 처벌받는 상황을 원하지 않았으며 독점을 형성하기보다는 안정적인 가격의 유지를 더 중요시하였다. 즉, 그들은 생산량을 조절하여 가격을 유지하는 방법을 선호하였는데 수요가 줄어드는 불황기에는 가격을 낮추기보다 생산량을 줄여서 일정수준의 가격을 유지하였다. 이러한 U. S. Steel의 움직임은 경쟁자들에게도 신호가 되어 설정된 가격에 맞추어 자신들의 생산량을 일정수준 보장받을 수 있었다. 그렇게 해서 미국 제철산업에는 U. S. Steel이라는 절대강자 하나가 있고 그 아래 몇 개의 작은 기업이 존재하는 과점체제가 형성된다.*

9.6.3 석유산업

미국의 석유산업은 1858년 펜실베이니아 북서쪽에서 유전이 발견되면서 시작되었지만 석유에 대한 수요는 국내외적으로 이미 그 이전부터 존재하고 있었다. 당시 석유제품 수요의 90%는 등유였는데 이는 등잔불을 밝히는데 쓰던 석탄유와 고래 기름을 대체하였고 그 밖의 석유제품은 기관차 등 증기기관에 사용했던 윤활유였다. 유전에서 끌어올린 원유는 정제과정을 거치게 되었는데 그 원리는 위스키의 정제과정에서 응용되었다고 한다. 1865년 록펠러(John D. Rockefeller)는 이러한 석유 정제사업의 가능성을 인식하고 클리블랜드에서 동업 형태로 처음 사업에 참여하게 되었다. 이어서 그는 1870년 Standard Oil Company를 설립했는데 이때 그가 건설한 석유정제 공장은 당시로서는 세계최대의 규모였고 따라서 규모의 경제에 따른 최고의 생산성을 갖추었다. 그런데 1870년 당시 미국의 석유정제 규모는 원유 생산량의 두 배가 될 정도로 과잉설비 상태에 있었다고 한다. 따라서 파괴적 경쟁이 불가피한 상황이었고 록펠러는 수익성을 안정시키기 위해 자신의 생산성 우위를 앞세워 석유정제 산업을 통합하는 일에 착수한다. 특히, 그는 철도회사에 대해서 자신이 생산한 원유와 정제된 제품의 운송권한을 주는 대신 리베이트 계약을 맺는다. 그 계약에 따르면 Standard Oil이 지정하지 않는 다른 정유회사의 제품에 대해서는 정상요금을 매기고 그 이윤의 일부를 Standard Oil에 넘기도록 하는 조건이 담겨 있었다. 즉, Standard Oil이 주도하는 Cartel에 참여를 거부하는 회사에 대해서는 불리한 조건을 제시하도록 한 것이다. 이런 식으로 해서 1878년이 되면 Standard Oil은 미국 석유정제 산업의 90%를 장악하게 된다. Cartel 방식으로 운영

* Livesay, H. (1999)

되던 Standard Oil의 독점체제는 1882년이 되면 기업합동(Trust) 방식으로 전환되고 그 때부터 Standard Oil은 석유정제 산업을 하나의 경영체제 밑에 두고 운영하기 시작한다. 그 이후부터 Standard Oil은 원유생산에서부터 석유정제, 석유제품 판매에 이르는 일관생산 체제를 갖추어 간다. Standard Oil에 대응하여 자체적인 파이프라인을 건설하여 수송비를 절감하려 노력한 경쟁자들도 있었지만 Standard Oil은 그들보다 더 큰 규모의 파이프라인 건설로 대응하기도 했다. 그러한 압박에 견디다 못한 경쟁자들은 결국 포기하고 하나하나 Standard Oil의 체제에 포함되어 간다. 이와 같이 수단과 방법을 가리지 않고 시장 지배력을 키워가던 Standard Oil은 결국 1911년에 대법원으로부터 분할명령을 받아 38개 회사로 분리된다. 하지만 당시 텍사스에서 새로운 유전이 발견되고 그 유전의 규모가 기존의 것을 훨씬 능가하여 그 판결자체가 상징적인 의미만 있었다고 앞서 설명한 바 있다. 그러나 Standard Oil이 분할된 결과 석유산업에도 여러 개의 정제회사가 경쟁하는 과점체제가 형성되었다. 1917년 당시에 선정된 미국의 278대 기업가운데 13개의 석유회사가 포함될 정도로 당시로서 그들 석유회사들의 규모는 대단했다.

9.6.4 전기산업

초창기에 전기의 가장 큰 수요처는 전신산업이었으며 또한 전기는 대부분 배터리에 의해 공급되었다고 한다. 그러다가 1875년 발전기가 개발되면서 전기를 대량으로 공급할 수 있는 능력을 갖추게 된다. 그런데 그 보다 30년 전에 전기를 빛으로 전환하는 기술이 개발되었지만 전기를 안정적으로 또한 대량으로 공급할 방법이 없었기 때문에 실용화되지 못했다고 한다. 그러나 발전기가 개발되면서 많은 사업가들이 전기를 이용한 백열등 사업에 뛰어들기 시작했다. 1880년에는 뉴욕, 보스턴, 필라델피아 등의 주요 도시에 백열등이 이미 공급되었으며 1885년에 이르면 모두 96,000개 정도의 백열등이 설치된다. 그러나 그 당시의 백열등은 모두가 가로등으로만 쓰였으며 실내에는 설치할 수 없었다고 하는데 그 이유는 당시 전등에서 녹아나오는 탄소가 마룻바닥에 떨어지면 화재를 일으키기 때문이었다. 그러한 문제를 해결한 사람이 그 유명한 에디슨(Thomas Edison)인데 당시 그는 Wall Street 지역의 전신회사의 기술자였다. 그는 백열등 산업의 가능성을 인식하고 자금을 모아 자신의 회사를 설립하고 유럽에서 온 전기기술자들을 고용하여 개발에 성공한다. 그의 기술은 1879년에 상용화 되었는데 처음부터 대단한 성공이었다고 한다. 즉, Wall Street의 많은 금융회사들이 에디슨의 회사로부터 실내조명을 공급받기를 원하여 수요가 넘쳐났으며 1888년이 되면 188개의 발전시설이 운영될 정도로 규모가 커진다. 그런데 에디슨의 전기는 직류방식이었으며 그런 방식으로는 전기를 1km 이상 멀리 보낼 수 없었다고 한다. 따라서 직류방식으로는 각각의 발전시설을 이용하여 근거리에 일정규모의 전등을 밝힐 수밖에 없었다. 발전기 하나로 밝힐 수 있는 전등의 용량은 평균 2,080개에 지나지 않았으며 뉴욕에 설치되었던 가장 규모가 큰 발전시설은 41,000개의 전등을 밝힐 수 있었다고 한다. 그런데 웨스팅하우스(George Westinghouse)에 의해 교류방식의 전기기술이 개발됨으로써 전기를 멀리 보낼 수 있게 되고 그로부터 에디슨과 웨스팅하우스 사이의 경쟁이 시작된다. 당시의 Morgan Bank는 전기사업에서의 경쟁을 줄이고 규모의 경제를 달성하기 위한 기업합병을 주도하여 작은 전기회사들을 하나로 합치기 시작한다. 그 결과 미국의 전기산업은 Edison전기가 다른 전기회사들을 통합하여 탄생시킨 General Electric(GE)과 Westinghouse, Siemens 등 몇 개의 기업들이 경쟁하게 된다. 그 이후 GE는 특허분쟁을 통해서 Westinghouse를 비롯한 다른 회사들을 견제하기 시작한다. 그 분쟁에서 GE가 승리함으로써 일인자의 위치에 오르긴 했으나 특허를 지키기 위해 너무 많은 비용을 지불해야만 했다. 결국 GE와 Westinghouse는 특허 공유계약을 맺고 상호협력하며 전기산업을 발전시키는 전략을 채택하게 된다. 그러나 새로운 사업영역에서는 두 기업의 경쟁이 지속되었는데 특히, 도시의 전차산업과 나이아가라 폭포의 수력을 이용하여 전기를 생산하는 사업에서 두 회사는 끊임없이 경쟁한다. 이러한 전기산업의 발전에 따른 대량의 전기공급과 그를 이용하는 각종 산업의 출현은 나중에 설명하게 될 자동차 산업과 더불어 미국의 대량소비 문화 출현에 중요한 역할을 하게 된다.*

9.6.5 자동차 산업

미국의 대량소비 문화의 꽃이라고 할 수 있는 자동차 산업의 기술혁신은 내연기관의 개발로부터 비롯된다. 에디슨도 전기기술을 개발하는데 유럽의 기술자들을 고용하였지만 내연기관이 먼저 개발된 곳 역시 유럽이었으며 그 기술이 미국으로 전해지게 된 것이다. 1890년대 초반 내연기관을 이용한 자동차들이 등장하였지만 유럽이나 미국에서의 생산규모는 1900년대 초반까지만 하여도 비슷한 수준이었

* Passer, H. (1953)

다. 1900~1905년 사이 미국에는 100개 이상의 자동차 공장 있었으나 대부분은 영세한 규모였다고 한다. 그러나 1905년부터 미국에서 자동차에 대한 수요가 증가하고 거기 맞추어 대량생산 체제를 갖추게 되면서 미국의 자동차 산업수준이 훨씬 앞서게 된다. 이 과정에서 가장 크게 활약한 인물이 바로 그 유명한 포드(Henry Ford)인데 그는 원래 에디슨 조명회사의 기술자로서 능력이 매우 뛰어나 회사에서 인정받는 유능한 인재였다고 한다. 에디슨 회사에 근무하면서도 틈틈이 내연기관 기술을 연구하던 그는 드디어 1893년에 엔진 개발을 마무리하고 1896년에는 자신이 개발한 엔진을 장착한 자동차의 시운전에도 성공하였다. 그는 1899년 Detroit Automobile Company를 설립했으나 단 25대의 자동차를 생산하는데 그치고 1900년 파산한다. 1901년에 자본가들의 도움을 받아 자신의 이름을 붙인 Henry Ford Company의 설립에 참여했으나 그는 기술자 자격이었을 뿐 경영에는 관여하지 못한다. 결국 회사를 그만둔 그는 자신이 직접 경영하는 Ford Motor Company를 설립한다. Ford Motor Company에서 1908년 개발된 자동차인 Model T는 매우 저렴하고 성능이 좋았고 시장에 나오자마자 대단한 인기를 끌었으며 첫 해에만 10,000대를 판매하는 성공을 거두게 된다. 포드는 이러한 Model T의 대량생산체제를 갖추고 생산비용을 낮추는데 주력하는데 그는 이후 18년 동안 동일 차종을 생산하고 컨베이어 시스템을 도입한 소위 포드 생산방식을 통해서 생산성 향상에 주력한다. 1910년 도입되기 시작한 포드 생산체제는 1913년이 되면 자동차의 평균 생산시간을 12시간에서 2시간 반으로 줄이고 또한 1914년이 되면 1시간 반으로 조립시간이 줄게 된다. 그 결과 1913년 $500에 이르던 Model T의 가격은 1916년에는 $345로 줄어들게 되고 그 만큼 수요가 늘어서 1916년에는 미국의 자동차 생산의 절반에 해당하는 577,000대의 Model T를 생산하게 된다. 또한 포드는 1914년 1월 자신의 자동차 공장 노동자들의 임금을 두 배로 올려 하루에 $5를 지급하고 8시간 노동제를 도입하였다. 이러한 파격적인 임금 인상과 여가시간 증가는 노동자들도 스스로 자동차를 구입할 수 있는 계기로 작용하여 이후 자동차 수요를 더욱 늘리는 결과를 낳게 된다. 소득이 늘어서 자동차를 보유하게 되고 노동시간이 줄어듦으로써 여가를 즐기기 위한 소비자 문화가 꽃을 피우게 된 것이다.

그러나 그러한 소비자 문화가 확산되면서 Ford Motor Company는 오히려 위기를 맞게 되는데 그 이유는 소비자들의 소득수준이 늘어나고 욕구가 다양해지면서 좀 더 다양한 자동차를 원했기 때문이다. 특히, 처음에 Model T를 보유했더라도 그 수명이 다하여 새로운 자동차를 구매할 때가 되면 다른 자동차를 원하였으나 Ford

Motor Company에서는 Model T 밖에 생산하지 않았기 때문에 그러한 수요를 충족시킬 수 없었다. 그러한 대체수요를 담당한 것이 바로 듀란트(William Durant)의 General Motors 즉, GM이다. 원래 듀란트는 1885년 동업자와 함께 마차 제조회사를 설립하였는데 그 회사는 전국적인 판매와 부품공급 망을 확립하며 급속도로 성장하여 1900년에는 미국 최대 규모의 마차 제조회사로 발전하게 된다. 자동차 시장에서의 막대한 수요 증가를 예상한 듀란트는 1904년 디트로이트의 Buick 자동차 회사를 인수하여 마차 제조회사에서와 같은 전략으로 판매와 부품공급 망을 형성하면서 급성장한다. 그 결과 1904년에 28대의 자동차를 생산했던 Buick은 1908년이 되면 8,800대의 자동차를 생산하며 당시 미국 최대 규모의 공장으로 성장한다. 그해에 그는 General Motors를 설립하였으며 그로부터 2년 내 10개의 자동차 공장을 인수하는 등 꾸준한 확장을 통해서 Ford의 경쟁자로 떠오르게 된다. Ford와 달리 GM은 매우 다양한 차종을 생산하였으며 이는 앞서 언급한 바와 같이 두 번째 자동차를 구입하는 대체 수요와 소득 증가에 힘입어 Ford와의 경쟁에서 앞서 나가게 된다. 특히, GM은 전국적인 대리점 체제를 갖추고 그들로부터 시장수요 변화에 대한 정보를 신속하게 전달받을 수 있었으며 그 결과 소비자의 요구에 맞춘 차종을 생산해낼 수 있었다. 그러나 듀란트는 기업경영 전략에 대해서 무관심했으며 특히, 금융기관으로부터의 차입을 꺼려했다고 한다. 따라서 자금사정이 안정적이지 못했던 GM은 1910년 자동차 수요가 잠시 주춤해지자 자금난에 빠지게 된다. 은행으로부터 자금을 빌릴 수밖에 없었던 듀란트는 5년 동안 은행들이 설립한 Trust에 경영권을 넘기는 계약에 서명해야만 했다. 그렇게 경영권에서 밀려난 듀란트는 작은 규모의 자동차 회사인 Chevrolet를 인수했고 그로부터 차츰 다른 자동차 회사들을 합병하면서 다시 규모를 키워나간 끝에 결국 GM을 되찾을 수 있었다. 이 과정에서 그는 듀폰(Pierre du Pont)의 도움을 받았는데 오늘날에도 유명한 그의 기업은 제1차 세계대전 중 화약판매를 통해 급성장하였고 당시 새로운 사업 분야를 모색하고 있었다고 한다. 그 결과 듀폰의 재무경영진이 GM의 재무경영을 겸하게 되었으며 이 때 GM의 자동차 소매금융 부문이 새롭게 생겨나게 된다. 1920년 자동차 수요가 다시 주춤하며 GM이 또 다시 파산위기를 맞게 되자 듀폰은 슬로언(Alfred Sloan)을 통해 GM의 경영혁신을 추진하려 했으나 듀란트는 이에 반대한다. 결국 듀란트는 사임하게 되고 1923년 슬로언의 주도로 혁신을 이룬 GM은 새로운 전성기를 맞는다. 슬로언이 추구한 전략은 차종 다양화, 대규모 광고, 소비자 금융, 딜러와의 유대강화, 중고차 시장통합 등이었다. 특히, 그가 고안한 GM의 경영구조는 그 이후 미국과 다른 외국기업들에 의해 많이 모방되었다고 한다. 즉, 최고경영진은 하부 참모조직으로부터 시장정보 등을 수집하여 회사의 전체적인 방향을 설정하고 그 아래 각 부서는 최고경영진의 결정 방향에 맞추어 수립된 전략에 따라 운영하는 방식을 오늘날 다른 기업에서도 많이 채택하고 있다.*

* Chandler, A. (1964)

제 10 장

소비자 문화와 대공황

10 소비자 문화와 대공황

10.1 … 소비자 문화

10.1.1 전업근로와 완전고용

앞서 전기와 자동차의 대량보급이 미국 소비자 문화의 꽃을 피웠다고 했지만 말 그대로 소비자 문화를 형성하는 가장 기초적인 요건은 소비재의 대량생산이다. 그런데 인력이 부족한 미국에서 대량생산이 가능하기 위해서는 전업근로자(Full-time Worker) 집단이 필요하였다. 즉, 고용이 가능한 연령의 인구 중 가능한 많은 인력이 임금이나 급료를 받거나 또는 배당을 받는 일자리를 가질 필요가 있었다. 또한 그들에 의해 대량생산된 소비재가 대량으로 소비되기 위해서는 충분한 소득을 가진 집단이 필요했으며 그러기 위해서라도 전업근로가 필요하였다. 결국 완전고용(Full Employment)의 달성은 대량생산과 대량소비의 문화를 갖추는데 필수불가결한 요건이었다. 그런데 제1차 세계대전이 끝난 1918년부터 1930년까지의 시기에 이러한 완전고용의 대량생산, 대량소비 문화가 미국에 정착 되었으며 따라서 미국은 산업혁명 이후 최초의 소비자문화가 형성된 국가라고 할 수 있다.

10.1.2 소비자문화의 척도

소비자 문화가 형성되기 위한 척도로 대략 7가지 정도의 필수 요소를 꼽을 수 있는데 그 중 첫 번째가 방금 설명한 바와 같은 전업근로자 집단의 존재이다. 즉,

미국 남부의 생계형 농업처럼 최소한의 노력만 들이는 것이 아니라 임금을 받기 위해 전업으로 일하는 근로자집단이 생겨난 미국에 소비자문화가 형성될 수 있었던 첫 번째 요인이다. 그들이 있었기에 대량의 생산이 가능했으며 또한 대량의 소비도 가능할 수 있었다. 그러나 그들이 쉬지 않고 노동에만 종사했다면 대량 생산한 물건을 소비할 시간 자체가 없었을 것이다. 따라서 소비자문화의 두 번째 척도로 충분한 여가시간을 꼽을 수 있는데 미국은 이 시기에 벌써 하루 8시간씩 주 5일을 일하고 토요일에는 4시간 근무하는 체제가 정착되어 있었다. 소비자문화 형성의 세 번째 요소로는 내구소비재의 대량생산을 꼽을 수 있는데 아무리 노동자의 소득과 여가시간이 많더라도 소비할 대상이 필요하기 마련인데 당시 미국은 대량생산을 통해 내구소비재가 쏟아져 나오고 있었다. 다음으로는 가정용 전기가 보급되어야 한다는 것인데 오늘날도 그렇지만 어떤 지역에 전기가 들어오는지 여부가 그 지역이 문명에 편입되었는지 판단하는 중요한 척도가 된다. 즉, 가정용 전기가 보급된다는 것은 조명부터 시작해서 각종 문명의 이기를 가정에서 소비할 수 있다는 것이기 때문에 이 역시 중요한 요건이 된다. 소비자문화의 다음 조건으로 도시화를 지적할 수 있는데 이는 전기 이외에도 병원이나 약국 등 의료시설이 가까이 있다거나 극장이나 스포츠시설 등 문화적 혜택을 받을 수 있는 것도 소비자 문화의 중요한 조건이라는 뜻이다. 특히, 방금 설명했지만 도시화를 통해 문명의 혜택을 받으면서 다양한 여가활동에 참여할 수 있느냐 하는 것도 소비자 문화 형성의 또 다른 중요한 척도로 꼽을 수 있다. 마지막으로 풍부한 식료, 특히 육류의 충분한 소비를 소비자문화 형성의 중요한 척도로 삼을 수 있다. 앞서도 잠시 언급했지만 사람들의 중요한 행복 중 하나가 먹는 즐거움이고 특히 육류를 마음껏 섭취하는 것이 얼마나 큰 혜택인가를 의미하는 것이다. 물론 오늘날에는 건강을 위해서 육식보다는 채식을 선호하는 경향이 있지만 그것은 어느 정도 먹고 살만하게 된 이후이고 서민들이 배를 곯던 삶에서 풍요로운 소비자 문화로 발전하는 단계에서 풍부한 먹을거리는 역시 중요한 요소이다. 이상의 논의를 다시 한 번 정리하자면 소비자 문화형성의 척도로 전업근로자 집단, 주5일 하루 8시간 근로제, 내구소비재 대량보급, 가정용 전기보급, 도시화, 여가활동, 풍부하고 값싼 식료 등을 들 수 있다. 결국 미국에서는 이러한 문화가 1930년 이전에 이미 정착되기 시작했다는 것이며 이제부터는 각각의 요소들이 실제로 어떻게 변화했는지 살펴보도록 하자.

10.1.3 생산증대와 소득향상

1921~1929년 사이의 기간에 미국의 산업생산은 90%가 증가하였고 같은 기간 근로자의 임금도 17%나 향상되었다는 통계를 보면 단기간에 생산과 소득이 급속하게 증가한 것을 알 수 있다. 특히, 이 기간 중 물가는 매우 안정적으로 유지되었고 따라서 이는 소비자의 구매력이 그만큼 증가할 수 있었음을 보여준다. 한 가지 더 흥미로운 통계는 1919년에 840만이었던 노동인력이 1929년에는 830만으로 오히려 줄어든 것이다. 즉, 이는 생산 증대가 노동력 증대에 의한 것이 아니라 자본투자와 기술향상 등에 따른 것임을 보여준다. 이는 노동 생산성이 그만큼 증대된 것을 의미하고 이와 더불어 개개인 근로자들의 소득이 증가했음을 나타낸다. 이와 같은 소득의 증대는 소비의 증대로 이어지며 따라서 내구소비재와 주택 수요가 증가하게 된다. 또한 그와 더불어 여행, 오락, 의료 등 서비스 소비도 급격히 증가한 결과 서비스업의 고용도 7.6%나 증가되었다.*

10.1.4 노동시간의 단축

앞서도 언급하였지만 소득이 증가하였다고 하여도 그 늘어난 소득으로 소비할 시간이 없었다면 대량소비의 문화가 정착하는데 시간이 더 걸렸을 것이다. 그러나 미국의 경우 소득 증가의 시기에 제도적인 요인에 의해 노동시간이 함께 단축된 것도 소비자 문화 정착에 또 하나의 중요한 역할을 하였다. 노동시간 단축의 제도적인 요인은 우선 1912년부터 정부조달과 관련 있는 산업에서의 8시간 노동제 의무를 부과한 것에서 비롯된다. 그러나 당시 정부조달 사업의 규모는 그렇게 크지 않았기 때문에 전체적인 영향은 미미하였다. 그러나 앞서도 설명했지만 Ford Motor Company에서 자사 근로자들의 임금인상과 더불어 8시간 노동제를 실시하자 그들도 자동차를 구매하고 이를 이용해 여가를 즐길 수 있는 여건이 조성되었다. 또한 역시 앞서 설명했었지만 1916년 의회입법을 통해 비록 철도노동에 국한한 것이나마 8시간 노동제를 의무화하고 대법원에서 이를 인정하게 된 것도 근로시간 단축에 일조하게 된다. 그런 가운데 1917년 미국이 제1차 세계대전에 참여하게 되면서 군수산업 등 정부조달에 관련된 산업의 규모가 커지고 1912년 법안에 따른 8시간 노동제 의무화 산업의 비중이 증가하게 된다. 그렇게 되면서

---

* Soule, G. (1968)

미국에는 하루 8시간 주 5일 근무하고 토요일에는 4시간 만 일하며 시간외 근무에 대해서는 1.5배의 초과임금을 지급하는 체제가 점차 정착되어 된다.

10.1.5 구매력증대

그런데 근로시간이 단축되면서 시간당 임금이 일정하게 유지되었다면 근로시간 단축은 결국 소득의 감소를 의미했을 것이다. 그러나 제도적인 요인에 따라 근로시간이 단축되기는 했지만 당시 노동의 수요 증가로 인해 임금수준이 오히려 높아진 바람에 소득은 증가하고 구매력 또한 증대되었다. 즉, 당시 세계대전을 치루면서 군수물자와 장비의 생산이 대거 필요하여 미국 내 노동수요가 증가한 가운데 또한 같은 시기에 8시간 노동제가 정착되면서 노동력의 부족현상이 심화되었다. 따라서 자연스럽게 임금이 상승하게 되는데 당시 소비자물가 상승률에 비해서 제조업 임금이 1/3정도 더 상승했다고 한다. 그런데 세계대전이 끝나고 맞이한 1920~21년의 불황기에 임금이 하락할 수도 있었으나 당시 임금 대신에 고용 감소가 발생하였으며 불황 이후에 다시 호황을 맞으면서 고용수준이 다시 회복되고 결과적으로 공장근로자와 봉급생활자의 구매력이 증대될 수 있었다.

10.2 … 전기보급

10.2.1 전기산업의 확산

앞서도 설명했지만 자동차와 더불어 전기 산업의 발전이 소비자문화 형성에 커다란 역할을 하였다. 그런데 앞서 설명은 전기기술의 개발과 그의 상업적 활용에 초점을 맞춘 것이었지만 전기가 일반가정에 보급되는 과정 또한 대량생산과 소비의 소비자문화 형성에 있어 상당히 중요한 부분을 차지하게 된다. 특히, 1910년 이후 전기의 생산과 배전에 관련된 산업의 성장은 한창일 때의 철도보급 속도보다 훨씬 빠른 속도로 진행되었다고 한다. 그 결과 1920년경이 되면 대도시와 대부분의 지방도시의 상업지역에는 실내전기가 보급되었으며 1930년경이 되면 도시전체와 타운(시골 도심)지역의 가정에도 실내전기가 보편화 된다. 그러한 보편화 이전인 1870년경에는 주요한 동력의 원천이 증기기관이었으며 전체 산업용 동력의 1/2 정도가 증기기관에 의해서 생산되었다고 한다. 또한 수차나 수력터빈 등이 그 다음의 동력 공급수단이었고 전기는 아주 미미한 존재였다. 그러나 1909년이 되면 전기가 동력의 약 25%를 담당하게 되고 1919년이 되면 전기가 공급하는 동력 비율이 절반을 넘어 전체의 55%에 이르며 1929년이 되면 무려 82%의 동력을 전기가 담당하게 된다.*

10.2.2 발전·송전기술

이와 같이 동력원으로서의 전기의 역할이 증대되게 된 것은 전기의 발전·송전 기술의 발전에 힘입은 바 크다. 초기의 전기는 축전지에 의해 보급되다가 발전기가 개발되면서 전기의 보급이 늘어났다고 앞서 설명했지만 당시의 전기는 석탄을 이용하여 증기기관을 돌리고 거기에서 전기에너지를 생산해내는 방식이었다. 그러나 이러한 방식은 생산효율이 매우 낮아 전기 생산비용이 무척 높았다고 한다. 그러다가 유럽에서 개발된 기술인 증기터빈을 이용한 전기 생산이 1903년 시카고에서 처음으로 시도되었는데 이는 전기 생산비용을 획기적으로 줄이는 계기가 되었다. 따라서 대량의 저렴한 전기 생산이 가능하게 되었지만 역시 앞서 설명했듯이 직류전기는 길어야 2km 이내에만 송전이 가능했었다. 물론 나중에 교류전기가 개발되어 대량의 송전이 가능하게 되었는데 특히 직류를 교류로 바꾸는 전환기가 개발되면서 직류로 생산한 전기를 교류로 전환하여 전달할 수 있게 됨으로써 큰 진전을 보게 된다. 특히, 터빈 등을 이용해 생산한 고압의 전기를 송전선을 통해 원거리에 보내게 되면서 송전 과정의 전기 손실을 줄일 수 있게 되었으며 이렇게 송전된 전기를 변전시설을 거쳐 전압을 낮추어 공장이나 가정에 보급하는 체제가 갖추어져 갔다. 이러한 송전과 변전 기술의 발전과 더불어 1912~1920년 사이에 캘리포니아 부근의 댐들이 건설되고 거기서 생산되는 전기가 캘리포니아 전역으로 보급되면서 이 지역이 급성장하게 된다. 그러나 동부나 중서부 지역에서는 수력보다는 화력을 이용한 발전이 여전히 활발했으며 수력발전에 의한 전기 생산규모는 화력발전보다는 작았다고 한다.

---

* Schurr, S. & Netschert, B. (1977)

10.2.3 사무엘 인설

이와 같은 전기보급에 있어서 기억할 만한 인물이 하나 있는데 그는 인설(Samuel Insull)이라는 사람이다. 그는 원래 에디슨의 개인비서로 근무하다 그만두고 전기보급을 담당하는 회사인 Chicago Edison의 사장으로 취임하게 된다. 당시 Chicago Edison은 시카고 도심지역의 전기 공급을 장악하고 있어 수익성 등에는 문제가 없었으나 전기산업 자체는 규모가 작은 업체들이 난립한 매우 혼란스런 상황이었다. 이에 인설은 전기산업의 통합을 주도하면서 산업 자체의 발전을 이루고자 노력하였다. 즉 소규모 발전시설들을 인수하여 이들을 중앙의 대규모 발전시설에서 보내오는 고압의 전기를 변전시설로 전환시켜 전기산업에서 규모의 경제를 달성하고 염가의 전기를 대량으로 보급할 수 있는 체제를 완성했다. 배제성과 비경합성을 갖춘 망 산업의 하나인 전기산업은 하나의 대규모 생산자가 공급하는 것이 가장 저렴한 자연독점의 특징을 갖는다. 따라서 인설이 주도한 전기산업 통합은 대규모의 지주회사 체제로 진화되어 여러 자회사를 거느린 형태로 운영되었다. 그런데 인설은 반독점법 적용을 피하기 위해 탁월한 로비능력을 발휘하여 자연독점 특성에 따른 전기산업 통합의 불가피성을 들어 의회를 설득하였다. 결국 그는 1935년 공공시설(Public Utility) 지주회사법을 제정을 통해 생산비용을 줄이기 위한 전기회사의 독점을 합법화시킨다.*

10.3 … 소비재 보급

10.3.1 광고와 소비자문화

전기는 눈에 보이지 않는 생산물이지만 소비자문화 시대에 눈에 띄는 두 가지의 생산품은 아마도 자동차와 광고일 것이다. 그만큼 대량소비 시대에 광고의 중요성이 커졌는데 생산이 제한되어 물자가 부족한 시대의 광고는 물건의 위치를 알리면 충분했었지만 대량생산 시대의 광고는 소비자들에게 자신의 상품과 경쟁제품의 차별화를 강조하는 수단이다. 따라서 생산자는 브랜드를 창조하고 이를 소비자들

---

* McDonald, F. (1962)

에게 각인시키기 위해 광고를 필수적으로 생각했다. 또한 이러한 광고를 통해서 자동차를 비롯한 다양한 형태의 소비재 보급이 확산되는 등 소비자문화 시대에 광고는 매우 중요한 역할을 담당하게 된다.

10.3.2 소비재의 세 가지 유형

그런데 당시 대량으로 공급된 소비재는 대체로 세 가지 유형으로 구분할 수 있다. 우선은 내구소비재(consumer durable)는 한 번 구입하면 오랜 기간에 걸쳐 사용하게 되는 소비재로서 여기에는 자동차, 다리미, 청소기, 토스터, 세탁기, 냉장고 등이 포함된다. 다음으로는 무형의 소비재(intangible goods)를 들 수 있는데 여기에는 우선 방금 설명했던 전기가 가장 중요한 품목으로 포함된다. 그러나 소비자 신용 또한 무형의 소비재의 중요한 품목으로 꼽을 수 있다. 즉, 소비자 신용은 앞서 언급한 내구소비재를 구입할 때 외상구매가 가능해지게 함으로써 구매력을 더욱 강화하여 소비수준을 높일 수 있는 중요한 요인이다. 마지막으로는 소모소비재(expendible goods)를 들 수 있는데 여기에는 각종의 식료품, 비누, 의류, 처방전 없는 의약품 등이 포함 될 수 있으며 미국의 소비자문화 형성기에 이들 모두가 대량으로 생산되고 소비되는 체제가 이루어졌다.

10.3.3 소비재보급 확산

1900년대 초반 이러한 소비재의 보급은 가정용 전기의 보급과 함께 실로 눈부시게 확산되었는데 1928년의 통계를 보면 미국 전역에 다리미가 1,530만대, 청소기가 680만대, 세탁기가 500만대, 토스터기가 450만대가 보급되었음을 알 수 있다. 특히, 이러한 가정용 전기제품과 더불어 전화기의 보급도 소비자문화의 확산에 일조하게 된다. 즉, 1900년에 도시지역 위주로 130만대가 보급되었던 전화기는 불과 30년 후인 1930년에 도시지역과 농촌의 상업지역을 중심으로 2,020만대가 보급되는 등 급속도로 확산된다. 또한 라디오, 전축 등의 오락기기도 이 시기부터 가정에 보급되기 시작하여 가정에서 방송과 음악을 즐길 수 있게 되었다고 한다.*

* Reports of the Committee on Recent Economic Changes (1929)

10.4 … 농업보조

10.4.1 농업생산증대와 가격하락

미국에서 소비자문화가 완성되어 가던 1900년 이후 세계적으로 농산물가격도 회복되었으며 특히, 1914년~1918년 사이 제1차 세계대전 기간 중 유럽에서의 농업생산이 불가능하였기 때문에 농산물 가격이 두 배 가량 상승하였다. 그 결과 미국농촌의 형편도 많이 나아졌으며 이런 가운데 곡물을 재배하는 개척농민들은 새로운 대출을 얻어서 농토를 추가매입하고 장비를 구입하고 또한 관개시설 등을 확충하였다. 특히, 휘발유를 동력으로 이용하는 트랙터가 보급되기 시작하면서 농업의 기계화가 이루어져 농업의 획기적인 생산성 증대가 이루어진다. 그러나 제1차 세계대전이 끝나고 유럽의 식량생산이 회복되고 또한 유럽식민지들에서 나는 면화생산도 급증한다. 그 결과 농산물 가격이 하락세로 반전되었으며 1920년부터 농산물 가격이 지속적으로 떨어지며 이러한 농산물가격의 하락은 농민들의 소득저하로 이어진다.

10.4.2 보조금 정책

어느 국가든 대부분 그렇지만 농촌 지역은 보호주의 성향이 강하였고 당시 미국에서도 농업생산을 주로 하는 지역출신 의원들은 이러한 농촌소득의 감소를 보상하기 위해 행정부에 로비를 시도하여 농산물가격을 지지하려고 노력했다. 그런데 당시 가장 많이 쓰였던 방법은 가격지지 정책으로서 이는 정부기관에서 농산물을 높은 가격에 수매하여 국내가격을 높이고 그렇게 해서 수매한 농산물은 시세보다 낮은 저가에 해외로 수출하는 방법이었다. 특히, 1927년의 McNary-Haugen Bill은 이러한 농산물지지 정책을 아예 법제화하려는 시도였다. 그러나 당시의 쿨리지(Calvin Coolidge) 대통령은 농산물의 가격을 시세보다 높게 유지시켜주면 오히려 농산물의 생산을 더 증가시켜 문제를 더 악화시킨다는 이유로 거부권을 행사한다. 그 대신 입법된 1929년의 농산물판매법(Agricultural Marketing Act)은 앞서 설명한 연방농업위원회(Federal Farm Board)를 설립하고 농업부문에서의 협동가격 체제를 장려하였다. 그러나 1929년 발생한 주식시장의 대폭락 사태는 연방농업위원회가 협동조합에 대한 대출을 늘릴 수밖에 없는 상황을 만들었다. 하지만 농산물 가격은 지속적으로 하락하여 협동조합들은 빚을 갚을 수 없는 처지에 놓였으며 결국 연방농업위원회도 파산할 수밖에 없었다. 그 이후 연방정부에서는 농산물 가격을 유지하는 정책 대신에 아예 생산을 강제적으로 제한하고 경작을 중지한 농지에 대해서 보조금을 주는 직불제를 시행하여 농산물 가격의 안정을 도모하게 된다.

10.5 … 산업 환경

10.5.1 고용기회의 평등화

대량생산을 뒷받침하기 위한 대량소비가 가능하기 위해서는 완전고용이 필수적이었지만 이는 도시와 상업농업 지역의 노동자들에게 충분한 일자리를 줄 수 있어야 가능했다. 1920년대 도시민의 상당수는 1880년대와 1890년대에 이민 온 외국인들이었으며 초기 이민자들이 글을 읽을 줄 몰랐던 것과 달리 그들의 자식들은 공공교육을 통해 글을 읽을 수 있었다. 따라서 그들은 도시로 이주한 서북부 농민의 자손들과 일자리를 놓고 대등하게 경쟁할 수 있었다. 특히, 초등수준 이상의 고등교육을 받은 사람들은 훨씬 더 좋은 일자리를 얻을 수 있는 등 고용기회의 평등화가 실현되어가고 있었다. 그러나 이러한 고용기회의 평등화는 도시민과 상업농업 지역에 국한되었으며 남부의 생계형 농민들은 이러한 혜택을 받지 못했다. 즉, 그들은 고용을 통한 소득증대와 생활수준의 향상이 아닌 경작권의 확보가 더욱 중요한 과제였다. 그들은 경작권을 확보하여 농사를 지을 수 있고 자신의 생계만 유지할 정도면 만족하였기 때문에 당시 형성된 소비자문화의 혜택을 보는 것과는 거리가 먼 상태였다.

10.5.2 재계와 정부

정경유착이라는 말이 있지만 1920년대의 미국은 그런 용어가 딱 맞아떨어질 정도로 재계와 정부의 손발이 척척 맞는 시기였다. 특히 1923~1929년 사이의 기간에 내구성소비재 소비가 23% 급증하고 서비스 소비도 26% 급증하는 등 1920년대는 미국경제의 번영기라 할 수 있다. 당시 재계지도자들은 자신들이 미국경제의 도시화와 산업 생산에 크게 기여했다고 자부하였는데 그런 주장은 상당부분 사실로 평가된다. 이는 1920년, 1924년, 1928년 세 차례에 걸친 선거에서 완전고용과 저비용의 정부, 소비자문화 확산을 지지하는 대통령이 당선되었다는 사실에서도 뒷받침된다. 특히, 후버(Herbert Hoover) 대통령이 집권한 1929~1933년의 시기는 이러한 정부와 재계의 밀월관계가 최고조에 이른 시기라고 할 수 있다. 그는 전임 대통령인 하딩(Warren G. Harding)과 쿨리지 정권에 걸쳐 상무장관을 역임하면서 기업과 산업정책을 주도한 인물이다. 그런 사람이 대통령이 되었으니 당시 재계와 정부의 관계가 어떠했는지 짐작이 간다. 그 당시 Wall Street Journal의 기사 내용을 보면 "Never before, here or anywhere else, has a government been so completely fused with business"라는 표현이 있을 정도로 재계와 정부가 완벽한 조화를 이루어 경제 발전에 매진했던 모습을 엿볼 수 있다.*

10.6 … 금융위기

10.6.1 은행제도의 불안정성

그러한 친화적인 분위기에서 모든 것이 잘되어 왔고 또한 그런 분위기 속에서 서로 잘해나간다면 모든 것이 잘될 거라는 믿음이 있었을 것이다. 그러나 모든 일이 잘된다 싶을 때 내부에 상처가 생기고 그걸 잘 모르는 사이에 일이 악화되는 경우를 종종 볼 수 있다. 그런 것처럼 미국도 1920년대에 금융위기가 싹트고 있었지만 대부분 그 심각성을 인식하지 못하고 있었다. 즉, 1920년대에 들어선 미국에는 너무 많은 은행이 난립하고 있었으며 각각의 규모도 작아서 위태로운 지경에 처해 있는 은행들이 많았다. 당시 상황을 보면 1885년 전국적으로 3,704개에 불과했던 은행의 수가 1900년이 되면 8,738개로 두 배 이상 증가하였고 1914년이 되면 그 수가 무려 25,016개로 늘어난다. 그러나 이와 같이 우후죽순처럼 증가하던 은행들 중 1920년 이후 파산하는 은행들이 나타나기 시작한다. 즉, 1922년 367개의 은행이 파산하더니 1926년에는 967개, 1929년에는 659개가 파산하는 등 그 때까지

* Leuchtenburg, W. (1958)

모두 5,000개 이상의 은행이 파산하게 된다.

10.6.2 유동성 축소와 위기인식의 실패

이와 같은 은행파산과 그에 따른 유동성 축소의 원인을 보면 우선 많은 은행들이 대부분 주 정부의 허가를 받아 생겨났지만 이들의 관리·감독에 소홀하였기 때문에 부실이 커졌음을 알 수 있다. 특히, 이들이 농지를 담보로 농민들에게 대출해 주면서 아무런 안전장치를 갖추지 못한 가운데 제1차 세계대전 이후 미국을 비롯한 세계적 농산물 가격의 하락으로 빚을 회수하기 어려운 상태에 처하게 된다. 그런데 당시 다수의 영세한 은행들의 경영진은 위기에 대처할 능력이 부족하였으며 또한 당시 주 정부의 은행법에서 지점제도를 금지하고 있었기 때문에 은행들의 규모도 작아 그만큼 취약할 수밖에 없었다. 주 정부들과 달리 연방정부에서는 문제를 어느 정도는 인식하고 있었으며 당시 후버 대통령과 행정부의 각료들은 금융부분의 거품이 조만간 붕괴될 것을 예상하고 있었다고 한다. 그러나 그들은 몇 번의 이전 불황이 그랬던 것처럼 시장의 자동조절에 의해 문제가 해결될 것으로 믿었다고 한다. 하지만 당시 금융부문의 부실은 시장의 자기조정능력으로는 해소될 수 있는 수준의 규모가 아니었으며 결국 그러한 안일함이 1929년 대공황으로 연결되었다고 볼 수 있다.

10.7 … 대공황

10.7.1 불황의 심화

1920년대 호황기에 내부적으로 곪아 오던 금융부문의 위기는 결국 1929년 10월과 11월에 걸쳐 미국의 주식시장이 대폭락하는 사태로 번지게 된다. 그러나 앞서 언급했듯이 후버 대통령의 연방정부에서는 이를 어느 정도 예상하고 있었고 또한 그 이후에도 시장에서의 자기조절이 일어날 것으로 믿고 있었다. 따라서 후버 대통령은 기업가들을 초청하여 당황하지 말고 차분하게 대처한다면 곧 상황이 진정될 것이라고 안심시키기까지 했다. 그는 동시에 시장의 안정을 돕기 위해 연방 준비은행의 재할인율을 4.5%에서 3.5%로 인하하는 조치를 발표하게 한다. 전통적 경제학 이론에 따르면 불황기의 이자율 인하는 결국 기업들의 금융 부담을 완화시켜 자본비용을 절감하게 함으로써 기업 활동을 부추기는 역할을 하게 된다. 그렇게 되면 생산과 고용이 증가하고 소득과 수요가 살아나면서 시장이 안정을 되찾게 된다. 그러나 당시의 위기상황은 그러한 일반적 시장의 자기조절기능에 의해 해소될 수준이 아니었으며 정책당국은 문제의 심각성을 과소평가하고 너무 안이하게 대처한 셈이었다. 결국 1930년 4월에 300만 명까지 늘어났던 실업자는 지속적으로 증가하여 그해 연말이 되면 무려 430만 명까지 증가하게 된다. 그러나 이러한 불황과 대규모 실업사태는 단기에 그치지 않고 지속적으로 악화되어 1930년 8.7%에 도달한 실업률은 1933년에는 무려 24.9%까지 지속적으로 상승하며 훗날 우리는 이때를 대공황의 시기라고 부른다.

10.7.2 경제구조의 변화

대부분 위기 상황에 있을 때 문제의 심각성을 제대로 알지 못하는 까닭은 안개속에서 헤매는 것과 같아 상황 판단이 잘 안되기 때문이다. 그러다 안개가 걷히게 되면 정말 아찔한 상황이었다는 것을 아는 것과 마찬가지로 훗날 학자들의 관찰에 의해 당시 상황을 좀 더 잘 이해하게 된다. 많은 학자들은 당시 위기상황의 심각성을 깨닫지 못한 원인으로 당시 세계경제의 환경과 구조가 미국이 식민시대와 남북전쟁을 거친 이후 성장가도를 달려오며 접했던 시기와 크게 달라진 점을 지적한다. 즉, 앞서도 언급한 바 있지만 당시 대량생산과 대량소비의 시대를 뒷받침하는 것이 결국 전업노동자 집단이었다. 이들이 있었기에 대량생산도 가능했고 그들이 받은 임금으로 또한 대량소비도 가능하였다. 그러나 이들이 일자리를 잃고 소득이 없어진다는 것은 곧 극빈수준으로의 추락을 의미한다. 이들이 농업에 종사했다면 불황기에도 자신의 수확물을 소비하며 어느 정도의 생활을 유지하는 것이 가능했을 것이다. 하지만 대부분이 도시민인 이들 전업노동자 집단이 대규모의 실업에 빠진다면 그들은 당장의 먹거리 조차 해결할 방법이 막연한 상태가 된다. 즉, 당시의 정책입안자들은 자신들이 공들여 키워온 경제구조가 갑자기 위기에 처했을 때 모든 것이 뿌리째 흔들릴 수 있음을 제대로 인식하지 못했다. 또한 당시 미국이 이미 세계경제의 지도적 위치에 오르게 되었다는 사실을 자신들도 몰랐으며 특히 스스로가 세계경제에 미치게 되는 영향을 충분히 인식하지 못했던 것 또한 위기대처를 제대로 못하게 한 원인으로 지적받는다. 즉, 당시 미국의 대량소비 문화는 물론 내부의 대량생산에도 영향을 끼쳤지만 이제 세계경제의 지도적 위치에 오른 미국의 대량소비 문화는 다른 나라로부터의 수입품에도 많이 의존하고 있었다. 이렇게 수입되는 상품에 대해서 미국이 지불한 자금이 다시 미국의 수출상품에 대한 수요로 되돌아오고 이를 통해 미국의 산업생산과 소득수준을 향상시키는 상생 효과의 연결고리를 제대로 인식하지 못했던 것이다. 결국 미국에서의 주가폭락과 대량의 실업사태는 세계경제를 불황의 나락으로 떨어지게 했으며 그것은 다시 부메랑이 되어 미국경제의 불황을 더욱 심화시키는 연쇄적 효과를 촉발시킨 것이다.

10.7.3 위기관리경험의 부재

따라서 당시 미국발 위기의 해소책은 미국내부의 문제를 해결하는 것보다 훨씬 더 큰 관점에서 세계적인 협조가 필요하였다. 그러나 당시 후버 대통령은 자신이 이끌어왔던 개발시대의 시각으로 문제를 바라보았으며 그 결과 예전과 같이 높은 관세 등을 통해서 자국의 제조업을 보호하고자 하는 정책으로 대응하였다. 그 대표적인 정책이 1922년에 입법된 Fordney-Mc Cumber Tariff와 1930년에 입법된 Smoot-Hawley Tariff 등이다. 이들 법안은 공산품의 관세를 기록적으로 인상하였으며 그 결과 세계무역은 오히려 더 악화되고 생산 활동은 더 억제되어 결국 불황의 골이 더 깊어지도록 한 원인이 되었다. 더 나아가 후버 대통령은 의회가 1932년 Garner Wagner Bill을 통해 극빈에 빠진 가정에 대한 연방정부의 현금지원을 방안에 대해 거부권을 행사함으로써 상황을 더 어렵게 몰고 갔다. 이에 의회는 실업자 구제대책과 더불어 재건금융회사(Reconstruction Finance Corporation)를 통한 산업지원을 시도하게 된다. 그러나 당시 행정부는 이러한 RFC를 통한 산업지원에 대해서도 매우 까다로운 심사절차를 거치는 등 전혀 사태를 제대로 파악하지 못하고 경제위기를 날로 더 심화시킨다.

10.8 … 뉴딜 정책

10.8.1 새로운 인식의 필요성

우리 주위에서 성공한 사람일수록 자신감이 넘치며 따라서 자신이 해온 방식에 대해서 자부심이 큰 경우를 흔히 볼 수 있다. 그러나 자신을 너무 과신한 나머지 주변의 변화를 제대로 인식하지 못하는 경우도 종종 볼 수 있다. 아마 후버 대통령도 그런 부류였을지 모르는데 그는 전직 대통령 정권부터 오랜 세월 미국경제를 부흥시켜 왔었기 때문에 그 시기에 자신이 써왔던 방법에 대해서 의심을 품지 않았던 것 같다. 따라서 그는 당시 미국과 세계경제의 구조와 환경이 변했다는 것을 인식하는데 어려움이 있었을 것이다. 결국 새롭게 바뀐 환경에서는 새로운 인식을 필요로 했으며 그 결과 1932년 대통령 선거에서는 민주당의 F. 루스벨트(Franklin D. Roosevelt)이 대통령에 당선된다. 그 이전 후버 대통령의 시기에는 기업과 정부의 파트너 십이 강조되었지만 이제는 위기상황에서 정부가 우월한 지위를 가지고 상위에서 비상대책을 내놓을 수 있어야 했다. 도시 산업의 실업문제를 해결하기 위해서라도 작은 정부보다는 큰 정부를 추구할 필요가 생겼다. 또한 도시민이 최소한의 생계를 유지할 수 있는 방안을 정부가 마련해주어야 한다는 새로운 인식이 필요한 시기였다. 따라서 뉴딜(New Deal)이고도 불리는 새로운 인식과 그에 따른 정책을 표방한 F. 루스벨트가 압도적인 표차로 대통령에 당선될 수 있었다.

10.8.2 취임직후의 입법

그러나 F. 루스벨트 자신도 이러한 취지의 선거공약을 내세우기는 했지만 사실 그 효과에 대해서는 반신반의 했다고 한다. 하지만 그가 1932년 11월 당선되고 1933년 4월의 취임을 기다리는 동안 문제가 더욱 심각해졌으며 따라서 그는 취임하자마자 각종의 비상대책을 내놓아야만 했다. 그 결과로 나타난 주요입법으로는 우선 1935년의 은행법(Banking Act)을 들 수 있는데 이는 금융 산업의 안정을 도모하기 위한 조치였으며 또한 같은 해의 사회보장법(Social Security Act)은 장기실업자에 대한 소득을 보장해주기 위한 제도였다. 역시 같은 해 제정된 와그너 법(Wagner Act) 역시 노동조합을 통해서 노동자의 권익을 보호하기 위한 제도였으며 이들 입법은 오늘날의 미국의 사회보장제도의 기본 틀을 형성하게 되었다.

10.8.3 금융 산업의 안정

그러나 이상의 법안들은 사태가 어느 정도 진정되고 그나마 정상적인 입법 과정을 거친 것이지만 취임하고 나서 당장은 먼저 금융 산업을 안정시키기 위한 비상대책이 필요하였다. 특히 그가 취임한 1933년에 불안 심리가 확산되면서 대규모의 인출사태가 발생하고 네바다, 루이지애나, 미시간을 비롯한 22개 주에서 은행의 업무가 중단되는 사태가 발생한다. 그러자 그는 긴급 은행법안을 발의하여 4일간 전국 모든 은행 업무를 중단시켰으며 Federal Deposit Insurance Corporation (FDIC) 즉, 연방예금보험공사를 통해 예금자산의 보호를 법제화하는 등 금융시장의 불안감을 없애는 데 주력했다.

10.8.4 농업조정법(Agricultural Adjustment Act, 1933)

또한 그는 금융위기의 직접적인 원인을 제공했던 농업부문의 부실을 제거하기 위해 농업조정법을 제정하여 경작지와 가축 사육을 축소하는 농가에 대해서 보조금을 지불함으로써 농산물 가격을 지지하는 정책을 펼친다. 그러나 이 법이 1936년에 위헌 판결을 받자 경지보호 및 국내 할당법(Soil Conservation and Domestic Allotment Act)으로 부활시킨다. 이는 사실상 오늘날도 미국 농업이 정부의 보조금에 의해서 경쟁력을 유지하고 있다는 비난이 제기되고 WTO 등에서 관세인하와 더불어 농업보조금 자체도 축소되어야 한다는 주장의 근원이 되기도 한다. 그러나 미국이 광대한 영토에서 전부 농사를 짓게 된다면 아마 세계적인 농산물 가격의 하락이 일어날 것이란 우려가 제기되는 등 또 다른 경제문제의 원인이 될 수도 있다.

10.8.5 National Industrial Recovery Administration(NIRA, 1933)

1933년에는 또한 국립산업회복국(NIRA) 법안이 제정되는데 이는 산업마다 자체 규율을 통해 파괴적 경쟁을 제한할 수 있도록 만들어졌다. 이는 사실상 기업들이 합법적으로 카르텔을 형성하도록 허용한 것이나 마찬가지였다. 이는 반독점법에서 대기업독점의 폐해를 인식하여 카르텔을 심사하도록 했었던 것을 비상사태의 위기라는 핑계로 기업들이 로비한 결과이다. 그런데 이 법에 대해서 1935년 대법원의 위헌판결이 내려지는데 이에 대해 의회에서도 내심 안도하는 모습이었다고 한다. 왜냐하면 당시 의회에서도 아무리 불황이고 위기상황이지만 기업들에게 너무 많은 편의를 주었음을 깨닫는 자성의 목소리가 높았었기 때문이다.

10.8.6 Federal Emergency Relief Act(FERA, 1933)

한편 1933년에 제정된 연방긴급구제법(FERA) 법안은 장기실업에 대한 연방정부의 복지책임을 명시하여 인정한 법안이다. 이를 근거로 생겨난 공공근로자국(Civil Workers Administration)은 정부가 주도하는 각종 기간시설 공사에 실업자들을 투입하게 된다. 그 결과 1934년 1월에는 모두 430만 명이 고용될 수 있었으며 실업문제를 어느 정도 완화시킬 수 있게 된다.

10.8.7 Security Exchange Commission(SEC, 1934)

또한 1934년에는 연방 주식거래위원회(SEC)가 설립되어 주식거래와 관련한 면허 제도를 통해 자격을 제한하고 주식거래에 대한 규율을 관리하기 시작한다. 이에 따라 무자격자들이 불법적인 방법에 의해 부당한 이득을 취하는 것을 감시하고 통제하는 기능이 가능해진다.

10.8.8 Social Security Act(SSA, 1935)

마지막으로 앞서도 잠시 언급하였던 1935년의 사회보장법(SSA)은 오늘날과 같은 미국의 사회보장체제가 갖추어지는 계기를 제공하였다. 즉, SSA는 실업보험제도, 65세 이상 노인에 대한 연금보험제도, 장애인 보호제도, 의료보험 등 공중보건에 관한 제도, 직업재활제도, 유아제도 등이 생겨나는 발판을 마련해주었다. 이는 또한 오늘날 미국뿐만 아니라 다른 많은 국가들이 비슷한 제도를 갖추도록 하는 계기를 제공한다.

10.8.9 뉴딜정책에 대한 평가

일반적으로 뉴딜정책은 미국뿐만 아니라 세계경제가 1930년대 초반의 불황을 극복하는데 중요한 역할을 했다고 인식되어 있다. 그러나 학계의 평가는 조금 다른데 당시 경제위기가 매우 극심하였기 때문에 뉴딜정책만으로 경기가 회복되었다는 평가는 너무 과장되었다는 것이다. 물론 뉴딜정책 자체는 당시의 산업생산이 더 이상 악화되는 것을 막기는 했지만 실제 경기회복을 위해서는 좀 더 강력한 대책이 필요했다는 것이다. 결국 경기회복을 위해서는 제2차 세계대전이라는 극단적인 수단을 필요로 했으며 그에 따른 군비증강이 경제부흥을 이끈 진정한 요인이라고 보는 견해가 다수이다.

제 11 장

미국주도의 세계경제

11 미국주도의 세계경제

11.1 … 제2차 대전 직후의 미국

11.1.1 세계최고의 강대국

앞서 제10장에서 우리는 대량생산과 대량소비의 소비자문화가 형성되어가며 세계경제에 대해 미국이 상당한 영향력을 행사하게 되는 과정을 살펴보았다. 그러나 미국조차도 자신의 영향력을 제대로 파악하지 못하여 대공황의 시기에 세계경제를 더욱 어렵게 만들었음을 알 수 있었다. 그 뒤 뉴딜정책을 통해 어느 정도의 위기 상황을 벗어나올 수는 있었지만 세계경제가 진정으로 불황에서 탈출할 수 있기 위해서는 제2차 세계대전이라는 극단적인 수단이 필요했을지 모른다고 설명했다. 그러한 경험을 교훈삼아 제2차 세계대전이 끝난 이후 미국은 단순히 경제적으로 뿐만 아니라 다른 분야에서도 영향력을 행사하기 시작한다. 즉, 미국은 1900년대 초반 이미 세계최강의 경제대국으로서의 지위에 올랐지만 제2차 세계대전이 끝난 1945년 이후 그들은 이제 경제는 물론 정치적으로나 군사적으로도 세계 최강국의 지위에 오르게 된다. 그에 따라 미국은 제2차 세계대전으로 폐허가 된 세계경제를 재건하고 부흥시키기 위한 일을 주도하게 된다. 특히나 제2차 세계대전의 결과 떠오른 서로 대립된 두 체제 가운데 하나인 소련을 중심으로 한 동구권의 사회주의 체제에 맞서 서유럽과 일본 등 서방 자본주의 체제에 대한 안보를 제공하는 역할까지 담당하게 된다.

11.1.2 서방정책의 6대 기본 원칙

그런데 미국이 이와 같이 서방세계의 경제부흥과 안보를 이끌어 가면서 추구한 여섯 가지 원칙이 있었다. 우선 첫 번째로 언급할 수 있는 것이 서유럽과 캐나다 그리고 일본을 포함한 서방세계의 상업적 통합을 극대화하는 것이었다. 앞서도 설명했듯이 미국과 세계경제가 1930년대의 공황을 극복하는데 뉴딜 정책이 어느 정도 도움은 되었지만 궁극적으로는 전쟁이라는 극단적인 수단이 필요했었는지도 모른다. 그러나 이를 뒤집어 생각해 보면 전쟁 이전의 경제적 어려움이 전쟁을 촉발시켰다는 뜻이 된다. 전쟁 이전 각국은 소위 근린궁핍화정책(Beggar Thy Neighbor Policy)의 일환으로 서로가 경쟁적으로 자국의 관세장벽을 높이고 화폐가치는 낮춤으로서 자국의 산업만을 지키려 했었다. 말 그대로 남을 못살게 함으로써 나만 살고자 했던 정책을 폈고 그 과정에서 서로 대결하는 상황이 되었으며 결국은 그게 전쟁으로까지 이어진 것으로 보아야 한다. 히틀러(Adolf Hitler)가 독일민족의 우수성을 내세우며 유태인들을 학대 했지만 독일국민들이 그의 광적인 선동에 넘어간 것도 사실은 모두가 살기 힘들었던 상황 때문에 가능했다고 볼 수도 있다. 따라서 미국은 제2차 대전 이후에 서방세계를 가능하면 하나의 상업적 체제로 통합하기를 바랐다. 그래야만 서로가 공동 운명체가 되어 경제적으로 서로 협조하는 체제가 된다는 것이 미국의 생각이었던 것 같다. 특히, 이와 같이 상업적으로 통합된 체제를 추구하기 위해서는 각국 정부가 미국과 같은 방향의 목표를 가지고 있어야 했다. 따라서 미국은 자신들과 뜻이 맞는 정권들이 안정적으로 유지될 수 있기 바랐으며 때문에 미국은 그들 정권을 적극적으로 지지하였다. 그런데 이와 같이 정권이 안정적으로 유지되기 위해서는 무엇보다도 경제적으로 안정될 필요가 있었다. 그러기 위해서는 각국이 일자리를 충분히 만들어 국민들이 넉넉한 소득을 올릴 수 있어야 했으며 이를 위해서라도 완전고용의 달성이 가능한 빨리 이루어져야 했다. 그런데 완전고용을 달성하려면 우선 전쟁으로 파괴된 서방세계의 산업시설을 재건하고 경제적인 풍요를 회복하는 것이 무엇보다 중요하였다. 이러한 경제적인 풍요가 결국은 소련을 비롯한 사회주의 세력에 대항하여 서방자본주의 세력을 통합하고 보호하는 역할을 할 수 있다고 믿었다. 또한 미국은 서방세계의 경제적 부흥을 앞당기기 위해 뒤에 설명하겠지만 GATT체제를 주도하여 각국의 교역장벽을 완화하면서 자신들의 교역장벽을 먼저 솔선수범해 낮추어 갔다. 앞서도 언급했지만 제1차 세계대전이후 불황기에 미국은 자신이 세계경제에 미치는 영향을 과소평가하여 오히려 관세를 인상함으로써 세계경제 불황을 심화시키고 대공황까지 겪게 되었다. 이러한 실수를 교훈삼아 미국은 자국의 교역 장벽을 먼저 낮추었다. 그렇게 함으로써 서방경제에서 생산된 물품들이 미국으로 유입 되게 하여 대량소비의 소비자 문화를 뒷받침하는 한편 미국이 지급한 수입대금으로 미국에서 생산된 물품이 서방국가로 수출될 수 있게 함으로써 경제부흥을 앞당기려 하였다.

11.2 … 새로운 국제질서

11.2.1 브래튼우즈(Bretton Woods) 체제

앞서 설명한 근린궁핍화정책 가운데는 관세인상 이외에도 자국의 화폐가치를 경쟁적으로 평가절하 하여 세계시장에서 자국 수출품의 가격경쟁력을 유지하려는 수단도 포함되었다. 따라서 미국은 제2차 대전 이후에 각국이 서로의 환율을 안정적으로 유지하여 교역조건을 우호적으로 유지할 수 있기를 원했다. 이와 같이 환율을 안정적으로 유지하기 위한 국제적인 협약이 1947년 맺어졌는데 이를 가리켜 브래튼우즈(Bretton Woods) 체제라고 한다. 당시 그 방안을 협의하러 모였던 미국의 도시 이름을 딴 이 협약에서는 미국 달러화의 가치를 금 1온스 당 35달러로 정하고 다른 통화가치는 일정한 비율로 달러화 가치에 연동시키는 고정환율제를 채택한다. 이는 각국 화폐의 교환비율을 협정에 의해 정함으로써 일방적으로 평가절하나 평가절상을 시도할 수 없도록 한 것이다. 이 협약에 의해 탄생한 국제통화기구 즉, IMF(International Monetary Fund)는 브래튼우즈 체제에서 마련된 각국의 통화가치의 안정을 지속적으로 추구하고 국제적 자금 유동성을 원활하게 유지하는 역할을 담당하게 된다.

11.2.2 유럽공동체(European Community)의 출범

브래튼우즈 체제도 그렇지만 미국이 주도하여 서방자본주의 국가들의 경제를 안정시키고 부흥시키기 위해 추진한 여러 체제 가운데 또 하나가 유럽공동체

(European Community)이다. 유럽공동체의 출범은 사실 1952년의 유럽 석탄·철강공동체가 시발점인데 이는 세계대전 이전부터 유럽지역에서 석탄과 철강 자원을 둘러싼 분쟁이 결국 전쟁으로까지 이어진 것을 거울삼아 석탄과 철강의 개발과 생산을 협조·조정하자는 취지에서 체결되었다. 이러한 석탄·철강 공동체는 1957년 로마조약을 통해 유럽공동시장(European Common Market)으로 발전 했으며 그 뒤 방금 설명했던 유럽공동체(European Community)를 거쳐 오늘날에는 유럽연합(European Union)으로까지 발전하게 된다.

11.2.3 관세와 무역에 관한 일반협정(GATT)

한편 1947년에 생겨난 또 하나의 국제기구는 GATT 즉, 관세와 무역에 관한 일반협정 체제 인데 이 역시 제2차 세계대전 이전 각국의 경쟁적인 교역장벽 강화가 결국 전쟁으로 이어졌다는 반성에서 출발한다. 즉, GATT는 제2차 세계대전 이전 국제통상에 관련된 무질서를 방지하고 국제교역 질서를 체계적으로 관리하고자 했으며 또한 GATT에서는 정기적으로 회원국 간의 관세를 인하하려는 노력을 시도하였다. 이러한 정기적인 관세 인하는 모두 8차례 시도되었으며 그 마지막 시도가 우루과이라운드로 그 이후 1995년에 GATT는 세계무역기구 즉, WTO 체제로 개편되는 계기를 마련한다.

11.2.4 IBRD/World Bank

또한 미국의 주도로 국제부흥개발은행으로 불리었던 IBRD(International Bank for Reconstruction and Development)가 설립되어 전후 서유럽의 경제를 복구하는데 필요한 자원을 지원하는 역할을 한다. 전쟁 직후 폐허가 된 서유럽의 기반시설을 복구하고 산업생산을 촉진시키는 역할을 했던 IBRD는 오늘날에는 World Bank 즉, 세계은행으로 재편되어 개발도상국과 저개발국가의 경제기반을 구축하는데 필요한 지원을 담당하고 있다.

11.3 … 유례없는 경제성장

11.3.1 세계 산업생산의 증가

앞서 설명한 미국 주도하의 전후 복구를 위한 노력은 어느 정도 결실을 보았다고 할 수 있는데 그 결과 인류는 역사상 유례없는 높은 경제성장을 장기간 지속할 수 있었다는 평가를 받는다. 즉, 1953년 $370억 달러에 지나지 않던 세계전체 제조업 생산은 약 20년이 지난 1976년에 $5,850억 달러 수준으로 늘어나게 된다. 또한 같은 기간 미국의 제조업 생산도 $107억 달러에서 $760억 달러로 증가한다. 즉, 전후에 미국이외의 산업생산도 많이 늘어난 것도 사실이지만 미국 자체의 제조업 생산도 7배 이상 늘어난 것을 알 수 있다. 그런데 이 과정에서 미국 제조업의 비중이 전 세계에서 차지하는 비중이 29%에서 13%로 줄어들게 된다. 이와 같은 단순한 수치상으로는 미국경제의 지위가 축소된 것처럼 보일 수도 있으나 전후 서방국가들의 경제가 재건되면서 미국의 영향력은 지속적으로 확대되어 간다.

11.3.2 국제무역의 증가

이상과 같은 미국주도의 경제성장 효과는 GATT를 통한 관세인하와 그에 따른 세계무역량의 증가에서도 찾아볼 수 있다. 즉, 1948년 약 $1,200억 달러에 불과하던 전 세계 무역액이 약 30년 후인 1977년에는 20배가량 증가한 $2조2,990억 달러로 증가한다. 같은 기간 미국의 무역액은 $207억 달러에서 $2,835억 달러로 15배가량 늘어 세계무역에서 미국이 차지하는 비중이 역시 줄어들었지만 미국은 여전히 세계에서 가장 규모가 큰 무역국으로 국제시장에서 여전히 중요한 역할을 담당하고 있다.

11.3.3 직접투자 증대

세계경제에 미국의 영향력이 확대되어온 또 하나의 증거로 Foreign Direct Investment 즉, 외국인직접투자의 증대를 들 수 있다. 즉, 제2차 대전 이후 미국, 캐나다, 유럽, 일본 등 선진국 사이에 서로 상대방에 대한 투자가 급격히 증가한다. 직접투자를 가장 활발하게 한 국가는 물론 미국으로 1970년 $780억 달러를 투자한 것을 비롯하여 1977년에는 $1,480억 달러를 투자하는 등 엄청남 규모로 투자가 이루어졌다. 즉, 미국이외의 제조업생산이 늘어난 것 중 상당부분이 미국의 투자에 의한 것이라는 의미이다. 물론 미국이외의 다른 선진국에서도 1970년 130억 달러에서 1977년 340억 달러로 직접투자가 증가하였지만 이들 투자의 90%이상은 미국에 대한 투자한 것일 정도로 미국시장의 중요성이 여전하다는 증거이다.*

11.4 … 글로벌 경쟁의 시작

11.4.1 시장경쟁의 추세변화

그러나 전후 경제가 안정되고 미국뿐만 아니라 다른 서방국가들의 생산도 점차 늘어나게 되어 국제경쟁이 가열되기 시작한다. 그런 가운데 1970년대에 들어서면 세계시장 환경에 몇 가지 추세변화가 이루어지게 되는데 그 중 우선 외국기업의 미국시장 진출확대를 들 수 있다. 즉, 외국기업들도 이제 직접투자를 통해 미국시장에 직접 진출하여 미국기업들과 경쟁을 벌이는 일이 많아진다. 이들 외국기업들도 그렇고 미국기업들도 마찬가지로 직접투자를 통해 현지시장에 직접 진출하여 국제경쟁과 국내경쟁의 구분이 사라지며 결국 국제경쟁의 내부화가 발생한다. 인수·합병을 통해 기업들의 대형화와 다국적화가 이루어자 이에 맞추어 은행이나 보험 같은 금융회사들의 규모도 커져야 했으며 따라서 금융기관의 국제적인 합병도 활발해진다. 이와 같은 국제적인 움직임의 결과 과거 미국내부에서 이루어졌던 것과 같은 과점체제가 다국적기업을 중심으로 국제시장에 형성되기 시작한다. 한 가지 더 흥미로운 결과는 그 동안 지나친 과점과 독점을 규제하려고 마련되었던 미국의 반독점 규제가 다국적 기업의 세계적인 과점체제에서는 별다른 힘을 쓸 수 없는 상태가 된 것이다. 그뿐만 아니라 관점에 따라서 이러한 제도는 국제경쟁에서 오히려 미국기업들의 발목을 잡는 장애물로 인식되기도 한다.

---

* Branson, W. (1980)

11.4.2 기업합병 가속화 요인

이와 같은 생산 증가와 직접투자 확대는 미국이외의 지역에서도 미국에 버금가는 기업이 생겨나게 하고 그에 따라서 소위 글로벌 경쟁이 서서히 시작된다. 특히, 1970년대가 되면 EC 국가나 일본 등의 기술수준이 미국과 대등한 위치에 근접하게 되고 그러한 기술력을 갖춘 기업들이 속속 등장한다. 그러한 기업들이 글로벌 경쟁시장에서의 우위를 확보하기 위해서는 기존 기업을 인수·합병하는 것이 손쉬운 방법의 하나였으며 그와 같은 경쟁이 심화되면서 글로벌 기업합병이 점차 더 가열화 되기 시작한다. 따라서 1970년대 이후 시장경쟁의 추세가 변화하면서 국제적 인수·합병을 통한 다국적기업 체제가 정착되어 간다. 특히, 1990년대에는 이를 가속화 시키는 여러 변화가 있었는데 우선 1986년 이후 연평균 6%인 세계의 소득 증가를 능가하는 연평균 9%의 국제무역 증가가 있었던 점을 지적할 수 있다. 즉, 이제 기업들이 국내시장만을 상대하는 것이 아니라 세계시장을 상대해야 하는 것이 일반적인 추세가 되었다. 특히, 1991년 베를린 장벽이 무너진 것을 계기로 동구권 국가들이 차례로 서구의 시장경제 체제에 편입되어 세계시장의 규모가 더욱 커진다. 거기다가 앞서 설명했던 GATT체제에 이은 1995년의 WTO체제의 출범은 국제무역의 규모를 더욱 확대시켰다. 이와 같이 확대된 세계시장을 상대해서 살아남으려면 결국 덩치가 큰 기업이 다양한 상품을 공급할 수 있어야만 했기 때문에 국제적인 기업들의 인수·합병이 더욱 가속화될 수밖에 없었다.

11.5 … 제철산업의 변화

11.5.1 미국 제철산업의 몰락

이와 같이 기업이 다국적 화되어 규모가 커지면서 국제적 경쟁이 심화되는 과정에서 미국도 경쟁에 뒤지는 분야들이 나오게 되는데 제철산업이 그 대표적인 예이다. 즉, 미국의 제철산업은 1950년대까지 만 하여도 세계최고의 수준이라고 할 수 있었지만 불과 25년 후인 1975년경이 되면 미국 제철산업의 존재를 세계시장에서 찾아보기 어려울 정도가 된다. 이와 같이 미국의 제철산업이 몰락한 주된 요인으로는 미국의 철강업체들이 신기술의 도입을 외면했거나 또는 도입 시기를 놓쳐 뒤

쳐진 것이 지적된다. 그 이후 선두주자는 일본이지만 그 뒤를 이은 한국, 브라질 등도 과감한 투자와 신기술로 무장하고 과거 미국기업들이 그랬던 것과 같은 규모의 경제와 생산비용절감을 통해 세계시장을 장악하게 된다. 사정이 그렇게 되자 미국의 대형종합제철소들은 경쟁력을 상실하고 그야말로 고철 덩어리로 전락하게 된다. 그 대신에 미국에서는 전기로를 이용하여 고철을 재생한 철강을 생산하여 지역시장에 판매하는 소위 Minimill 체제가 확산된다.*

11.5.2 경쟁 제한적 조치

이러한 Minimill 들은 전기로 등 첨단기술을 사용하고 또한 나름대로 지역시장에 특화된 제품을 생산함으로써 그런대로 경쟁력을 유지했지만 규모의 경제와 생산비 절감을 앞세운 세계시장의 새로운 강자들과 경쟁하기에는 역부족이었다. 따라서 미국의 철강 기업들은 점차 자국시장을 보호하는 정책을 요구하게 되고 로비를 통해 1960년 드디어 미국은 일본과 유럽 국가들을 상대로 시장질서협정(Orderly Market Arrangement)을 맺게 된다. 어휘상으로 이는 시장의 무질서한 경쟁을 바로잡는다는 의미이지만 결국 경쟁력 있는 일본과 유럽산의 철강으로부터 미국시장을 지키기 위한 방편이었다. 그런 가운데 세계시장에서 일본산 철강의 우위가 점차 확고해지자 유럽에서도 1977년에 Davigon Plan을 통해 일본산 철강을 견제하기 시작한다. 이는 자율수출규제(Voluntary Export Restraint)의 일종인데 수출기업들이 자율적으로 수출물량을 조절한다는 취지이지만 이 역시 일본산 철강과의 경쟁에서 유럽산 철강을 보호하려는 조치이다. 한편 미국도 1978~1982년 사이 Trigger Mechanism이라는 것을 도입하는데 이 또한 Davigon Plan과 마찬가지로 일정한 수입할당량을 정하고 특히 가격이 일정수준 이하로 떨어지면 자율적으로 수출을 제한한다는 것으로 일본산 철강의 수입을 막으려는 것이었다. 그런데 이러한 조치들은 결국 일본을 비롯해 후발 철강생산국들의 경쟁력을 오히려 증대시키는 효과가 있었다. 왜냐하면 미국이나 EC국가들은 자국의 제철산업을 보호하면서 자국기업들이 경쟁력을 회복하기를 바랐지만 그와 같은 보호조치는 결국 자국기업들이 보호에 안주하기 만들었기 때문이다. 즉, 자국기업들이 보호조치로 인해 발생한 추가적인 이윤만을 가지고 연명함으로써 결국은 일본산과 한국산 등과의 경쟁력 격차가 더 벌어지게 된 것이다. 또 한 가지 중요한 점은 제철산업에 대한 이와 같은

* Lima, J. (1991)

보호조치가 제철산업의 경쟁력에만 영향을 준 것이 아니라 자동차와 같이 철강을 원료로 쓰는 다른 산업에서도 일본과 한국 등이 경쟁력을 증대시키는데 기여한 것이다. 즉, 미국산 자동차 들은 보호주의 조치로 인해 값비싼 철강을 써야하는 반면 일본과 한국 등은 자국에서 생산된 저렴한 철강을 원료를 쓸 수 있기 때문에 그만큼 더 경쟁력이 높아질 수 있었다.*

11.6 … 자동차 산업

11.6.1 미국자동차 산업의 판도변화

지금까지 살펴본 제철 산업은 원자재 산업이라고 할 수 있지만 자동차 산업은 소비자를 직접 상대로 하는 산업이다. 이런 자동차 산업에서 조차 경쟁력을 상실해가는 과정을 보면 대량생산과 대량소비의 소비자 문화를 처음으로 창출한 미국의 입장에서는 정말 자존심이 상하는 일일 것이다. 물론 미국은 여전히 세계 최대의 자동차 시장이지만 1955년 미국시장에서 판매된 자동차의 95%가 미국산이었고 1987년까지만 해도 많이 추격해오기는 했지만 일본이나 유럽산 자동차의 미국시장점유율이 30%에 지나지 않았다. 지금도 미국에서 판매되는 자동차의 80% 정도가 미국을 비롯한 캐나다와 멕시코 등 NAFTA국가에서 생산된 것이기는 하지만 이제는 이들이 모두 미국계 기업이 생산한 것이 아니라 외국계 자동차 회사들의 현지공장에서 생산되는 비중이 높다. 그런데 미국시장에서 외국계 특히 일본계 자동차가 약진을 하게 된 원인 중 먼저 지적할 수 있는 것이 1970년대 두 차례에 걸친 석유파동과 그에 따라 휘발유 가격이 12배 가까이 상승한 것이다. 그런데 당시 미국의 자동차들은 대부분 차체도 크고 엔진도 대형이어서 연료효율이 상당히 떨어졌다. 반면에 일본산 자동차는 아주 소형이어서 연료소모가 최소화되었기 때문에 폭발적 인기를 끌었다.**

---

* Borrus, M. (1983)
** Kwoka, J. (2002)

11.6.2 Quality Upgrade

이러한 일본 자동차의 약진에 대해서 미국의 자동차 업계도 철강 업계와 같은 대응을 하게 된다. 즉, 미국계 자동차기업은 로비를 통해 미국정부가 일본정부에 통상압력을 가해 일본자동차의 자율수출규제를 이끌어 낸 것이다. 그러나 워낙 인기가 좋아 수요가 급증했던 일본자동차의 공급량이 줄어들자 일본자동차의 가격이 올라가게 된다. 이렇게 되자 경쟁관계에 있는 다른 자동차의 가격까지 함께 오르게 되어 미국시장에서의 자동차 가격이 전반적으로 상승하게 된다. 미국자동차기업들은 이와 같이 오른 가격 덕분에 갑자기 수익률이 높아지며 찾아온 호황을 즐기게 된다. 그러나 일본 자동차 기업들은 일시적으로 높아진 수익에 안주하지 않고 얻어진 추가 이윤을 미국현지에 합작 투자하여 미국시장의 진출을 더욱 가속시키는 계기로 삼는다. 또한 일본 자동차기업들은 높은 가격에 대응하여 그 가격만큼 부품, 내장 등을 고급화하여 소형차 이외에 중·대형차에 이어 마침내 고급자동차 시장에까지 명성을 높이는 소위 Quality Upgrade에 성공하게 된다. 일본 자동차는 또한 압축엔진, 전륜구동 방식 등으로 연료효율을 더욱 높이면서도 디스크 브레이크 등의 새로운 안전장치 기술 등을 도입하면서 초기의 안정성 논란을 잠재우고 크기는 작아도 매우 믿을만한 자동차라는 인식을 확산시킨다. 특히, 생산량을 중시하는 미국식 생산방식과 달리 당시 일본의 자동차들은 작업자 책임방식이라는 것을 도입하여 생산량이 줄어들더라도 품질을 우선시하는 방식을 채택하고 있었다. 즉, 하부지위의 작업자라도 문제가 있다고 판단하면 생산라인 전체를 정지시킬 수 있는 권한이 있었으며 또한 품질을 개선시킬 수 있는 아이디어를 제시할 수 있었다. 그런 방식으로 자동차를 생산하다보니 일본산 자동차는 초기품질과 안전성은 물로 잔고장이 거의 없는 자동차로 인식되기 시작한다. 또한 소위 토요다 방식이라고 불리는 적시공급(Just-in-time) 방식으로 부품을 공급하는 체제를 갖춤으로써 부품재고관리 비용을 줄일 수도 있었다. 특히, 부품공급에 있어서 생산원가 만을 중요시하는 미국의 방식과 달리 부품공급자와 오랜 관계를 지속하면서 부품의 기능과 성능을 향상시킬 수 있었던 것도 일본 자동차의 장점으로 작용하면서 일본은 자동차생산 강국으로 거듭나게 된다.

11.7 … 컴퓨터 산업의 출현

11.7.1 컴퓨터 기술의 진화

철강이나 자동차 등 전통적 산업분야에서는 미국기업들이 보호주의에 안주하며 점차 경쟁력을 잃기도 했지만 미국은 역시 새로운 분야에서 혁신을 이루는데 장점이 있는 나라이다. 그러한 새로운 산업 가운데 하나가 컴퓨터 분야이며 미국은 컴퓨터기술을 진화시키고 이를 상업화하는데 선두주자였다. 최초의 컴퓨터 기술은 주로 군사용이나 정부기관에서 사용할 목적으로 개발되었는데 이때의 컴퓨터는 진공관을 채택한 것이었다. 초기의 이러한 진공관 방식의 컴퓨터는 부피도 크고 여러 가지로 불편한 점이 많았지만 이 기술을 처음으로 개발한 것이 오늘날도 유명한 International Business Machine 즉, IBM이었으며 따라서 이 회사는 초기 컴퓨터 산업의 선두 주자였다. 그러다 이러한 초기의 컴퓨터 기술에 획기적인 진전이 이루어지는데 그것은 1954년 이후 AT&T에서 개발한 트랜지스터 기술이다. 또한 1965년 이후에는 실리콘을 이용한 집적회로가 개발되어서 또 한 번의 기술진보를 이루게 된다. 이때 집적회로의 생산을 주로 담당했던 주자들이 Texas Instrument, Fairchild, IBM 등과 같은 기업들이었다. 그리고 1971년 이후에는 이러한 집적회로에 메모리 기능이 추가되어 전원이 꺼진 다음에도 데이터를 잃지 않는 기술이 개발되어 또 한 번의 기술혁신이 이루어진다.

11.7.2 미국의 절대 우위

당시 컴퓨터 기술이 가장 앞선 국가가 미국이었고 그것을 응용한 컴퓨터 산업에서도 미국은 당연히 선두주자였다. 최근에 들어와서는 양상이 많이 바뀌었지만 1970년대까지만 해도 컴퓨터 관련 산업에서는 미국이 절대 우위에 있었고 1975년 기준으로는 미국에서 팔린 트랜지스터의 98%가 미국산이었으며 유럽에서도 78%가 미국산 판매였다. 다만 일본에서는 불과 20%만이 미국산이었는데 이 부분에 대해서는 뒤에 좀 더 자세히 설명할 것이다. 트랜지스터와 반도체 등 기초분야에서 우위를 보인 미국은 초기의 대용량 컴퓨터 시장의 70%를 점유했으며 당시에 컴퓨터 하면 대부분 IBM 제품이라고 생각해도 될 정도로 미국의 독주체제였다.

앞서도 언급했지만 초기의 컴퓨터들은 대부분 군사용이나 정부기관에서 사용하기 위한 대용량의 컴퓨터들이었다. 사실 일반개인이나 중소기업체에서는 워낙 가격이 비싸서 엄두를 낼 수 없었기에 컴퓨터를 도입할 수 있는 여력이 없었다.

11.7.3 컴퓨터의 범용화

그러나 1965년 미국의 Digital Equipment Corporation에서 미니컴퓨터라는 기술이 개발되어 사정이 많이 바뀌게 된다. 즉 컴퓨터가 소형화가 가능하게 되자 컴퓨터 수요가 전반적으로 확산되었으며 이를 계기로 많은 컴퓨터기업들이 생겨나게 된다. 그 전에는 IBM이나 AT&T와 같은 절대강자만 존재했지만 이 시기에는 워낙 기술개발이 빨랐기 때문에 어느 한 기업이 독주하는 체제가 아니라 여러 업체가 경쟁하는 모습을 띤다. 특히, 당시에는 특허권을 가지고 상대방을 견제하기 보다는 먼저 개발된 기술이 워낙 빨리 쓸모가 없어졌기 때문에 누가 더 빠르게 앞선 기술을 개발하느냐가 관건이었다. 이러한 연구를 기업체에서 모두 감당할 수가 없었기 때문에 MIT, Harvard, Stanford 같은 대학의 연구소가 기업체와 함께 기술을 개발해가는 체제가 형성된다. 특히, San Francisco의 Stanford 대학 부근에 연구기관들이 모인 Silicon Valley라는 유명한 지역이 형성된다. 여기서 신기술이 연구되고 이를 응용한 제품들이 탄생하는 등 미국은 여전히 기술개발과 산업화의 선두주자 지위를 유지한다. 소형 컴퓨터가 개발되어 컴퓨터 시장의 수요를 창출했다면 1970년대 후반부터 등장하기 시작한 개인용 컴퓨터 즉, PC의 출현은 그야말로 컴퓨터의 대중화를 실현시킨다. 특히, 1978년 시장에 나온 Apple Ⅱ는 당시로서는 상당히 획기적인 제품이었는데 Apple Ⅱ의 성공은 많은 기업들이 PC 시장에 뛰어 들게 했으며 그 중에서도 IBM은 가장 눈에 띄는 기업이었다. 그러나 IBM은 Apple과 다른 전략을 채택하여 자신들의 컴퓨터 구조를 공개하고 그에 호환될 수 있는 주변기기나 소프트웨어 프로그램들이 자유롭게 개발될 수 있도록 하였다. 그렇게 되자 IBM 방식의 컴퓨터가 개인용 컴퓨터의 표준이 되었으며 그러한 방식을 채택한 컴퓨터 시장은 폭발적으로 확대된다. 물론 오늘날 개인용 컴퓨터 시장에서 IBM의 지위는 많이 약화되었지만 오늘날 널리 쓰이는 PC는 대부분 IBM 방식에서 출발한 것이다. 특히, IBM이 위축된 것과는 대조적으로 Intel 이나 Microsoft 등 IBM 덕분에 명성을 날리게 된 기업들이 출현한다. 즉, IBM이 1982년 인텔에서 개발된 프로세서를 장착하기 시작하면서 또한 1985년에 MS의 윈도우 체제를 도입한 것이 오늘날 이들 기업들이 해당 분야의 선두주자가 될 수 있었던 계기였다.*

11.8 … IT산업의 변화

11.8.1 일본통산성(MITI)의 지원전략

앞서 1970년대 중반 미국산 트랜지스터의 점유율이 미국과 유럽에서는 높았지만 일본에서는 20%에 그쳤다고 설명했었다. 그런데 그 이유는 당시 일본정부가 추진한 산업정책에서 찾을 수 있다. 즉, 일본은 통상산업성(Ministry of International Trade and Industry)을 중심으로 자국의 컴퓨터 산업을 육성하고자 노력하였다. 특히, IBM에서 퇴직한 개발책임자들을 고용한 일본의 Fujitsu사는 MITI의 자금지원을 받아 1976년 IBM과 같은 형태의 대용량 컴퓨터 개발에 성공하여 일본시장에 공급한다. 또한 MITI는 미국 기업들이 일본시장에 진출을 허용하는 대가로 특허사용권을 얻어 이를 자국 기업의 연구개발에 응용할 수 있도록 하고 또한 기업들에게 연구 분야를 할당해주면서 서로 개발한 기술을 공유할 수 있는 체제를 운영한다. 이러한 노력이 결실을 맺어 1980년 이후에는 일본의 컴퓨터 기술이 미국에 버금가는 수준에 도달할 수 있었으며 그 이후 생산비용 절감을 통해 세계시장을 잠식하기 시작한다. 이렇게 되자 미국은 철강이나 자동차 분야에서와 비슷하게 1986년부터 일본과 반도체 교역협정을 맺어 자국시장에서 일본산 반도체를 규제하기 시작한다. 그러나 이러한 체제는 오래 지속되지 못하는데 그 이유는 반도체 분야에 한국을 비롯한 새로운 강자들이 등장하였기 때문이다.**

11.8.2 인터넷의 확산

비록 반도체나 컴퓨터 하드웨어 분야에서는 미국이외의 강력한 경쟁자들이 등장한 것이 사실이지만 미국은 아직 인터넷 등 컴퓨터 응용과 소프트웨어 분야에서 절대 우위를 유지하고 있다. 특히, 처음에 군사용으로 개발된 인터넷 기술이 연구

---

* Flamm, K. (1988)

** Flamm, K. (1996)

기관을 중심으로 연결되기 시작한 것도 미국이었다. 또한 1972년에 비정부 기관의 사용자에게도 접근이 허용되면서 인터넷의 국제화가 이루어지기는 했지만 인터넷의 주요 사용국은 여전히 미국이었다. 특히 오늘날과 같은 웹브라우저 기술이 처음으로 개발된 것도 1994년 미국기업인 Netscape에 의해서 이다. 그것을 통해 Yahoo, Google 같은 검색엔진이 활성화 된 것도 사실상 미국이 최초였고 특히, 1996년 Windows에 Internet Explorer가 장착되며 반독점 시비에 말리기도 했지만 그 문제가 해결되면서 Internet 응용시장은 폭발적으로 확장되고 있다. 즉, Amazon, E-bay, Expedia 등 온라인 거래나 Myspace, Facebook, Instagram 등 소셜네트워크서비스(SNS)처럼 인터넷을 이용한 새로운 산업분야로 소위 신경제라고 일컬어지는 New Economy 부문에서 미국은 절대적으로 우위에 있다. 특히 최근에는 인터넷과 통신기술을 접목한 i-Phone, Android Phone 등 스마트폰과 응용프로그램 개발에서도 미국은 절대강자의 면모를 보이고 있다.

11.9 … 정부의 역할

11.9.1 글로벌 시대의 정부

앞서 일본 통상산업성(MITI)의 경우를 보았지만 글로벌 시대에 기업들에게만 경쟁을 맡기기보다 각국 정부가 직접 나서서 자국 산업의 경쟁력 우위를 확보하는 한편 외부 경쟁으로부터의 자국 기업 보호가 중요한 역할로 인식되고 있다. 특히, WTO를 통해서 기업들의 경쟁에 국가가 개입하여 통상 분쟁화하고 이의 해결방안을 모색하는 경우가 더욱 빈번해지고 있다. 그런데 이러한 국가간 경쟁 과정에서 보다 행정부의 보다 신속한 대응이 요구된다. 예를 들어, 전통적으로 의회권력이 강한 미국에서도 행정부에게 신속협상권한(Fast Track Authority)을 부여한 바 있다. 물론 이는 한시적인 권한이기는 하지만 대외협상에서 미행정부의 입장을 강화하고 연방의회 의원들이 자기 지역구의 이해세력으로부터 영향 받는 것을 차단하여 통상협정의 비준을 지연시키는 것을 막으려는 취지를 가진다. 즉, 이는 행정부가 자국 상품의 수출시장을 여는데 좀 더 적극적으로 개입할 수 있도록 허용하기 위한 것이다.

11.9.2 기업구제

오늘날 중앙정부의 중요한 역할로 인식되는 것 중 또 하나는 위기에 취한 자국 기업을 구제해주는 것이다. 영어 표현으로 Too big to fail은 망하기에는 너무 큰 기업이란 뜻으로 이는 다시 말해 파산할 경우 국가경제에 너무 큰 피해가 예상되는 기업을 구제해주는 것이다. 미국에서도 1971년에 Lockheed 항공사, 1976년에 Penn Central 철도회사, 1979년에 Chrysler 자동차 회사 등이 연방정부의 도움으로 파산을 면한 예이다. 특히 2008년 주택금융위기가 확산되면서 발생한 경제위기 당시에 미국 정부는 위기자산구제제도(TARP: Troubled Asset Relief Program)를 통해서 위기에 처한 금융기관과 자동차 산업 등을 지원한 바 있다. 이는 1920년대 말 후버 대통령의 행정부가 위기를 지나치게 과소평가한 나머지 결국 대공황을 맞은 경험을 되풀이 하지 않기 위해 막대한 자금을 투입하여 금융시장을 안정시키고 실물부분에 대해서도 구조조정을 돕고자 하는 의도가 있었다. 물론 아직 완전히 위기가 물러간 것은 아니지만 그래도 TARP 프로그램은 경제위기를 어느 정도 진정시키는 데는 도움이 되었다는 것이 현재까지의 평가이다.

11.10 … 새로운 도전자

11.10.1 신흥공업국(NICS)

그런데 이와 같이 중앙정부의 역할이 커지고 기업구제에 까지 나서야 하는 것은 결국 그 만큼 다른 경쟁자가 많아졌다는 이야기이다. 즉, 그 이전에는 미국이 국제경제 질서를 논할 때 서방선진국 즉, 서유럽의 주요국과 일본을 포함한 몇몇 국가들과의 이해관계를 조정하면 되었다. 그러나 1980년대 이후에는 그러한 전통적 선진국 이외에도 국제 경제에서의 비중이 확대되는 국가들이 생겨나게 된다. 1980년대 한국, 대만, 싱가포르, 홍콩 등 소위 신흥공업국(Newly Industrialized Countries)들과 그 뒤를 이은 태국, 말레이시아, 인도네시아 등의 제2세대 신흥공업국 들이 그 대표적인 예라고 할 수 있다. 1996년 외환·금융 위기를 겪게 되면서 잠시 주춤하였지만 적어도 그 이전까지는 이들 아시아 신흥공업국들은 자본주의의 새로운 유형으로 경이와 선망의 대상이었다. 즉, 전통적 자본주의에 유교적 가치관이 접목된 아시아식 자본주의에 대한 찬사가 쏟아졌었다. 이들이 1996년 외환·금융위기를 맞으면서 아시아식 자본주의에 대한 비판이 반대로 봇물처럼 터지기도 했었다. 즉, 이들 국가들은 자원이 부족한 가운데 수출산업을 육성하였으나 경쟁이 심해지고 과잉설비 체제에서 이를 뒷받침할 금융능력 등이 모자라 실패했다는 것이다. 그러나 당시 아시아 국가들의 이러한 실패가 과연 아시아만의 문제였는지 아니면 기존의 경제 질서와의 충돌에서 빚어진 것인지는 시간이 더 지나봐야 알 수 있을 것이다.

11.10.2 동유럽의 체제전환

아시아 국가들이 두각을 나타내며 국제 경제에서의 주요한 경쟁자로 부상하던 시기에 유럽에서도 갑작스런 변화가 생기기 시작한다. 즉, 제2차 세계대전 이후 미국이 주도하는 서방 경제권에 맞서 양대 세력을 형성했던 동구권이 갑작스런 붕괴를 맞게 된 것이다. 이는 제2차 세계대전 이후 동유럽을 이끌었던 소비에트연합의 약화에서 비롯되는데 당시의 소련은 서유럽의 NATO에 대응하여 바르샤바 조약기구를 결성하고 동유럽 국가들을 군사·경제적으로 통제해왔다. 그러던 소련이 1979년부터 아프가니스탄을 무력으로 지배하려던 시도가 실패로 돌아가고 1989년 결국 철수하게 되면서 소련의 지도력에 금이 가기 시작한다. 결국 그 해에 동독과 서독으로 나누어져 있던 베를린 장벽이 무너지면서 순식간에 일이 벌어지게 된다. 베를린은 원래 독일의 수도였지만 제2차 세계대전 이후 미국, 영국, 프랑스 소련이 각각 베를린의 4분하여 통치하기로 결정함으로써 분할되었다. 그런데 베를린은 동독의 영역에 둘러 싸여 있었고 서베를린은 동독의 한 가운데 섬처럼 서독의 통치하에 놓이는 특이한 형국에 놓이게 된다. 그런 와중에 동베를린 사람들이 자유를 찾아 서베를린으로 넘어가는 것을 막기 위해 장벽을 세우게 되는데 이를 넘다가 수많은 사람들이 목숨을 잃었던 불행한 역사의 상징이었다. 그러나 아프가니스탄에서 패배한 소련의 영향력이 약화되면서 동독 정권이 위태롭게 된다. 동독에서는 연일 대규모 시위가 벌어지는 등의 사태를 겪다가 마침내 그해 11월9일 저녁 군중들에 의해 베를린 장벽이 무너지는 역사적인 사건이 발생한 것이다. 베를린 장벽 자체는 제2차 세계대전 이후 냉전시대의 상징이었으며 그런 베를린 장벽이 허물어진 것 자체가 냉전시대의 종식을 상징하는 역사적인 사건이었다. 그 일이 있은 얼마 후 동서로 나뉘었던 독일이 통일되고 그 다음해인 1991년에는 바르샤바 조약기구가 해체되는데 이는 동유럽에 대한 소련의 정치적, 군사적 지원이 중단되는 것을 의미한다. 따라서 소련의 지원 아래 유지되어 오던 공산주의 정권들이 무너지기 시작하며 폴란드, 헝가리. 루마니아 등에서 연쇄적으로 정권이 교체되고 자본주의 시장경제 체제를 도입하기 시작한다. 한편 1992년에는 아예 소비에트 연합이 해체되고 러시아를 비롯한 독립국가연합인 CIS가 출범하게 된다. CIS는 옛 소비에트 연방에 속해있던 국가들 중 라트비아와 리투아니아를 제외한 15개국이 속한 연합으로 카자흐스탄, 우즈베키스탄, 조지아, 우크라이나 같은 나라들이 포함된다. 이들 국가들도 형식적으로는 러시아와 가까운 관계에 있지만 독자적으로 자본주의 시장경제 체제를 추구하고 있다고 볼 수도 있다. 또한 소련에 의해 하나로 통합되었던 나라가 다시 분리되기도 하는데 1992년 유고슬라비아는 유고와 보스니아·헤르체고비나로 또한 체코슬로바키아도 체코와 슬로바키아로 각각 나뉘면서 시장 경제체제로 편입되게 되었다. 이들 국가 모두가 시장경제 체제로 편입되어 성공적인 길을 걷고 있는 것은 아니지만 상당수 국가가 아시아를 모델로 삼아 경제개발을 추구하고 있다. 특히 일부 국가는 석유 등 천연자원도 풍부하기 때문에 시간이 지나면 이들 중에서도 성공한 경우가 나올 가능성이 높다. 특히, 헝가리, 라트비아, 리투아니아, 폴란드, 슬로바키아, 슬로베니아 등 일부국가는 유럽연합에 가입하는 등 사정이 많이 나아지고 있기 때문에 앞으로 얼마든지 국제사회에서 경쟁력을 확보할 수 있을 것으로 보인다.

11.10.3 중국의 비상

앞서 동유럽 국가들이 자본주의 제체로 전환하여 국제사회의 새로운 경쟁자로 발돋움하고 있다고 설명하였지만 자본주의 시장경제 체제로의 전환에 있어 가장 눈부신 성공을 거둔 나라로 중국을 지목하는 데는 이견이 없을 것이다. 제2차 세계대전이 끝날 당시 승전국의 하나로서 국제사회의 중요한 위치를 차지했던 중국은 국민당 정권이 대만으로 밀려나고 공산당 정권이 들어서면서 국제사회와 고립된 길을 걸었다. 특히, 대만에 대한 미국의 지원과 한국전쟁을 둘러싸고 중국은 미국과 적대관계를 형성하고 친소 노선을 채택하면서 경제적으로 낙후된 길을 걸었다. 그러다가 공산주의 이념노선을 두고 소련과의 사이가 벌어진 와중에 닉슨(Richard Nixon) 대통령시절의 미국과 화해를 모색하게 된다. 특히, 1971년에는 미국의 탁구선수단이 중국을 방문하는 소위 핑퐁외교를 계기로 비공식 접촉이 시작되고 1972년에는 양국의 외교관계를 정상화하기로 합의한다. 그러나 미국의 닉슨 대통령이 워터게이트 도청사건에 연루되어 사임하고 월남전에서 미국이 패배하면서 국교정상화에 더 이상 진전이 없었다. 그러다 그간 권력투쟁에서 밀려나 실각했던 등소평이 모택동 사망이후 복귀하여 정권을 장악하면서 1979년 드디어 양국은 적대관계를 청산하고 국교를 정상화하게 된다. 한편 등소평은 실용주의 노선을 채택하면서 그 동안의 사회주의 체제에서 탈피하여 1978년 해안의 도시들을 개방하여 자본주의식 경제개발을 시도한다. 평등을 강조하는 사회주의 이념에 반하는 이러한 자본주의를 도입하면서 등소평은 흑묘백묘론과 선부론 등을 내세운다. 즉, 검은 고양이든 흰 고양이든 쥐를 잘 잡는 고양이가 좋으며 또한 잘하는 사람이 먼저 부자가 되고 그 사람이 앞장서 다른 사람도 부자로 이끌면 좋을 것이라는 논리로 그의 정책을 밀어붙인다. 이에 따라 상해, 심천 등 해안지역 개발을 우선 시행하면서 일부에게 특권이 인정되더라도 이들을 통해 중국 전체의 경제를 부흥시키려는 계획을 추진한다. 그 결과 비상이라는 표현에 걸맞게 그야말로 중국은 수십년의 가난을 탈피하기 시작하면서 세계시장을 장악하기 시작한다. 예를 들어 1992년 중국의 수출액은 849억 달러로 늘어 세계를 놀라게 했지만 이는 시작에 불과했으며 2008년에는 1조4,285억 달러라는 경이적인 수출액을 기록한다. 세계시장에서 중국경제의 위상을 보여주는 또 하나가 바로 FDI 즉, 외국인직접투자 유치 실적을 들 수 있는데 2002년 527억 달러와 2007년 1,496억 달러 등은 각각 당해 연도 세계 최대의 직접투자 유치실적이다. 주식 등에 대한 간접투자와 달리 직접투자는 경기변동에도 상관없이 투자된 국가에 지속적으로 남아 경제에 기여하기 때문에 경제발전에 상당히 중요한 요인이다. 특히나 중국에 대한 직접투자는 2008년 북경에서 열린 올림픽을 앞두고 폭발적으로 유입되었으며 그 결과 중국의 수출액이 더욱 증가하게 된다. 그러나 중국의 투자열기가 지나치게 과열되어 세계적인 원자재 부족현상을 몰고 왔으며 올림픽 이후 과열 분위기가 가라앉을 경우 위기가 올 수도 있다는 경고들이 있었다. 그리고 실제로 그 이후 국제유가가 배럴당 100불이 넘는 등 국제 원자재 가격이 폭등하고 또한 뒤이어 미국의 금융위기가 실물부문으로 확산되고 글로벌 경기불황으로 이어지는 일련의 상황이 발생하게 된다.

11.10.4 신흥거대경제권

그런데 중국이외에도 규모가 큰 몇몇 국가들의 빠른 경제성장이 주목을 받으면서 BRICs라는 용어가 등장하기도 했다. 이는 브라질, 러시아, 인디아, 차이나의 알파벳 앞 글자를 합성한 말로 과거 미국이 그랬던 것처럼 넓은 영토와 풍부한 자원을 토대로 세계경제의 지도적 위치를 차지하게 될 것으로 기대되는 신흥거대 경제권을 지칭하는 말이다. 이미 중국에 대해서는 설명했지만 브라질은 이미 1950년대 1960년대 경제부흥을 통해 선진국에 근접한 수준까지 갔었다. 그러나 수출산업위주의 경제성장을 추구한 아시아 국가들과 달리 수입대체산업을 육성하는 소위 내부지향적 경제정책이 실패하고 또한 이념논쟁과 정정불안이 반복되면서 경제적 어려움에 처하게 되었다. 그러나 좌파이념을 추구하면서도 실용적인 경제정책을 구사하는 룰라 대통령의 집권이후 경제가 살아나면서 세계의 주목을 다시 받기 시작했다. 특히 브라질은 아르헨티나와 더불어 남미에서는 지도적인 역할을 해오고 있으며 자원이 풍부하고 바이오 연료를 이용한 자동차 기술 등이 발달하여 많은 기대를 받고 있다. 다음으로 러시아는 제2차 대전이후 소련의 사회주의 체제로 전환되면서 경제적인 면에서 뒤처지게 되었지만 사회주의 체제가 해체되고 러시아로 회귀하면서 여러 분야에서 옛 명성을 찾으려는 노력이 진행 중이다. 특히, 사회주의체제를 추구하며 경제적으로 낙후되었지만 서방세계에 맞서 동구권을 이끌면서 군사기술이나 우주항공 기술 등에 있어서 결코 뒤지지 않고 있기 때문에 이러한 분야에서 상당한 장점이 있다. 또한 카스피 연안과 시베리아 지역의 풍부한 석유와 천연가스 등은 세계 에너지시장에서 벌써 러시아의 영향력을 실감하게 만들고 있다. 마지막으로 인도는 세계에서 중국 다음으로 인구가 많은 국가이고 특히 인구증가율이 중국보다 높아 2030년경에는 중국보다 인구가 많아질 것으로 전망되고 있다. 특별히 풍부한 자원도 별로 없고 신분제도가 아직도 유지될 정도로 낙후된 경제이지만 최근 외국인투자를 활발하게 유치함으로써 중국처럼 인도도 풍부한 노동력을 기반으로 세계시장에서 두각을 나타낼 지 관심이 모아지고 있다. 특히, 인도는 과거 영국의 식민지로서 영어를 자유롭게 구사하고 수학적 재능이 뛰어난 인재들이 많아 컴퓨터 프로그램 등 IT 소프트웨어 분야에서 장점이 있다고 알려져 있다. 특히 이들 BRICs 국가들을 보면 물론 미국이 출발할 당시와 유사한 초기조건을 갖추고 있기 때문에 가능성이 충분히 있다고 보여 진다. 그러나 과거에도 미국과 같은 초기조건의 국가들이 많았으나 미국만이 오늘날의 지위에 오를 수 있었던 것을 보면 과연 이들 국가들 모두가 전부 성공할 수 있을지는 의문이다. 특히, 미국이 성장하던 시대에는 다른 국가와의 경쟁이 그렇게 심하지 않았지만 이제는 BRICs 국가들뿐만 아니라 너무도 많은 경쟁자들이 등장하고 있는 것이 문제이다.

11.11 … 미국의 대응

11.11.1 WTO 체제

너무 많은 경쟁자들이 생겨나는 것은 BRICs 국가나 다른 신흥경쟁국들 사이에도 문제이겠지만 이는 미국에게도 적지 않은 숙제를 안겨주고 있다. 제2차 세계대전 직후에 서유럽과 캐나다 일본 등 서방세계의 지도적 위치에 선 미국은 당시에는 몇 안 되는 국가들과 긴밀한 공조를 통해 자신들이 원하는 방향으로 세계를 이끌어 갈 수 있었다. 그러나 점차 많은 국가들이 경쟁에 참여하게 됨으로써 그 만큼 질서의 유지가 어려워지고 따라서 이는 미국의 영향력 축소를 의미한다. 특히, 세계무역질서를 관장하는 GATT체제가 시간이 가면서 많은 한계를 노출하게 된다. 처음에 23개국으로 출발할 당시만 해도 매우 협조적인 분위기였지만 점차 많은 회원국이 가입하면서 그와 같은 분위기는 상당히 퇴색하였다. 그 결과 GATT 체제에서 공산품 분야의 관세인하에서는 나름대로의 성과도 있었지만 농산물 분야의 교역장벽을 완화할 수 없었으며 또한 국제수지 등을 구실로 한 각종의 편법과 원칙훼손이 심했다. 특히 GATT의 규정을 어긴데 대한 분쟁의 해결이 형식에 그침으로써 실질적인 규율을 적용할 수 없는 경우가 많았다. 이와 같은 문제에 직면하여 미국은 여러 차례 GATT 체제의 개편을 위한 노력을 벌였지만 결과는 번번이 실망스러웠다. 결국 미국은 자신의 의지를 관철시키기 위해 통상법 제301조의 강화라는 매우 강경한 대응책을 선택한다. 즉, 1988년의 법 개정을 통해 통상법 제301조에서 제310조까지의 내용을 강화하고 미국에 대해 불공정 무역을 행하는 국가에 대해 일방적인 보복조치를 취할 수 있다고 위협했다. 이는 미국이 GATT체제가 작동하지 않을 경우 독단적으로 행동할 수 있음을 보여줌으로써 국제교역질서에 대한 자신들의 주장을 관철시키려는 강력한 의지의 표현이었다. 사실 그 당시 우루과이 라운드 협상이 진행되고 있었지만 그 진전이 거의 없던 상황이었고 미국은 통상법 제301조의 제정을 통해 다른 국가들을 압박한 것이다. 그러한 압박이 효과를 거두었다고 말할 수 있는데 결국 우루과이라운드가 타결되었고 이어 GATT 체제가 WTO 체제로 개편될 수 있었다.

11.11.2 NAFTA체제

GATT체제에 실망한 미국이 통상법 제301조 등을 무기로 다른 나라를 압박하여 우루과이 라운드를 진전시키고 WTO 체제를 출범시켰지만 미국은 동시에 GATT를 대체할 수 있는 새로운 체제를 모색한 끝에 NAFTA 즉, 북미자유무역협정도 발효시킨다. 이는 1986년의 이미 체결되었던 미·캐나다 자유무역협정을 1994년에 멕시코로까지 포함시키는 제체로 확대시킨 것이다. 표면적으로는 자유무역을 추구하는 것으로 보이지만 실제로 이는 한국과 일본 그리고 새롭게 부상하는 중국 등 아시아 세력에 대한 견제가 주목적이었다 할 수 있다. 앞서도 설명했지만 미국은 자신들이 철강, 자동차, 전기·전자 산업에서 경쟁력을 상실해가는 것이 바로 아시아 국가들의 부상에 따른 것이라는 판단을 했다. 특히, 한국이나 일본 등과는 비교적 고부가가치 산업에서 경쟁을 벌이고 있으나 값싼 노동력을 앞세워 저가공세를 펼치는 중국에 대응하기 위해서도 캐나다와 멕시코 등 자신의 이웃들과 연합하여 함께 대응하는 체제를 갖추는 것이 필요하다는 포석이었다. 그 결과 미국, 캐나다, 멕시코 등 NAFTA 회원국 간에 무역량이 획기적으로 증가하는 성과를 거두었으나 얼마전 미국 자동차 산업의 추락에서 보듯이 NAFTA가 과연 미국산업의 경쟁력을 제고시키는데 도움이 되었는지는 의문이다. 즉, NAFTA를 통해 우선은 미국자동차 기업들이 연명했을지 모르지만 그 동안 외국자동차 기업들도 새로운 환경에 적응한 결과 이제는 미국계 기업들이 더 어려운 지경에 빠진 것일 수도 있다. 또한 미국이 NAFTA를 체결함으로써 세계적인 지역무역협정 체결경쟁을 촉발시켰는데 이는 앞서의 WTO 체제에도 문제를 일으킬 수 있다. 특히, Spaghetti Bowl 즉, 마치 접시에 담긴 스파게티 국수 가락이 엉켜 뒤죽박죽이 된 것처럼 국제교역질서가 엉망이 되게 만들었다는 논란도 불러일으키고 있다. 그러나 미국은 NAFTA를 통해 자신들에게 우호적인 친미협력그룹을 형성하였으며 이를 계속 확장하여 최근에는 중미국가들과의 CAFTA 즉, 중미자유무역협정을 체결했다. 한편 미국은 한발 더 나아가 미주대륙을 통합한 FTAA 즉, 범미자유무역협정이나 태평양 연안까지 포용하려는 TPP 즉, 태평양연안동반자 협정 등을 모색하기도 했다.*

11.12 … 미국의 영향력 감소

11.12.1 EU의 출범

그런데 미국이 이와 같이 친미협력그룹을 모색하는 데는 그 만큼 미국의 영향력이 예전만큼 못하다는 반증이다. 특히, 냉전체제에서 미국의 안보지원 등 상호필요에 의해 미국에 협조했던 서유럽의 국가들도 냉전이 종식되면서 미국의 독주를 경계하여 예전과는 다른 양상을 보인다. 즉, 처음에 미국의 주도로 결성된 EC체제가 1993년 마스트리히트 조약을 통해 유럽연합 체제로 확대된 것이다. 즉, EC가 관세동맹으로서 단순한 경제통합이었다면 EU 즉, 유럽연합은 상품교역뿐만 아니라 생산요소의 자유로운 이동도 보장하고 있으며 궁극적으로는 역내회원국간의 경제정책도 공동으로 조화시키는 경제동맹 또는 더 나아가서 완전경제통합까지를 모색하고 있다. 아직까지 완벽한 형태의 경제동맹으로 가기에는 어려움이 있지만 그런 가운데도 1999년 당시 15개 회원국 가운데 영국, 스웨덴, 덴마크, 그리스를 제외한 11개국이 참여한 유럽통화연합(EMU)이 출범되어 물가, 재정, 금리, 환율 정책의 공조를 추구하고 있으며 2002년부터는 그리스까지 포함한 12개국이 단일 통화인 유로화를 통용시키는 단계까지 발전했다. 또한 EU는 1993년 출범당시 12개국이었던 회원국이 1995년 15개국으로 늘었으며 또한 2004년에는 동구권에 속하던 국가까지 포함하여 25개 회원국으로 늘어난 이후 2007년 불가리아와 루마니아까지 가입하여 현재는 27개 회원국 체제이다.** 이와 같이 경제정책의 공조범위가 점점 확대되고 회원국 수도 점차 늘어나면서 유럽은 국제경제사회에서 미국을 견제할 수 있는 세력으로 등장하고 있다. 즉, 이들은 NATO체제를 통해 사안에 따

* 최근 미국의 새로운 대통령으로 취임한 트럼프(Donald Trump)는 TPP를 폐기하는 등 지금까지 미국의 전통적인 정책방향과 다른 노선을 취하고 있다. 이와 관련한 내용은 제12장에서 자세히 다루게 될 것이다.

** 최근 영국의 국민투표에서 EU 탈퇴가 결정되어 소위 Brexit의 절차가 진행 중이며 따라서 국제경제 질서에도 많은 변화가 예상된다. 이와 관련한 내용 역시 제12장에서 다루게 될 것이다.

라서 미국의 군사적 외교적 협조를 취하면서도 WTO 등에서는 사안별로 미국과 협조와 견제전략을 동시에 구사하고 있다.

11.12.2 쌍둥이 적자

EU의 통합 등 견제 세력의 등장에 따른 것이기도 하지만 미국의 영향력이 감소한 근본적인 원인은 미국내부의 경제 문제에서도 찾을 수 있다. 즉, 미국은 1980년대 이후 소위 Twin Deficit 즉, 재정과 무역부문의 쌍둥이적자가 지속적으로 누적되는 문제에서 헤어나지 못하고 있다. 이는 사회보장 지출의 부담이 지속적으로 늘어나는 가운데 특히 공화당의 집권기에 감세를 통한 경기부양의 정책기조를 시도한 데 따른 것이다. 즉, 대공황과 제2차 세계대전을 겪으면서 정점에 달했다가 지속적으로 하락하던 재정적자 규모는 1980년대 레이건(Ronald Reagan) 대통령의 집권기에 다시 급증하기 시작하여 부시(George H. W. Bush) 대통령 시절까지 이어진다. 이후 민주당 출신의 클린턴(Bill Clinton) 대통령 시절 감소했던 재정적자는 1989년 전직 대통령의 아들인 공화당 출신 부시(George W. Bush) 대통령이 집권하면서 다시 증가하기 시작한다. 특히, 2008년 발생한 부동산 금융위기에 이은 극심한 경기불황을 극복하기 위해 막대한 재정지출을 감수해야 했던 오바마(Barack Obama) 대통령의 민주당 정권까지도 적자규모의 증가에 시달려 왔다.

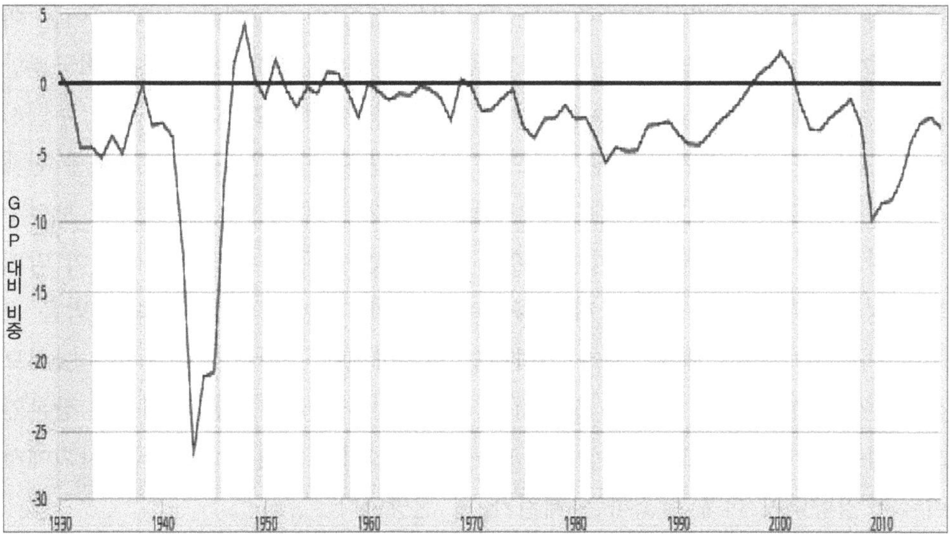

〈그림〉 미국의 재정적자 추이(1930년 ~ 2015년)

그런데 미국의 이러한 적자지속은 한 국가가 과연 어느 정도 오랜 기간 또한 어느 규모까지 적자를 감수해나갈 수 있는지에 대한 의문을 제기하고 있다. 물론 미국의 경우 독립전쟁 당시부터 채권을 발행하는 등 역사상 흑자를 기록한 예가 별로 없었다. 초대 재무 장관이었던 해밀턴마저도 경제가 지속적으로 성장하여 연방정부가 이자를 상환할 수 있는 능력만 유지하면 된다고 주장했을 정도로 그 동안은 재정적자의 문제를 크게 걱정하지 않았다. 그러나 중남미나 아시아 지역의 외채문제는 결국 국가부도의 사태를 초래했고 그 결과 IMF 등의 주도에 따른 채무조정이 불가피했다. 특히 최근 EU 국가들의 재정악화에 따른 국제금융시장 불안사태는 글로벌 불균형(Global Imbalance)의 문제로부터 비교적 안전하다고 여겨졌던 서방선진경제들도 이제 더 이상은 예외가 될 수 없음을 보여주고 있다. 물론 그 동안 미국의 재정적자는 좀 더 안전한 투자처를 찾는 외국의 자발적인 투자에 의해 확충되기 때문에 크게 문제 삼을 것이 없다는 견해가 지배적이었다. 또한 시간이 흐르면 미국 달러화 가치의 하락 등으로 자연스럽게 불균형의 문제가 해결될 것이라는 낙관적인 전망이 주류를 이루었었다. 실제로 미국의 쌍둥이 적자가 누적되면서 한국, 중국, 일본 등 아시아 국가에서 달러화를 중심으로 한 외환보유고와 미국국채 보유액이 급증하였다. 앞서의 주장에 따르면 이러한 현상은 미국의 적자누적에도 불구하고 미국 달러화와 정부채권이 여전히 매력적인 투자수단이기 때문이라는 것이다. 그리고 시간이 지나면서 미국의 누적 적자규모 확대에 따른 위험성이 커지면 자연스럽게 통화가치 조정이 발생할 것이며 그에 따라 투자의 방향도 점차 역전되어 적자규모가 줄어들 것이라는 전망이 가능했다. 그러나 이는 미국경제가 지속적으로 성장하는 것을 상정한 경우이며 그렇지 못할 때는 미국뿐만 아니라 세계경제가 갑작스런 혼란에 빠질 수 있다. 실제로 2008년 말 미국 주택시장에서 시작된 금융위기가 실물부문으로 전파되면서 미국은 물론 세계경제 전체가 출렁이는 위기를 경험한 것은 그와 같은 우려가 기우가 아니었음을 잘 보여주고 있다. 다행히 1930년대 이미 대공황을 경험했던 미국이 주도하여 각국이 막대한 재정지출 확대를 시도한 국제적 공조에 힘입어 더 이상의 경기하락은 막은 것처럼 보인다. 그러나 세계경제가 본격적인 회복국면에 들어서기 위해서는 아직도 해결해야 할 과제가 적지 않은 상황이다. 특히 이 과정에서 원인을 제공한 장본인으로 지목된 미국의 지도력에 상처가 난 것은 사실이며 이는 앞으로 국제사회에서 미국의 영향력이 더욱 감소하는 계기가 될 전망이다.

11.12.3 기축통화 달러와 환율 논란

그런데 앞서 설명에서 미국의 적자규모 누적에도 불구하고 달러화 가치가 점진적으로 조정될 것이며 다른 국가들이 이 과정에 협조하게 될 것이라는 예상은 달러화가 국제거래에 주로 쓰이는 기축통화라는 사실에 기초하고 있다. 즉, 미국의 부채는 대부분 달러표시 자산이며 달러화 자체도 미국 재무성에서 발행하는 것이기 때문에 달러가치도 미국의 관리 하에 조절할 수 있다는 자신감이 깔려있는 것이다. 특히 미국은 아시아 국가들이 달러화나 미국재무성 채권을 상당규모 보유하고 있고 또한 다른 대체수단이 마땅히 없는 상황에서 달러화 가치의 급격한 변동을 바라지 않을 것이기 때문에 미국에 협조할 수밖에 없다고 보아왔다. 이는 EU의 유로화가 등장하여 한 동안 가치가 상승하다가 다시 약세로 돌아서는 과정을 겪으면서 상당한 설득력을 갖게 되었다. 특히 최근 재정위기와 난민문제 등으로 혼란스런 EU 체제에서 영국이 탈퇴하게 되면서 유로화가 달러화와 함께 기축통화의 역할을 할 수 있다는 기대는 점차 멀어지고 있다. 그러나 미국의 지속적 누적적자에도 불구하고 달러화 가치가 계속해서 강세를 유지하는 것은 부자연스러운 일이며 결국은 조정이 불가피하다. 그런데 그러한 조정의 방법을 두고 미묘한 갈등이 벌어지고 있는데 그것은 바로 중국, 일본, 독일 등의 환율조작 논란이다. 즉, 미국은 주요 경쟁상대국들이 자신의 화폐가치를 지나치게 낮게 유지함으로써 세계시장에서 수출경쟁력을 확보하고 있다고 불만이다. 또한 그렇게 해서 벌어들인 달러화와 달러표시 자산을 자신들의 외환보유고로 축적함으로써 달러화 가치가 유지되는 원인을 제공한다는 믿고 있다. 그러나 입장을 바꾸어 놓고 생각해보면 이들 국가들은 자신들이 애써 노력한 결과로 축적한 자산으로 미국을 비롯한 다른 국가들이 자신의 능력이상으로 지출할 수 있도록 도와주고 있는 셈이다. 따라서 앞서 설명했던 글로벌 불균형의 해소를 위해서는 환율조정도 중요하지만 우선 자신의 형편에 맞추어 재정 건전성을 강화하는 것이 필요하다는 주장이 제기된다. 유럽의 재정위기를 해소하는 방안을 둘러싸고 미국과 EU 그리고 IMF와 유럽중앙은행(ECB) 사이에 입장차이가 발생하는 배경에는 과거 미국이 주도하던 경제체제에 대한 회의가 깔려 있다. 특히, 최근 영국의 EU 탈퇴 결정과 미국의 트럼프 대통령 당선은 제2차 세계대전 이후 유지되어온 미국 주도의 국제경제 질서에 일대 변혁을 예고하고 있다. 즉, 제2차 대전이후 브래튼우즈와 GATT 체제를 출범시키면서 미국이 세계경제의 주도권을 쥐었지만 이제 세계는 또 다른 힘의 균형을 찾아가는 과정에서 갈등을 경험하게 될지도 모를 일이다. 따라서 그러한 과정을 거치면서 과연 미국이 지금까지와 같은 세계경제의 지도적 위치를 계속 유지해나갈 수 있을지는 의문이다.

제 12 장

미국의 새로운 도전

12 미국의 새로운 도전

12.1 … 위기의 시작

12.1.1 지도적 위치의 미래

앞서 제11장에서 미국의 영향력이 줄어들며 기존 국제질서에 일대 변혁이 예상되는 가운데 미국이 그 동안 누려왔던 세계경제의 주도적 위치를 계속 유지할 수 있을지 의문이라 하였다. 특히, 트럼프 정권의 출범과 더불어 그 동안 미국경제의 최대 장점으로 여겨진 개방적 이민정책을 둘러싸고 벌써 정책적 혼선이 빚어지는 등 미국의 미래는 중대한 기로에 놓여있는 것으로 보인다. 그러나 식민시대 부터 미국은 상업적 성공에 대한 강력한 의지를 지닌 집단이 그에 적합한 제도적 장치를 갖추며 이끌어 왔다. 또한 미국 기업들은 그러한 토대 위에 창의력을 발휘하며 미국이 세계최대의 경제대국으로 발전하는데 기여하여 왔다. 따라서 비록 최근의 국내외적 상황이 우려를 낳고 있지만 미국을 뒷받침해온 창의적인 기반이 순식간에 무너지는 일이 그리 쉽게 일어나지는 않을 것이다. 지금까지 다양한 분야에서 새로운 산업혁신을 주도해왔던 미국이기에 적절한 여건만 조성된다면 앞으로도 계속해서 세계경제를 주도할 가능성은 높다. 물론 이제 미국만의 독주는 어려운 상황에서 여러 경쟁자들의 도전에 직면하고 있지만 과거에도 미국과 미국인들은 여러 차례의 어려움에 꿋꿋하게 대처하여 왔다. 이제부터는 그러한 도전에 맞서는 미국의 모습을 알아보기 위해 1970년대 이후 미국이 처했던 여러 위기상황과 이를 극복하는 과정을 살펴보고자 한다. 이를 통해 현재 미국이 직면하고 있는 위기에 그들이 어떻게 대응해야 할 지 전망해보고 그로부터 우리가 얻을 수 있는 교훈은 무엇인지 고찰해보도록 하겠다.

12.1.2 두 차례의 석유파동(1974, 1979)

인류역사상 가장 오랜 분쟁을 꼽는다면 중동의 이스라엘과 아랍 국가들과의 전쟁이 아닐까 싶은데 두 세력 사이의 분쟁은 구약시대까지 거슬러 올라갈 수 있다. 그러나 그보다는 더 직접적인 근대사적 기원은 제2차 세계대전 이후 영국의 암묵적 승인 아래 유대인들이 팔레스타인 땅에 이스라엘을 건국하면서 발생한다. 즉, 로마군에 의해 패망한 이후 전 세계에 흩어져 살던 유대인들이 자신들의 고향으로 돌아가려던 꿈을 거의 2000년 만에 실현한 데서 비롯된다. 그러나 그 2000년 동안 그 곳에 살아왔던 팔레스타인인들로서는 이를 절대로 받아들일 수 없는 노릇이며 따라서 그들의 형제라 할 수 있는 아랍권 국가들과 이스라엘은 건국이후 계속해서 충돌을 벌여왔다. 소위 제4차 중동전쟁으로 불리는 1973년 10월의 전쟁도 이집트가 이스라엘을 선제공격 한데서 비롯된다. 초반 이집트에 유리하게 진행되던 전투는 그러나 시리아가 패퇴하면서 고착상태에 빠지고 UN 결의에 의해 휴전이 성립된다. 그런데 전쟁 기간 중 OPEC 즉, 석유수출국기구는 이스라엘이 아랍의 점령지구로부터 철수하고 팔레스타인의 권리가 인정될 때까지 석유생산을 감축하는 석유의 무기화를 선언하며 1974년 1월1일부터 석유의 배럴당 가격을 두 배 이상 인상하였다. 또한 OPEC가 1978년 12월 또 다시 석유가격을 대폭적으로 인상하고 이란이 석유감산과 수출을 중단함으로써 국제경제에 막대한 어려움을 안겨주게 된다. 특히 이와 같은 중동 산유국들의 석유무기화는 세계경제를 소위 Stagflation의 위기상황으로 몰고 갔다. 스태그플레이션이란 경기불황을 뜻하는 Stagnation과 물가상승인 Inflation의 합성어로서 일반적으로 경기호황에 따라 물가가 상승하는 인플레이션과 달리 경기가 악화되면서 물가가 상승하는 이중고의 상황을 말한다. 석유가격의 갑작스런 상승은 앞서도 설명한 것처럼 미국자동차 산업이 위축되고 일본산 자동차가 약진하는 계기가 되기도 했다. 하지만 석유파동(Oil Shock)은 이처럼 미국의 산업경쟁력이 일부 약화되는 것보다는 더 큰 문제를 안겨주는데 그것은 국제정치·경제에서의 미국의 지도력이 상처를 입게 된 것이다. 즉, 그 때까지만 해도 미국이 주도하는 세계경제 체제에서 이들 산유국들은 싼값의 석유를 공급하면서 미국의 도움에 목말라 하던 처지였다. 어떻게 하면 미국과 우호적인 관계를 맺어 자신들의 정권을 유지하고 경제적 부를 얻을 수 있을지 신경을 쓰던 국가들이었다. 그런데 이런 국가들이 이제 미국에 대해서 자신들의 입장을 내세우고 팔레스타인 독립 등 권리를 주장하고 나오게 된 것이다. 특히, 나중에 설명하겠지만 일부에서는 미국에 적대적인 세력들까지 등장하며 미국뿐만 아니라 세계경제 체제에 위협을 가하는 사건들이 발생한다.

12.1.3 월남전 패배(1975)

이와 같이 1970년대의 석유파동은 뭐든지 마음먹은 대로 할 수 있다고 생각하던 미국이 체면을 구기게 된 사태였다. 그러나 1970년대에는 석유파동 말고도 미국의 자존심이 손상되는 사건들이 여럿 있었는데 그 중에서 가장 치명적인 것은 아마도 월남 즉, 베트남 전쟁에서의 패배일 것이다. 베트남은 원래 프랑스의 식민지였으나 제2차 세계대전이 끝나자 공산주의를 신봉하는 민족주의자들이 독립을 선언하고 베트남 민주공화국을 선포하며 프랑스와의 전쟁에 돌입한다. 제1차 인도차이나 전쟁이라고 불리는 이 전쟁에서 프랑스는 1954년 결국 패전하게 된다. 그런데 이 전쟁에서 공산세력을 지원했던 중국과 소련이 공산세력의 확대를 위해 북위 17도선을 기준으로 국경분할을 요구하였고 북베트남은 이를 받아들인다. 그러나 17도선 이남에서는 미국의 지원을 받는 베트남 공화국이 1955년 들어서게 되고 이들은 공산세력에 대한 탄압을 펼친다. 이에 남베트남의 공산세력들은 농촌지역을 중심으로 세력을 확장하여 수도인 사이공을 압박하는 내전상태에 돌입하게 된다. 이렇게 되자 1961년 미국은 공산세력의 확장을 막는다는 명분으로 남베트남에 군대를 파견하여 이들을 지원하고 1964년에는 정식으로 전쟁에 참전한다. 그러나 10년이 넘는 미국의 지원에도 불구하고 전쟁의 돌파구가 마련되지 못하는 가운데 베트남인들 중에는 공산주의와 맞서 싸우기보다 오히려 북부와의 통일을 염원하는 사람들도 많았다고 한다. 그런 상황에서 미국이 아무리 최신 무기를 지원한다해도 그 무기가 바로 다음날 공산군에게 넘어가 있을 정도였다고 하니 그 전쟁은 처음부터 이길 수 없었을 것이다. 결국 미국은 1974년 베트남에서 철수하게 되고 얼마 후 남베트남이 북베트남에 흡수 통합된다. 앞서도 설명했지만 2차 대전 이후 미국은 자신들이 주도하는 서방의 자본주의 경제체제가 완전고용의 경제적 번영을 누리게 함으로써 소련 주도의 공산주의 체제로부터의 안보를 보장해주는 역할을 자임하였다. 즉, 미국은 공산주의 세력의 확산을 막는 것이 세계평화와 번영을 지속시키기 위해 절대적으로 중요하다는 인식하고 있었다. 한국에서의 6·25전쟁 참전도 그랬고 케네디(John F. Kennedy) 대통령 때 발생했던 쿠바 미사일 사태 또한 모두 그러한 배경에서 전개된 것이다. 물론 경제적 동기는 전혀 없이 완전히 정의감에 의해서만 전쟁에 참여했다고 볼 수는 없지만 월남 전쟁은 미국의 자존심과도 깊은 관계가 있다. 그러나 그러한 전쟁에서의 패배는 미국인들의 자존심에 상처였을 뿐만 아니라 최강군대 미국도 전쟁에 패할 수 있다는 사실은 앞서 언급한 석유파동과 더불어 국제사회에서 미국의 지도력에 다시 한 번 흠집을 내는 사건이었다.

12.1.4 이란 인질사태(1979)

월남전에서의 패배는 그래도 미국이 무능해서 패했다고 보기보다는 월남민들이 부패한 자신의 정부에 동조하지 않았기 때문에 진 것이라 치부할 수 있었다. 그러나 미국의 무능력이 극명하게 드러난 사건이 있었는데 1979년에 일어난 이란인질사태가 바로 그것이다. 앞서도 설명했지만 석유파동이 있기 전까지만 해도 중동의 국가들은 대부분 미국과 친밀한 관계를 유지하기 원했으며 그 당시 이란의 팔레비(Mohammad Raza Shah Pahlavi) 국왕도 그와 같이 친미노선을 걸으며 미국의 지지를 받던 통치자였다. 그러나 석유판매를 통해 막대한 부를 축적한 팔레비 국왕과 그의 측근들이 부정부패가 극심하여 국민들의 원망을 크게 샀다. 그러던 중 사태가 악화되어 팔레비 국왕은 병 치료를 핑계로 미국에 망명하게 되고 팔레비 정권에서 탄압을 받아 이라크에서 망명생활을 하던 종교지도자 호메이니(Ayatollah Khomeini)가 정권을 장악하게 된다. 그는 미국에 대해서 팔레비의 신병인도를 요구했으나 미국은 이를 받아들이지 않았다. 그러자 11월에 대규모 반미시위가 발생하게 되고 일단의 시위대가 테헤란 주재 미국대사관을 점거하여 미국인들을 인질로 삼는다. 이란 정부는 팔레비의 신병을 인도하기 전까지 미국인들의 안전을 보장할 수 없다는 식으로 나오면서 미국을 압박했다. 당시의 보도를 통한 사진이나 영상은 아직도 역사적으로 생생하지만 50명이 넘는 미국인들이 눈에 헝겊을 둘러쓰고 불안에 떨고 있는 장면은 당시 미국인들로서는 차마 받아들이기 힘든 모습이었다. 더구나 이듬해 4월 인질을 구출하기 위한 미국해병대의 작전이 실패로 돌아가 많은 희생자가 발생함으로써 미국의 자존심에 다시 한 번 커다란 상처를 남기게 된다. 즉, 세계최강을 자랑하던 미국은 이제 자국민들의 안전이 위협받는 상황에서도 속수무책으로 상대방에게 당하고 있을 수밖에 없는 처지가 된 것이다. 이란사태는 그 다음해 이라크가 이란을 침공한 가운데 미국과의 대치 상황이 부담스러웠던 호메이니가 유화적인 해결책을 제시하여 레이건 대통령이 취임하는 시점에 인질들을 석방하면서 마무리 된다.

12.2 … 미국의 자존심

12.2.1 레이건의 취임(1981)

앞서 언급한 이란 인질사태 당시 대통령이었던 카터(Jimmy Carter)는 현존하는 미국의 전직대통령 가운데 아마도 가장 아름다운 여생을 보내고 있는 것으로 여겨진다. 그만큼 그는 퇴임 후 많은 봉사와 외교적 중재활동 등을 통해 마음씨 좋은 할아버지의 인자한 이미지를 보여주고 있다. 그러나 대통령 재임당시에도 그랬던 이미지는 이란 사태 등으로 자존심에 상처를 입은 미국인들이 오히려 분통을 터뜨리기에 충분했다. 앞서 언급했던 인질구출 작전이 실패했음을 대국민 성명을 통해 발표하던 카터대통령의 TV속 모습은 당시 미국의 초라한 행색을 드러내는 것이나 마찬가지였다. 미국인들은 그런 유약한 인물보다는 강력한 힘을 바탕으로 미국과 그들의 자존심을 지켜줄 그런 영웅이 필요했다. 1980년의 선거에서 그 이미지에 부합되는 대통령 후보가 나타났으니 그 사람은 바로 레이건(Ronald Reagan)이었다. 그는 50여 편의 영화에 출연한 할리우드 배우 출신으로 주연급이기는 했으나 인기가 그리 높지는 않은 편이었다고 한다. 그러나 그는 미국노동총연맹 산하의 영화배우협회장으로 선출되면서 정치적 역량을 발휘하기 시작하였다. 특히 미국에서 공산주의자들을 몰아내자는 소위 매카시 열풍 때 영화계에서 공산주의자들을 추방하는데 앞장섰던 인물이다. 그는 이란 인질사태 이후 강한 모습의 대통령을 원하던 시기에 공화당 대통령 후보가 되어 엄청난 지지를 얻으며 앞서 언급한 마음씨 좋은 이미지의 전직 대통령 카터를 누르고 대통령에 취임하게 된다. 그는 월남전, 이란사태 등으로 자존심에 크게 상처를 입은 동시에 석유파동으로 인해 경제적 불확실성으로 불안한 미국인들에게 할리우드 액션영웅과 같은 이미지로 등장하여 미국인들에 새로운 희망을 주면서 대통령에 당선될 수 있었다.

12.2.2 긴축·강경정책

그러나 레이건 대통령은 이미지만 그랬던 것이 아니라 실제로 취임한 이후에도 강력한 정책을 통해서 미국인의 자긍심을 되살리는데 성공한다. 즉, 그는 정치, 경제, 외교 모든 분야에서 허리띠를 졸라매는 긴축정책 등 일련의 강경정책을 통해 강력한 미국을 다시 회복시킨 인물로 평가받는다. 초대 대통령 조지워싱턴이 3선 출마를 거부한 이후 미국에서 대통령 임기를 세 차례 역임한 인물이 F. 루스벨트 대통령 밖에 없었지만 레이건도 두 번째 임기가 끝날 무렵 많은 국민들이 3선을 희망했을 정도로 엄청난 국민적 지지를 받으며 재임하게 된다. 그런데 그의 경제 정책은 국가권력과 시장경제의 관계를 다시 한 번 정립하는 계기가 된다. 즉, 1930년대 대공황을 거치고 제2차 세계대전을 치루는 과정에서 정부는 시장을 선도하는 역할을 하였다. 특히, 서방 자본주의가 융성하여 글로벌 경쟁이 치열해지면서 정부의 역할이 중요해졌다고 했지만 시장경제 체제는 정부가 앞서가면서 기업들을 이끌어 가는 체제가 되었다. 그러나 독립이후 미국의 산업이 성장하게 만든 요인 중 하나가 작고 효율적인 정부라고 했었지만 레이건 취임 당시에는 그 정부가 너무 커져버린 상황이었다. 흔히 철밥통 이라는 말이 있듯이 공무원 조직이 비대해지면 그만큼 비효율이 발생하며 그에 따른 여러 가지 문제가 생기게 마련이다. 그런데 레이건 대통령이 취임한 이후의 처방은 시장경제에 있어서 정부의 개입을 줄이고 시장의 힘에 의해 경제가 돌아가도록 하는 것이었다. 그 대표적인 예로 반인플레이션 정책을 들 수 있는데 당시의 연방준비은행 즉, Fed의 총재는 볼커(Paul Volker) 이었다. 그는 석유파동으로 인한 불황이 지속되는 상황에서도 경기부양책을 쓰는 대신에 오히려 이자율을 높게 유지하는 긴축 금융정책을 통해 1981년에 13.5%까지 치솟았던 미국의 인플레이션 비율을 불과 2년만인 1983년 3.2%로 떨어뜨리는데 성공한다. 즉, 그는 정부가 일일이 개입하는 대신에 경제가 나아가야할 확고한 방향을 제시하여 경제 스스로가 거기에 맞추어 자동조절 되고 안정을 되찾게 하는 정책을 펼친 것이다. 인플레이션의 불확실성이 제거되자 미국뿐만 아니라 세계경제가 다시 안정을 되찾고 성장을 추구할 수 있게 된 것이다. 레이건 행정부는 또한 미국인들의 실추된 자긍심을 회복시키기 위해 정의를 수호하는 역할도 강화한다. 우선 레이건 행정부는 월남전 패배 등으로 구겨진 미국의 체면을 회복하기 위해 소련의 팽창주의 위협에 강력하게 대처하기 시작한다. 전임 카터 대통령은 소련의 아프가니스탄 침공에 항의하기 위해 1980년 모스크바 올림픽에 불참하는 소극적인 대응에 그쳤지만 레이건 행정부는 아프가니스탄의 저항세력에게 휴대용 미사일 등 무기를 직접 지원하여 소련군에 대항하도록 한다. 그는 또한 소련과의 협상을 통해 상호 핵무기를 감축하는 소위 SALT체제를 주도함으로써 국제사회에서 미국의 지도적 위치를 회복해간다.

12.2.3 신자유주의 확산

이와 같이 1981년부터 1989년까지 집권한 레이건 대통령의 정책은 커다란 성공을 거두어 미국의 자긍심을 다시 회복 시켰으며 또한 세계적으로도 역시 미국식의 방식이 여러 분야에서 가장 훌륭한 방법이라는 인식을 다시 한 번 심어주게 된다. 그와 같은 미국식의 생각을 소위 신자유주의(Neo-liberalism)라 부르는데 이는 앞서도 언급했듯이 국가권력과 시장경제의 관계를 재정립하는 것에서 출발한다. 즉, 1930년대 대공황 이후 뉴딜정책의 이론적 기초를 제공했던 케인스(John M. Keynes) 방식의 정부가 깊이 관여하는 경제정책을 비판하고 시장 스스로 움직이도록 환경을 조성해주는 일종의 경제적 자유방임주의를 실현하는 것이었다. 따라서 정부가 나서서 기업규제를 완화하는 한편 완전고용 달성을 목표로 하기 보다는 노동시장의 유연성을 강조하며 특히 재산권을 중시하여 기업 활동의 자유를 최대한 보장하는 정책을 시행하게 된다. 즉, 미국이 남북전쟁 이후 경제적 비상을 이루었던 시기와 마찬가지로 자유롭고 창의적인 기업 활동이 활발하게 벌어질 수 있는 환경을 조성하려고 했다. 또한 이 시기의 미국은 이와 같은 자유로운 기업 활동이 국경을 넘어 최대한 보장될 수 있도록 미국의 통상법을 강화하여 다른 나라에 미국식의 기준을 강요하기도 한다. 즉, 자신들 스스로 위기를 탈출하고 자긍심을 회복한 것에 그치지 않고 자신들의 방식이 가장 효율적이라는 신념에 다른 국가들도 자신들의 방식을 따르는 것이 최선이라고 강조했다. 그들은 국경을 넘어 형성되고 있는 글로벌 경제체제 또한 미국식 자본주의를 모델로 발전해가야 한다는 확신을 가지고 각종의 국제경제 정책을 펼쳐나가게 된다.

12.3 ··· 미국의 자만

12.3.1 아프간 전쟁 승리와 동구권의 붕괴

이와 같이 자신들의 방식이 최고라는 인식과 그에 따른 정책의 시행은 국제사회에서 미국이 독주하는 상황을 몰고 온다. 특히 이와 같은 상황은 소련군이 아프가니스탄에서 패하여 철수하면서 소련이 이끌던 바르샤바조약기구 산하의 동구권 사회주의체제가 붕괴되면서 더욱 가속화되기 시작한다. 즉, 앞서도 잠시 설명했지만 레이건 대통령이 집권하면서 소련의 팽창주의에 강력하게 대응하기 위해 아프가니스탄의 저항세력에 대해서 그 동안의 소극적 지원방침을 변경하여 전폭적인 지원을 해주기 시작한다. 이와 같은 미국의 지원 아래 아프가니스탄에서 소련군이 물러가게 되고 그 이후 베를린 장벽이 무너지는 등 동구권체제 전체가 붕괴되면서 냉전체제가 종식을 맞게 된다. 그 결과 이제는 감히 미국에 맞서는 세력이 없는 미국의 독주체제가 가속화되기 시작한다. 특히 이제 미국은 사회주의와의 오랜 경쟁에서 마침내 승리하여 미국식 자본주의 체제의 우수성이 입증되었다는 자만에 도취하여 점차 더 자신들의 방식으로 여러 문제를 해결하려고 든다.

12.3.2 중남미 외채위기

그 대표적인 예가 1980년대 발생한 중남미 외채위기와 1990년대 아시아에서 벌어진 외환·금융위기이다. 우선 1982년 멕시코가 외채를 상환하지 못하고 채무중단 즉 모라토리엄(Moratorium)을 선언하면서 확산되기 시작한 중남미 외채위기는 멕시코, 브라질, 베네수엘라, 아르헨티나 등 16개국이 포함된다. 앞서 나열한 4개국이 상환하지 못한 외채만 1,760억 달러에 달했으며 그 중 상당액이 미국 금융기관에 대한 부채였다. 그런데 이러한 외채위기의 원인은 중남미 국가들이 경제개발을 추진하는 과정에서 과욕을 부린 탓도 있지만 미국 금융기관들의 무분별한 확장전략도 한 몫 한 결과였다. 즉, 당시 중남미의 국가들은 경제개발을 위해 외채를 조달하여 대규모의 산업투자를 벌였는데 마침 발생한 석유파동으로 인해 세계경기가 위축되자 투자자금 회수가 어렵게 되었다. 그러한 반면 당시의 석유생산국들은 석유판매를 통해 막대한 자금을 축적하게 되고 이를 미국 등 서방 금융기관에 예탁한다. 이렇게 되자 미국 등의 금융기관들은 갑자기 늘어난 예금을 투자할 곳이 필요한 상황이었고 따라서 중남미 국가들에 대한 대출확대에 나섰다. 이미 중남미 국가들의 상환 능력에 문제가 있는 걸 알면서도 시간이 가면 해결될 것이라는 막연한 생각으로 오히려 빚을 늘려 빚을 돌려막는 것을 부추긴 셈 이었다. 그러다가 문제가 불거져서 채무중단의 사태가 벌어지니 결국 누군가는 그 책임을 져야했다. 그 책임을 지우는 방식을 마련한 것이 1989년의 Brady Plan인데 이는 그 계획을 주도한 당시 미국의 재무장관 이름을 따라 붙여진 명칭이다. 그러나 앞서도 언급했듯이 사태의 책임은 외채를 상환하지 못한 중남미 국가들에게도 있었지만 이를 부추기고 사태를 키운 미국 등 서구 금융기관들의 책임도 있었다. 하지만Brady Plan은 미국 등 서구 금융기관에게는 면죄부를 준 것이나 마찬가지였다. 즉, 그 중간 매개였던 금융기관들은 빠져나가고 결국 채무자인 중남미국가들과 채권자 중에서도 은행에 투자한 사람들 즉, 은행주식에 투자한 일반인들이 피해를 떠안게 된다. 즉, 자신들의 자본주의 체제에는 문제가 없었으며 이를 잘못 활용한 중남미 국가들과 우매한 투자자들이 문제라는 식의 해결방안이었다.

12.3.3 아시아 금융위기

1990년대에 발생한 아시아 외환·금융위기의 해결과정도 따지고 보면 중남미 외채위기와 같은 맥락의 연속이라 할 수 있다. 즉, 당시 아시아 국가들은 중남미와 달리 외채문제가 그렇게 심각하지 않았으며 수출도 잘되고 경제도 비교적 안정적이던 상황에서 위기가 발생한 것이다. 앞서도 언급했지만 당시 아시아 신흥공업국들에 대해서 아시아식 자본주의의 성공이라 부러워할 정도로 높은 평가가 있었다. 일부 산업에서 과잉설비가 우려되어 장차 어려움이 예상되는 걱정이 있기는 했지만 외채를 못 갚는다거나 그런 상황은 결코 아니었다. 그런데 이 때 문제가 된 것은 일부 화폐가치가 지나치게 고평가 된 것이었는데 특히 태국 바트화가 문제였다. 장차 그 가치가 떨어질 것이라는 우려 때문에 태국 바트화에 대한 투매현상이 갑자기 발생하고 따라서 그 가치가 더욱 폭락하는 현상이 발생하였다. 그렇게 되자 태국은 갑작스런 외환부족 사태에 빠지게 되고 불안을 느낀 금융기관들은 태국뿐 아니라 다른 아시아 국가들에 대해서도 투자자금을 회수하는 사태로 발전한다. 당시 한국은 대체로 전혀 문제가 없었음에도 불구하고 덩달아 갑자기 외화 부족 상황에 휩쓸리게 된다. 어느 나라이던 마찬가지이지만 대부분 국가는 채권이 있고 동시에 채무가 있기 마련이다. 즉, 외국에 자금을 빌려주기도 하고 또한 외국으로부터 자금을 빌려오기도 하는 것이 정상이다. 그런데 빌려준 자금은 회수를 할 수 없는 상황에서 빌려온 자금에 대해서만 갑자기 회수가 이루어지면 외화가 부족할 수밖에 없다. 문제는 당시 국제금융 시장의 사정에 따라 한국의 일부 금융기관들이 지나치게 단기로 외채를 빌리고 그 대신 빌려줄 때는 장기로 빌려주는 행태가 화근이었다. 그러나 결국은 체질적으로 아무런 문제가 없던 한국 경제도 그렇고 대부분의 아시아 국가들도 마찬가지였지만 국제 금융기관들의 갑작스런 불안감에 따른 행동에 그대로 앉아서 당할 수밖에 없었다. 그야말로 알토란같은 건실한 기업들이 헐값에 미국을 비롯한 서방자본에 팔려나가게 된다. 결국 IMF를 앞세운 미국식 자본주의 방식을 따라 구조조정이 이루어지고 금융시장의 개방이 단행되는 그런 과정을 밟을 수밖에 없었다.

12.3.4 9·11테러와 이라크 전쟁

그러나 이와 같이 미국이 가장 옳고 미국의 방식만이 최선이라는 그러한 태도는 미국에 대한 반감을 불러오기 쉽다. 한국에서도 반미 감정이 고조되는 과정에서 촛불시위 등이 생겨나게 되었지만 특히 중동지역에서는 미국에 대한 감정이 특히 더 안 좋았다. 앞서도 설명했듯이 이스라엘의 건국을 둘러싸고 서방국가 특히 그 지도적인 위치에 있는 미국에 대한 중동지역의 불만은 상당히 컸다. 카터 대통령 집권기에 이스라엘과 이집트의 평화협정이 체결되기는 했지만 이스라엘과 팔레스타인 사이의 문제가 근본적으로 해결된 것이 아니었기 때문에 여전히 긴장된 분위기였다. 그러다가 이란에서 회교혁명이 일어나고 호메이니가 집권하면서 미국에 적대적인 정권들이 생겨난다. 그런데 이란이 혁명의 과정에서 혼란을 겪는 틈을 타서 이라크가 이란을 침공하게 된다. 이라크는 메소포타미아 문명이 꽃을 피웠던 지역이고 이란은 옛 페르시아의 중심이었기 때문에 두 나라는 항상 경쟁적인 관계에 있었다. 따라서 두 나라 사이에는 국경을 둘러싼 분쟁이 끊이지 않았는데 이라크가 이 기회에 그 문제를 자신들에게 유리하게 하려고 시도한 것이다. 많은 사상자를 낸 전쟁에서 비록 이라크가 승리한 것은 아니었지만 이라크의 후세인 대통령은 아랍세계의 영향력 있는 인물로 등장하게 된다. 그런 이라크의 후세인 대통령은 자신들의 옛 영토를 회복한다는 명목으로 쿠웨이트를 침공했지만 미국 등 서방국가들은 이라크 군을 몰아내고 경제제제 조치를 내린다. 물론 서방국가들은 표면적으로는 약소국인 쿠웨이트를 지원한 것이지만 실질적으로는 아랍에서 이라크와 같은 두각을 나타내는 국가의 출현을 꺼린 것이라는 의심을 샀다. 이에 아랍세계에서는 미국을 비롯한 서방국가들이 자신들의 이권을 지키기 위해 그 지역의 판도를 자신들에게 유리하게 이끌어 가려 한다는 인식이 팽배해진다.

특히, 이슬람 원리주의자들 가운데는 이러한 미국 등 서방세계에 맞서 테러와 게릴라전을 벌여야 한다고 주장하는 과격단체들이 있었다. 특히, 그 중에 사우디 재력가 출신 빈라덴(Osama Bin Laden)이 이끄는 알카에다는 이라크전쟁 이후 반미 노선을 확고히 하고 각국에서 테러행위를 지원한다. 그러던 중 결국 미국에 대한 9·11 테러사건이 알카에다에 의해 주도된 것으로 알려진다. 그런데 당시 알카에다의 근거지로 빈라덴이 숨어있는 것으로 알려진 아프가니스탄에는 탈레반 정권이 들어서 있었다. 탈레반 정권은 철저한 회교 원리를 실현한다는 명목 아래 여성들의 교육 등 활동을 통제하며 또한 세계적인 문화유산인 아프간 석불을 파괴하는 등 일종의 광신집단처럼 행동하여 서방국가들의 골칫거리였다. 마침 9·11테러가 일어나고 빈라덴이 아프가니스탄에 있었으니 서방세계에서는 탈레반 정권을 무너뜨릴 구실을 얻은 셈이다. 즉, 알카에다와 빈라덴을 소탕한다는 명목으로 영국과 미국이 아프가니스탄을 점령하게 된다. 그러나 빈라덴은 아프가니스탄의 산악지역으로 숨어들었으며 그를 잡기위한 작전이 오랫동안 지속되었다. 이러한 와중에 이라크의 후세인 정권이 알카에다를 배후지원 하고 있다는 의구심이 증폭된다. 이라크는 쿠웨이트 침공에 실패한 이후 꾸준히 기회를 엿보며 대량 살상무기를 개발하고 있다는 의심을 받고 있었다. 특히, 쿠웨이트 침공 이후 유엔 안보리의 결의에 따른 무기사찰을 받아들이지 않고 있었기 때문에 영국과 미국이 2003년 3월 합동작전을 개시하게 된다. 4월에는 20일 만에 수도 바그다드가 함락되고 한 동안 숨어있던 후세인 대통령이 12월에 생포되었지만 그 후에도 폭탄테러 등 저항이 지속되어 아프가니스탄과 이라크는 미국의 골칫거리였다. 그런데 이러한 아프가니스탄과 이라크에 대한 미국의 공격은 테러와의 전쟁이라는 명목으로 시작되었지만 그 이면에는 세계적인 에너지 확보경쟁의 일환이라는 지적도 있다. 즉, 이라크 북부의 쿠르드 지역과 카스피 해 연안 지역의 막대한 석유자원이 매장되어 있으며 이 지역에서 영향력을 확보하지 못하면 21세기 강대국으로서의 지위가 크게 흔들릴 수밖에 없기 때문이라는 분석이 있었다. 처음에 미국과 영국 그리고 호주만이 참여했던 이라크 전쟁에 한국을 비롯한 많은 국가들이 나중에 군대를 파견한 이유도 바로 여기에 있어 보인다. 즉, 처음에는 미국과 영국의 침공을 관망하던 많은 국가들이 뒤늦게라도 미국이 주도하는 다국적군에 참여한 것은 그 만큼 이 지역의 경제적 가치가 크기 때문에 그로부터 얻어지는 이익의 일부라도 확보하기 위한 불가피한 선택으로 여겨진다.

12.4 … 거품속의 착시

12.4.1 신경제에 대한 과신

1970년대 여러 가지 일로 미국의 위신에 금이 간 이후 레이건 대통령의 1980년대에 자긍심을 회복한 미국은 신자유주의 신념을 기초로 경제적으로 정치적으로 심지어 군사적으로 세계를 자신들이 의지대로 이끌어 나갔다. 그러나 앞서도 잠시 언급했지만 사람이나 국가도 마찬가지로 모든 일이 잘되고 있다고 생각하는 사이 자신도 모르는 문제가 생기고 이를 잘 극복하지 못하면 큰일을 당하는 법이다. 즉, 미국의 그와 같은 신념은 자신감을 넘어 자만심으로 번지게 되었지만 그것은 결국 경제적으로 자신의 능력을 과신한 나머지 곳곳에서 거품현상이 발생하게 만든다. 앞서도 설명했듯이 미국은 철강, 자동차 등 전통적 제조업에서 경쟁력을 잃어가는 한편 컴퓨터, 반도체 등 전기·전자 산업에서도 경쟁국들에 뒤지는 분야가 생기게 되었다. 하지만 미국은 그래도 첨단 산업에서는 아직까지 경쟁력 우위를 점하고 있으며 특히 앞서도 설명했지만 소위 신경제로 일컬어지는 새로운 산업분야에서 두각을 나타내고 있다. 즉, 반도체 제조 부문 등에서는 일부 선두자리를 내주었지만 이를 응용하여 컴퓨터 핵심부품으로 쓰이는 마이크로프로세서의 경우 Intel과 AMD등 미국회사가 세계 최고의 위치에 있다. 또한 애플의 i-Phone은 등장하자마자 Nokia, 삼성 등이 지배하던 세계통신 기기시장의 지각변동을 일으키며 독보적인 존재로 자리매김하였다. 하드웨어뿐만 아니라 컴퓨터와 스마트폰의 운영체제를 비롯한 각종 소프트웨어 산업기술에서도 Microsoft, Google을 비롯한 미국기업들이 세계시장을 거의 독점하다시피 하는 것이 현실이다. 웹브라우저나 이를 응용한 포털서비스와 SNS 분야에서도 Yahoo, Facebook 등이 두각을 나타내고 있으며 Amazon, eBay, Expedia 등과 같은 온라인 거래 분야의 절대 강자들이 모두 미국계 기업이라는 사실에서 미국이 이 분야의 선두주자인 것은 분명한 현실이다. 이와 같이 기술수준, 시장규모, 서비스의 다양성 측면에서 미국의 온라인 서비스 산업은 정말 최첨단을 걷고 있는 것이 분명하다. 그러나 그러한 산업이 과연 미국경제를 지탱해줄 수 있는가 의문이 들게 되는 사건이 있었는데 그것이 바로 1999년에서 2000년으로 넘어오는 과정에서 뉴 밀레니엄 소동과 그에 따른 IT 거품(IT Bubble)의 형성이다. 즉, 컴퓨터 프로그램이 년도를 두 자리 숫자로만 인식하기 때문에 2000년이 되면서 00을 1900년이나 1800년 등으로 잘못 인식할 경우 엄청난 재앙이 올수도 있다는 우려가 확산된 적이 있다. 그 당시 전 세계적으로 기업체마다 컴퓨터와 컴퓨터 프로그램을 새로 구매하느라 법석을 떨었으며 은행을 비롯한 금융기관에서도 전산망을 대대적으로 교체하고 보완 프로그램을 강화하는 등 한 동안 소동이 있었다. 결국 실제로 그런 대비가 잘되어서 그랬는지 아니면 너무 지나친 기우였던 것인지는 모르지만 전 세계의 전산망들이 큰 문제없이 2000년을 맞을 수 있었다. 그러나 오히려 더 큰 일은 그 당시 호황을 누렸던 컴퓨터 장비와 소프트웨어 업체들이 2000년 이후 시장규모가 축소되면서 IT 거품이 붕괴될 위기에 처한 것이다. 그나마 당시의 불황은 비교적 짧은 시기에 해소될 수 있었는데 이는 미국에 대한 9·11 테러와 그에 따른 아프가니스탄, 이라크 전쟁이 발생하여 미국의 재정지출이 늘어나면서 어려움에서 벗어난 것이라 볼 수 있다. 그러나 2008년 이후 불황을 완전히 탈피하지 못하여 아직도 높은 실업률에 시달리고 있는 미국에서는 그러한 신경제의 고용창출 능력에 대한 회의와 우려가 다시 살아나고 있다. 즉, 제조업을 기반으로 하는 실물생산을 동반하지 않는 서비스산업 만으로는 지속적인 경제성장을 유지하는데 어려움이 있을 수밖에 없다는 것이다.

12.4.2 금융만능과 도덕적 해이

앞서 언급한 IT 거품은 다행히도 당시 그 정도로 지나갔으나 사실 미국에서 더 큰 위기의 싹이 자라고 있었으니 그것은 바로 금융 분야의 거품이었다. 앞서도 언급했지만 미국 금융기관들은 1980년대 중남미 외채위기와 1990년대 아시아 외환위기 과정에서 자신들도 문제를 일으킨 원인이었지만 결국 자신들은 별 다른 큰 책임을 지지 않았다. 오히려 그들은 위기를 통해 자신들의 덩치를 더욱 키울 수 있었으며 인수와 합병 등을 통해 기업 가치를 더욱 높일 수 있었다. 몇 번의 위기를 그런 식으로 넘기다 보니 그러한 금융기관들은 중간과정이 어찌되었건 결과적으로 실적만 좋으면 된다는 식의 실적만능의 투자행태를 보이게 되었다. 위험성은 제대로 따져보지도 않고 단순한 가정에 기초한 파생상품을 생산하는 등 안전 불감증이 더욱 확산된 것이다. 그러나 그러한 펀드를 생산하고 고객들을 유치한 금융회사들은 책임을 지지 않으며 결국은 잘못 판단한 투자자만 손해를 떠안게 된다. 그러한 상품을 개발해서 투자자들을 꾀어도 그 책임은 자신들이 지지 않아도 되고 판매수익만 올리면 된다는 식의 도덕적 해이가 만연하게 되고 결국 이러한 과정이 수년간 지속되는 동안 2008년 미국 발 금융위기의 싹은 계속해서 자라고 있었다. 앞서도 언급했지만 그럼에도 불구하고 미국의 달러화가 기축통화로서의 지위를 유지하는 한 미국은 충격을 어느 정도 완화시킬 수 있으며 오히려 그 위기가 전 세계로 확산되어 피해를 입는 쪽은 외환위기 당시 아시아 국가들처럼 금융 부문이 취약한 국가들이었다.

12.4.3 과소비와 부동산 거품

그런데 실제로 금융위기가 터지고 나서 금융기관들에 대한 비난의 목소리가 높은 것이 사실이지만 그 책임이 전부 금융기관에만 있는 것인가 하는 논란도 있다. 즉, 미국이나 다른 국가의 국민들도 마찬가지로 금융기관이 만들어놓은 그러한 거품의 분위기 속에서 무사안일 했던 것 아닌가 하는 자성론도 나오고 있다. 특히, 미국인들은 자신들이 저축하는 것 이상으로 소비하는 과소비 행태에 빠져있는 것이 상당히 오래된 이야기이다. 즉, 미국을 신용의 천국이라고 하지만 미국인들은 자동차나 주택과 같은 것을 물론이고 가구, 가전제품 등 내구재를 구입할 때도 금융기관의 대출을 받아 구입하는 것이 일반적인 관례이다. 그런데 아무리 대출을 받더라도 자신이 갚을 능력이 있는 범위에서 빚을 내어야 할 텐데 거품의 시기에 미래를 지나치게 낙관하다보니 그 한도를 넘게 되었다. 특히 그러한 현상이 주택경기의 과열로 이어졌으며 그에 따라 주택가격이 폭등하고 또한 그것을 담보로 한 대출이 더 늘어나게 되고 그래서 주택가치가 더 상승하는 선순환 고리에 빠진 것이다. 그러나 그러한 행태가 영원히 지속될 수 없기 때문에 결국 경기가 잠시 주춤한 사이 빚을 상환하지 못하는 사태가 발생하고 대출금을 회수하지 못한 금융기관이 부실에 빠지게 되었다. 따라서 이번에는 연속적으로 실물가치의 하락과 더불어 소비와 생산이 위축되고 실업이 급증하는 전반적인 경기불황으로 이어지는 악순환의 고리로 변하게 된 것이다.

12.5 … 내부의 상처

12.5.1 교육경쟁력

그런데 저축에 비해 지출이 많았던 경제적 측면에서의 과소비도 문제이지만 미국 내부에서 미국의 경쟁력을 악화시키는 문제점들이 이미 여러 부분에서 누적되어 오고 있었다. 특히, 전직 오바마 대통령은 미국의 교육경쟁력이 오랜 기간 지속적으로 하락해오고 있다는 점을 지적했다. 물론 미국에는 하버드, MIT, 스탠포드 등 세계 유수의 대학들이 있고 거기에 많은 유학생들이 몰려들고 있지만 그것은 고등교육을 담당하는 기관이고 그가 언급한 교육경쟁력은 공교육에 관한 것이다. 앞서 이러한 공교육에 대한 높은 관심과 투자가 미국의 산업화 성공요인 가운데 하나였음을 이미 설명한 바 있다. 그러나 20세기 후반에 접어들면서 미국에서의 공교육 성과는 눈에 띠게 쇠퇴하게 된다. 이는 학교나 예산이 부족한 것과 같은 양적 저하를 뜻하는 것이 아니고 교육의 질적 저하와 이에 따른 교육성과의 감소를 의미한다. 특히 미국의 경우 고등학교를 졸업하고도 글을 제대로 못 읽는다든지 셈을 제대로 못하는 경우를 종종 볼 수 있다. 2003년 OECD 통계를 보면 미국은 수학에서 38개국 중 24위, 과학에서 19위 등 국제적으로 중하위권을 기록하고 있다. 이와 같이 미국 공교육의 경쟁력이 떨어지는 원인으로 일부에서는 교육에 대한 투자부족을 지적하고 있지만 최근의 한 통계를 보면 반드시 그렇지도 않다. 즉, 1960년에서 1995년까지 인플레이션 등을 감안할 때 학생 한 사람에 대한 공교육의 지출은 오히려 212%가 증가한 것으로 나타나 교육성과의 저하가 결코 투자부족에서 오는 것이 아님을 나타낸다. 결국 미국 공교육의 질적인 쇠퇴 원인으로 가장 큰 요인은 아마도 공공학교에서의 경쟁 부재와 그에 따른 관심 하락일 것이다. 물론 미국에서도 대학에의 진학률이 80%에 이르고 미국에서 대학을 졸업하면 고등학교 졸업자에 비해서 83% 정도의 연봉을 더 받는 것으로 알려져 있다. 그러나 미국의 소득수준은 다른 나라와 비교해서 이미 높은 수준이기 때문에 대학을 졸업하지 않고도 충분히 행복한 삶을 유지하는데 큰 지장이 없다. 따라서 미국에서는 굳이 대학을 가기 위해 치열한 경쟁을 벌일 이유가 별로 없다는 것이다. 그러다 보니 미국의 중고등학교에서 공부하는 학생들도 굳이 열심히 공부할 필요성을 느끼지 못하며 따라서 가르치는 교사들도 특별히 열심히 가르칠 열의가 없을 수 있다. 그런데 이와 같이 미국에서 공교육의 경쟁력이 떨어지는 것은 그 만큼 미국이 고급두뇌를 해외에 의존해야 함을 의미한다. 물론 식민초기부터 인력자원이 모자란 것이 항상 문제였으며 이민문호를 개방하여 이 문제를 해결해온 것이 미국의 또 하나의 장점이었다. 그러나 고급인력의 상당부분을 해외로부터 의존해야 한다는 것은 이제 미국 산업경쟁력의 장애요인으로 작용하고 있다. 즉, 현재와 같이 첨단산업 분야에 대한 국가 간 경쟁이 심화되고 있는 상황에서 이들 분야의 핵심인력을 해외에 지나치게 의존한다는 것은 아무래도 안정적일 수 없다. 특히, 뒤에 언급하겠지만 이민정책에 대한 내부갈등으로 인해 그나마도 충분한 인력을 확보하지 못하는 것 또한 미국의 경쟁력을 제한하는 요인으로 작용하고 있다.

12.5.2 사회보장의 실패

미국의 교육경쟁력도 그렇지만 여러 가지 사회보장 제도들도 미국의 전반적인 경쟁력을 약화시키는 요인이 되고 있다. 특히 앞서도 언급했지만 미국의 의료보험을 비롯한 사회보장지출은 미국의 재정적자가 지속적으로 누적되는 중요한 원인이다. 미국의 의료보험은 전체국민을 대상으로 정부가 직접운영 하는 것이 아니라 개개인이 의료보험회사에서 판매하는 의료보험에 가입하고 특별한 경우 정부에서 보조해주는 체제였다. 이는 일부 국가에서 국민전체를 대상으로 한 정부주도 의료보험제도가 과잉 의료수요를 불러오는 폐단을 막고 시장원리에 따라 환자 스스로도 일정부분 의료비를 부담시키고자 하는 취지였다. 이러한 논리는 어느 정도의 정당성을 가진 것처럼 보이기도 하지만 실제로 미국의 의료보험 제도는 저소득층에게 의료보험의 혜택을 제대로 주지도 못하면서 의료기관과 보험회사에게만 막대한 이익이 돌아가게 하는 것으로 평가되어 왔다.* 즉, 미국의 의료보험을 비롯한 사회보장제도는 막대한 예산을 지출하면서도 실질적 효과를 발휘하지 못하고 있으며 그에 따라 미국의 경쟁력을 약화시키는 주요인이 되고 있다. 미국의 실업급여제도 역시 그와 같은 요인 중에 하나인데 일시적인 실업에 대한 보장을 해주기 위한 이 제도를 악용한 여러 사례 때문에 막대한 재정지출의 확대를 불러오고 있다. 특히, 경제 불황과 그에 따른 실업 증가는 실업급여의 규모를 지속적으로

* 전직 오바마 대통령 시절 일명 Obama Care로 불리는 Affordable Care Act를 통해 연방정부가 저소득층 보험가입 비용의 일부를 부담하는 체제로 전환하였으나 최근 선거에서 상하양원을 장악한 공화당과 트럼프 정권에서는 새로운 입법을 예고하고 있다.

증가시키는 구조이기 때문에 그에 따른 재정적자의 확대는 미국의 골칫거리가 아닐 수 없다. 또한 2008년 경제 불황의 경험은 퇴직연금제도의 일종인 401K제도에도 심각한 우려를 낳고 있다. 즉, 퇴직 후 받을 연금을 미리 받아 이를 주식 등에 투자하는 401K는 투자수익이 좋은 호황기에는 훌륭한 제도로 인식되었으나 불황기에는 노후대책으로 투자해놓은 연금이 아예 없어져 버리는 경우까지 있어 우려의 소리가 커지고 있다.

12.5.3 인종갈등의 지속

1990년대 초반에 있었던 로드니 킹 사건과 오 제이 심슨 재판은 미국 내 인종갈등 문제의 본질이 변화되는 모습을 잘 보여준다. 1991년 로드니 킹 사건은 고속도로에서 과속으로 운전하다 경찰과의 추격전을 벌이다가 붙잡힌 흑인이 백인경찰들에 의해 엄청난 구타를 당한 장면이 카메라에 잡혀 TV에 방영된 데서 비롯된다. 특히 그 일로 경찰관들이 재판에 회부되었으나 백인들이 다수였던 배심원에 의해 무죄평결이 내려지면서 LA에서 흑인들이 주도한 폭동으로 이어진다. 그러나 로드니킹 사건은 미국사회의 기저에 흑인들은 무지하고 게으르다는 인식이 널리 팽배해 있음을 드러낸 사건이다. 즉, 과거의 노예제도가 있던 시대의 흑인들을 다루던 백인들의 감정이 극한 경우에 그대로 드러난 것이다. 반면 1994년 유명한 미식축구 스타였던 오 제이 심슨이 그의 전처와 연인을 살해한 혐의로 기소된 사건은 또 다른 관점의 흑백 갈등을 보여준다. 재판이 TV를 통해 전국적으로 중계될 정도의 관심을 끌었던 이 재판에서 천문학적 비용을 들여 최고의 변호인단을 동원한 오 제이 심슨이 무죄평결을 받게 된다. 그러나 로드니 킹 사건의 평결에 대해서 대부분 무관심했던 것과 달리 이번 평결에 대해서는 전국적으로 비난이 쏟아진다. 그런데 흑인이 백인을 살해했다는 의혹에 대한 재판 결과를 받아들이려 하지 않는 모습을 통해 성공한 소수 인종에 대한 다수 백인들의 막연한 반감을 읽을 수 있다. 즉, 중산층 백인들 사이에는 소수 인종을 보호한다는 명목의 정책이 자신들보다 못한 사람들을 성공하게 만들어 자신들이 상대적으로 피해를 보았다는 식의 우월의식이 자리하고 있다.

최초의 흑인 대통령인 오바마의 당선은 미국의 인종갈등 문제가 이제 새로운 장에 들어선 것으로 볼 수도 있지만 한편으론 그러한 감정의 골을 더욱 깊게 만든 측면도 있다. 즉, 흑인도 대통령이 될 수 있는 마당에 더 이상 소수인종을 보호해

줘야 할 필요성이 없다는 분위기가 확산되고 있는 것이다. 그의 집권 기간 동안 백인에 의해 흑인이 폭행당하거나 심지어 살해되는 사건이 더 많이 부각되고 그에 따른 재판이 백인에게 유리한 결과로 이어져 흑인들이 반발하는 모습이 자주 전해지던 것도 그런 분위기와 무관하지 않다. 그러나 더 큰 문제는 중산층 백인들이 상대적 박탈감의 원인으로 단순히 흑백을 넘어 이민자들에게까지 화살을 돌리고 있는 것이다. 그 동안 미국은 자신의 가장 부족한 자원인 인력을 이민문호 개방을 통해서 해결해 왔으나 이제 점점 더 경쟁이 치열해지면서 자신의 일자리를 빼앗는 외국인들의 이민을 반대하는 것이다. 특히 최근 트럼프의 대통령 당선은 그러한 인식이 중산층 일부에 국한된 것이 아니라 그 동안 미국이 걸어온 길을 일시에 뒤집을 수 있을 정도로 팽배해 있음을 시사한다. 아직 집권초기이기 때문에 정책적 혼선이 빚어지고 그에 대한 반발 또한 만만치 않지만 인종갈등과 그로부터 촉발된 국론 분열은 미국의 미래를 불투명하게 만드는 가장 중요한 요인이다.

12.6 … 오바마의 개혁시도

12.6.1 경제위기 극복

앞서 오바마의 대통령 당선으로 인종문제가 새로운 장을 맞이했다고 설명했지만 그의 집권기에는 그 외에도 누적되어온 미국의 많은 난제들을 해결하려는 시도가 있었다. 그러나 새로운 미국을 위한 광범위한 개혁을 약속하고 대통령에 당선된 오바마는 취임하기도 전부터 대공황 이후 가장 극심한 불황을 맞아 당장 발등의 불을 꺼야하는 상황부터 맞이하게 된다. 오바마는 대공황 이후 대통령에 취임한 루스벨트 대통령이 취임이전 아무런 조치가 없어 경제위기가 더욱 심각한 사태에 빠졌던 전철을 되풀이하지 않으려 했다. 전직 부시 대통령의 잔여임기 중에 개최된 비상경제회의에도 참석했던 당시 오바마 당선자는 부시 행정부에서 추진된 7,000억 달러 규모의 위기자산구제제도(TARP) 법안에 대한 강력한 지지를 표명하기도 하였다. 그러한 비상시국에 취임한 그는 우선 부시 행정부에서 재무차관을 역임했으며 뉴욕 연방준비은행 총재로 있던 가이트너(Timothy Geithner)를 재무장관으로 발탁하여 3,500억 달러에 달하는 제2차 TARP 법안을 추진하여 파산위기의 금융기관들과 자동차 기업들을 구제한다. 그러나 국민의 세금을 투입하여 구제된 금융회사들이 위기상황을 모면하자마자 임원들에게 거액의 보너스를 지급한다던지 구제 금융을 요청하러 의회청문회에 오는 자동차회사 회장들이 자가용 비행기를 이용하는 등의 행태로 도덕적 해이에 대한 비판을 불러일으키자 그러한 관행에 대한 규제 방안도 추진한다. 취임초기부터 추진된 오바마 행정부의 노력과 또한 세계경제 안정을 위해 주요국을 설득하여 이끌어낸 공조는 일단 대공황과 같은 장기불황을 피하는 데는 성공 하였다는 평가를 받았다. 그런데 그의 집권 2년 뒤 실시된 중간선거에서 민주당은 하원의 다수당 지위를 상실하고 상원에서도 많은 의석을 빼앗기게 된다. 이는 9% 대의 높은 실업률이 낮아질 기미가 보이지 않는 등 경기회복을 피부로 느끼지 못한 유권자들의 인내가 바닥을 드러낸 것이었다. 워싱턴 정가에 개혁의 바람을 불러올 것이라는 기대를 받으며 사회보장과 교육개혁 그리고 새로운 성장 동력모색 등 제시된 많은 공약을 실현하기에는 짧은 시간이었기 때문이기도 하다. 다행히 그 뒤로 어느 정도 성과가 나타나 오바마는 재선에 성공했고 그의 임기 말에는 실업률이 4.7%로 떨어지는 등 거의 모든 경기지표들이 2008년 경기불황 이전의 상황으로 돌아가게 된다. 그러나 그가 집권하면서 물려받은 경제위기의 골이 워낙 깊었기 때문에 미국경제가 완전히 회복되었다는 확신을 심어주기에는 부족했다는 평가이다. 그러나 어느 누가 대통령이 되더라도 건실한 경제기조를 바탕으로 해야만 미국이 직면하고 있는 다른 근본적인 문제들을 해결해 나갈 수 있었을 것이다.

12.6.2 워싱턴 개혁

오바마 대통령은 초선 상원위원의 임기를 다 마치지 못하고 대통령에 출마했을 정도로 미국 중앙정계에 혜성처럼 등장한 참신한 인물이었다. 그의 선거구호였던 "Yes We Can"은 오랜 관행에 젖어 좀처럼 변화에 둔감했던 미국 중앙정가의 개혁을 반드시 이룰 수 있다는 의미였다. 그는 우선 연방정부가 안고 있는 막대한 재정적자를 줄이기 위해 의회의 입법과정에 이익단체들의 로비영향력을 축소하고 지역구의 선거를 의식한 각종 선심성(Earmark) 예산을 타파하는 등 의회의 대대적인 개혁을 약속하였다. 특히 그는 재정적자의 가장 큰 원인으로 지적되고 있는 의료보험 등 사회보장제도의 개혁을 천명하기도 하였다. 그러나 앞서 설명하였듯이 취임 초기부터 경제위기라는 악재에 접한 그는 후보 당시 약속했던 여러 공약들을 대부분 제대로 실행에 옮기지 못했다는 비난을 사기도 하였다. 그럼에도 불구하고 그는 취임 이후 줄기차게 의료보험 제도 개혁을 밀어붙여 새로운 법안을 입법·공표하는데 성공하였다. 이는 닉슨, 레이건, 클린턴 등 전직 대통령들이 기회 있을 때 마다 추진했으나 실패했던 의료보험제도에 대한 거의 70년만의 개혁으로 평가받을 만한 일이다. 그러나 그만큼 의료업계와 그들의 지지를 업은 야당인 공화당의 반대도 심했으며 그러한 반대는 연방정부의 지나친 경제개입을 반대하는 TEA (Taxed Enough Already) Party 운동으로 이어진다. 그런 가운데 오바마 대통령은 취임 2년 만에 치룬 중간선거에서 다수의 민주당 의석을 상실하고 또한 양당의 다수 정치 원로들이 낙선되는 역풍을 맞기도 한다. 그 결과 앞서도 언급한 바와 같이 하원에서 공화당이 다수당 지위를 획득하게 되고 이후 오바마 대통령은 재선에 성공했음에도 개혁과제를 추진하기 위해 의회와 타협해야 하는 처지가 된다. 워싱턴 정가를 개혁하겠다는 공약을 내걸고 압도적인 지지로 당선되었던 오바마 대통령도 이와 같이 자신이 개혁의 대상으로 지목했던 집단과 타협을 할 수밖에 없을 정도로 미국에서도 정치개혁은 결코 쉬운 과제가 아니다. 결국 미국이 과거 성장기와 같은 작고 효율적인 정부를 갖추고 새로운 국제 정치·경제 환경에서 지금까지와 같은 위상을 유지하기 위해서는 워싱턴의 정치구도를 비롯한 제도적 개혁이 필수적인 전제조건이다.

12.6.3 보다 완벽한 연합

그러나 경제회복과 정계개혁보다 오바마 대통령이 꿈꿔왔던 더 중요한 이상은 분열된 미국을 하나로 통합하는 것이었을 것이다. 대통령 후보시절 그는 자신이 다니던 교회의 흑인목사가 백인들의 인종차별에 대해 감정적인 설교를 일삼으며 심지어는 God Damn America라는 저주 섞인 발언까지 했었다는 언론보도로 인해 지지율이 크게 떨어지는 위기를 맞았었다. 그러나 그러한 상황에서 그는 A More Perfect Union이라는 제목의 연설을 통해 위기를 극복하고 전세를 역전시키며 지지기반을 더욱 확대할 수 있었다. 그의 연설 첫 문장에 쓰인 We the People 이라는 말은 미국헌법의 첫 번째 문장에 해당하며 그가 말한 Some two hundreds twenty one years ago는 바로 1787년을 의미한다. 그 해는 바로 미국헌법을 제정하기 위한 헌법회의(constitutional convention)가 필라델피아에서 열렸던 해이며 그의 이 연설 역시 필라델피아의 헌법회관에서 행해졌다. 오바마는 당시 제정된 헌법이 노예문제에 대한 각주의 이견을 해소하지 못하고 한시적으로 노예교역을 허용함으로써 결국 미완의 상태로 남았다고 진단했다. 그러나 그는 이제 그러한 문제를 해결하기 위해 미국국민들이 모두 함께 힘을 합쳐야 할 때라고 역설하였다. 즉, 미국이 인종문제의 벽을 넘지 못하고서는 전쟁, 테러, 경제, 의료, 환경 등 당면한 문제를 해결할 수 없다는 것이 그의 연설의 초점이었다.

그러나 앞서도 언급하였지만 그의 집권기에 인종 갈등은 더욱 심화되는 모습을 보이게 된다. 특히 이제는 피부색뿐만 아니라 성별과 종교에 따른 낙태, 동성애, 총기소지, 이민제도 등 다양한 이견이 공화당과 민주당 사이의 끊임없는 정치적 대립으로 확대되고 있다. 낙태와 동성애 등에 거부 입장이 강한 공화당의 지지자들은 생명의 존엄과 전통적인 가족관을 중시하는 입장이다. 그들은 총기 소지가 건국 초기부터 연방헌법에 보장된 개인의 권리임을 주장하면서도 보다 엄격한 이민정책을 선호하여 뒤늦게 미국으로 온 이민자들의 권리를 제한하려는 이중적인 태도를 보이기도 한다. 반면에 대부분의 민주당 지지자들은 출산에 대한 여성의 선택권을 존중하고 군복무와 결혼제도 등에 있어 동성애자들의 권리를 보장할 것을 주장한다. 또한 그들은 총기소지의 엄격한 제한을 선호하며 이민자들의 인권과 생존권을 보호해야 한다는 입장을 취하고 있다. 연방정부의 권한과 역할에 대해서도 앞서 언급했던 극우성향의 TEA Party 세력을 비롯한 공화당 진영에서는 자유방임의 경제정책을 선호하여 연방정부 권한을 제한해야 한다고 주장한다. 그러나 상당수 민주당 지지자들은 경제적 약자계층에 대한 연방정부의 적극적인 지원이 필요하다고 보고 있다. 흔히들 공화당의 지지자들이 다수인 지역과 민주당 지지자들이 다수인 지역을 양당의 상징 색으로 각각 표현하여 Red State와 Blue State로 부른다. 그런데 이러한 지역 또는 정파 간 갈등은 폭력과 살인 등을 불러올 정도로 점차 첨예해지고 있는 것이 현실이다. 그러나 미국이 앞으로도 계속 번영하며 지금까지와 같은 국제적 지위를 유지하려면 오바마가 필라델피아 연설에서 강조했던 초기 건국이념에 따른 화합의 정신을 되살리는 노력이 절실하다.

12.7 … 미국의 미래

12.7.1 미국 독존노선

2016년 선거에서 트럼프(Donald Trump)가 승리하여 제45대 대통령으로 취임함으로써 미국은 적어도 당분간은 지금까지와 매우 다른 노선을 걷게 될 것으로 보인다. 트럼프는 취임하자마자 후보 시절 천명했던 대로 전임 오바마 대통령 임기말 우여곡절 끝에 타결되었던 태평양연안동반자협정(TPP)에 미국의 불참을 선언하였다. 그는 이어 멕시코 국경지대 장벽설치 공약을 실현시키기 위해 멕시코에 비용부담을 요구하며 그렇지 않을 경우 모든 수입품에 국경세를 부과하겠다고 엄포를 놓고 있다. 또한 그는 테러로부터의 보호를 명목으로 중동과 아프리카 7개국 국민들의 미국입국을 금지시키는 행정명령을 발동하기도 하였다. 위에서 적어도 당분간이란 표현을 썼지만 그 이유는 취임 직후 트럼프가 취한 정책들이 그 동안 미국의 역대정권이 지속적으로 추진해오던 노선과 그만큼 두드러지게 배치되기 때문이다. 제2차 세계대전 이후 세계 최강국으로 발돋움한 이래 미국은 국제경제질서를 주도하면서 자신들의 이상을 따르는 상대국에 대해 혜택을 주는 전략을 구사해왔다. GATT를 통해 자국의 관세를 낮추는 상대방에 대해 미국은 더 많은 관세를 인하하며 스스로의 시장을 개방하였다. 그러한 정책을 통해 미국은 제2차 대전이후 폐허가 된 서방경제를 재건하고 그들 시장에 미국의 영향력을 확대해 나갔다. 그 과정에서 미국의 무역적자가 지속적으로 누적되었지만 사실 그 중 상당 부분은 미국 기업들이 현지에 투자한 공장에서 생산된 값싼 상품들이 미국으로 역수출되면서 집계된 수치들이다. 이는 저렴한 가격에 좋은 품질의 상품을 구매할 수 있는 미국 소비자들에게 이로운 일인 동시에 현지에 투자한 자본가들의 이윤을 보장할 수 있는 유용한 수단이기도 했다. GATT 체제에서 여러 차례 협상을 통해 관세율이 충분히 낮아진 이후 미국은 WTO 체제로 전환하면서 지적재산권 보호를 강화하고 서비스 시장개방 확대를 추구한다. 즉, 이미 낮아진 관세장벽을 대신하여 비관세 장벽을 공략함으로써 미국의 이익을 극대화하고자 노력했던 것이다. NAFTA 역시 마찬가지로 점차 치열해지는 글로벌 경쟁에서 자국의 이익을 지키려는 방편으로 추진된 것이었다. 즉, 유럽과 아시아의 여러 경쟁자들로부터 자동차 등 산업을 보호하고 글로벌 시장에서 경쟁력 우위를 확보하려는 목적이었다. 한편 미국무역위원회(USITC)는 TPP에 따른 소득증대 효과가 2023년까지 누적해도 0.23%에 불과할 것으로 추정한 바 있다. 결국 미국이 TPP를 추진한 진정한 목적은 태평양 연안을 계속 미국의 영향권에 두면서 이 지역의 패권을 둘러싼 중국과의 경쟁에 대비하려는 장기적 포석이라 보아야 할 것이다. 그러나 트럼프는 그러한 장기적인 전략에는 관심이 없는 것 같으며 당장 눈앞에 보이는 단기적 이익에만 집착하는 모습이다. 즉, 장벽을 쌓고 무역과 인적교류를 차단하면 국내생산과 고용이 늘어 미국은 아무 문제없이 홀로 번영을 누릴 수 있다고 착각하고 있는 듯하다. 그러나 세계 모든 국가들이 상호영향을 주고받는 글로벌화가 이미 정착된 환경에서 미국만이 독존하겠다는 정책노선이 얼마나 지속 가능할지는 의문이다.

12.7.2 초기 공화파와 트럼프 정권

제6장에서 설명했던 공화파 정권은 건국 초기의 조지 워싱턴과 존 애덤스 두 대통령 뒤를 이어 1801년 취임한 토머스 제퍼슨 이후 제임스 매디슨, 제임스 먼로, 존 퀸시 애덤스까지 28년 동안 집권한 정파를 일컫는다. 그들은 대부분 남부 버지니아 출신으로 대농장 체제의 토지 세력을 정치적 기반으로 삼고 있었으며 미국이 농업을 중심으로 발전해나가야 한다고 믿었다. 그러나 역시 제6장에서 설명했지만 그들이 취한 수입금지법과 출항금지법 등으로 미국의 대서양 교역이 급감함으로써 남부 농업이 피폐해지고 부족한 공산품 보충을 위해 동북부 상공업이 오히려 확대되는 결과를 낳았다. 즉, 그들은 당시 국제정세를 잘못 판단했을 뿐만 아니라 경제적 감각을 결여한 나머지 자신들의 의지와는 전혀 다른 방향으로 미국경제를 이끌어 간 것이다. 앞으로 좀 더 많은 시간과 연구가 필요하겠지만 일단 트럼프의 미국독존 노선은 19세기 초반 공화파 정권 당시와 상당한 유사성을 보이고 있다. 우선 공화파 정권 당시 그들을 지지했던 계층은 남부의 백인 농민들이었으며 제3장에서 설명했지만 그들은 대부분 생계형 농업을 영위하기 위해 미국으로 건너온 부류였다. 즉, 그들은 토지소유에는 높은 가치를 부여하면서도 노동을 경시하여 최소한의 노력으로 생계를 유지할 수 있다면 크게 불만을 가지지 않았다. 트럼프 지지층의 주류는 고졸이하 백인들로 구성되어 있으며 이들은 대부분 현재 미국의 중산층에 속한다. 농업, 제조업, 서비스업 등 다양한 분야에 종사하겠지만 그들의 소득은 평균 이하에 머물러 있는 가운데 특히 양극화가 심화되는 과정에서 상대적 박탈감이 점차 증대되고 있다. 여러 가지 요인이 있겠지만 양극화의 주된 원인은

글로벌 통합의 과실이 자본가들에게만 지나치게 편중되는데 있을 것이다. 그러나 자신들의 생활수준이 점차 낙후되고 있다고 느끼는 중산층들에게 자본주의 제도의 폐해는 너무 복잡한 문제이다. 그들은 이미 작은 부분이나마 자신들에게 돌아올 지분을 같이 나누어야 할 이민자들과 외국의 경쟁자들이 원망스럽다. 영국의 중산층들이 유럽통합을 자신들의 불행의 원인으로 지목하고 EU 탈퇴를 이끌었다면 미국의 중산층들은 장벽을 쌓고 수입품과 이주 노동자들을 막으며 외국의 공장들을 불러들이겠다는 트럼프에 기대를 걸어보기로 한 것이다. 그러나 트럼프 지지자들이 과거의 생계형 농민들처럼 단순히 먹고 사는 문제만 해결되면 만족할 수는 없을 것이다. 교역과 이민이 줄어들면 국내 생산과 고용이 일시적으로 증가할 수 있겠지만 그에 따른 경제 효율성 저하는 물가상승과 성장침체를 불러 올 것이며 결국 트럼프를 지지했던 중산층들은 가장 큰 피해를 입을지 모른다. 제5장에서 언급했지만 제퍼슨은 자신의 저서 Note on the State of Virginia에서 토지를 경작하는 농민들이 정치의 근간이 되어야한다고 주장하면서도 문맹퇴치 등 그들의 교육문제에는 무관심했다는 비판을 받기도 했다. 불법이민 퇴치와 무역협정 폐지 등을 주장하며 중산층의 지지를 업고 당선된 트럼프는 오바마 대통령 시절 강화되었던 금융규제를 되돌리는 행정명령을 이미 발동하였다. 자신을 지지해준 유권자들의 복지향상 보다는 경제양극화 폐해의 정점에 서있는 자본가 집단의 편을 먼저 들고 있는 모양새가 아닐 수 없다. 건국 초기 공화파 정권은 28년간 지속되었으며 그 기간 동안 잦은 정책 실수는 경제적으로뿐만 아니라 영국군에 의해 수도 워싱턴 DC가 함락되는 등 신생국 미국에 여러 차례 위기를 불러왔었다. 그나마 다행인 것은 당시 유럽이 나폴레옹 전쟁 등으로 외부 세계에 관심을 크게 기울일 여력이 없었기 때문에 미국의 국가존립이 흔들리는 사태까지는 발전하지 않았다. 국가기반이 완전히 갖추어지지 않은 건국 초기였기에 그처럼 미숙한 정권이지만 오랜 기간 집권할 수 있었는지도 모른다. 그렇지만 그들과 여러모로 닮은꼴인 트럼프 정권과 그의 비이성적인 정책들이 얼마나 지속될지 현재로선 알 수 없는 상황이다.

12.7.3 혼돈 또는 새로운 질서

지금까지 이 책에서 살펴보았지만 1776년 독립한 이래 미국은 대체로 착실하게 국가기반을 구축하며 혁신적인 길을 걸어왔다. 그만큼 국가 체제가 이제 확고하게 갖추어졌기 때문에 특정 인물에 의해 국가의 미래가 크게 흔들릴 가능성은 낮다.

특히 화합을 바탕으로 하는 건국이념을 지지하는 유권자들이 아직 과반 이상이므로 그에 반하는 노선을 추구하는 정권이 건국 초기처럼 오랜 기간 지속될 것이라 보기 어렵다. 그러나 아무리 짧은 기간일지라도 자신이 오랫동안 구축해온 국제질서를 흐트러지게 함으로써 미국은 어쩌면 세계의 지도적 위치를 회복할 수 없을지도 모른다. 앞서 설명했지만 동구권이 붕괴되면서 맞이한 미국의 독주체제 과정을 통해 세계 곳곳에서 반미감정이 이미 확산되어 있다. 트럼프 정권의 미국 독존노선은 그러한 분위기를 더욱 강화시킬 것이며 뒤늦게 미국이 화합 기조로 돌아서더라도 과거와 같은 협조가 이루어질지는 의문이다. 특히 전통적으로 미국에 우호적이었던 유럽의 통합에 금이 가는 상황에서 이미 G2로 부상한 중국과의 협력체제는 쉽게 구축되기 어려울 것이다. 따라서 미국과 서구 경제권 위주로 구축되었던 기존의 국제 정치·경제 구도를 탈피하여 여러 지역의 서로 다른 체제를 가진 국가들의 이해관계를 함께 반영할 수 있는 체제의 마련이 필요하다. 그러자면 미국은 먼저 자신의 기득권을 과감히 포기하고 달라진 국제환경에 맞는 새로운 역할을 찾아 더불어 공존할 수 있는 체제를 만들어 가려는 노력을 펼쳐야 할 것이다. 그러나 만약 그렇지 못하게 된다면 결국 여러 세력이 주도적인 위치를 차지하기 위해 서로 경쟁하는 상황을 맞이하게 될 것이다. 그러나 그와 같은 경쟁이 안정적인 질서를 유지하지 못하고 매우 혼란스럽게 진행된다면 불행한 결과를 초래할 수도 있다. 이미 두 차례의 세계대전이 그러했으며 그밖에도 역사적으로 또는 현재에도 여러 지역의 작은 분쟁들이 역시 그러한 경험을 보여준다. 그러나 그러한 역사의 교훈은 대부분의 경우 인류의 보편적 가치관이 승리한다는 사실이다. 인류의 보편적 가치관이란 이 책에서 꾸준히 제기하고 있는 바와 같이 결국 주어진 환경에 가장 적합하게 적응한 집단이 추구하는 체제일 것이다. 그렇기 때문에 미국이 지도력을 상실하여 세계가 일시적으로 혼란에 빠질 수는 있지만 궁극적으로는 새로운 리더가 등장하여 자신의 가치관을 중시하며 질서를 유지하는 평화로운 체제가 등장하게 될 것이다. 이 책에서 살펴본 미국은 종종 시행착오를 겪기도 했지만 주어진 환경에 효율적으로 적응하고 자신들의 창의력을 최대한 활용하여 세계경제의 평화와 번영을 이끄는 역할을 가장 훌륭하게 수행해온 국가이다. 그렇기 때문에 아무리 국제정세가 크게 바뀌었고 또한 미국의 위상이 예전보다 많이 약화되더라도 향후 달라진 환경에서 계속 중추적 역할을 모색하려는 미국의 저력을 과소평가하기는 여전히 어렵다고 하겠다.

참고문헌

Adams, Walter, and Mueller, Hans. "The Steel Industry." in *The Structure of American Industry*, ed. by Walter Adams and Hans Mueller. New York: Macmillan, 1990.

Adams, Walter, and James W. Brock. "The Automobile Industry." in *The Structure of American Industry*, ed. by Walter Adams. New York: Macmillan, 1990.

Ambrose, Stephen E. *Nothing Like it in the World: The Men who Built the Transcontinental Railroad, 1863-1869*. New York: Touchstone Books, 2001.

Anderson, Terry. "Wealth Estimates for the New England Colonies, 1650-1709" *Explorations in Economic History*, 14 (October 1977)

Andreano, Ralph, *The Ecomomic Impact of the American Civil War*, Cambridge Massachusetts. Schenman, 1967

Angel, David P. *Restructuring for Innovation: The Remaking of the U. S. Semiconductor Industry*. New York: Guilford Press, 1994.

Bailyn, Bernard. *Voyagers to the West: A Passage in the Peopling of America on the Eve of the Revolution*. New York: Vintage Books, 1988.

Ballagh, James C. White *Servitude in the Colony of Virginia: A Study of the System of Indentured Labor in the American Colonies*. Baltimore: John Hopkins University Press, 1985.

Barnett, Donald F, Robert W. Crandall. *Up from the Ashes: The Rise of the Steel Minimill in the United States*. Washington, DC : Brookings Institution, 1986.

Barnett. Donald F. and Robert W. Crandall. "Steel: Decline and Renewal." in *Industry Studies*, edited by Larry L. Duetsch, Armonk, NY: M. E. Sharpe, 2002.

Becker, Robert A. *Revolution, Reform, and the Politics of American Taxation*, 1763-1783. Baton Rouge: Louisiana State University Press, 1980.

Beer, George L. *British Colonial Policy*, 1754-1765, Gloucester, Peter Smith, 1958

Bensel, Richard F. *The Political Economy of American Industrialization*, 1877-1900. Cambridge University Press, 2000.

Bodenhorn, Howard. *State Banking in Early America: A New Economic History*. New York: Oxford University Press, 2003.

Borrus, Michael, James E. Millstein, and John Zysman. "Trade and Development in the Semiconductor Industry: Japanese Challenge and American Response." in *American Industry in International Competition: Government Policies and Corporate Strategies*, edited by John Zysman and Laura D. Tyson. Ithaca, NY: Cornell University Press, 1983.

Branson, William H. "Trends in United States International Trade and Investment since World

War Ⅱ." in *The American Economy in Transition*, edited by Martin S. Feldstein. Chicago: University of Chicago Press, 1980.

Brock, Gerald W. The U. S. *Computer Industry: A Study of Market Power*. Cambridge: Ballinger Publishing, 1975.

Bruchery, Stuart, *The Roots of American Economic Growth*, 1607-1861, New York, Harper and Law, 1968

Chandler, Alfred D. *Inventing the Electornic Century : The Epic Story of the Consumer Electronics and Computer Industries*. New York:Free Press, 2001.

Cowhey, Peter F., and Jonathan D. Aronson. *Managing the World Economy: The Consequences of corporate Alliances*. New York: Council of Foreign Relations Press, 1993.

Diamond, Jared, *Guns, Germs, and Steel, The Fates of Human Societies,* W. W. Norton, New York, 1999

Davis, Joseph S. *The World Between the Wars*, 1919-1939: An Economist's View. Baltimore: Johns Hopkins University Press, 1975.

Fishlow, Albert. *American Railroads and the Transformation of the Antebellum Economy*, Cambridge Massachusetts, Harvard University Press, 1965

Flamm, Kenneth S. *Creating the Computer: Government, Industry, and High Technology*. Washington, DC: Brookings Institution, 1988.

Goodrich, Carter. *Canals and American Economics Development*. New York: Columbia University Press, 1961.

Green, Constance M. *Eli Whitney and the Birth of American Technology*. New York: Harper Collins Publisher, 1956.

Herndon, Ruth W. *Unwelcome Americans: Living on the Margin in Early New England. Philadelphia*: University of Pennsylvania Press, 2001.

Jeremy, DavidJ, *Transatlantic Industrial Revolution: The Diffusion fo Textile Technologies Between Britain and America*, 1790-1830s. Camvridge, MA : MIT Press, 1981.

John, Arthur H. "Aspects of English Economic Growth in the First Half of the Eighteenth Century." in *The Growth of English Overseas Trade in the Seventeenth and Eighteenth Centuries*, ed. by Walter E. Minchinton. London: Methuen, 1969.

Kars, Marjoleine. Breaking Loose Together: *The Regulator Rebellion in Pre-Revolutionary North Carolina*. Chapel Hill: University of North Carolina Press, 2002.

Klier, Thomas H. "Lean Manufacturing: Understanding a New Manufacturing System." in *The Multinational Enterprise in Transition: Strategies for Global Competitiveness*, edited by Phillip D. Grubb, and Dara Khambata. Princeton, NJ: Darwin Press, 1993.

Krnazberg, Melvin, and Carroll W. Pursell, eds. *Technology in Western Civilization*. New York: Oxford University Press, 1987.

Kwoka, John E. "Automobiles: Products, Process, and the Decline of U. S. Dominance." in *Industry Studies*, ed. by Larry L. Duetsch. Armonk, NY: Sharpe, 2002.

Lamoreaux, Naomi R. *The Great Merger Movement in America Business*, 1895-1904. Cambridge: Cambridge University Press, 1985.

Lewis Jon E. ed. *Eyewitness America, The History of the Worlds's Most Powerful Nation*, Carroll and Graf Publishers, New York, 2003.

McDonald, Forrest. *Insull*. Chicago: University of Chicago Press, 1962.

Magaziner, Ira C. and Thomas M. Hout. *Japanese Industrial Policy*. Berkeley, CA: Institute of International Studies, 1980.

Morgan, Ted, *Wilderness at Dawn: The Settling of th North American Continent. Simon and Schuster*, New York, 1993.

Nelson, Daniel. *Managers and Workers: Origins of the Twentieth-Century Factory System in the United States*, 1880-1920. Madison: University of Wisconsin Press, 1995.

Nugent, Walter T. K. Crossing, *The Great Transatlantic Migrations*, 1870-1914. Bloomington: Indiana University Press, 1995.

Porter, Glenn. *The Rise of Big Business*, 1860-1920. Arlington Heights, IL: Harlan Davidson, 1992.

Sears, Stephen W. *The Automobile in America*. New York: American Heritage Publishing, 1977.

Seavoy, Ronald E. *An Economic History of the United States*, From 1607 to the Present, Routledge, New York, 2006.

Seavoy, Ronald E. *Origins and Growth of the Global Economy*, From the Fifteenth Century Onward. Westport, CT: Praeger, 2003.

Smith. Merritt R. *Harpers Ferry Armory and the New Technology: The Challenge of Change. Ithaca*, NY: Cornell University Press, 1977.

Stanwood, Edward. *American Tariff Controversies in the Nineteenth Century*. Boston: Houghton, Mifflin, 1904.

Stein, Herbert. *The Fiscal Revolution in America*. Washington, DC: AEI Press, 1990,

Tsurumi, Yoshi. "Japanese Corporations in America: Managing Cultural Differences." in *The Multinational Enterprise in Transition: Strategies for Global Competitiveness*, ed. by Phillip D. Grub, and Dara Khambata. Princeton, NJ: Darwin Press, 1993.

Willis, James, and Primack Martin L. *An Economic History of the United States*, 2nd ed. Prentice Hall, New Jersey, 1989.

Zysman, John, and Laura D. Tyson, ed. *American Industry in International Competition: Government Policies and Corporate strategies*. Ithaca, NY: Cornell University Press, 1983.

▌그림출처

미국의 재정적자 추이(1930년~2015년), Federal Surplus or Deficit as Percent of GDP, Federal Reserve Bank of St. Louis, https://fred.stlouisfed.org/series/FYFSGDA188S#0

북미횡단 철도(19세기 말), North American Transcontinental Railroads 1900, by Yo Zhou, Seavoy (2006) 인용 재구성

초기의 13개 북미 식민지, American Military History, US Army Center of Military History, 1989

최초의 정착지, First Permanent English Settlement - panel two of the Chesapeake Bay Gateways Network exhibit, by Sydney King, US National Park Service, https://www.nps.gov/

최초의 북미횡단 철도 연결, East and West shaking hands at the laying of the last rail of the Union Pacific Railroad, by Andrew J. Russell, Yale University Libraries

콜럼부스의 첫 항로, The first voyage of Columbus, by Jieth A. Pickering, The Columbus Navigation Homepage, http://columbuslandfall.com/ccnav/v1.shtml

찾아보기

| 아 |

저자 약력

■ 권 영 민 (權寧敏)

서강대학교 경제학과 졸업(경제학사)
미국 Michigan State University 졸업(경제학 석사, 박사)
한국경제연구원 선임연구위원
명지대학교 국제통상학과 교수(현)

[저서 및 논문]
미국의 보호주의 통상제도에 대한 비판(한국경제연구원. 2005)
Ten Year into NAFTA and Its Lessons to Korea(KERI, 2006)
국제통상정책론(도서출판 두남, 2008, 2012, 2015)
시제간 대체와 교육투자의 효과(한국경제연구, 2008)
NAFTA 이후 북미자동차 산업의 생산전환(국제통상연구, 2010)
WTO 회색규제의 분쟁해결(국제경제연구, 2015)
Struggles in the WTO's dispute Settlement Procedures(Journal of Korea Trade, 2016) 등

[개설 강좌]
국제통상 정책론
미국시장 환경론
WTO와 통상분쟁

● 미국혁신론 : 개정판

초 판 1쇄 발행 —— 2014년 8월 25일
개정판 1쇄 발행 —— 2017년 2월 28일
개정판 2쇄 발행 —— 2021년 3월 05일
지은이 —— 권 영 민
펴낸이 —— 전 두 표
펴낸곳 —— 도서출판 두남
서울시 강동구 성내로6길 34-16 두남빌딩
신 고 : 제25100-1988-9호
TEL : 02) 478-2065~7, 2311
FAX : 02) 478-2068
E-mail : dunam1@unitel.co.kr
http://www.dunam.co.kr

● 정가 20,000원

ISBN 978-89-6414-730-6 93320